高等政法院校法学系列教材

公安学科实验教学指导

主　编：惠生武

副主编：刘建荣　冯　雪　台治强
　　　　司　力　闫小军　张　青

撰稿人：（以撰写章节先后为序）
　　　　台治强　陈　亮　司　力
　　　　闫小军　刘建荣　张　青
　　　　韦　琪　冯　雪　阎军让
　　　　韩瑞芳　魏　鹏　赵晓风
　　　　惠生武　樊　瑛

中国政法大学出版社

2012·北京

编写说明

具有警务特色的公安学科实验教学，是公安学科各个专业教学活动中不可或缺的组成部分，也是公安学科专门人才培养、专业训练必须具备的基础性教育内容。2011 年国家学科目录中已将公安学、公安技术学列为一级学科，标志着我国公安学科专业教育进入了一个新的发展时期，这不仅为学科建设、专业设置、课程建设和教学内容的改革与发展以及公安学科高层次人才培养提供了难得的历史机遇，也为公安学科实验教学、实战训练在形式、内容和方法上，提出了更高的标准和要求。为了配合公安学科各专业的实验教学活动，规范实验教学内容，由西北政法大学公安学院的专业课教师和实验技术人员共同编写了这本《公安学科实验教学指导》。

这本实验课教材是我们在多年前编写的校内适用教材《公安类专业实验教学指导纲要》的基础上，经过重新修订补充编撰而成的。编写这本教材的目的，一是为在规范公安学科专业实验教学活动、提高实验教学质量和水平方面，尽我们的一点绵薄之力；二是为了改善目前国内这类实验教材极度匮乏的现状，对公安学科实验教材建设做一点实事。当然编写该书的过程，也是我们尽心尽力对公安学科实验教学内容改革所做的一次有益尝试。在本书的编写过程中，我们力求使这本实验课教材做到体系完整、归类科学、内容全面、要旨简明、操作可行、方法适用，符合公安类专业实验教学规律，反映当前国内公安学科实验教学的现状和最新成果。本书的特点在于，立足警务实践与实战的需要，以专业理论为基础，密切联系公安实践，注重实验训练内容的针对性、应用性，努力探索一些具有实战性、前沿性的实际应用问题；遵循公安学科专业实验教学规律和规范化的要求，着力探讨具有学科特色的实验教学内容和形式，充实和改进警务实验教学的方法、手段，特别注重加强对学生动手操作能力的培养。该书的实验训练教学内容分为 9 个部分：①刑事图像技术 21 项；②痕迹检验 31 项；③笔迹文件检验 25 项；④法医物证检验 18 项；⑤微量物证与毒品检验 9 项；⑥犯罪现场勘查 6 项；⑦心理测试与心理训练 9 项；⑧交通调查与勘验 10 项；⑨火灾预防与勘验 4 项。总计 133 个实验、实训项目。另外，我们还附录了国家有关检验、鉴定标准以及专业图例等，以方便实验、训练教学使用。

本教材由西北政法大学教授、司法鉴定高级工程师惠生武担任主编，刘建荣高级工程师、冯雪教授、台治强教授、司力高级工程师、闫小军副教授、张青副教授担任副主编。全书由主编、副主编拟定编撰提纲，提出编写思路、内容和具体要求，并负责对全书进行修改、统稿和定稿。参加本书编写的人员具体分工如下：

第一章　刑事图像技术：台治强第 1～20 项，陈亮第 21 项；

第二章　痕迹检验：司力第 1～6 项，闫小军第 7～16 项，刘建荣第 17～31 项；

第三章　笔迹文件检验：张青第 1～25 项；

第四章　法医物证检验：韦琪第 1～7 项，冯雪第 8～12 项，阎军让第 13～18 项；

第五章　微量物证与毒品检验：韩瑞芳第 1～9 项；

第六章　犯罪现场勘查：魏鹏第 3～5 项，刘建荣第 1、2、6 项；

第七章　心理测试与心理训练：赵晓风第 1～9 项；

第八章　交通调查与勘验：惠生武第 1～10 项；

第九章　火灾预防与勘验：樊瑛第 1～4 项。

本书在编写过程中，我们参考了相关的著作、教材，得到了有关院校和一些专家、学者的关心和帮助，西北政法大学公安学院和有关部门给予了支持、帮助；中国政法大学出版社对本书的出版给予了大力支持，在此一并表示感谢。本教材是我们对公安学科实验教学教材编写的初步尝试，由于水平有限，难免有不妥之处，敬请给予批评指正。

作　者

2012 年 2 月 20 日

| 目 录 |

第一章

刑事图像技术

实验一　照相机的操作与使用

一、实验目的

1. 了解照相机的主要结构和性能。

2. 初步学会正确持机和操作以及常用附件的使用。

二、实验原理

(一) 凸透镜成像的原理

各种透镜都具有使光线偏折的功能。当一束平行光线通过凸透镜后，会在透镜另一侧的一定距离处向中间会聚起来。在凸透镜成像中，物与像之间存在着共轭关系。也就是说，物距与像距是相互关联制约着的。如果用 u 表示物距，V 表示像距，f 表示焦距，则有成像公式：

$$\frac{1}{u} + \frac{1}{v} = \frac{1}{f} \tag{1-1}$$

由式 (1—1) 可知，只要确定 u、v，f 中的任意两个量就可求得另一量。在 f 不变的情况下，改变 u 和 v，能够得到被拍物的清晰影像。

照相机的镜头虽由少至一片多至十几片透镜组成，但其成像原理都是一样的，都符合共轭成像的几何定义：物空间内的一个物点（或一条直线）在像空间内应该而且也只对应一个像点（或一条直线），反之亦然。此两点（或两条直线）称共轭点（或共轭线）。如果物空间内的某一物点位于直线上，则它在像空间内的像点必在上述直线的共轭线上，反之亦然。

(二) 光圈与快门相互配合的原理

一张影调丰富、密度适中的高质量底片的获得，首先离不开正确曝光。

曝光量的多少决定感光片乳剂膜上产生潜影的强弱。乳剂膜接受的曝光量越多。产生的潜影就越多。显影后所形成的密度就越大。

$$H = Et \tag{1-2}$$

式中，H 是感光片的曝光量，E 是感光片的照度，t 是感光片的曝光时间。由式（1-2）可知，曝光量是由照度和曝光时间来决定的。拍照时，照度的大小和曝光时间的长短分别是由光圈和快门来控制的。并且光圈与快门速度之间有着一定的比率，即当光圈开大或缩小若干级时，为得到相同的曝光量，快门速度应加快或减慢相同级数。也就是说，当曝光量确定以后，光圈和快门速度在一定范围内可以按比例相互调整。因此，要想使底片获得相同的曝光量，可以根据不同的拍照情况和需要把光圈开大一些，快门速度加快一些；也可以把光圈缩小一些，快门速度减慢一些。

三、实验内容

1. 了解相机结构名称、部件所在位置及相应的标志、符号的含义。

2. 持机操作，并使用常用的三脚架、快门线。

四、实验设备及器材

DF—135 相机	1 台
三脚架	1 个
快门线	1 根
135 废胶卷	1 卷

五、实验方法和步骤

1. 两人为一组，以 DF—135 相机为实例，了解相机结构名称、部件所在位置和机应的标志、符号的含义。

2. 持机操作的步骤。

（1）装胶卷：首先开启后盖开关，沿着指针方向推动并往下按，后盖便自动弹开；提起倒片旋钮，将暗盒轴芯突起部朝下，暗盒开缝处朝右侧装入暗盒室内；将胶卷拉出至卷片轴，把片头插入卷片轴芯开口的缝隙内，再把胶卷放平，齿孔对准输片齿轮；盖紧后盖，转动卷片扳手，连续空拍两张，当计数窗内指针对准"0"后再卷片，便可正式拍照。每卷一次片，即可按下快门钮拍摄一张照片。卷片时，用力要均匀，速度要缓慢，直至卷不动为止，不能强力硬扳，以防损坏机件或拉断胶片。

（2）取景、调焦：景物通过镜头成像后，再经过反光镜和屋脊五棱镜的反射，可以直接从取景目镜中呈现出来。调整取景器的角度，选取合适的拍摄范围。转动调焦环，直到影像呈现清晰为止。

（3）调整光圈和快门速度：调整光圈是通过光圈调节环来实现的，光圈系数从 2～22 共 8 档，调整时，既可以对在某一档上，也可以对在两档之间的任何位置上。DF 相机的光圈属于自动收缩光圈，不按动快门钮时光圈始终是有效口径，即最大光圈。为了能预先了解各级光圈所能获得的景深，相机上还设置了景深预测拨杆，操作时，由上向下拨动即可。调整快门速度，只要将快门速度盘中所需要的速度数值对准快门指示刻线即可。快门速度从 B 门至 1/1000 秒共 12 档，调整时，只能对在某一档上，不能对在两档之间，否则将会损坏快门机件。

（4）自拍机的使用：首先上紧快门弦，然后将自拍扳手向右扳至 90°。拍照时，向左推动自拍按钮，自拍机就开始工作。延时时间为 8 秒左右，快门便自动启闭。如果需要减少延时时间，可将自拍机扳手扳在 40°～90°之间，但不得小于 40°。

（5）镜头的装卸：卸镜头时，用左手拇指由上向下推动镜头拆卸钮，右手握住镜头并逆时针方向旋转，到镜头卡座上的红点与机身前的红点对齐时，即可将镜头取下；装镜头时，将镜头卡座上的红点对准机身上的红点，并插入机身内，再沿顺时针方向旋转，至听到轻微的锁紧声即可。

（6）倒片：当胶卷全部拍完后，应将已拍完的胶卷再倒入暗盒中。倒片时，先按下相机底部的倒片揿钮，然后抽出倒片钮中的手柄，按箭头方向顺时针转动倒片钮，使胶卷全部倒入暗盒内。打开后盖，提起倒片钮，即可取出暗盒。

3. 三脚架、快门线的使用。

（1）三脚架一般由三支脚的支架和云台组成。使用时，打开三支脚，把相机固定在云台上，即可自由升降高度和调整拍照角度。三脚架一般用于低速（曝光时间大于 1/30 秒）拍照和自拍等场合。

（2）快门线往往与三脚架同时使用，两者均是为了防止相机晃动，以保证影像的清晰。装快门线很简单，将其插入快门按钮内并拧紧即可。拍照时，如果需要长时间曝光，按下快门线按钮后，再拧紧快门线锁，直至打算停止曝光时再松开。

六、注意事项

1. 照相机是一种精密仪器，必须在实验老师的指导下按照操作要求小心使用。在没有了解其性能、各部件的特点和作用以及操作要求之前，不得使用。

2. 操作时，如果遇到故障，不得硬扳或擅自拆卸。

3. 防止镜头被污染、划伤，切勿用手或其他物品按触镜片。

4. 爱护机件。照相机用完后，应将快门弦和自拍机释放，把物距标志对在"∞"处。

七、对实验报告的要求

按实验报告的规定，简要说明实验目的、实验内容、实验方法和步骤，并回答思考题。

八、思考题

1. 照相机由哪几个主要部件组成？

2. 镜头、光圈、快门、景深表各有什么作用？

3. 使用照相机要注意哪些问题？

4. 怎样维护照相机部件？

实验二　电子闪光灯的使用

一、实验目的

1. 初步了解电子闪光灯工作原理及结构，弄清灯上符号、标志的含义。

2. 熟悉闪光指数表的使用。

3. 掌握闪光灯的正确操作及与相机的配合，学会闪光灯的配光方法。

二、实验原理

（一）闪光灯的工作原理

闪光灯一旦接通电源，直流变换器便将直流电逆变成交流电，再经过整流滤波电路，可以获得 150 伏左右的直流电，整流后的直流电分别加到闪光灯管的两端和高压电路，这时如果按动相机快门按钮，在高压电路的输出端，可获得一万伏左右的高压触发脉冲。当闪光灯管受到高压的激发，使管内氙气电离，便会产生弧光放电，发出强烈的闪光。

（二）闪光指数

闪光指数等于光圈系数乘闪光灯至被拍物的距离，即：

$$GN = F \cdot S \qquad\qquad (2-1)$$

GN 是在闪光摄影时指示正确曝光的一个数据。它是由胶片的感光度和闪光灯的照射距离及光圈的 F 系数三者综合起来表示的数值。一般电子闪光灯的闪光指数都是以 ISO21/100 的感光度作标准计算的。如果胶片的感光度变了，闪光指数相应地也随之而变。

拍照时，可以根据闪光灯指数来确定光圈系数或被拍物的距离。例如，使用 GN 为 24 的闪光灯，用 GB21°胶卷，被拍物至闪光灯距离为 3 米，则可采用 F8；反过来，如果需要采用 F8，则可让被拍物处在距闪光灯 3 米处。

闪光指数是以一般情况为标准的。如果使用微粒显影液冲胶卷，还应在标准显影时间的基础上再延长 50% 的显影时间。如果需要拍摄对象的色调深暗，周围的反射光微弱，或者夜间在室外拍摄，使用闪光灯时，还应在正常曝光的基础上再开大一档光圈。

三、实验内容

以电子闪光灯为实例：

1. 了解闪光灯的工作原理、主要性能、结构，弄清符号、标志的含义。
2. 闪光灯的操作和与相机的配合。
3. 闪光指数表的使用和闪光灯的配光方法。

四、实验设备和器材

电子闪光灯（包括电池）　　　　　　1 台
DF—135 相机　　　　　　　　　　　1 台
反光板　　　　　　　　　　　　　　1 块

五、实验方法和步骤

（一）以两人为一组

以电子闪光灯为实例，了解闪光原理、主要性能、结构，弄清灯上符号、标志的含义。

（二）闪光灯的操作步骤和与相机的配合

首先按闪光灯上的箭头方向推开电池门，依照电池标记纸的正负极方向装上电池，然后关上电池门，再将电源开关推向"ON"位置，即可以听到轻微的"吱吱声"，数秒后充电指示灯便亮，按动试闪钮，即会闪光，表示闪光灯工作正常。然后再将电源开关推向"OFF"位置，将同步线插入闪光灯同步线插座和相机"X"闪光插孔内。重复上述步骤，便可以进行闪光同步的拍摄。拍照结束后，应将电源开关推至"OFF"位置，并取出电池，以节省电能、保护机件。

（三）熟悉闪光指数表及其应用

使用闪光灯时，虽然根据式（2-1），已知其中两者，可以很快地算出第三者。但是，为了更加方便明了，现代各种电子闪光灯上都印上了明确的闪光指数表，在该表中，上端三格数字表示闪光灯与不同焦距镜头配合使用时（如照相机的镜头为 28 毫米，即可将闪光灯"可调照射头"上的标志对准 28 毫米），闪光灯至被拍物体的距离，左侧两排数字表示不同标准的感光片的感光度，右侧各排数字分别表示使用不同感光度的感光片和使用不同焦距镜头拍摄不同距离上的景物时所应该采用的光圈系数。

（四）闪光灯的配光方法、步骤

1. 单灯的用法。

（1）单灯正面闪光法：将闪光灯设在相机的位置上。这种拍照方法的优点是使用方便；缺点是光线平淡，使被拍物缺乏层次和立体感，以及出现前亮后暗的现象。如果被拍对象靠近白墙，还会使其产生浓黑的阴影。因此，当必须用这种方法拍照时，应尽量让被拍者离白墙远些，或选择暗背景。

（2）单灯侧面闪光法：将闪光灯设在被拍物左前侧或右前侧高处。这种方法的优点是被拍物的立体感强，层次较丰富，且投影较低；缺点是容易在被拍物正面的某个部位造成过浓的阴影。这些阴影可以用改变闪光灯的位置和角度调节。

（3）单灯反射闪光法：将闪光灯朝反光板、白墙或天花板上照射，利用反射光线照明进行拍照。其优点是照射范围大，光线均匀柔和，被拍物层次丰富。

2. 双灯的用法。采用双灯拍照，可以使被拍物获得比单灯更理想的造型效果。其方法主要有两种：一种是将一只灯作为主灯，置于被拍物的侧前方，另一只作为辅灯，置于相机位置；另一种方法是将两只灯分别置于被拍物的两侧前方，一只离被拍物近些、高些，作为主灯，另一只离被拍物远些、低些，作为辅灯。

六、注意事项

1. 闪光灯使用完毕，应关闭电源开关，取出电池，以免电池漏液污染、腐蚀及损坏机件。

2. 保护灯头镜片，防止其被划伤或磨坏，以保证其闪光指数。

3. 若充电 60 秒钟指示灯仍不亮时，应更换全部电池。

4. 闪光灯应保存在干燥阴凉处，使用前应充电空闪几次，使其功能正常后再使用。

5. 不得随意拆卸闪光灯。

6. 不要直接对着人眼闪光，以防损伤眼睛。

七、对实验报告的要求

按实验报告的规格填写实验报告，回答思考题。

八、思考题

1. 闪光灯有何特点和作用？

2. 怎样利用闪光指数确定光圈系数？

3. 闪光灯有哪几种用法？各有何优缺点？

实验三　室外景物的拍摄

一、实验目的

1. 初步掌握拍摄的基本技术。

2. 了解光圈与景深的关系。

二、实验原理

1. 光的直线传播和光的独立传播定律，是摄影配光造型、突出主体的依据；平方反比定律，在用灯光照明时影响感光片的照度；倒易律是曝光组合的理论依据；透镜成像在感光片上形成潜影。

2. 景深形成的原理。景深是指被拍景物前后的纵深清晰范围，按照光学理论，应该只有对焦主体的物点才能在像平面的感光片上结成清晰的像点，其他前前后后的景物的物点都只能在感光片上结成各种小圈，即分散圈，但是由于人眼本身分辨力的限制，当分散圈小到一定程度，即其直径小于镜头焦距的1/1000时，人眼便无法分辨出来，从而就把它当成一个清晰的点，由此就产生了上述的景深。并且，镜头焦距越短，采用的光圈越小，被拍物体越远，景深就越大，反之景深愈小。

三、实验内容

1. 拍摄远、中、近景。

2. 分别利用顺光、侧光、逆光拍摄。

3. 以同一被拍物为调焦点，曝光量相同，用三种不同光圈拍摄。

四、实验设备和器材

DF—135 相机　　　　　　　　　　1 台

三脚架　　　　　　　　　　　　　1 个

GB21°135 全色胶卷　　　　　　　1 卷

五、实验方法和步骤

1. 两人为一组。拍照前的准备工作：首先熟悉所用相机各部件的性能和特点，以及三脚架的使用方法，并检验其性能是否良好，如果没问题，即可在背光处装好胶卷。

2. 确定拍摄对象。根据实验内容的要求，以不同景物作为拍摄对象。

3. 拍摄远、中、近景。

（1）远景的取景，首先应该注重环境气氛，如天空的云彩和飞鸟，江面的帆船，路上的车辆和行人等。然后，为了表现远景的空间深度和透视效果，可以选择造型较美的、颜色较深的对象作为画面的前景。

（2）中景的取景，应该注意人与人、人与物或物与物之间的关系，表现其具体情节。

（3）近景的取景，则应强调被拍对象的局部特征，表现其质感或神态。

三幅画面的配光，可统一采取前侧光，正面取景，照相机镜头应该对着建筑物正面的中心位置，画面要能给人以稳定和庄重之感；侧面取景，相机镜头的光轴要与建筑物正面轴线成90°角，它着眼于建筑物侧面的特点和轮廓；斜侧面取景，照相机镜头应该对着建筑物正面与侧面之间，要利用建筑物正、侧两面的特征和前后汇聚的线条，着眼于其立体效果和空间透视效果。三幅画面的配光，可以统一采用前侧光。

4. 顺光、侧光、逆光拍摄。

（1）顺光的画面，要使阳光的照射方向与拍摄方向保持一致。顺光下的景物，影调平淡，反差小，立体效果和空间透视效果均较差。因此，顺光下拍照，要注意选择与被拍物体有较大反差的背景，以突出主体和增强画面的表现力。

（2）用侧光拍照，要使阳光的照射方向自与镜头的光轴保持在90°左右的角度。侧光下的景物，反差较大，立体感强，色调丰富。拍照时，要着重于景物的立体效果。一般来说，侧光是拍摄风光、建筑物的最佳光线。而拍人像，尤其拍正面人像，通常用得较少，因为它容易使人脸形成阴阳脸。

（3）逆光下的景物，其边沿会出现明亮的轮廓线条，把景物与景物之间、主体与背景之间明显地区分开，因而空间感较强。利用逆光可表现景物的空间深度，使二维的照片展示出强烈的三维空间效果。

5. 以同一被拍物为调焦点，曝光量相同，用三种不同光圈拍摄。三幅画面分别采用 F2、F5.6、F16 和相应的快门速度进行曝光。

六、注意事项

1. 爱护和保管好实验器材，以防损坏、丢失。

2. 取景时，照相机要持正，不要歪斜，要防止被拍主体正后方出现树杈、电杆等取景物，从而破坏画面效果。

3. 按快门时，用力要均匀，要防止相机晃动。

七、对实验报告的要求

1. 每人拍摄 18 张底片，要用三种不同的曝光方式，分别拍摄整个实验内容。待冲洗胶卷后，再从中找出 6 张密度适中的底片，作为以后印放照片的作业之一。

2. 对拍摄的每一张底片都要认真做好记录，如季节、天气、拍摄时间、地点、胶卷感光度、光圈、快门速度等，并与以后的底片和照片作业一同交上。

八、思考题

1. 拍照一般可以分为哪几个步骤？各个步骤应当注意哪些问题？
2. 拍摄远、中、近景时，各应该注意哪些问题？
3. 正面、侧面和斜侧面的画面景物各有何特点？
4. 顺光、侧光和逆光对景物的造型各有何特点？
5. 影响景深有哪些因素？

实验四　黑白负片的冲洗

一、实验目的

掌握负片的冲洗条件和方法。

二、实验原理

（一）显影原理

将已曝过光的负片放入含有显影剂的溶液中，使乳剂层内已感光的卤化银转变成金属银粒形成负像，而显影剂被氧化，这种化学反应称为氧化还原反应。感光银盐乳剂层还原的程度与所感受的曝光量成正比。负片银的潜影转变为银粒的过程如下：

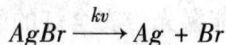

$$AgBr \xrightarrow{kv} Ag + Br$$
$$Br^- - e \rightarrow Br$$
$$Ag^+ + e \rightarrow Ag \downarrow$$

（二）定影原理

在显影过程中，感光的银盐还原了，但未感光的银盐亦有极少量的还原，未感光的银盐见了光仍然会分解出银而增加负片的灰雾度。因此，显影后还需进一步处理，使显影停止，同时又能除掉未感光银盐，只保留并固定已出现的影象，这就是定影。

定影的主要化学反应如下：

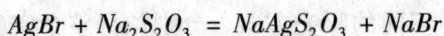

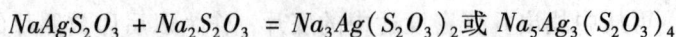

$$AgBr + Na_2S_2O_3 = NaAgS_2O_3 + NaBr$$

$$NaAgS_2O_3 + Na_2S_2O_3 = Na_3Ag(S_2O_3)_2 或 Na_5Ag_3(S_2O_3)_4$$

（三）水洗的作用

显影前的水洗，既软化负片，又有利于防止产生气泡粘附于药膜面，使显影均匀一致，并洗去负片的防光晕膜，保持显影液的活力；显影后的水洗，既可以洗去负片上的显影液以停止显影，也可尽量少带显影液进入定影液而保护定影液；定影后的水洗，可充分溶解与硫代硫酸钠生成的可溶性银盐。如果水洗不充分，负片还残存硫代硫酸银，以后就分解生成黄棕色的硫化银，使影像变色。

三、实验内容

用下面所介绍的任一方法，冲洗前面实验中所拍得的负片。

四、实验设备和器材

135 显影罐	1 个
135 片轴	1 个
显影盘	4 个
水洗负片的桶或盆	1 个
温度计	1 只
1000 毫升量杯	2 个
D—72 显影液	500 毫升
F—5 酸性坚膜定影液	500 毫升

五、实验方法和步骤

（一）冲洗前的准备工作

1. 检查暗房设备和器材的完备性，尤其暗房绝对不能漏光。安全灯的颜色因负片的感色性而异，盲色片、分色片用深红色安全灯，全色片用深绿色安全灯。

2. 阅读负片和配方提供的数据和使用说明书。

3. 测量水温、药液温度，把水温、药液调到所规定的标准温度。

4. 检查显影罐片轴有无变形，是否光滑。

（二）罐中标准冲洗步骤

1. 按照顺序将片轴、显影罐、盖子、胶卷或胶卷暗盒、剪刀排列好。

2. 擦干片轴，洗净双手，并保证片轴和手干燥。

3. 绕片。关上灯，在全黑的条件下把胶卷绕在片轴上。绕 135 卷片前，用剪刀剪去片头，绕到末端时，用剪刀将其末端与暗盒片轴剪开。若胶片是用胶布固定的，一定要慢慢撕，以避免撕破胶片或产生静电火花。手拿胶片时，只能接触片边，以免在药膜面上留下指纹。绕片时，勿使胶片脱离片道和发生弯折。如果感觉到不正常的阻力或起伏不平，应倒回一段再试装。有的片轴必须由外向里将胶片绕入螺旋状片道内，胶片在刚进入片道入口时，必须平整地插入，胶片进入片道入口以后，两手要平稳地相对反方向来回转动片轴。如果发生胶片停顿不进，多数原因是胶片两角不是齐头并进，或者两手转动力不均衡造成。这时，应抽出胶片重新试装。绕好片后，把片轴装入罐体里，盖上大盖。打开白灯，进行后面的步骤。

4. 水洗。将罐体稍倾斜，从盖子上遮光挡板的注液口注入清水，晃动显影罐或旋转轴芯（亦即片轴），使清水浸润胶片。135 胶片换水 1~2 次。

5. 显影。倒尽清水，倾斜显影罐，将定量的显影液迅速地注入罐中，当药液注入时，即作为起点开始计秒。显影开始后在工作台上轻轻地敲打罐体底部几下，或者用手急拍罐底，使罐体直线上下逆向运动，以驱逐可能吸附在胶片乳剂上的气泡。盖上小盖继续显影，显影初期连续搅动 30 秒钟，以后每隔 30 秒搅动 5 秒钟。每次搅动的频率应恒定平稳，避免搅动过度与不充分。过度搅动会造成显影过度，搅动不充分会引起显影不均匀和显影不足。搅动时，必须捏紧大盖、小盖与罐体，防止大盖突然打开。搅动间歇，要将显影罐放在与显影液温度一致或略高 1℃ 的水浴里，以保证适宜的冲洗温度。显影结束前 10 秒钟，启开小盖，从注液口将药液倒出，显影终点时，罐刚好倒空。提前多少秒钟倒出药液，依各人所用的显影罐不同而异。如果使用大罐显影，注入和倒出药液迅速，显影时间可不计算注入和倒出药液的时间。

6. 水洗（或停显）。将停显液注入罐中，均匀用力持续搅动 30 秒钟或特殊规定的时间。现代冲洗黑白胶片，多不采用停显而代之以短时间（10~15 秒）的水洗，其优点是负片阴影部分的层次较好，而且能使显影更为均匀。

7. 定影。水洗后，倒出清水，将定影液注入罐内，定影操作仿照显影操作，定影中的搅动与显影中的搅动同等重要，不能因定影时间比显影时间长而轻视。定影搅动要充分，直到定影结束时倒出定影液。定影液的温度应该和显影液的温度相同。定影必须充分、彻底，20℃ 左右的定影需要 10~15 分钟。

8. 水洗。打开小盖、大盖，取出片轴，放入盆、桶或水池中，用流动水冲洗 30 分钟。如用夹子夹住胶片两端进行水洗，也是好办法。若用一系列静止的水洗，每隔 5 分钟换一次水，重复 6 次，既可节约用水也可收到同等效果。有的胶片要参考胶片厂家推荐的水洗时间进行水洗。

9. 干燥。水洗后，用海绵擦干胶片上的水渍，用夹子分别夹住胶片两端，挂在清洁、无尘、通风、日光不直射的地方晾干，或者放入干燥器内烘干。

（三）盘中标准冲洗步骤

1. 按顺序往四个盘里倒入清水、显影液、清水和定影液。水和药液量至少能淹没胶片。计时器放在盘的旁边。深绿色安全灯放在距离盘一米处。洗干净双手并揩干。

2. 水洗。关上白灯，在全黑的条件下将胶片从暗盒中取出，拉开胶片一段，乳剂膜面向上浸入清水盘中让水淹没这一段胶片。未拉开的胶片不能浸入水里，否则，胶片受湿后发粘，乳剂膜剥落。胶片浸入水后，双手上下左右抖动胶片，让水在乳剂膜面上流动，接着松开一只手，让胶片自动卷回，再往后拉开一段胶片浸入水里，两手上下左右抖动胶片，让水在乳剂膜面上流动。周而复始，双手在盘中来回倒片，直至胶片被全部湿润，一般情况，135 胶片往复 2 次。

3. 显影。从清水盘中取出胶片并滴去水珠，用前面水洗的方法在显影盘中显影。每一段胶片淹没在显影液里的搅动次数、时间、运动速度应该均衡一致。显影时间从胶片接触显影液时开始计算。显影结束前 10 秒钟，把胶片对着安全灯观察，如果胶片上有隐约的影像，可停止显影。如果胶片没有隐约可见的影像，则适当延长显影时间。正确判断显影程度，需要有一定的经验。

4. 水洗。显影完毕后，滴去胶片上的显影液珠，将胶片放入清水中水洗 20~30 秒钟。

5. 定影。胶片第二次水洗后放入定影盘中，用显影的方法搅动，定影 10 分钟。

6. 水洗。定影结束，开白灯，用夹子夹住胶片两端，放入盆或桶中用流动水外洗，或一系列静止水洗。水洗时间 30 分钟。

7. 干燥。胶片水洗后，用两块清洁海绵夹在中间慢慢地从上到下把水滴擦去，然后用夹子夹住两端，挂在阴凉通风无尘处晾干。

盘中冲洗胶片与空气接触的机会较多，容易产生灰雾，乳剂膜也容易摩擦受损，且显影长条胶卷时，操作上容易失误。而罐中显影安全可靠，可以避免盘中显影常出现的毛病。罐显在亮室中操作，人体可以少呼吸混浊气体，手指也可少接触有毒有害药液，有利身体健康。初学摄影者，由于绕片不熟练，胶片常常重叠，使负片画面上出现斑块，致使拍照前功尽弃。如果绕片没有把握，应先学习盘中显影。

六、注意事项

1. 定温定时冲洗。胶片的摄影特性，都是在一定的显影条件下表现出来的，摄影效果与显影条件密切相关。冲洗胶片时在胶片生产厂家推荐的配方所规定的浓度、温度和时间的条件下进行为佳。其中，药液的温度，由于客观条件的限制，往往达不到标准。20℃是冲洗负片的标准温度，其误差容许范围是±5℃。在容许范围之外，如在25℃之上，负片的密度高、反差大；在15℃以下，负片的密度低、反差小。冲洗负片特别是显影，必须保证配方规定的温度。严格来讲，清水和定影液的温度也应与显影液的温度基本一致。

2. 定影的时间不能超过配方规定的时间过久，否则，负片会出现减薄现象。

3. 新旧药液不能混合使用，除非是补充液。严禁显影液与定影互相渗入。

4. 胶片娇嫩，容易损伤，冲洗过程中应该小心谨慎。

5. 显影过程中如果负片再次被曝光，并继续显影的，可生反转影像，故务必保证暗室的安全，不能漏光。

七、对实验报告的要求

将冲洗出的负片平整地夹在实验报告里，或装入透明的底片袋里，编上序号，从曝光量、显影程度、密度和反差等方面分析每一张底片，并将分析结论写在报告上，然后回答思考题。

八、思考题

1. 简述显影原理、定影原理和水洗的作用。

2. 影响显影效果的有哪些因素？

实验五　黑白照片制作

一、实验目的

1. 掌握印相、放大照片的全过程。

2. 了解如何根据底片的密度和反差正确选配相纸。

二、实验原理

在印相和放大过程中，由于底片影像存在着浓淡不同的密度，密度大的地方阻光多，通过的光线少；密度小的地方阻光少，通过的光线多。所以光线通过底片在感光纸上曝光就不同。经过显影等程序处理后，在感光纸上可以获得与底片影调相反的正像照片。

三、实验内容及方法

(一) 根据底片选配相纸

要把负片和感光纸配合得好，首先要正确鉴别负片的密度和反差。一张正常的负片，既有黑的部分，也有透明的部分，层次丰富，密度和反差适中；一张薄的负片，黑的部分淡灰，透明部分占的多，缺乏中间层次，密度小；一张厚的负片，影像大部分浓黑，缺乏中间层次，密度偏大。正片处理中，我们应根据负片的不同反差和拍照的内容来选择感光纸。选择的正确与否，直接关系到正片的质量。目前国产相纸有"0"（特软性）、"1"（软性）、"2"和"3"（中性）、"4"（硬性）、"5"（特硬性）等几号。其中"1"、"5"用的比较少。软、中、硬的区别在于它们对光线感受性能上的不同。软性相纸感光范围宽，黑白反差小，影纹层次多；硬性相纸感光范围窄，反差大，影纹层次少；中性相纸介于两者之间。选配相纸时，应以再现被拍物色调层次，更好地表现拍照内容为依据，同时，还要补救负片因曝光或显影不正确所产生的缺点。一般来说，反差强的负片配以软性相纸，反差弱的负片配以硬性相纸，反差正常的负片配以中性相纸。

底片的反差	感光纸性能	照片的反差
强	软	适中
强	硬	过强
强	中	偏强
弱	软	过弱
弱	中	偏弱
弱	硬	适中
适中	软	偏弱
适中	硬	偏强
适中	中	适中

(二) 曝光时间的确定

一张照片质量的好坏，在很大程度上取决于曝光是否正确。正确曝光的照片，正常显影，可获得反差适中、影调层次丰富、质感强的照片；曝光不足时，显影时间长，强光部分层次表现不出来，反差大；曝光过度，显影时间快，造成反差降低，色调不正，银粒粗糙等。影响曝光的因素很多，主要有以下几个方面：

1. 底片的密度。密度大的曝光时间长，密度小的曝光时间短。

2. 放大倍数。放大倍数大的曝光时间长，放大倍数小的曝光时间短。

3. 相纸感光度。感光速度快的曝光时间短，感光速度慢的曝光时间长。

4. 光圈系数。光圈大的曝光时间短，光圈小的曝光时间长。

5. 光源亮度。光源亮的曝光时间短，光源暗的曝光时间长。

在进行曝光之前，应通过试验找出正确的曝光时间。其做法是：将相纸切成一条，分别做不同时间的曝光试验，显影后，从中选择正确的曝光时间为准确曝光时间。但是对整卷负片或多张负片进行放大时，不可能保证每张负片的密度都一致，所以操作时应对试验所得的准确曝光时间灵活掌握，不能生搬硬套。

（三）显影

将已曝光的感光纸薄膜面朝下浸入早已准备好的显影液中，并用夹子不断翻动观察，直到影像完全符合显影要求为止。显影温度为 18°~22℃，显影时间为印相纸 1~2 分钟，放大纸 2~3 分钟。

（四）停影、定影、水洗、干燥

1. 停影。显影后的照片浸入停影液（水代替）1~2 分钟，即可达到停影的目的。

2. 定影。将停影后的照片没入定影液中并适当搅动，以防止定影不透或不均。时间以 10~15 分钟为宜。

3. 水洗。将定影后的照片放入流水中进行漂洗，时间为 10~30 分钟即可。

4. 干燥。照片一经水洗完毕后贴于上光机上进行干燥上光。最后用切纸刀切好照片。

四、实验设备及器材

放大机（海鸥 61—1 型）	1 台
印相机	1 台
上机光	1 台
切纸刀	1 把
显影盘	4 个
量杯（1000 毫升）	2 个
竹夹子	2 个
D-72 显影液	500 毫升
酸性定影液	500 毫升

印相纸（10″×12″）　　　　　　　　　　　　　　　1 张

放大纸（10″×12″）　　　　　　　　　　　　　　　3 张

五、实验注意事项

1. 不能将显影液及定影液滴在工作台上，以免腐蚀工作台和触电。

2. 要保持放大机和印相机的清洁。

3. 严格控制显影液的温度。

4. 切忌用湿手触摸底片或未曝光的感光纸。

六、实验报告要求

简要说明实验的目的和原理，将拍照实验所要求的 6 张负片各印放一张，并和负片一起交上，作好记录。最后回答下列问题：

1. 鉴别底片的作用是什么？

2. 曝光时间如何确定？都要考虑哪些因素？

实验六　模拟现场摄影

一、实验目的

1. 熟悉现场摄影的内容。

2. 较好地掌握现场摄影的步骤、方法和现场照片的制作。

二、实验原理

根据现场勘查的规则和现场摄影的要求，从模拟现场的实际出发，运用相向、多向、回转连续、直线连续等现场摄影的各种方法，客观、真实、完整地记录下现场方位、现场概貌、现场重点部位和遗留在现场上的犯罪痕迹、物证等。为分析研究现场情况、判断案情和物证检验、鉴定提供重要的依据。

三、实验内容及方法

设计一模拟现场，制定拍摄计划，以两人为一组。

（一）现场摄影的内容

1. 现场方位摄影。反映犯罪现场所处的地点及其与周围环境的关系。

2. 现场概貌摄影。反映整个犯罪现场的范围、内部状况、犯罪痕迹、物证的分布情况及其相互之间的联系。

3. 现场重点部位摄影。反映现场上对揭露和证实犯罪存在重要意义的物体或地段的状况、特点，以及遗留犯罪痕迹、物证的位置及其相互之间的关系。

4. 现场细目摄影。主要是反映现场上具有检验、鉴定和证据意义的各种犯罪痕迹、物证的大小、形状和特征等。

（二）常用的现场摄影方法

由于各处现场的客观条件不同，因此可根据案情的需要，分别采用下列几种拍摄方法：

1. 相向拍照法。以现场中心部位为主体从相对的两个方向进行拍照，相向拍照法常用于室内现场和需要反映现场中心部位相对面情景的室外现场。

2. 多向拍照法。可视为两个相互交叉的相向拍照，由于现场范围较大，仅从相对两个拍照尚不能反映整个现场情景时，需要从几个方向对现场中心部位进行拍照，这就是多向拍照，采用多向拍照法拍摄的每一张照片，只能反映现场的一个侧面，所以需要处理好重点与全面的关系。一组完整的多向照片要使现场中心部位与四周环境、犯罪痕迹、物证遗留的位置、分布情况和相互间的关系等得到充分的反映。

3. 回转连续拍照法。先将照相机固定在选定的位置上，只转动照相机的拍摄角度，而不变动照相机的位置，将需要拍照的景物分成几段连续拍照。然后将制作成的数张照片标志拼接成一幅完整的画面，用以反映被拍景物的全貌。

4. 直线连续拍照法。直线连续拍照法是在同一物距的条件下，将照相机沿着被拍物体的平面，由一端向另一端直线平行移动，将所要拍摄的物体分成几段逐段拍照。然后完整地反映被拍物的全貌。

直线连续拍照法一般用于狭窄的长条形现场或成趟的足迹、血迹和车轮痕迹等。

（三）现场照片的制作

现场照片制作内容包括照片印放、剪裁和文字说明等。

1. 从冲洗出来的所有底片中，挑选出符合现场要求、质量好的需要印、放的底片，并确定照片的放大尺寸，一般不要超过4寸。

2. 印放的现场照片，除特殊要求外，要求反差适中，层次丰富，色调悦目。为此，要根据底片的反差，选配不同号数的相纸和合适的显影液。

3. 将印放好的照片进行剪裁，一律裁成平边，不留白边。

4. 将剪裁好的照片进行编排，粘贴在现场照片卡纸上。

5. 为了说明照片之间的相互关系，或需要重点显示有关物体的位置以及物体罪证等，应加以适当的标志。标志最好是用红色墨水。

6. 对照片的文字说明，要求准确、简练、通俗，书写要工整，不能使用分析、判断术语或模棱两可的词句。

四、实验设备和器材

DF—135 照相机	1 台
三脚架	1 只
135 黑白全色胶卷	1 个
黑白比例尺	各 1 条
暗室冲洗工具及药品	若干
放大机	1 台

五、实验注意事项

1. 遵守纪律，服从安排，要把模拟现场视作真实现场，在实验老师的指导下，拍好每一张照片。

2. 要爱护器材和设备，严格按照操作程序进行操作，防止器材的丢失和损坏。

六、实验报告要求

要求每个实验小组交一套完整的现场照片，每个同学交一套完整的现场负片，以作为实验作业。

七、思考题

1. 现场摄影的内容有哪些？相互间有什么区别？

2. 现场摄影的方法有哪些？运用多向拍照法和回转连续拍照法应注意哪些问题？

3. 现场照片制作包括哪些内容？怎样制作现场照片？

实验七　室内盗窃案现场摄影

一、实验目的

1. 能独立完成室内盗窃现场拍照及后期制作。

2. 能独立完成一套室内盗窃现场照片的编排、粘贴、标划和文字说明。

二、实验原理

（一）盗窃案的特点

1. 盗窃案的发生地大多数是居民住宅、单位的办公室或库房、商店等。大部分现场的当事人已先进入检查过，有些现场已有改变。

2. 盗窃案均有案犯的出入道及行走路线，如门窗、墙壁、房顶等。

3. 凡盗窃案都侵害一定的客体，使客体受到某种程度的移动或损坏。物品的移动及移动处和藏匿处均反映明确。

4. 盗窃案的现场都遗留下各种不同的痕迹物证，如工具撬压痕迹、照明工具、案犯遗留和作案工具、衣物、手套、指纹及足迹等。

（二）盗窃案现场摄影要点

到达现场后，首先要通过当事人对现场有一个大概的了解，弄清楚哪些地方是原始现场，哪些地方是被当事人动过的。然后制定出拍照计划，此现场需要拍哪些内容，先拍什么，后拍什么，现场大约拍照多少个画面，拍照点都选择在什么地方。在此基础上按照现场摄影的四个内容拍照盗窃案现场。

三、实验内容

设计一模拟现场分别进行：

（一）盗窃案现场方位摄影

盗窃现场方位照片要表明盗窃现场所处的地点和位置，反映现场与周围环境的联系。

（二）盗窃案现场概貌摄影

盗窃案现场概貌摄影要充分反映现场的翻动情况，被侵害客体与周围环境的关系。

（三）盗窃案现场重点部位摄影

要反映被破坏和被偷盗的金库、桌、柜的位置，以及案犯进出路线；内盗和外盗所表现的特有特点等。使用标准镜头，采用闪光灯拍照。

（四）盗窃案现场细目摄影

盗窃案现场细目摄影是对具有证据作用的各种痕迹物证的拍照，如撬压工具、撬压痕迹、指纹、足迹等。

（五）制作现场照片

现场照片在制卷形式、编排和文字说明等方面要反映出室内盗窃现场的特点。

四、实验设备和器材

DF—135 照相机	1 台
三脚架	1 只
135 黑白全色胶卷	1 个
黑白比例尺	各 1 条
暗室冲洗工具及药品	若干

放大机　　　　　　　　　　　　　　　　　1台

拍照时使用标准镜头进行比例摄影，对物证要进行脱影摄影。

五、实验步骤和方法

（一）根据"案情"设计进行室内盗窃现场摄影

楼房某办公室丢失现金人民币 5000 元，室内翻动较大，中心现场为方屉桌，现场勘查发现如下痕迹：

1. 门暗锁无破坏痕迹，系开门入室。

2. 在门的入口地面上有一张白纸，上面遗留灰尘足迹一枚。

3. 靠墙书柜被打开，书散落在地面上。

4. 室内方屉桌抽屉均被拉开，桌子中间抽屉有扩缝橇压痕迹多处。

5. 在方屉桌下发现改锥一把。

（二）拍照方法

1. 采用相向拍照法，结合特写镜头拍照现场方位，利用自然光，拍照光圈以 11 为宜。

2. 在室外，正对或斜对门口拍照一个画面，以反映门口及门外。

3. 表现被盗房间门外环境情况。

4. 使用广角镜头相向拍照表现现场概貌。

5. 反映被盗书柜的状况。

6. 反映被盗抽屉的状况。

7. 比例摄影拍照痕迹和物证。

六、实验要求

每两人一套器材。每人写出实验报告并制作一套现场照片。

七、实验注意事项

1. 拍照现场方位时，尽可能选择高、远的拍摄点。

2. 拍照现场概貌时，尽可能选择高的拍摄点。

3. 拍照现场细目时，注意配光，多用近景和特写。

4. 夜间拍照调焦时，先用照明灯将被拍物体照亮调焦，然后再使用闪光灯曝光。

实验八 室外命案现场摄影

一、实验目的

1. 能够独立完成一套室外命案现场拍照及后期制作。

2. 能够独立完成一套室外命案现场照片的编排、粘贴、标划和文字说明。

二、实验原理

（一）命案现场方位摄影

选择较高较远的拍照地点，反映命案现场与周围环境的关系，现场附近的永久性特殊标志应包括在取景范围之内，命案现场应安排在方位摄影画面视觉中。

（二）命案现场概貌摄影

现场概貌摄影应以反映命案现场整体状态及其特点为重点。在取景构图时应把命案现场的尸体置于画面的显要位置。

（三）命案现场重点部位摄影

1. 要客观真实地反映尸体原始姿态、尸体衣着、尸体上的血迹分布状况及流向、尸体上附着物和尸体附近血迹喷溅的方向、形状与大小。

2. 拍照尸体与周围物品的关系，现场遗留凶器、物品及其特征，现场搏斗痕迹状况。

3. 拍照地面上尸体全貌时，应该从尸体上方或尸体左右侧进行拍照，切忌从尸体头部或脚部方向进行拍照，以防止产生脚大头小或头大脚小的尸体变形。

（四）命案现场细目摄影

1. 痕迹物证摄影必须坚持比例摄影原则。

2. 现场遗留痕迹物证，在情况不明的情况下坚持宁肯多拍不能遗漏原则。

3. 坚持垂直不变形原则。

三、实验内容

1. 依据"案情"设计进行室外命案现场摄影。

2. 野外偏僻处，发现一具尸体，现场勘查发现如下痕迹：

（1）地面上（或纸张上、树叶上）有血迹。

（2）尸体旁发现一枚立体足迹。

（3）尸体旁有立体的自行车轮印。

四、实验器材

1. 照相机、三脚架、快门线、变焦距镜头、闪光灯、近摄接圈或皮腔、翻拍架。

2. 比例尺、黑白全色胶片（GB21°）、黑白放大纸。

3. 在尸体旁提取一个背包，内有血衣一件，菜刀一把。

五、实验步骤和方法

1. 宜取三张连续接片的方法拍照现场方位，利用自然光，光圈以 11 为宜。

2. 采用多向拍照法，以尸体为前景拍照现场概貌。要能够反映出血迹位置、足迹位置、车印位置和背包位置。

3. 采用相向拍照法拍照尸体现场重点部位。

4. 采用比例摄影拍照痕迹物证。

六、实验要求

每两人一套器材。每人制作一套完整现场照片并认真填写实验报告。

实验九　原物大、直接扩大摄影

一、实验目的

1. 学会原物大、直接扩大摄影的基本操作方法。

2. 掌握原物大、直接扩大摄影的曝光时间和放大倍率的计算。

二、实验原理

1. 由凸透镜成像公式 $\dfrac{1}{u} + \dfrac{1}{v} = \dfrac{1}{f}$ 可知，当 $u = v = 2f$ 时，放大倍率 $k = 1$ 即原物大摄影；当 $u \langle 2f, v > 2f$ 时，$k > 1$，此即直接扩大摄影。

2. 物距 u、像距 v 与 k、f 之间有如下关系：

$$u = \frac{k+1}{k}f \qquad\qquad \cdots\cdots (1)$$

$$v = (k+1)f \qquad\qquad \cdots\cdots (2)$$

3. 原物大、直接扩大摄影应曝光的时间 t 和有效的光圈系数 F 分别是：

$$t = (k+1)^2 t_0 \qquad\qquad \cdots\cdots (3)$$

$$f = \frac{v}{f}F_0 \qquad\qquad \cdots\cdots (4)$$

式中，t_0 是原正常曝光时间，F_0 是进行原物大、直接扩大摄影时镜头上标志的光圈系数。

三、实验内容

1. 用原物大摄影拍摄透明胶纸提取的单指纹。

2. 对白底黑字字迹进行直接扩大摄影（k=2）。

3. 对电线断头特征进行直接扩大摄影（k 自定）。

四、实验设备和器材

DF—135 照相机	1 台
近摄接圈	1 套
多功能翻拍仪	1 台
快门线	1 根
磨砂玻璃（2.4 厘米×4.0 厘米）	1 块
GB21°135 全色胶卷	半卷
黑白比例标尺	1 条
钢卷尺	1 个

五、实验方法和步骤

二人为一组，轮流操作。

（一）用原物大摄影拍摄透明胶纸提取的单指纹

1. 取一枚用透明胶纸提取的单指纹固定在翻拍仪承物台中央部位。

2. 将已上好胶卷的照相机装在翻拍架立柱上，镜头与机身间装上一套近摄接圈，镜头距离标志调在"∞"处。

3. 在指纹的一侧或两侧开启小型聚光灯，以 45°角的光照射指纹。

4. 将光圈开至最大，移动立柱升降旋钮，从照相机取景器中观察，将照相机调节到指纹线最清晰的位置后固定好。这时候的物距应是二倍镜头焦距的距离。

5. 将光圈缩小到 $F_8 \sim F_{11}$（注意：加上近摄接圈后，光圈的自动收缩失效，需另行调节后才能按快门）。

6. 先按不加接圈的正常曝光时间拍摄一张，然后用此曝光时间的 2 倍和 4 倍的时间各拍一张，待冲片后观察比较，如果曝光时间慢于 1/30 秒时，最好使用快门线来开启快门。需要指出的是，按公式计算原物大摄影的曝光时间应是不加接圈的正常曝光时间的 4 倍。

（二）对白底黑字字迹进行直接扩大摄影（k=2）

1. 将字迹原件置于翻拍架承物台中心部位。

2. 照相机装上近摄皮腔或两套近摄接圈后，固定于翻拍架立柱上。

3. 在字迹的一侧用小型聚光灯照明字迹，由于物距很短且字迹较小，所以只需照亮，无反光斑点即可。

4. 开大光圈旋动翻拍架立柱升降旋钮逐渐缩短物距，向字迹平面靠近，使字迹从模糊—清晰—模糊，然后倒回至清晰部位，再把光圈缩小到所需要的级数。

5. 利用式（3）计算出的应曝光时间进行曝光。慢于 1/30 秒时，最好采用快门线启动快门按钮。

（三）对电线头特征进行直接扩大摄影

1. 把电线安置于翻拍架承物台上，使其对准中心部位，其特征面方向垂直向上，旁边固定一条比例标尺，标尺应平整无反光，并与电线断头平面平行。

2. 在照相机镜头与机身间装上近摄接圈，并将照相机固定在翻拍架立柱上，适当调整电线位置，使断头特征面对准照相机镜头主轴。

3. 为避免电线断头因过侧的照明所造成的阴影直接影响到断口的特征，可在另一侧配以辅助光来增强立体的形态，降低阴影的影响。

4. 开大镜头光圈，伸长近摄接圈，旋动立柱升降旋钮，以缩短摄影镜头至电线断头平面的物距，得到最大的放大倍率。放大应以电线的断头的三边留有一定的余地并能显示出比例尺为标准。

5. 调整物距和像距的关系，使电线断口特征从模糊—清晰—模糊后，再退回到最清晰的位置加以固定，然后将光圈缩小至 $F_8 \sim F_{11}$。

6. 按式（3）计算出的曝光时间进行曝光，由于曝光时间较长，应采用快门线来启、闭照相机快门，以免用手直接按快门使照相机震动，造成重影、虚影。

六、实验注意事项

1. 原物大摄影，物距标尺对准"∞"处，像距等于两倍焦距不能改变，可通过移动照相机调整实际的物距来获得最清晰的影像。

2. 由于装上近摄接圈或近摄皮腔，其照相机上原有的自动收缩光圈机构消失，所以在调焦时应开大光圈，而在曝光时应将其收缩到需要的光圈位置（通常以 $F_8 \sim F_{11}$ 为宜）。

3. 无论是原物大摄影还是直接扩大摄影，其曝光时间均需按式（3）计算，光圈可固定在 F_8 或 F_{11}。

4. 直接扩大摄影的光源温度不能过高，曝光时间不宜过长，以免被拍物受热逐渐变形和人员车马走动使正在曝光的照相机抖动造成重影、虚影，影响拍摄效果。

5. 由于原物大和直接扩大摄影曝光时间较长，因此，应尽量隔断周围的杂散光，以免干扰、影响拍摄效果。

七、对实验报告的要求

通过对上述三种原件的拍摄，列出其异同点，小结自己的拍摄体会和必须注意的事项，用实验来巩固加深课堂所学的知识。

八、思考题

1. 为什么原物大摄影的调焦不用通常的调节照相机的调焦环来取得？

2. 根据凸透镜成像公式，增加像距可以扩大拍摄的影像，为什么还必须增加曝光时间？

3. 在进行原物大或直接扩大摄影时，照相机为何不能手持拍摄而必须固定在三脚架或翻拍架立柱上？

实验十　翻拍与脱影摄影

一、实验目的

1. 掌握对不同客体的翻拍要求和条件。

2. 掌握翻拍和脱影的操作方法。

二、实验原理

（一）翻拍

根据透镜成像的基本原理，物距愈小，像距愈大，底片上物像也愈大。因此为了拍照较小物体的某一细节部分，需采用近距离摄影。一般的照相机，由于结构的限制，最近物距只能在 0.6 米～1 米之间，当拍摄细小物体时，需采用近摄装置伸长像距，缩短物距，扩大物像。翻拍对象大多为较小物体，故它也属于近距摄影的一种，其放大倍率和曝光计算与近距摄影相同。

（二）脱影

以一定光的亮度比值来消除被拍物的阴影，使被拍物的轮廓与背底界限、花纹特征清晰地显示出来，从而为技术检验和辨认创造条件。

三、实验内容及方法

（一）翻拍摄影

1. 翻拍的用光。要求在两边使用的灯光强度、角度与翻拍物的距离相等，以使光照均匀。为了避免有害的强光反射到镜头里，规定灯光与镜头的照射角度以 45°为宜，光源可以采用 100～200W 乳白灯泡。

2. 感光片的选择。

（1）盲色片：乳剂片只感受蓝、紫色光，对于黄、绿色光感受很迟钝，对于红、橙色光根本不能感受。因此它只适用于翻拍黑白图文资料或者制作幻灯片等。

（2）分色片：只能感受黄、绿、青、蓝、紫几种颜色，对红、橙光不能感受。因此，只适用于翻拍一般风光、人物、图片记录等，不能翻拍有红、橙色的原件。

（3）全色片：它对自然界除绿色外的一切颜色都能感光，因此它适用于翻拍多色或彩色原件。

（4）彩色片：它能显示自然界的所有颜色，因而可用它来翻拍各种彩色原件。

3. 取景调焦。首先将被拍物平整地放在翻拍架上，通过取景器观察翻拍物的画面是否在合适的位置。调焦的方法与普通摄影方法基本相同，但要更为精确。如要加用滤色镜，必须先加好滤色镜后，再进行调焦。

4. 光圈的使用。为了取得较好的翻拍效果，一般光圈以 F/5.6～F/11 之间为好。运用光圈的大小与翻拍倍率有关。翻拍倍率较小，光圈不必过分缩小；翻拍倍率较大，则使用最小或较小的光圈。如加用接圈或伸长皮腔后，光圈的 f 值就失去了原来的比例，而自动缩小，这样实际上就缩小了光圈。

5. 翻拍倍率的计算。翻拍倍率是指被翻拍原件与翻拍影像的大小比例。翻拍倍率不以面积计算，而以长度计算。如放大两倍，不是将被拍原件的面积扩大两倍，而是将被翻拍原件的长宽各边放大两倍，若按面积来算为 4 倍。其翻拍倍率公式为：

$$m = \frac{v}{u}$$

式中，m 为翻拍倍率，v 为像距，u 为物距。

当 v 增大时，翻拍倍率 m 增大；当 u 增大时，翻拍倍率 m 则缩小；当 v = u 时，翻拍倍率为 1，与原物大小相等。

物距与像距可分别由公式求出：

$$u = \frac{v \times f}{v - f} \qquad v = \frac{u \times f}{u - f}$$

式中，f 为镜头焦距。

计算时将已知数代入公式中，就可求出翻拍倍率和物距、像距之间的关系。

6. 曝光时间的确定。当物距与像距变化时，会直接影响到光圈的 f 值。如镜头伸出的长度为原有焦距长度的 2 倍，即翻拍率为 1 时，原有镜头的光圈值为 f/5.6，而这时实际上光圈已自动变小为 f/11。光圈上 f/5.6 与 f/11 的通光量比较差额为 4 倍，即光圈 f/11 是 f/5.6 的 1/4。若 f/5.6 光圈曝光 1 秒，f/11 就需要 4 秒才能获得相同的曝光。改变后的光圈值可按下例公式求出：

$$f_1 = \frac{v \times F}{f}$$

式中，v 为像距，F 为镜头焦距，f 为标志的光圈 f 值。

计算曝光时间的方法有以下两种：

（1）可按上式先计算出有效光圈 f_1，再用测光表根据当时的测光值，就可算出实际需要的曝光时间。

（2）根据下式，可直接计算出像距增加后应增加的曝光倍数。

$$增加的曝光倍数 = \left(\frac{皮腔的长度}{镜状焦距}\right)^2$$

以上两种方法，所得实际曝光时间相同。两种方法都可以使用。

（二）脱影摄影

1. 脱影灯箱脱影法。将被拍物放在脱影灯上，打开脱影灯箱的荧光灯开关，作为消除背景的光源。在被拍物与镜头两侧 45°处，配有主灯和辅灯。其主灯和辅灯的亮度之比，应在 1:2～1:3 之间。脱影灯箱的亮度不能超过主光，最大等于主光。在调配光角或光比时，要细心观察原物的特点，以便充分利用光线来表达其细部。

用脱影灯箱对一般铁基有色金属制品和颜色较深的物体，都有较好的效果。但对灰白色或色调很淡的物体，应在脱影灯箱的底部辅一张不反光的深色纸，拍摄结果是黑背景，黑背景与白物体界限分明。如果颜色不理想尚可采用其他脱影方法。

2. 透明玻璃脱影法。将玻璃两边架起，把被拍物放在玻璃上，根据被拍物的颜色，在玻璃下面放一张不反光的合适衬底。配光既可用灯光，也可用自然光为照明光源。

3. 环形灯脱影法。将环形灯套在相机镜头上，接通电源后，对着物体进行拍照。其特点是光照均匀，能获得无阴影的效果，对较大物体也能收到很好的效果。

4. 偏振镜脱影法。将一片偏振镜放在脱影灯箱上，把被拍物放在偏振镜上，然后，将另一块偏振镜套到相机镜头上。拍照时，旋转镜头上的偏振镜，当镜头偏振镜与脱影灯箱上的偏振镜平行时，可获得白色底子；当两块偏振镜成45°交叉时，可获得灰色底子；当两块偏振镜偏振轴垂直90°时，可获得黑色底子。配光与脱影灯箱方法相同。为了消除物面的反耀光，应在光源前加一块起偏镜。

四、实验设备及器材

DF—135 照相机	1 台
DF 接圈	1 套
翻拍仪	1 台
偏振镜	2 块
打光灯	4 个
脱影灯箱	1 个
环形灯	1 个

五、实验注意事项

1. 应根据不同翻拍对象，正确选用感光片。

2. 拍照实物时，一定要放比例尺。

3. 确定翻拍的放大倍率和曝光时间，应按近距摄影来计算。

六、实验报告要求

翻拍照片和脱影摄影方法各选择一种，要求洗出负片，并回答在实验中的进行方法、程序。写明翻拍倍率和曝光的计算方法。

七、思考题

1. 翻拍内容不同，条件不变，曝光时间是否相同？为什么？

2. 一般脱影法和偏振镜脱影法，有何不同之处？

实验十一　滤色镜、偏振镜在物证摄影中的应用

一、实验目的

1. 了解滤色镜、偏振镜的作用。

2. 掌握滤色镜、偏振镜的选择和应用。

二、实验原理

（一）滤色镜

各种颜色的滤色镜，有各种滤色的功能，但其共同特点是允许与它本身颜色相同或相邻的色光通过，与滤色镜相异的色光因被阻止而不能通过，从而可以改变被拍物体的景像色调。

（二）偏振镜

当日光或灯光斜射到平面物体上时（玻璃面、水面和其他非金属面），全是横切面振动的光线，若其入射角为起偏振角时，其对面 37°～45°处的反射光就成为与物面平行振动的炫目的偏振光。偏振镜的效能作用就是能使横切面振动的光线向一定方向振动。当加入偏镜后，只有与偏振方向相同的振动波才能通过，与偏振方向成直角的振动波就被阻止而不能通过。

三、实验内容及方法

（一）滤色镜的选择与应用

根据被拍物表面的颜色和拍照要求，按照滤色镜同色通过、异色吸收的原理，要使被拍物体某种颜色消除或减淡，应选用与该种颜色相近或近似的滤色镜；反之，要使某种颜色加深，则应选用与该种颜色相异的滤色镜。

1. 黄滤色镜。适用于对天空或雪地上的强烈反光，翻拍陈旧的文件、单据上的字迹、照片、手印等，使其能比较清晰地反映出来。

2. 红滤色镜。对白墙上和白底上的蓝、绿色和铅笔笔迹、灰黑色水泥地上红粉笔、铅笔写的字迹，能使其字颜色加深。也可以消除红墨水污染的文件上的红墨水、邮票或绿色门上红色字迹，并能加强底子和字迹之间的反差。

3. 绿滤色镜。对白色或黄色物体上的红色字迹、痕迹、血迹等可加强反差。在阳光下拍照可使绿色物变亮。

4. 蓝滤色镜。对被蓝墨水涂改的字迹、蓝墨水污染的文件、年久退色变黄的照片和字迹，可加深被化学药水消蚀还残留的黄色字迹的颜色。

（二）滤色镜的曝光倍数

加用滤色镜比未加滤色镜增加曝光的时间的倍数，称为曝光倍数。可用下列公式计算：

$$滤色镜的曝光倍数 = \frac{加滤色镜的曝光时间}{不加滤色镜的曝光时间}$$

如不加滤色镜的曝光时间为 1/10 秒，加上黄色滤色镜的倍数为 2，其加滤色镜的曝光时间应为 $\frac{1}{10} \times 2 = \frac{1}{5}$。

根据上式计算，光圈不变时，如果滤色镜的倍数为 2，加滤色镜后的曝光时间就需增加一级或一档，即时间由 1/10 秒变为 1/5 秒。如果时间不变，光圈就应增加一级。

（三）滤色镜的使用

1. 将所用的器材和拍照的样本按照要求作好准备。

2. 采用全色片，对具有两种不同颜色的样本，分别用不同颜色的滤色镜和不加滤色镜各拍一张，对加滤色镜和不加滤色镜进行分析，比较滤色镜的拍照效果。

（四）偏振镜的使用

1. 当 82°～87°斜射光线照到非金属物面时，物面出现强烈的反射光，由于物面反光，致使物面上的细节和特性不能清楚地拍下来。

2. 将偏振镜套在照相机镜头上，对着有反光的物面，并慢慢地旋转偏振镜的角度，这时在取景器中可看到物面上的反光现象会逐渐消除或减弱。

3. 加用偏振镜后，曝光量应增加，其应增加的具体倍数，要根据起偏镜和检偏镜的偏振轴相交的夹角大小，以及感光片的感色性而定，当两偏振轴平行时为 4 倍，夹角 45°时为 8 倍，当夹角 90°时阻光率很大。

用一只偏振镜时，全色片约为 2～4 倍，分色片约为 2.5～5 倍，如果滤色镜合用时，两个倍数应该相乘，如红色滤色镜倍数为 6，偏振镜倍数为 3，其合用的曝光倍数为 18。

四、实验设备及器材

DF—135 相机	1 台
翻拍架	1 台
滤色镜	1 套
偏振镜	2 个
打光灯	2 个
DF 接圈	1 套
测光表	1 块

五、实验注意事项

1. 当相机加用接圈后，曝光时间也应该增加。如用滤色镜应按倍数增加曝光时间。

2. 接圈后，照相机自动收缩光圈失灵，开大光圈对焦后再缩小到需要的光圈值上。

3. 加用滤色镜后，需增加曝光级数，既可调整光圈值，也可调整快门速度，但光圈值和快门速度只能调整其中一个，而不能两个同时进行调整。

4. 滤色镜的曝光级数和滤色镜的曝光倍数概念不同，而且量也不同，不可混淆。

5. 不同颜色的滤色镜，在日光下和灯光下需增加的曝光级数有所不同，因日光含蓝、绿光成分较多。灯光（钨丝灯）含红光成分较多，所以在日光下和灯光下拍照增加的曝光级数不同。

六、实验报告要求

根据滤色镜的同色通过、异色吸收的原理对你所拍照片进行分析，并回答下列问题：

1. 滤色镜的主要作用有哪些?
2. 曝光级数和倍数有什么不同?
3. 偏振镜、滤色镜合用时曝光倍数如何确定?

实验十二　常规物证摄影

一、实验目的

1. 掌握阴影、透射光摄影的基本方法。
2. 了解阴影、透射光摄影的应用范围和拍照条件。

二、实验原理

（一）阴影摄影

对于一些痕迹物证的凸凹不平，有一定的立体感，如足迹、刻划、砍切等。对于这类痕迹拍照，主要是利用光的直线传播特性和不同光照角度和方向造成立体阴影，来显示痕迹影像，以达到检验上的要求。一般常用侧光拍照，其角度的大小根据痕迹的深度来定，深度大，光照角度也大；深度小，光照角度也小。光照方向要从痕迹的横向来照射。

（二）透射光摄影

借助于透明体与痕迹两者对光线反射和透射的差异以及合适的衬底，来显示或加强痕迹与衬底的反差。

当光线照到被拍物时，有痕迹的部分，光线被反射，没有痕迹的部分，光线直接透过，被衬底吸收，消除了反射光线的干扰，使痕迹和物体之间的明暗差别得到了提高。

三、实验内容及方法

（一）阴影摄影

1. 拍照内容。

（1）留在土地上的足迹。

（2）刻划、砍切痕迹。

2. 拍照方法。

（1）将照相机安装在三角架上或翻拍架上，使镜头与被拍物垂直。对被拍物体取景，要充分利用画面，要在留有余地的同时注意突出主体。

（2）光照角度根据被拍物体的立体形态或痕迹的深浅而定，使物体影像有一定的浮雕感。一般以45°角配光为好。

仰光照方向，要根据痕迹的绞线特征和花纹流向而定。如足迹的光照方向，应从足尖方向照射，才能正确地反映出凹凸部分。横直交叉花纹，应对横直交叉之间的位置照射；对刻划的字迹拍照，应采用横向或从30°～45°角的方向照射。对某些特殊物体或痕迹，需要时可配以辅助光。

（二）透射光摄影

1. 拍照内容。

（1）玻璃上的指纹。

（2）灯泡上或玻璃上的痕迹。

2. 拍照方法。

（1）配光可采用正侧或背侧方向照射，照射角度以看到痕迹暗明差别最大为准，同时要根据痕迹的颜色加用适当的衬底。

（2）要将被拍物和衬底保持一定距离，防止阴影部分进入镜头。

（3）照相机的安放位置和方向，要以看到痕迹明暗差别最大的地方为好，但为了防止影像的变形，应尽量使镜头垂直于物面。

（4）为了确定被拍物的大小，要安放比例尺。

四、实验设备及器材

DF—135 照相机	1 台
翻拍架	1 个
小型聚光灯	1 个
打光灯	2 个

五、实验注意事项

1. 拍照物证时，要遵守比例摄影的原则，放比例尺，使影像清晰、完整、不变形。

2. 正确调整光照角度、方向和强度。

3. 曝光要正确，特别是拍照透明物体上的痕迹或反差较小的痕迹，不能曝光过度或不足。

六、实验报告要求

用上述的拍照方法各拍照 3 张照片，并说明每种拍照的配光方法、光照角度和方向，以及所用光圈和快门速度。

七、思考题

1. 阴影、透射光摄影各自适合拍摄的痕迹物证有哪些？

2. 对阴影、透射光摄影的照明光源有哪些要求？

实验十三　红外物证摄影

一、实验目的

1. 了解红外线摄影与可见光摄影的区别。

2. 初步学会红外反射摄影和红外透射摄影的方法。

3. 能正确分析实验样本材料对红外光吸收、反射及透射能力。

二、实验原理

根据某些物质对红外光的吸收、反射、透射能力与可见光的不同，用能感受红外光的感光材料记录红外光的亮度分布，这种摄影就是红外摄影。它用来显示或揭露用可见光摄影显示不出或难以显示的一些痕迹物证的特征。

三、实验内容

（一）利用红外线反射摄影方法拍摄

1. 白纸上机械擦除的 HB 铅笔字迹。

2. 深色布上近距离射击的烟晕。

3. 沙发布上的灰尘加层脚印。

（二）利用红外透射摄影方法拍摄

1. 白纸上被蓝黑墨水掩盖的墨汁字迹。

2. 信封内用黑铅笔写的文字内容。

3. 不同彩色墨水掩盖的字迹。

四、实验设备及器材

DF—135 照相机	1 台
红外鉴别仪	1 台
100w 乳白钨丝灯	4 个
R680、R750、H720、H800 红外滤光器	各 1 片
深红色滤色镜	1 片
保定 1075 红外黑白感光片	1 卷
翻拍架	1 个
冲洗药液、印放材料	若干

五、实验方法和步骤

5 人为一组。

（一）红外反射摄影

1. 用红外鉴别仪检验样本，以确定红外摄影所能取得的效果。如果在鉴别仪下人眼能观察到可见影像，则可进行红外摄影，否则拍照无效。

2. 在暗室环境中将红外胶卷装入相机内，再按下图所示安排好照像装置和样本。相机垂直正对着被拍样本，在可见光下取景，使样本的主要部分处于画面中心位置，像的大小略小于取景器的有效范围，四周略有余地。

3. 将白炽灯以 40°~60°的光照角度照射到样本上，配以双灯或 4 灯，使之照明均匀。

4. 调焦和曝光。开最大光圈，在可见光下调焦，调焦清晰后再将光圈缩小到 F_8 ~ F_{11}，并根据所需的红外波长配上相应的红外滤光器后才能拍照。若相机上刻有红外调焦标志 "R"，则需将调焦的距离数字移到 "R" 处。曝光应做系列曝光试验，以确定正确的曝光时间。

5. 红外胶片的冲洗。红外胶片应在全黑条件下冲洗。若需安全灯照明，可用矮克发 114 号或依尔福 903 号安全灯片。冲洗方法与黑白全色负片相同，任何黑白负片显影配方均可适用。但最好选用 PQ 显影液配方，用 3 倍水稀释，20°C 下显影 3 分钟，停显 1 分钟；使用 F—5 定影液定影 5~10 分钟，再水洗 10 分钟即可。

显影时还要注意，由于红外线拍照反差较大，如果需要有中间色调时，还应适当降低显影时间和显影药液配方的反差以及选用反差较小的摄影纸来印放。

（二）红外透射摄影

红外透射摄影与红外反射摄影的不同，在于它的红外光源是从被拍物的背后发出，在红外感光片上记录透过被拍物后的红外光的亮度分布。

1. 固定待拍样品。先将需拍照的物体固定在一个能透过红外光线的物体上，例如夹在两片玻璃板中或用透明胶纸将被拍文件固定在硬纸板上。

2. 安装照相机。把已装有红外感光片的 DF—135 照相机置于被拍物体正面，照相机镜头主轴与被拍平面相垂直。

六、注意事项

1. 照相机一定不能漏光。装卸红外胶片时，防止周围红外光辐射的影响，红外滤色镜透过的红外光不能处在红外胶片感光范围之外。

2. 使用鉴别仪，在取下和安装变倍物镜和显微系统时，首先应切断电源，仪器接通高压后，切勿取出红外变像管前面的滤光片，以免损坏变像管。

3. 红外胶片的有效期限较短，一般只有半年左右，故选购时宜采取一次少量、多次购买的原则。

七、实验报告要求

上述摄影方法可选作一种，制成照片，标明有关数据，并进行分析、讨论，写出实验原理和操作方法。

八、思考题

1. 红外摄影和普通摄影的区别在哪里？
2. 红外摄影在刑事技术中的作用是什么？
3. 红外反射摄影是如何调焦的？
4. 进行红外反射摄影时，影响曝光的因素有哪些？

实验十四　紫外物证摄影

一、实验目的

1. 了解紫外摄影与可见光、红外摄影的区别。
2. 初步学会紫外反射摄影的方法。
3. 能正确分析实验样本材料对紫外光的吸收、反射和透射。

二、实验原理

根据某些物质对紫外光的吸收、反射、透射能力与可见光、红外光不同的特点，可以用摄影的方法在感光材料上记录紫外光的亮度分布，这就是紫外摄影。

它可用来显示或揭露一些用可见光摄影和红外摄影显示不出或难以显示的

痕迹物证的特征。

三、实验内容

用紫外反射摄影的方法拍摄：

1. 被消褪的字迹、斑渍或印迹。

2. 纺织品上的血迹、油污、铁屑或泥土。

3. 纸上的无色指印、抑压字迹。

四、实验设备及器材

DF－135 照相机	1 台
438 型紫外灯	1~2 台
乳白钨丝灯	2 个
翻拍架	1 个
快门线	1 根
透紫外滤光器	1 个
GB21°135 全色片	1 卷
近摄接圈	1 套

五、实验方法和步骤

5 人为一组：

1. 将相机装好胶卷，安排好实验装置与被拍样本。相机垂直正对着被抽样本，在可见光下取景，使样本的主要部分处于画面中心，像的大小略小于取景器的有效范围，四周略有余地。

2. 以乳白灯作光源，均匀摄影，拍摄一张。

3. 在白炽灯照明下，开最大光圈调焦清晰后，将光圈缩小，58 毫米摄影镜头光圈缩小到 F_8，100 毫米摄影镜头光圈缩小到 F_{11}；亦可用蓝滤色镜在最大光圈下调焦清晰后，将光圈缩小到 F_5、F_6。调焦后在镜头上套上透紫外滤光器。

4. 曝光。用 5 种不同的曝光时间进行系列曝光试验，经冲洗后选其效果最佳者。

六、实验注意事项

1. 紫外灯每次使用时间为 10~15 分钟，最长不超过 20 分钟，过长易损坏。关灯后须冷却 5 分钟才能再次开启。

2. 不要把紫外灯直接对着眼睛照射，注意戴好防护眼镜。

3. 拍摄时切忌曝光时间过长，否则会出现"光渗"现象，即产生边缘效应，使影像混浊不清。冲洗时在标准显影时间范围内以取时间的上限值为宜。

七、实验报告要求

写明实验目的、原理、内容和操作步骤，把实验所得的照片贴在报告的合适部位，标明光圈和曝光时间，并根据照片上的反差情况对样本对紫外光的反射、吸收能力进行分析、讨论。

八、思考题

1. 与可见光、红外光相比，紫外光有何特性？

2. 紫外反射摄影的曝光时间受哪些因素影响？

3. 对普通摄影镜头，紫外反射摄影的常用调焦方法除了本实验所用的方法外，还有哪几种？

4. 紫外摄影时，曝光时间切忌过长，但在冲洗时，为何又要取标准显影时间的上限值？

实验十五 紫外光致荧光摄影

一、实验目的

1. 明确长波紫外光致荧光摄影的基本原理。

2. 熟悉长波紫外光致荧光摄影使用的器材，掌握基本方法。

二、实验原理

在紫外线辐射激发下，有一些物质能在可见光区发射荧光和近红外区间发射荧光，用摄影方法在感光材料上记录物体在紫外线激发下发射的荧光亮度分布，可见荧光被再现为不同程度的影调或色调的分布。长波荧光摄影的激发光源为长波紫外灯（365nm）波段，能使某些物质产生荧光亮度，在胶片上再现影调和色调的分布。

在紫外光辐射下，有些物质本身并无荧光效果，而且客体与其表面手印痕迹之间无明显差异。但经过一些化学药品处理后，经紫外光激发辐射其表面，可发射出较强的紫外荧光，使用感光胶片可以记录出紫外二次荧光影像，用以比较鉴定之用。

三、实验内容

1. 密写字迹；涂改消褪的字迹。

2. 同色油质材料书写在同色书写材料上的字迹。

3. 白色纸上的白色字迹。

4. 各种荧光粉显现的汗液手印；有价票证上的荧光防伪标。

四、实验器材和设备

DF—135 型相机	1 台
长波紫外灯 UV—400 型	1 台
红、黄、绿、UV 等滤光镜	1 个
小型翻拍架	1 个
普通打光灯	1 台
快门线	1 根
接圈	1 套
测光表	1 个
全色普通胶卷	1 卷
放大纸（10 寸 × 12 寸）	2 张

五、实验步骤和方法

（一）相机和镜头的使用

紫外线荧光摄影，通过镜头成像的是物体发射的荧光，对相机和镜头的要求与可见光摄影使用的要求相同。由于紫外荧光的亮度比较低，一般应使用大口径镜头，这样可减少曝光时间，减少倒易率失效的影响。

（二）激发照明技术

长波紫外线荧光摄影要求能使一些物质在长波紫外灯照射下有较强的荧光，但也有些物质在短波紫外线辐射下有较强的荧光，要根据被摄物体发射荧光的特点来决定选择紫外激发波段。如果在长波紫外激发下，物体的荧光亮度分布有利于表现需要显示的细节，则选择长波紫外波段作激发光源，反之则选择短波紫外波段作激发光源。

激发照明一般要采用均匀照明，使物体各个部分受到等强度的激发照射，可用两盏灯对称照射物体。为尽可能地提高荧光强度，在满足均匀配光的前提下，光源要尽可能靠近物体，以提高激发照射强度。

（三）滤光镜的选择

在紫外线照射下，不同的物质会发射不同颜色和亮度的荧光，因此在不同的波段内，物体呈现不同的荧光亮度分布。选择不同的波段接收荧光，将得到不同的亮度再现效果。实验中为显示出我们需用的荧光细节，应根据物体荧光特性和所期望的亮度差，选择一个适当的荧光接收波段。各种颜色的吸收滤光镜均可以把选择的接收波段内的荧光分离出来，让这部分荧光进入镜头。如拍摄模糊字迹，如果字迹发红色荧光，背底发射黄色荧光，选用的 600nm 以上红橙滤光镜，可以使字迹和背底形成较大的亮度差；当选用 500nm 以上黄滤光镜为荧光接收波段，则字迹和背底亮度就会很小。

一般可用眼睛直接通过滤光镜观察物体的荧光亮度，帮助我们选择适当的荧光接收波段，这种方法比较简单。但亮度分布不十分明显，观察法就不能十分准确地选择出滤光镜。长波紫外荧光摄影滤光镜的选择，直接影响亮度分布的效果，有些被摄检材，肉眼可明显地看到，但由于滤光镜选择不当，则拍摄后没有影像。因此可以用紫外分光光度计进行测试，通过测试结果来选用合适的滤光镜，以达到检验要求。

（四）调焦要求

紫外荧光摄影用来记录物体在可见光区的荧光，调焦的要求是把物体的荧光图像调节在胶片平面上。紫外荧光摄影调节的焦点与普通摄影调焦点是一致的。因此可以通过物体反射可见光调焦，先用较强的可见光进行调焦，然后关闭光源，再打开紫外光源进行曝光。

（五）曝光技术

在紫外线荧光摄影中，物体在可见光下荧光亮度很低，只能用很敏感的测光表测量荧光的亮度，还必须在测光元件前加吸收紫外光透过可见光的滤光镜，根据测定亮度和胶片的感光度，可以确定适当曝光量。如吸收滤光镜已透过一个较窄范围的色光，则胶片的感光度只能作为参考。因此测光表给出的曝光量也只能作为参考。比较实际的方法，是用系列曝光试验，通过系列曝光找出适当的曝光量。因选用的光源功率不同，拍摄时应选用不同的滤光镜，每一个样本的拍摄也要选用不同的曝光基数，来做系列曝光。

（六）冲洗技术

荧光图像比较暗的胶片，冲洗时可以通过增加和减少显影时间调节影像反差。

六、注意事项

1. 用于紫外线荧光摄影的样本检材，一定要保持清洁，不能用手直接触摸发光部位，以免因污染而影响发光效果。

2. 应尽量缩短使用紫外灯照射样本检材的时间，避免紫外灯长时间照射而产生"碎灭"，影响拍摄。

3. 注意打光均匀，防止记录感光胶片上的荧光影像不均。

4. 纸张上无色汗液手印，经化学药品处理时，一般用刷显或者抖显，药品放置不宜太多，否则容易影响手印纹线清晰。经处理后的检材，一定要保持清洁，切勿用手去触摸荧光指纹处。同一指纹检材上不可采取两种不同药品处理。

七、思考题

1. 紫外光致二次荧光摄影适用于哪些客体表面？
2. 紫外线荧光摄影同紫外线反射摄影比较有何相同及不同？
3. 紫外线荧光摄影中滤光镜的选择有何要求？
4. 紫外光致二次荧光摄影同紫外固有荧光摄影比较有何异同？

实验十六　数码摄影

一、实验目的

1. 学习了解数码相机的基本原理和基本结构。
2. 掌握数码相机的各种拍摄模式和拍摄功能。
3. 熟练使用数码相机进行拍摄。

二、实验原理

数码影像是以电子存储设备为载体，通过对数码相机及镜头等硬件设备的操控，完成对影像由光信号至电信号以及数字信号的转换，将数字影像保存在电子存储介质上。还可对数字图像进行编辑处理并存储为电子文件。

三、实验内容

1. 设置数码相机的拍摄功能和拍摄模式。
2. 使用数码相机进行实景拍摄。
3. 操作数码相机对所拍摄的照片进行查阅和删除。

四、实验器材

尼康 D3100 数码相机 VR AF－SDX18－105mm 镜头　　　　1 台
16G 存储卡　　　　1 个

五、实验的步骤和方法

整个实验过程分相机操作和拍摄两大部分。

（一）数码相机的操作

1. 打开相机，分别从显示屏和取景器查看操作信息显示，设置日期和时间。
2. 利用设置菜单设置相机的功能和操作。

（1）打开设置菜单。在任何拍摄模式或回放模式中，按"MENU"菜单按钮，利用十字键的右键突出显示位于菜单顶部的"SETUP"（设置）菜单条，按十字键的中央按钮打开设置菜单。

（2）相机的功能和操作设置。十字键的 4 个方向键用来在菜单中移动光标，按十字键的中央按钮则执行某设置。用菜单按钮关闭设置菜单。

3. 设置各种拍摄模式和数码场景模式。

（1）利用曝光模式转盘分别选择自动拍摄模式、程序（P）曝光模式、光圈优先（A）曝光模式、快门优先（S）曝光模式、手动（M）曝光模式、摄像模式和各种数码场景模式。

（2）用菜单按钮（MENU）打开或关闭菜单，十字键的 4 个方向键用来在菜单中移动光标，按十字键的中央按钮则执行某设置。

（二）摄像模式的使用

在不具备摄像器材的情况时，通过菜单将相机设置为摄像模式，并选择拍摄分辨率、色温、光圈等，然后按动快门按钮进行摄录。

（三）实景拍摄

作业有四大类：人像、室外景物、室内景物、微距摄影。每类景物各拍两张，室内景物拍摄时注意使用不同的闪光模式，微距摄影要分别使用标准微距和超微距两种微距模式。

（四）查看和删除照片

拍摄完毕后要查看和删除图像，可通过快速查看或回放模式两种途径进行。若要在回放模式查看和删除图像，将模式切换开关转到回放位置；若要在拍摄模式查看和删除图像，请按快速查看/删除按钮。

1. 回放与查看图像。在快速查看或回放模式下，可用十字键的左/右键滚动显示各图像。信息按钮（i+）控制显示形式，每按一次该按钮，循环切换下一显示格式：全部显示、只显示图像、索引回放。显示要放大的图像时将变焦杆转向右侧（T）可启动放大回放模式，若要退出放大回放模式，按菜单按钮即可。若要从快速查看模式返回到拍摄模式，请按菜单按钮或半按快门释放按钮。

2. 删除图像。在快速查看或回放模式下，若要删除所显示的图像，则按删除按钮，将出现一个确认对话框，按十字键的中央按钮，则删除该图像。

利用回放菜单的第一部分可删除存储卡上的单个、多个或全部图像。

六、注意事项

1. 数码相机是由一些高精度电子器件组成，严禁拆卸相机，以防电路损坏。

2. 安装电池时请按照电池盖内侧的表示正确插入。

3. 更换存储卡之前，请务必关闭相机并确认数据读取指示灯不再亮灯，否则可能损坏存储卡并丢失其中数据。

七、思考题

1. 数码照相机与胶片照相机有何区别？

2. 简述各种数码场景模式的特性。

实验十七　数字图像的常规处理

一、实验目的

1. 学习数码相机传送图片至计算机。

2. 掌握数码图像计算机处理及后期制作的操作步骤。

二、实验原理

物证图像的数字化技术使物证照片的制作完全在计算机中进行，拥有微机和图像处理知识的人都可成为"电子暗房高手"。该技术不仅减少了传统物证照片的负片冲洗、放大照片等暗房制作环节，提高了物证技术人员的工作效率，改善了物证技术人员的工作环境，而且使物证照片的制作更加方便、更加快捷，物证照片的放大、对接、矫正、增强、反转等传统暗房高手才具备的高难技术在计算机上均可轻松得到。物证图像数字化处理能够揭示和获取常规技术难以发现和提取的犯罪痕迹物证，使微弱物证图像得到加强处理，使模糊图像清晰复原，还可使变形图像得以矫正等，不但大大提高了现场物证的利用率，也为司法物证技术提供了现代化的科技手段。

三、实验内容

1. 从数码相机传送图片至计算机。

2. 利用 PHOTOSHOP 图像处理软件编辑图片，打印制作实验报告。

四、实验器材

尼康 D3100 数码相机 VR AF – SDX18 – 105mm 镜头、存储卡、USB 连线、计算机、打印机等。

五、实验步骤和方法

（一）将相机中的照片传送到计算机

1. 将相机连接到计算机。

（1）启动计算机。在连接到相机之前必须先打开计算机。

（2）将存储卡插入相机。将 USB 线较小的插头插入相机，另一端接到计算机 USB 接口。

（3）按主开关打开相机，将自动建立 USB 连接。

2. 读取图片。

（1）完成 USB 连接后将在我的电脑或桌面上出现驱动器图标或卷标，根据窗口显示的指示操作。

（2）双击图像文件图表即可读取文件数据。

（3）将选取的图像文件以 JPEG 格式另存入新建文件夹。

3. 将相机从计算机断开。

（1）单击任务栏"拔下或弹出硬件"图标。

（2）点击小窗口，停止该设备。

（3）关闭该窗口，关闭相机再断开连线。

（二）数码图像的处理

1. 打开 PHOTOSHOP 图像处理软件，用"文件"菜单的"打开"选项或用工具栏中的"打开"按钮打开要处理的图片。

2. 图像质量调整。

（1）亮度/对比度调整。①点击当前软件 PHOTOSHOP 窗口菜单栏中的第三项即"图形"菜单，在弹出的下检菜单中选取"调整"一项，再点击随之弹开的调整下拉菜单中的"亮度/对比度调整"选项。②点击之后将出现一个"对比度调整对话框"，使用鼠标调整对话框中的拉杆，随着拉杆的左右移动，当前图像将产生亮度或对比度的不同变化，调整对话框拉杆至当前图像的亮度或对比度达最佳状态或最适当程度。

（2）色调的曲线控制。按照上述方法点击窗口菜单"图形"，点击"调整"，再点击"曲线"命令。点击之后立即出现"曲线控制对话框"，在对话框中用鼠标拖动方格框中间的虚线节点，观察当前图像画面，其明暗深浅、对比度、亮度等色调会随着曲线的形状变化而变化。控制曲线弧度，使图像达到最佳状态即可。

（3）颜色的调整。按照上述方法，点击菜单"图形"、"调整"，再点击色彩调节。出现"色彩调节对话框"，以鼠标拖动对话框中红、绿、蓝三色拉杆，把当前图像色彩调整至最佳的状态。依次把所有图片调整完毕。

3. 图像储存。

（1）点击 PHOTOSHOP 窗口菜单栏中的"文件"，下拉目录中选取"存储为"项目。

（2）在随即出现的存储对话框中，选择图像存储路径、存储的文件格式等项目。一切设置完毕之后，点击"保存"按钮。按此方法对所有图片进行存储操作，把数码图片安全存入电脑硬盘。

4. 图像的编辑（设计实验报告）。

（1）设置图像尺寸。步骤如下：①点击窗口菜单中的"图形"一项，在弹出的下拉菜单中选取"图像尺寸"功能。②在随即出现的对话框中，对图片的宽度、高度、分辨率等数据分别按"图像尺寸对话框"中的有关数据设置。③待所有应敲入的数字都填入了对话框后，点击"确定"按钮，完成设置。按此方法对图片逐张进行尺寸调整。

（2）新建空白纸。步骤如下：①点击窗口菜单栏中的"文件"，在弹出的菜单中点击其第一项"新建"。②在新建对话框中，对新建文件的宽度、高度、分辨率等数据，要按照设置新建对话框中设置的数据填写。完全设置好之后，点击"确定"按钮。尺寸精确的一张白纸便出现在当前窗口。

（3）点击窗口中 PHOTOSHOP 工具箱的"移动"工具。

（4）移动图片。步骤如下：①点击要移动的图片使其成为当前图片。②按住鼠标右键不放，拖动当前图片至空白纸中。③把图片完全拖放进空白纸中之后，再按住鼠标右键继续在新建白纸中移动图片，直到把图片摆放到最理想位置为止。

按照我们预先设置好的图像尺寸和对《实验报告》的设计要求，每张空白纸放置两张图片，要编排6张图片，需要建立3张空白纸，方法均按以上步骤操作。

（5）编辑文字。步骤如下：①点击工具库中的"文字"工具，即"T"字头方框图标，再点击当前图像文件，文字对话框打开，在对话框中输入需要的文字即可。详细步骤，下面还要做具体介绍。②文字字体、格式参照上图样式。③文字内容要求如下："实验总结"包括实验过程、完成作业情况、学习心得或收获、疑难问题的解决等。"照片题目"根据自己的拍照意图拟定。"拍摄模式"、"拍摄时间"、"拍摄地点"根据拍摄时的实际情况填写。

（6）设计《实验报告》封面。步骤如下：①新建空白纸，即建立一个空白文件。②点击"文字"工具，再点击文件中要输入文字的位置，"文字对话框"自动打开来。③在对话框中选择字体、文字排列方式、设置文字大小、颜色、键入相关文字等，然后点击"OK"。④当空白文件上出现所输入的文字后，按住鼠标左键，移动文字到合适的位置。

5. 图像打印。

（1）首先点选一份图像文件为当前文件，再点击窗口菜单栏中的"文件"，在弹出的下拉菜单中点击"打印"。

（2）在随之打开的"打印控制面板"中设置打印选项。选择打印尺寸、打印方向、黑白或彩色、打印质量与速度、打印分辨率、打印纸张类型等。待全部设置完毕后，请点击"确定"、"OK"。进入打印。

（3）查看打印结果。若感到效果满意，已达到屏幕显示的效果，继续打印其他图像文件。若发现存在错误，利用 PHOTOSHOP 功能修正错误之后，重新打印。直至全部作业完成。

六、注意事项

1. 实验室内的数码设备由一些高精度电子仪器组成，平时室内要做到避湿、防潮、忌高温，还要做到防烟避尘。

2. 从相机传送图片到计算机时，当数据读取指示灯红灯亮时，切勿断开相机连接，否则数据存储卡将有可能永久性损坏。

实验十八　计算机变形图像处理

一、实验目的

学习掌握计算机变形图像处理的各种方法和技术。

二、实验原理

计算机变形图像处理也称图像的几何校正，主要用于解决由于摄像系统和景物形成的斜视角、光学系统或电子扫描系统造成的各种失真问题。

三、实验内容

1. 对柱面失真的图像进行校正，包括横向柱面校正、纵向柱面校正。

2. 对桶形失真的图像进行校正。

3. 对枕形失真的图像进行校正。

4. 对球面失真的图像进行校正。

5. 对鱼眼失真的图像进行校正。

6. 对透视失真的图像进行校正。

四、实验器材

计算机	1 台
恒锐痕检/文检图像处理系统软件	1 套
图片打印机	1 台
打印纸	若干

五、实验的步骤和方法

（一）横向柱面校正

1. 功能描述：把一个具有横向柱面失真的图像校正为正常图像或接近正常图像。

2. 操作步骤：

（1）打开一幅待处理的图。

（2）依次选择菜单项【几何校正】→【柱面校正】→【横向校正】，弹出"横向柱面校正"对话框。

（3）调整对话框中的滑动条来调整半径，直到满意为止。

（4）按【确定】按钮保留校正并退出，或按【取消】按钮不保留校正退出。

（二）纵向柱面校正

1. 功能描述：把一个具有纵向柱面失真的图像校正为正常图像或接近正常图像。

2. 操作步骤：

（1）打开一幅待处理的图。

（2）依次选择菜单项【几何校正】→【柱面校正】→【纵向校正】，弹出"纵向柱面校正"对话框。

（3）调整对话框中的滑动条来调整半径，直到满意为止。

（4）按【确定】按钮保留校正并退出，或按【取消】按钮不保留校正退出。

（三）桶形校正

1. 功能描述：把一个具有桶形失真的图像校正为正常图像或接近正常图像。

2. 操作步骤：

（1）打开一幅待处理的图。

（2）依次选择菜单项【几何校正】→【桶形校正】，弹出"桶形校正"对话框。

（3）调整对话框中的滑动条来调整【参数1】、【参数2】，观察图像直到满意为止。

（4）按【确定】按钮保留校正并退出，或按【取消】按钮不保留校正退出。

（四）枕形校正

1. 功能描述：把一个具有枕形失真的图像校正为正常图像或接近正常图像。

2. 操作步骤：

（1）打开一幅待处理的图。

（2）依次选择菜单项【几何校正】→【枕形校正】，弹出"枕形校正"对话框。

（3）调整对话框中的滑动条来调整【参数1】、【参数2】，观察图像直到满意为止。

（4）按【确定】按钮保留校正并退出，或按【取消】按钮不保留校正退出。

（五）球面校正

1. 功能描述：把一个具有球面失真的图像校正为正常图像或接近正常图像。

2. 操作步骤：

（1）打开一幅待处理的图。

（2）依次选择菜单项【几何校正】→【球面校正】，弹出"球面校正"对话框。

（3）在弹出的对话框中图像部分用画圆形的方法将待校正区域画出来。方法是：把鼠标移到图像区中适当位置按下，此点即为圆心，保持鼠标按下状态并慢慢拖动鼠标成圆形，使要处理区域包含在圆中，然后释放鼠标。拖动滑动条改变半径，获得处理效果。

（4）重复步骤（3），直到获得最好的效果。

（5）按【确定】按钮保留校正并退出，或按【取消】按钮不保留校正退出。

（六）鱼眼校正

1. 功能描述：把一个具有鱼眼失真的图像校正为正常图像或接近正常图像。鱼眼失真是由广角镜头造成的失真。

2. 操作步骤：

（1）打开一幅待处理的图。

（2）依次选择菜单项【几何校正】→【鱼眼校正】，弹出"鱼眼校正"对话框。

（3）在待校正的图上选取鱼眼椭球的中心点，并按顺时针（或逆时针）选取畸变物上的四个参考点。如果觉得参考点不合适，可点击鼠标右键取消所选参考点。

（4）调整物距到合适位置。

（5）重复步骤（3）、（4）直到获得最好的效果。

（6）按【确定】按钮保留校正并退出，或按【取消】按钮不保留校正退出。

（七）透视校正

1. 功能描述：本功能将一个具有透视失真的图像校正为正常图像或接近正

常图像。

2. 操作步骤：

（1）先打开一幅待处理的图片。

（2）依次选择菜单项【几何校正】→【透视校正】，弹出"透视校正"对话框。

（3）在弹出的对话框中的图像部分，把要校正的区域选择出来。方法如下：把鼠标移到要校正区域的左上角按下鼠标左键，选中第一点。继续移动鼠标到要校正区域的右上角，按下鼠标左键选中第二点。然后将鼠标移到要校正区域的右下角按下左键选中第三点。最后将鼠标移到校正区域的左下角，按下鼠标左键选中第四点。这四点所围成的区域就是要校正的区域。如果认为选择的区域不准确，可以点击右键，取消选择后再重新选择。

（4）根据实际图片中的标尺选择合适的【长度】和【宽度】。

（5）在【调节量】框中分别拖动【倾斜度】和【偏转度】两个滑块进行校正。在调节过程中可以利用键盘的【向左键】和【向右键】对两个滑块进行微调。

（6）重复步骤（5），直到满意为止。

（7）按下【确定】按钮保留校正后的图片并退出，或按【取消】按钮不保留校正后的图片退出。

六、对实验报告的要求

按实验报告的规定，简要说明实验目的、实验内容、实验方法和步骤，将处理前后的图像在同一页纸上分别打印，并附在实验报告中，也可在计算机上设计实验报告格式，将文字部分和图片一起打印出来。

七、思考题

1. 计算机变形图像处理主要用于解决那些因素造成的各种失真问题？

2. 计算机变形图像处理主要有那几种类型？

实验十九　计算机模糊图像处理

一、实验目的

学习掌握计算机模糊图像处理的各种方法和技术。

二、实验原理

计算机模糊图像处理主要用于消除由于摄像机与被摄物间有相对移动造成

的模糊、摄像机聚焦不准、感光胶卷的非线性及胶片颗粒造成的模糊、图像输出到视频设备分辨率太低时产生的模糊，以及由于图像显示时奇偶行分别显示导致显示奇行和偶行存在一个时间差，对于运动的物体就会产生锯齿而造成的模糊等。

三、实验内容

1. 去运动模糊。

2. 去摄像模糊。

3. 去视频模糊。

4. 去锯齿模糊。

5. 自定义模糊去除。

四、实验器材

计算机	1 台
恒锐痕检/文检图像处理系统软件	1 套
图片打印机	1 台
打印纸	若干

五、实验的步骤和方法

（一）去运动模糊

1. 功能描述：用于消除由于摄像机与被摄物间有相对移动造成的模糊。

2. 操作步骤：

（1）打开一幅运动模糊图像。

（2）依次选择菜单项【质量改善】→【模糊去除】→【运动模糊】，弹出"去运动模糊"对话框。

（3）调节【距离】和【噪声程度】滑动条，改变两个参数值，稍等片刻就可看到左上角变为去除模糊后的图像。若对处理的效果不满意，可以反复修改【距离】和【噪声程度】的值，直到得到满意的效果，按下【确定】按钮。

（4）当图像是在垂直方向上模糊时，则选中"模糊在垂直方向"复选框。

（二）去摄像模糊

1. 功能描述：用于消除摄像机聚焦不准、感光胶卷的非线性及胶片颗粒造成的模糊。

2. 操作步骤：

（1）打开一幅摄像模糊图像。

（2）依次选择菜单项【质量改善】→【模糊去除】→【摄像模糊】，弹出

"摄像模糊去除"对话框。

（3）调节【半径】和【噪声程度】滑动条，改变两个参数值，稍后就可看到左上角变为去除模糊后的图像。若对处理的效果不满意，则点击【取消】按钮，可以反复修改【半径】和【噪声程度】的值，直到得到满意的效果，按下【确定】按钮。

（三）去视频模糊

1. 功能描述：用于消除图像输出到视频设备分辨率太低时产生的模糊。

2. 操作步骤：

（1）打开一幅视频模糊图像。

（2）依次选择菜单项【质量改善】→【模糊去除】→【视频模糊】，弹出"去视频模糊"对话框。

（3）点击"进行平滑"复选框按钮来选择是否进行平滑，在【分辨率因子】、【平滑尺度】、【平滑阶数】编辑框中填入合适的数，点击【确定】按钮进行视频模糊去除。

（四）去锯齿模糊

1. 功能描述：用于消除图像中存在的锯齿模糊，锯齿模糊是由于图像录制存储时奇偶行分别显示，导致显示奇行和偶行存在一个时间差，对于运动的物体就会产生锯齿造成模糊。

2. 操作步骤：

（1）打开一幅锯齿模糊的图像。

（2）依次选择菜单项【质量改善】→【模糊去除】→【锯齿模糊】，弹出"消除锯齿"对话框。

（3）在【奇偶场选择】中选择要处理的场，在【处理方式】中选择处理方式，按【应用】进行处理。

（4）如果进行【手工匹配】操作，可以在图像上按下鼠标左键，移动鼠标选择一个矩形区域（如果不进行区域选择则默认为整个图像），然后点击【手工匹配】中的 8 个方向按钮，进行配准直到消除锯齿为止。

（5）如果打开两幅锯齿图，点击【融合】将两幅图像融合为一幅图，达到消除锯齿。

（6）打开一幅锯齿图，点击【分离】按钮，可以将这幅图的奇行、偶行分别提出，形成两幅新图，也可消除锯齿。

（7）按【确定】按钮，结束处理。按【取消】按钮，结束当前操作但不保存结果。

3. 各种单场处理方式的含义。

（1）加权：将奇场和偶场的内容分别提取出来，并进行插值放大。再将两幅图像进行相加并取平均。

（2）复制：对所选单场内容进行复制并粘贴至另外一场中。

（3）插值：对所选单场内容提取并进行 Y 方向的插值 2 倍放大。

（4）单场分离：对所选单场内容进行提取。

4. 双场处理，即对选取的奇数帧和偶数帧图像进行叠加。

（1）分离：对原图分离出奇偶场并各自进行 Y 方向的 2 倍插值放大。

（2）融合：对所选的两幅图进行叠加，平均产生一幅新图。

（五）自定义模糊去除

1. 功能描述：用于消除几种常见的模糊，如由成像系统和目标之间的相对运动造成的运动模糊；由光学系统聚焦不准造成的摄像模糊；由大气扰动造成的高斯模糊等。

2. 操作步骤：

（1）打开一幅模糊图像。

（2）依次选择菜单项【质量改善】→【模糊去除】→【自定义模糊】，弹出"自定义模糊去除"对话框。

（3）对话框的左边是模糊类型，列出了 4 种常见的模糊情况，右边是参数调节部分。当选中左边一个单选按钮时，右边会出现相应的参数调节滑动条。不同的模糊，对应的参数是不一样的。

（4）对于【运动模糊】，有 3 个参数，分别是【位移】、【角度】和【噪声程度】。根据图像模糊的实际情况，分别调节【位移】和【角度】滑动条，稍等片刻就可得到去除模糊后的图像。调节【噪声程度】可以进一步的消除模糊，即类似微调的功能。若对处理的效果不满意，可以反复修改这 3 个参数的值，直到得到满意的效果，按下【确定】按钮。

（5）对于【摄像模糊】，有两个参数，分别是【半径】和【噪声程度】。根据图像模糊的程度，调节【半径】滑动条，等处理结束后可得到恢复的图像，再调节【噪声程度】可以进一步恢复图像。若对处理的效果不满意，则反复修改这两个参数值，直到得到满意的效果，按下【确定】按钮。

（6）对于【平均模糊】，有两个参数，分别是【半径】和【噪声程度】。根据图像模糊的程度，调节【半径】滑动条，等处理结束后可得到恢复的图像，再调节【噪声程度】可以进一步恢复图像。若对处理的效果不满意，则反复修改这两个参数值，直到得到满意的效果，按下【确定】按钮。

（7）对于【高斯模糊】，有 3 个参数，分别是【均值】、【方差】和【噪声程度】。根据图像模糊的程度，调节【均值】和【方差】滑动条，等处理结束后可得到恢复的图像，再调节【噪声程度】可以进一步恢复图像。若对处理的效果不满意，则反复修改这 3 个参数值，直到得到满意的效果，按下【确定】按钮。

六、对实验报告的要求

按实验报告的规定，简要说明实验目的、实验内容、实验方法和步骤，将处理前后的图像在同一页纸上分别打印，并附在实验报告中，也可在计算机上设计实验报告格式，将文字部分和图片一起打印出。

七、思考题

1. 计算机模糊图像处理主要用于解决哪些因素造成的各种失真问题？
2. 计算机模糊图像处理主要有哪几种类型？

实验二十　计算机人像组合

一、实验目的

1. 学习了解计算机人像组合的原理和软件性能。
2. 掌握计算机人像组合的方法和技术。

二、实验内容

1. 人像组合处理；
2. 人像编辑变形处理；
3. 模拟画像的入库比对和档案管理。

三、实验器材

计算机	1 台
天网智能模拟画像系统软件	1 套
图片打印机	1 台
打印纸	若干

四、实验的步骤和方法

本项实验需两人一组进行，一人模拟扮演刑侦技术员，另一人模拟扮演案件现场目击者，以某一具体人（如某一著名演员）的相貌为原型，经目击者描述，刑侦技术员组合出其模拟画像。具体步骤和方法如下：

1. 进入人像组合处理操作模块；

2. 组合人像；

3. 对组像进行编辑；

4. 人像变形处理；

5. 其它操作。

五、对实验报告的要求

按实验报告的规定，简要说明实验目的、实验内容、实验方法和步骤，将组合的图像打印，并附在实验报告中，也可在计算机上设计实验报告格式，将文字部分和图片一起打印出来。

实验二十一　刑事现场照片制卷

一、实验目的

1. 了解公安部标准 GA/T 118 – 2005 "刑事照相制卷质量要求" 的有关规定，掌握刑事照相制卷的基本要求、方法和工作流程。

2. 了解天元现场制卷系统，掌握并利用该系统制作刑事照片电子案卷。

二、实验内容

1. 学习天元现场制卷软件 V1.0 的使用方法和制卷过程。

2. 按现场制卷系统要求，进行图片的排版、编辑、关联图片的标划及图片的文字说明等工作。

3. 通过彩色喷墨打印机将照片卷用连续照片纸打印出来并直接成卷，同时保存电子版文件。

三、实验要求

1. 掌握天元现场制卷系统 V1.0 的使用。

2. 按照刑事照相质量标准 GA/T 118 – 2005 对现场照片进行编排。

3. 制作完整的现场电子案卷，并按规范打印、装订、存档。

四、实验用品

计算机（160G 以上硬盘存储空间，操作系统：Microsoft Windows 2000/Windows XP SP2 以上），天元现场制卷软件 V1.0（含加密狗），移动存储设备（容量大于 1G），彩色喷墨打印机（可连续无边距打印卷筒纸），打印卷纸，打孔机，装订机。

五、实验步骤与方法

1. 通过桌面图标或【开始】/程序菜单打开天元现场照相制卷系统。

2. 设置卷首。填写卷首信息（封面信息）（如图 1-1 所示）。

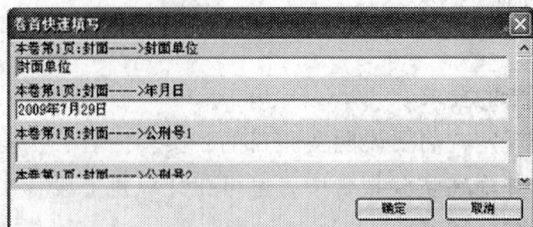

图 1-1

3. 选择工作区。移动鼠标到快速制卷文字上（如图 1-2）所示，上部分为模板区下部分为文档结构树，选择目录结构中的正文一。

图 1-2

4. 增加模板到工作区。点击模板区内任意模板，鼠标按住左键，拖动到工作区域（如图 1-3），如果案件需要多个模板，则添加多个。

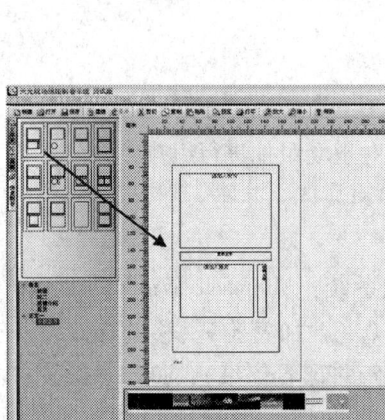

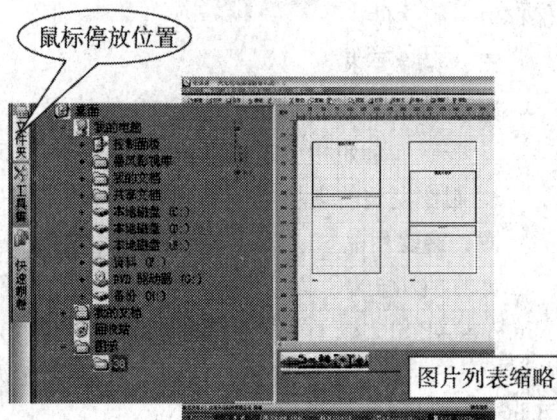

图 1-3   图 1-4

5. 查看图片。移动鼠标到文件夹上（如图1－4），选择照片存放文件夹，照片显示到下方图片列表区域中。

6. 增加照片到模板。点击图片列表区域中任意图片，左键按住拖动到图片框内部（如图1－5）。

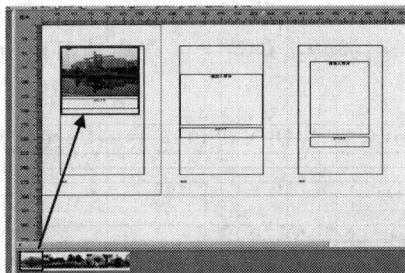

图1－5

图1－6

7. 编辑说明性文字。最常用的方法用鼠标左键双击说明文字更改内容（如图1－6），鼠标点击空白处，输入需要的内容完成。另外还可以选择"文字域快速输入"为所有折页模板统一添加说明文字。

8. 增加标引。

（1）自适应标引。移动鼠标到工具集上，选择 ━ 标引线 （如图1－7），点击被引出照片任意位置，移动鼠标到引出照片，点击引出照片任意位置，标引完成。

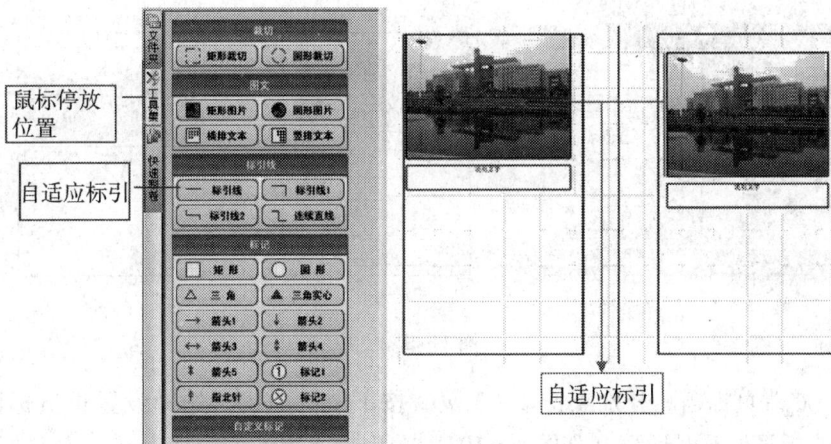

图1－7

（2）一次转折标引。选择 ，左键点击被引出图片任意位置，移动鼠标到引出照片上，左键点击引出照片任意位置，标引完成（如图 1 - 7）。

（3）两次转折标引。选择 ，左键点击被引出图片任意位置，移动鼠标到引出照片，左键点击引出照片任意位置，标引完成（如图 1 - 7）。

（4）左键点击标引线。鼠标左键按住标引线转折位置上的点拖动可以改变转折位置。

（5）左键点击标引线后，点击属性栏中关联按钮，可以更改标引线宽度、颜色、转折（如图 1 - 8）。

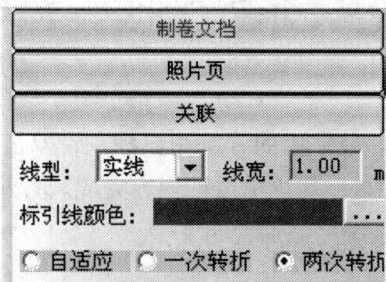

图 1 - 8

9. 增加标记。移动鼠标到快速制卷工具栏工具集上（如图 1 - 9），选择标记拖动到照片上。

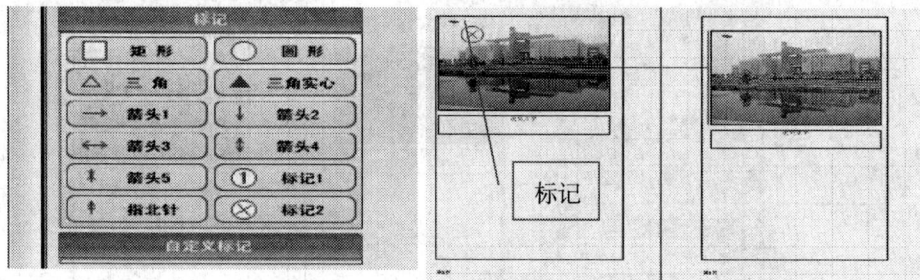

图 1 - 9

10. 修改页标题。分别点击 1 ~ 3 页，按下鼠标右键，选择设置折页标题，弹出修改折页标题对话框（如图 1 - 10），分别输入第 1 页、第 2 页……

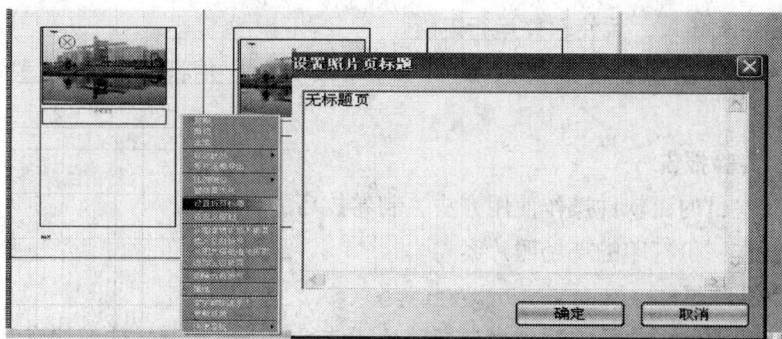

图 1-10

11. 生成目录。鼠标右键，点击空白处，出现菜单，选择"更新目录"，页面自动生成目录，并定位到正文处。

12. 打印、保存。鼠标左键，点击常用菜单"打印预览"按钮（如图 1-11），选择分辨率以便查看方便，左键点击"页面设置"，选择版面点击"确定"，更改版面，点击"打印"，弹出"打印对话框"点击"打印到图片"，弹出对话框，选择是把文件打印成图片格式，保存到硬盘上，还是点击打印直接打印到打印机上。

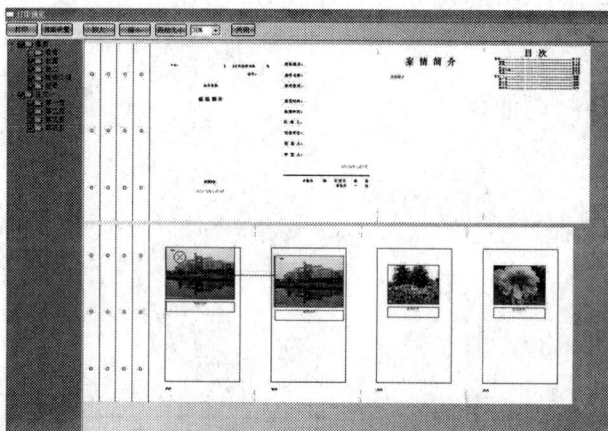

图 1-11

六、实验注意事项

1. 制卷流程应按照先设置卷首，再导入图，然后添加文字说明、标引线、标记的顺序来完成。

2. 对于要在制卷中用到的照片，应提前按制卷标准予以筛选，避免同时将大量图片一次导入，致使软件运行迟缓。

3. 在打印制卷前一定要选照片打印卷纸类型，并将打印分辨率设为高于 300dpi。

七、实验报告

1. 实验目的、软件操作使用方法、制卷技巧的介绍。

2. 制作一份打印的现场照片案卷。

八、思考题

1. 采用哪些方法提前预处理现场照片能使得整个电子制卷能较快顺利完成？

2. 通过使用天元现场制卷系统，结合自身所学图像处理知识，设计一份电子案卷模板。

第二章

痕迹检验

实验一 十指纹捺印与分析

一、实验目的

1. 了解指纹捺印的方法、步骤和要求。

2. 熟悉指纹的纹型种类及划分原则。

二、实验内容

1. 十指纹三面捺印、平面捺印。

2. 按三类九种分析捺印指纹的纹型。

三、实验要求

1. 两人一组，互为捺印人和被捺印人，各捺印一份，并分析纹型种类。

2. 要求捺印的指纹样本清晰、完整、不变形、油墨均匀。

四、实验器材

捺印盒、油磙、白纸、指纹捺印卡、毛巾、肥皂、马蹄镜、废报纸。

五、实验步骤与方法

（一）指纹捺印

1. 捺印前的准备。

（1）填写指纹捺印卡上相关栏目。

（2）用油磙调匀捺印盒油墨。

（3）沿指纹捺印卡上右手、左手、平面捺印栏下方的折线向背面折叠。

（4）将捺印卡平铺于桌面，使捺印栏下方的折线与桌内沿对齐。

　2. 三面捺印。捺印人站在被捺印人左侧，捺印人用右手拇、食指捏住被捺印人手指第 2 节两侧，用左手拇、食指捏住被捺印人手指尖端，将待捺印的手指在调好油墨的捺印盒里自外向里滚动沾取油墨，然后将沾有油墨的手指在指纹捺印卡相应的方格里自外而里滚动，捺取手指的两侧面及正面。整个捺印过程是连续一次完成的，捺印过程中手指要用力均匀，不可停顿、滑动、倒退、重复。

捺印顺序为：先右手，后左手；先拇指，后食、中、环、小指。

3. 平面捺印。除拇指外，其余四指自然伸直并拢，使四指指掌面朝下平面接触捺印盒油墨，用左手轻轻按压四指的关节和指甲部位，使指掌面均匀沾上一层油墨，再将附着油墨的四指平放于平面捺印栏相应的方框里（左手在左侧，右手在右侧），捺印人用手掌轻轻按压被捺印人手背即可。最后，使被捺印人的拇指平面沾取油墨，再在与拇指对应的方格里平面捺印。

平面捺印时，要求各指指掌面均应附着油墨，四指过长时，可倾斜捺印。

4. 局部捺印。有时根据现场手印的遗留部位，需捺印犯罪嫌疑人手掌部某一特定部位的纹线。捺印时，可在废报纸上挖一尺寸稍大于待捺印部位的孔洞，将其平铺于指纹捺印卡上，使洞口对准卡片上相应的位置，然后使附着油墨的待捺印部位对准洞口捺印即可。

在进行三面捺印和平面捺印时，捺印的动作是一次连续完成的，在一般情况下，捺印过程中无需抬起指根部而专门捺印指尖部。有时为方便捺印，应令被捺印人站起，腰部顺势弯曲，以配合捺印人。

（二）分析指纹纹型

先分析各指的纹型种类，然后将各指的纹型写在捺印好的指印下方。分析纹型种类应按照三类九种方法分类。

1. 弓型纹：由弓形线和横直线构成，即纹线由横直线的一端流向另一端，不返回。弓型纹依其弓型线的中央有无垂直或倾斜的支撑线分为弧形纹和帐形纹。

（1）弧形纹：由上部较为平坦的弧形线与其下部的横直线构成。

（2）帐形纹：上方有一组弧度较大的弧形线，花纹中心有一根或一根以上的垂直线或斜线支撑着弧形线。

2. 箕型纹：内部花纹中心有一根以上的箕形线，中心上部和两侧由弓形线包绕，下部由横直线或波浪线构成。箕型纹一般有一个三角，三角大多位于箕枝的下部支流与根基线的交汇处。箕型纹依其箕口朝向分为正箕和反箕。

（1）正箕：箕口朝向该手小指一侧。

（2）反箕：箕口朝向该手拇指一侧。

当箕型纹的内部纹线仅由一条箕形线构成时，这条箕形线必须是完整的、不折不断的。如果这条箕形线的箕头部分或靠近三角的箕枝部分与其它纹线结合或接触，将纹线引向或引入三角的外围系统中去，则应列入弓型纹。

3. 斗型纹：内部纹线系统有一根以上的环形线、螺形线、曲形线、闭口箕形线或两种以上的纹线；上部和两侧由较多的弓形线包绕，下部由一些横直线或波浪线构成。斗型纹一般有两个或两个以上的三角。

斗型纹依其内部纹线的形态可分为：环形斗、螺形斗、双箕斗、囊形斗、杂形斗。

（1）环形斗：内部花纹由一根以上的环形线组成。若花纹中心仅有一条环线时，这条环形线必须是明显可靠的，是独立圆滑的，且不得与其它纹线相接触。若其外围有似连非连的螺形线时，则应划归螺形斗。

（2）螺形斗：花纹中心由一条以上、起点方向一致的螺形线组成。

（3）双箕斗：花纹中心有两条以上独立、圆滑的曲线相层叠，并向同一方向旋转，或在一条曲形线的两个弯头内各有一条完整的箕形线向同一方向旋转。

（4）囊形斗：花纹中心有一条以上的闭口箕形线，在该闭口箕形线内有一条以上凸面朝向箕口夹角的弧形线，并且不与引向外围的其它纹线相接触，形似囊袋状。闭口箕形线内有完整的环、螺、曲形线时，则应按其纹线形态归类，不划归囊形斗。

（5）杂形斗：花纹中心由两种以上的纹线形态构成，且无法划归任一单一纹型。

若斗型纹的内部纹线只有一条完整的或不完整的环形线、螺形线或曲形线构成时，正对两侧三角的弧形线凸面必须是不折不断的，并且不与来自外角的其它纹线相接触。否则，不应列入斗型纹。

（三）十指纹的初步分析

初步分析的分数表示十指计算数字的总和。按规定，弓型纹和箕型纹的数值为0，斗型纹的数值根据指位有所不同，拇指为16，食指为8，中指为4，环指为2，小指为1，左手指、右手指采用相同数值为代号（参见计数表）。将右手各指的数值相加，在总和基础上再加上1，即得出初步分析的分子数字；将左手各指的数值相加，在总和基础上再加1，即得出初步分析的分母数字。

表 2 - 1   初步分析计数表

数值 指别 纹型	拇 指	食 指	中 指	环 指	小 指
弓箕型	0	0	0	0	0
斗 型	16	8	4	2	1

初步分析最小的表现数字是 1/1，即左右手 10 个指头均无斗型纹；最大的表现数字是 32/32，即 10 个指头全部均为斗型纹。在所有的被登记的人中，每个指头均可能出现弓、箕、斗三种纹型，则初步分析的表现数字将是从 1/1 逐级上升直到 32/32 的范围内，各种分数均可能存在。按照分子 32 个与分母 32 个的组合，在理论上可以组合成 1024（即 32×32）个初步分析分数式。但由于纹型的分布并非是各指均匀地分布，因此在实际的十指指纹登记的卡片中，有几种指纹类型的结合是比较少的，甚或是没有的，同时也有几种纹型的结合是常见的。

由于纹型这种分布不均匀的状况，在卡片储存和查对时就会发生有的分数式卡片数量很多，有的分数式卡片则很少，甚至没有。数量多、卡片过分堆积的这些分数式，对于储存和查对工作会带来极大的不便。为了消除这种过分堆积的现象，把卡片适当再分散，做到合理储存、便于查对，又采取了二步分析。

（四）十指指纹的二步分析

二步分析不是以 10 个手指数值的总和为分数式代号，而是由每个手指各自的代号，按指序并列记载的。其代号，不论是斗型纹、弓型纹或箕型纹，都按照不同的花纹状况和纹线数目给予一定的代表数值，右手作为分子，左手作为分母，写成分数式。

代表数字的规定如下：弓型纹一律以 0 为代号；反箕以 1 为代号；正箕以中心点至外角点之间的纹线计数，6 条以下的以 2 为代号，7~10 条的以 3 为代号，11~14 条的以 4 为代号，15 条以上的以 5 为代号；斗型纹以左三角追迹线至右三角的位置和相隔线数确定代号，追迹线在右三角上方，其间纹线在 8 条以上的以 6 为代号，在 7 条线以下以 7 为代号，与右三角下部支流相遇或在右三角的下方，其间纹线在 3 条以下的以 8 为代号，在右三角下方相隔纹线 4 条以上的以

9 为代号；残缺、伤疤、模糊不清之指纹以 × 为代号。

将二步分析纹型代号列表如下：

表 2 - 2

纹型	弓型	反箕	正 箕				斗 型				模糊伤疤
纹线数			6条以下	7~10条	11~14条	15条以上	上8以上	上0~7条	中0~下3	下4条以上	
代号	0	1	2	3	4	5	6	7	8	9	×

举例：

	拇指	食指	中指	环指	小指
右手	（正箕9条）	（斗上6条）	（正箕16条）	（正箕9条）	（正箕3条）

左手 （斗型下5条）（正箕14条）（正箕8条）（斗型上5条）（正箕5条）

代入数值代号： $\dfrac{3、7、5、3、2}{9、4、3、7、2}$

六、实验注意事项

1. 正式捺印前，先在白纸或废报纸上练习，直至掌握捺印要领后再在捺印卡上捺印。

2. 三面捺印时，手指从一侧滚动到另一侧的过程中应用力均匀，一次连续完成。

3. 三面捺印的指纹，要求纹线清晰、完整、不变形。

4. 纹型分析时，应注意内部纹线仅有一条箕形线、螺形线、环形线或闭口箕形线时纹型如何划分。

5. 在初步分析式中不要忘记分子分母的基数1。

七、实验作业

1. 每人捺印一份手印样本；

2. 分析捺印的手印样本纹型种类。

八、思考题

1. 疑似纹型如何划分？

2. 一步分析公式为 7/27 的，表示左右手何指为斗型纹？

实验二 描绘、标注乳突线细节特征

一、实验目的

1. 通过实验，使学生基本掌握细节特征的形态及名称。

2. 通过实验，使学生掌握细节特征的标示方法及标示规则。

二、实验内容

1. 根据发放的指纹样本材料，描绘一份是原样本 2 倍大的乳突纹线图。

2. 在描绘的图上寻找乳突线细节特征，并用特征标示法标注。

三、实验要求

1. 从捺印的指纹样本中选择一枚最清晰的指纹，按 1∶2 放大描绘，描绘范围上至指尖部、下至第一屈肌褶纹处，两侧到左右两侧或一侧三角完整出现。

2. 对找到的各细节特征用红色指示线标示，并按顺时针方向编号。

3. 说明各编号对应的细节特征名称。

四、实验器材

1. 捺印的指纹样本。

2. 作业纸、铅笔、橡皮、红色中性笔、直尺、马蹄镜。

五、实验步骤与方法

（一）描绘指纹乳突线

1. 选指纹。在发放的指纹样本中选取一枚最清晰的指纹。

2. 确定描绘放大倍数。一般选 2 倍的放大倍数。

3. 选描绘的起点。以花纹中心最明显的特征点为起点。

4. 描绘。用铅笔从选定的起点落笔，顺着纹线的流向，一点一点延长，一部分一部分地由里向外逐渐扩展描绘，描绘过程中应保持纹线间距均匀，花纹形态结构及细节特征的形态、位置要准确，对模糊不清的纹线用虚线描绘，初描的线条颜色要淡。

5. 将修改后的乳突纹线颜色加深。

（二）寻找并标示细节特征

1. 寻找细节特征。对找到的细节特征用红色中性笔打标记。

2. 标示细节特征。用直线指向各细节特征，指示线须与细节特征垂直，且向四周呈辐射状均匀扩散，彼此不得交叉、重叠。

3. 对细节特征进行编号。编号时从时钟的 "1" 点处开始，按顺时针方向依次编号。

4. 对各编号对应的细节特征名称进行注释说明（见图 2-1）。

（三）细节特征的名称及命名规则

1. 细节特征名称。

（1）起点：按顺时针方向，纹线的起始点为纹线的起点；

（2）终点：按顺时针方向，纹线的终结处为纹线的终点；

（3）分歧：按顺时针方向，纹线由一条分叉为两条或两条以上的为分歧；

（4）结合：按顺时针方向，两条以上纹线汇合为一条称为"结合"，纹线汇合处称"结合点"；

（5）小钩：一条纹线分出一条较短的纹线，且分出的这条纹线与其它纹线不相连接；

（6）小眼：一条纹线分出一条较短的纹线弯曲成环状后又与原纹线汇合呈"眼状"；

（7）小桥：两条纹线之间有一较短的棒线相连结；

（8）短棒：两条纹线之间与其它任何纹线不相连，长度在 1 毫米以上的棒状线；

（9）小点：纹线长度小于 1 毫米的棒线。

2. 细节特征命名规则。

（1）依形态命名；

（2）依顺时针方向命名；

（3）从左向右命名；

（4）从上到下命名。

六、实验注意事项

1. 描绘的部位要求完整，上至指尖处，下至第一屈肌褶纹处，左右两侧至三角出现。

2. 标示特征的指示线要求呈辐射状，指示线之间不得互相交叉、重叠。

3. 细节特征编号从时钟的"1"点处开始，并按顺时针方向依次编号。

4. 标示线所指的特征点要准确、无误。

七、实验作业

1. 描绘一枚放大 2 倍后的指纹。

2. 标注各细节特征并依次编号。

3. 说明各编号所代表的细节特征名称。

八、思考题

细节特征的命名原则是什么？

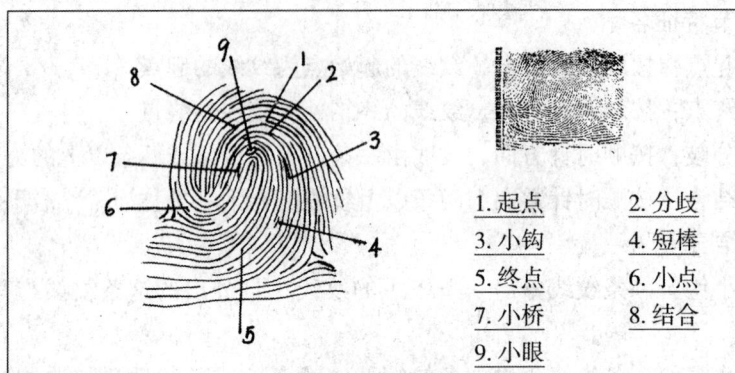

1. 起点	2. 分歧
3. 小钩	4. 短棒
5. 终点	6. 小点
7. 小桥	8. 结合
9. 小眼	

图2－1　乳突线描绘及细节特征标示

实验三　粉末显现法显现无色汗液手印

一、实验目的

1. 了解显现无色汗液手印的粉末种类及不同粉末适用的客体。
2. 熟练掌握粉末显现无色汗液手印的操作方法。
3. 熟练掌握粉末显现手印的固定、提取方法。

二、实验原理

形成汗液手印的汗液和油脂的混合物与粉末之间存在较强的亲和力，当粉末接触到汗液手印时，有纹线的地方附着上粉末，没有手印纹线的地方因亲和力弱而无粉末附着或附着极少量粉末。由于粉末的颜色与表面颜色对比明显，从而使肉眼难以发现的无色汗液手印变得清晰可见。

荧光粉末显现汗液手印，有的利用荧光粉末的附着性，有的利用荧光粉末能与汗液中某些成分起化学反应的特性。荧光粉末显现的汗液手印，必须在紫外光或多波段光源的照射下，在光线较暗的环境中才能观察到，其提取、固定一般采用紫外荧光照相法拍照固定。

三、实验内容

1. 单一粉末显现无色汗液手印。

2. 混合粉末显现无色汗液手印。

3. 磁性粉末显现无色汗液手印。

4. 粉末显现手印的固定与提取。

5. 用8－羟基喹啉指纹显现器显现墙面上的汗液手印（演示）。

四、实验要求

1. 在每一种客体上按数枚指印，分别用不同的粉末显现，观察其显现效果。

2. 用不同的操作方法显现同一客体表面遗留的汗液手印，比较其优缺点。

五、实验器材

1. 白纸条、彩色腊光纸条、黑色纸条、油漆木块、玻璃片、瓷片、电镀金属器件、铝合金片、泡沫塑料、塑料片。

2. 各种颜色单一粉末、各种颜色混合粉末、各种颜色磁性粉末。

3. 扁形或圆形指纹刷、喷粉器、磁性指纹刷、8－羟基喹啉指纹显现器。

4. 3厘米宽透明胶带纸、专用指纹胶带纸、剪刀。

六、实验方法与步骤

（一）常用粉末及适用范围

1. 单一粉末。

（1）金粉：即青铜粉，是由铜、锌、锡、锑等粉末混合而成，因其颜色呈金黄色而称金粉。金粉具有颗粒细、附着力强的特性，一般用于显现玻璃、瓷器、油漆家具、喷漆金属表面等光滑表面上的新鲜汗液手印。

（2）银粉：即铝粉，因其颜色呈银灰色而称银粉。银粉具有很强的附着力，适用于显现玻璃、瓷器、油漆家具、喷漆金属面等光滑面上的新鲜汗液手印。潮湿客体表面的手印不宜用铝粉显现，须待其干燥后再显现。

（3）四氧化三铅：亮红色重金属粉末，常用于显现金属、皮革等客体表面加层油脂手印，以及蜡纸、复写纸、竹器上的新鲜汗液手印。

2. 混合粉末。是由松香粉与其它颜色的单一粉末按照一定比例混合而成的。混合粉末依其单一粉末的颜色可配制成黑色、红色、黄色、白色、棕色、橙色等颜色。混合粉末既适用于显现光滑面上的手印，也适合于显现较粗糙客体表面的手印。

3. 磁性粉末。是由能被磁铁吸附、颗粒在400目以上的金属粉末与起染色作用的单一粉末按照一定比例混合而成的。根据不同的需要，磁性粉末可配成各种不同的颜色，常见的有黑色磁性粉、白色磁性粉、黄色磁性粉、红色磁性粉等。

磁性粉末的适用范围比单一粉末、混合粉末广，多用于显现非导磁性客体表面的汗液手印。

4. 荧光粉末。荧光粉末就是在紫外线灯或多波段光源的照射下能发出明亮可见荧光的粉末。常见的荧光粉末有蒽粉、φkπ—30 荧光粉、松花粉（一种植物花粉）等。

荧光粉末主要用于显现画报、照片、票证等表面颜色复杂的客体上的汗液手印。其操作方法与粉末显现法相同，但显现后须借助紫外线灯或多波段光源的照射才能观察到。

（二）操作方法

1. 毛刷法。用指纹刷沾取少量指纹显现粉，将指纹刷头部移至疑有手印的部位上方约 3 厘米处，轻轻的弹击刷柄，使粉末徐徐地降落在疑有手印的部位，然后用干净的指纹刷在疑有手印的部位顺着一个方向轻轻地刷动，待看到手印纹线时顺着纹线的流向刷，直至显出清晰的手印纹线。在刷显过程中，毛刷上沾有较多粉末时应换一支干净的毛刷刷显。

毛刷法一般用于显现水平面或倾斜不严重的客体表面上的汗液手印。纸张上的手印不宜用毛刷法显现。

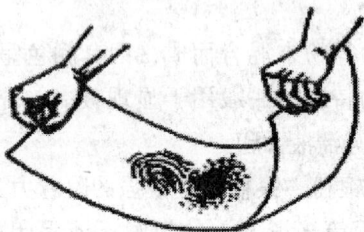

图 2-2　震荡法

2. 震荡法（抖显法）。用指纹刷沾取少许指纹显现粉，弹击刷柄，使粉末洒落在疑有手印的部位，两手抓住承痕体的两端左右来回晃动，当显出清晰的手印纹线时，将多余的粉末倒回粉末瓶里，然后用手指轻轻地弹击客体背面，使客体表面附着的多余粉末脱落，从而显出清晰的手印纹线（见图 2-2）。

震荡法（抖显法）一般用于显现轻、薄、小客体表面上的无色汗液手印。

3. 喷粉器显现法。将装有粉末的喷粉器的喷嘴以 10°~20° 的角度（与客体表面间夹角）对着客体表面疑有手印的部位，一手握粉末瓶，一手捏气囊，粉末即在气体压力的作用下沿喷嘴喷出并附着于客体表面，从而显出手印（见图 2-3）。若客体表面附着的粉末较多，则用干净的指纹刷将多余粉刷去即可。

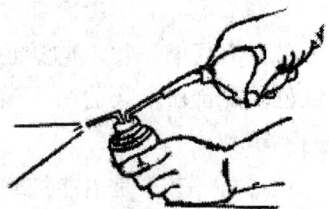

图 2-3　喷粉器显现法

喷粉器显现法常用于显现光滑垂直面上的汗液手印，纸张上的手印不宜用此法显现。

4. 磁性刷显现法。利用磁性刷吸附磁性粉末后形成的磁穗，对疑有手印的非导磁性客体用轻、柔、慢的动作进行刷显，直至显出清晰的手印纹线（见图2-4）。对遗留于客体表面的多余磁性粉，用磁性刷吸附后回收到磁性粉瓶里。

磁性刷显现法适用于显现非导磁性客体表面遗留的手印，导磁性客体（能被磁铁吸引的客体）表面遗留的手印可用毛刷法显现。

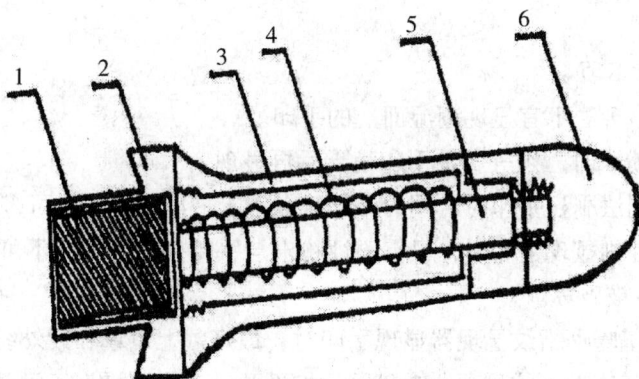

1. 柱形磁铁　　2. 刷首　　3. 刷体　　4. 弹簧　　5. 金属拉杆　　6. 刷尾
图2-4　磁性刷结构示意图

5. 8-羟基喹啉指纹显现器显现法。将电源盒插头插入电源插座，拧开电吹风锥形喷头，取出夹粉网片并打开，将少许8-羟基喹啉粉末装入夹粉网片，盖好后放入电吹风锥形喷头里，并拧紧喷头，接通电源，将电吹风开关置于加热档，加热10秒左右后，将开关扳向吹风档，在距客体表面约10~15厘米处对着疑有手印的部位喷射雾状的8-羟基喹啉，约10秒钟后关闭电吹风，3~5分钟后打开紫外线灯对喷过8-羟基喹啉的部位照射，即可观察到黄色荧光。

此法一般用于显现未加荧光染料的纸张、聚苯乙烯塑料、聚苯乙烯白色泡沫塑料、粉刷过的浅色墙面、铝制品、乳白油漆面等客体上的无色汗液手印。

在上述操作方法中，应优先选用震荡法，然后依次选磁性刷法、毛刷法、喷粉器法。

（三）选择粉末的原则

1. 根据客体表面的颜色选择粉末。所选粉末颜色应与客体表面颜色对比明显，即深色客体选浅色粉末，浅色客体选深色粉末。

2. 根据客体表面的粗糙程度选择粉末。即客体表面光滑时选颗粒细的粉末，例如金粉或银粉；客体表面粗糙时应选颗粒稍粗的粉末。

（四）粉末显现手印的提取与固定

对于显出的单指印，可用约 3 厘米宽的透明胶带纸提取。对于显出的掌印，用专用的掌纹纸提取。提取方法是：将胶带纸的一头用右手压住，再用右手指肚慢慢推过，使胶带纸的粘胶面紧贴于粉末显出的指印上，然后，用左手揭下，右手捏住胶带纸的另一头，将揭下的胶带纸贴在与粉末颜色对比明显的衬纸上。覆盖胶带纸时，应压实压平，不可产生气泡。最后将胶带纸提取的手印连同衬纸贴在作业上。

七、注意事项

1. 粉末显现法不宜显现潮湿面上的手印。

2. 刷显粉末时，须等所按手印稍干后再显现。

3. 用毛刷法刷显手印时，用力必须轻、柔，一次未刷净时可多刷几次。

4. 用磁性刷显现手印时，只需磁性粉末与手印接触，刷体不可与手印接触，否则，手印将被破坏。

5. 8 - 羟基喹啉指纹显现器显现手印时，最好戴上口罩和紫外线防护眼镜。

6. 8 - 羟基喹啉指纹显现器夹粉网片拧不开时，将其浸泡于酒精溶液中约 10 分钟即可。

八、实验作业

1. 任选两种单一粉末各显一枚指纹。

2. 任选两种混合粉末各显一枚指纹。

3. 任选两种磁性粉末各显一枚指纹。

4. 观察 8 - 羟基喹啉指纹显现器显现汗液手印的效果。

九、思考题

1. 选择粉末的原则是什么？

2. 金粉和磁性粉末分别适合于显现哪些客体表面的手印？

3. 白灰墙上的无色汗液手印，用 8 - 羟基喹啉指纹显现器显现后间隔多长时间在紫外线灯下观察效果最好？

手 印 显 现 作 业

显现效果				
承受客体	油漆桌面	平面玻璃	平面玻璃	油漆桌面
显现方法	刷显法(金粉)	刷显法(金粉)	刷显法(银粉)	刷显法(银粉)
显现效果				
承受客体	白 纸	平面玻璃	油漆桌面	玻 璃
显现方法	震荡法(混合粉)	磁性刷法	磁性刷法	震荡法(混合粉)
显现效果				
承受客体	白 纸			
显现方法	硝酸银酒精溶液			

系 公安 班级 03级3班 学号 _____ 姓名 张婷

图2-5 手印显现作业范例

实验四　熏显法（碘熏法）显现手印

一、实验目的

1. 通过实验，使学生熟练掌握碘熏法显现汗垢或油脂手印的基本要领。

2. 通过实验，使学生掌握碘熏法显现手印的适用范围。

二、实验原理

碘是一种在常温下易升华且具有金属光泽的结晶体，碘的气体分子遇到油脂时极易附着于其上。由于无色汗液手印成分中含有大量的油脂，手印纹线吸附碘蒸汽后变为紫色，从而增强了手印纹线与背景的反差。

三、实验内容

1. 应用直接热熏法显现汗液手印。

2. 应用间接热熏法显现汗液手印。

3. 用粉末固定碘熏显的汗液手印。

4. 用已曝光的废胶卷固定碘熏显的汗液手印。

四、实验要求

1. 每人显现两枚指印。

2. 分别用粉末和经特殊处理的废胶卷固定碘熏显的汗液手印。

五、实验器材

白纸、碘、烧杯、三角支架、酒精灯、玻璃片、石棉网、已曝光而未显影定影的胶卷、粉末、氯化钯溶液、D－72显影液、定影液、显影盘、定影盘、清水、火柴。

六、实验方法与步骤：

（一）操作方法

1. 热熏法。根据碘蒸汽是否直接熏显手印分为直接热熏法和间接热熏法。此法一般用于显现较小客体上的手印。

（1）直接热熏法。将碘放于玻璃烧杯中，用酒精灯加热，将有手印的物体直接置于碘蒸汽上方，缓慢移动客体疑有手印的部位，使碘蒸汽分子均匀地吸附着于手印纹线上（见图2－6）。

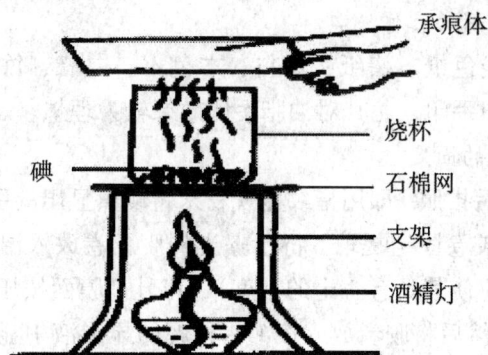

图2-6　直接热熏法

（2）间接热熏法。在盛碘的容器口上盖一干净的玻璃片，待其表面均匀地附着一层碘时，将附着碘的一面覆盖于疑有手印的客体表面，几秒钟后取下玻璃片，手印即可显出（见图2-7）。

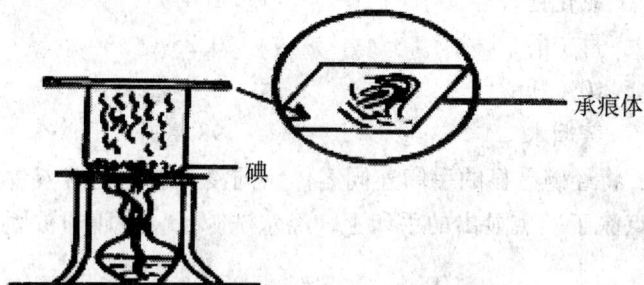

图2-7　间接热熏法

2. 冷熏法。利用碘在常温下能自然升华的性质显现手印（见图2-8）。夏天一般需30～60分钟；北方室内需1小时以上。冷熏时应避免客体与碘直接接触。

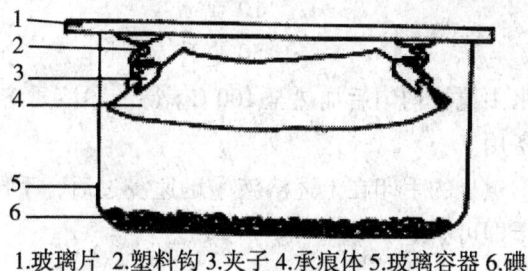

1.玻璃片 2.塑料钩 3.夹子 4.承痕体 5.玻璃容器 6.碘

图2-8　冷熏法

（二）碘熏法适用的客体

本方法适用于浅色纸、蜡纸、塑料、本色木、白墙、竹子、复写纸等非金属表面的新鲜或陈旧手印，尤其对油脂手印效果较为理想。

（三）碘熏手印的固定

1. 用粉末固定后拍照。即用指纹显现粉末将碘熏显出的手印再刷显一遍。

2. 用已曝光的胶卷固定提取。将已曝光的废胶卷放入温水里浸湿，除去乳剂膜面的浮液（但应使其具有一定的粘度），将乳剂膜面按压于经碘熏显过的手印上约 10 秒左右，然后将胶卷放入按 1:4 稀释的显影液中显影约 3 分钟，最后经水洗、定影、水洗、晾干即可。

3. 摄影固定。

4. 氯化钯溶液固定。

配方（1）	氯化钯	0.5~1 克
	蒸馏水	100 毫升
配方（2）	氯化钯	1 克
	丹宁酸	0.25 克
	10% 盐酸	0.5 毫升
	蒸馏水	98 毫升

操作方法：将经碘熏显的手印连同客体一同浸入氯化钯溶液中，或用棉球将氯化钯溶液点涂于碘熏显出的手印上，经水洗晾干，手印即被固定下来，此时手印呈棕色。

5. 碘化钾淀粉溶液固定。

配方：

甲液：碘化钾	2 克
沸水	100 毫升
乙液：淀粉	10 克
温水	50 毫升

将淀粉加入温水中搅拌均匀后加热至 100℃。待上述溶质溶解后，将甲液倒入乙液搅拌均匀后备用。

操作方法：将碘熏显的手印在上述溶液中迅速浸过后，手印纹线即呈蓝色，在清水中漂洗后晾干即可。

七、注意事项

1. 碘具有较强的腐蚀性和刺激性，碘熏法显现手印时务必在通风橱或排气良好的环境中进行操作，实验过程中须戴口罩。

2. 碘熏显的手印应及时固定。

3. 碘熏显的手印若没有固定，随着时间的延长，附着于手印纹线上的碘随即升华，致使手印纹线无法看清，遇此情况，可重新用碘熏显。

八、实验作业

1. 分别用直接热熏法、间接热熏法和冷熏法各显一枚指印。

2. 对上述方法显现的指印用粉末或经处理的胶卷固定。

九、思考题

1. 碘适合于显现哪些客体上的手印？

2. 碘熏显的手印为什么要固定？常用哪些固定方法？

实验五 硝酸银酒精溶液显现无色汗液手印

一、实验目的

1. 通过实验，使学生掌握硝酸银酒精溶液显现无色汗液手印的适用范围。

2. 通过实验，使学生熟练掌握硝酸银酒精溶液显现无色汗液手印的操作方法。

二、实验原理

硝酸银与汗液中的氯化钠发生化学反应，生成氯化银沉淀物和硝酸钠，氯化银在光的作用下分解出银粒子，银粒子呈灰黑色，随着反应的进行，银粒子逐渐增多，纹线的颜色也逐渐加深，直至变成深褐色，从而显出手印纹线。

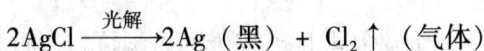

$$NaCl + AgNO_3 \longrightarrow AgCl\downarrow + NaNO_3$$

$$2AgCl \xrightarrow{光解} 2Ag（黑） + Cl_2\uparrow （气体）$$

三、实验内容

用硝酸银酒精溶液显现普通书写纸、牛皮纸上无色汗液手印。

四、实验要求

1. 观察、比较硝酸银酒精溶液显现不同客体上的汗液手印的效果。

2. 观察、比较不同时间遗留的汗液手印用硝酸银酒精溶液显现的效果。

五、实验器材

3%硝酸银酒精溶液、干净的毛笔或棉签、白纸、牛皮纸、报纸。

六、实验方法与步骤

（一）硝酸银酒精溶液配方

1~3 克硝酸银

97~99 毫升无水酒精

（二）操作方法

用干净的毛笔将硝酸银酒精溶液"点涂"于留有无色手印的浅色纸张上，然后将其置于避光处晾干，再将其移到阳光下或灯光下曝光直至显出清晰手印，当可看到清晰的手印纹线时应立即停止曝光，以免曝光过度而变黑。硝酸银酒精溶液显出的手印应立即拍照，然后将其装在避光的暗袋里或用稀释后的定影液进行固定处理。

（三）硝酸银显现法适用的客体

硝酸银酒精溶液适宜于显现普通浅色纸张（表面无染料）、牛皮纸、本色木制品等吸水性客体表面上的新鲜汗液手印。

七、注意事项

1. 硝酸银酒精溶液的浓度应根据硝酸银的纯度、当地当时的气候环境通过实验确定。

2. 涂抹硝酸银酒精溶液时，切忌来回用力涂抹，应用毛笔或棉签轻轻点涂。

3. 硝酸银酒精溶液不宜显现涂有染料的纸张和含动物胶多的高级纸张上的汗液手印。

4. 经硝酸银溶液显现的手印，必须立即拍照或用定影液固定，或者避光保存，否则，随着时间的延长，显出的手印纹线会变得模糊一片。

5. 用硝酸银显现手印时，若天气光线不好，也可借助紫外线灯照射，但一定要控制好曝光时间，切忌曝光过度。

6. 对曝光过度的手印，可将涂有 3% 双氧水且已晾干的白纸覆盖于过黑的手印上约 30 秒，即可使手印纹线变得清晰，

八、实验作业

1. 用硝酸银酒精溶液显现白纸上的汗液手印。

2. 用硝酸银酒精溶液显现牛皮纸上的汗液手印。

九、思考题

硝酸银酒精溶液适宜于显现哪些客体上的汗液手印？

实验六　茚三酮丙酮溶液显现无色汗液手印

一、实验目的

1. 通过实验，使学生掌握茚三酮丙酮（酒精）溶液显现无色汗液手印的适用范围。

2. 通过实验，使学生熟练掌握茚三酮丙酮（酒精）溶液显现无色汗液手印的操作方法。

二、实验原理

茚三酮也叫水合茚三酮或宁西特林，是一种灵敏度很高专门用于检测氨基酸和蛋白质的试剂。茚三酮与汗液中的 α–氨基酸起反应分解出氨、二氧化碳以及醛，同时水合茚三酮被还原，过量的茚三酮和生成的氨与还原型的水合茚三酮起缩合作用，生成紫色的二茚酮——二茚酮胺的取代盐，从而显出紫色手印。

三、实验内容

用茚三酮丙酮（酒精）溶液显现普通书写纸、牛皮纸上无色汗液手印。

四、实验要求

1. 观察、比较不同客体上遗留的汗液手印用茚三酮丙酮溶液和茚三酮酒精溶液显现的效果。

2. 观察、比较不同时间遗留的汗液手印用茚三酮丙酮溶液和茚三酮酒精溶液显现的效果。

五、实验器材

0.5%~2%茚三酮溶液、干净的毛笔或棉签、白纸、牛皮纸、报纸。

六、实验方法与步骤

（一）茚三酮溶液配方

1. 茚三酮　　　　　　　　　0.5~2 克
   酒精　　　　　　　　　　98~99 毫升
2. 茚三酮　　　　　　　　　0.5~2 克
   丙酮　　　　　　　　　　98~99 毫升

（二）操作方法

1. 传统操作方法。用干净的毛笔将茚三酮丙酮溶液"点涂"于留有无色手印的浅色纸张上，然后将其晾干，在其上覆盖一层白纸，再用电熨斗对其加热 20 秒左右，当可看到显出的手印纹线时应立即停止加热，以免温度过高而烤焦检材。茚三酮溶液显出的手印可保存稍长时间。茚三酮溶液显现手印时也可不加热而在常温下进行，但显现时间较长，保存时间也长。

2. AFC—5 型茚三酮熏显柜使用与操作。

（1）在不锈钢小盆里盛 2/3 水后打开电源开关，在语音提示下，将温度设定为 100℃，加热方式选择茚三酮。

（2）温度到达到设定值时，在语音提示下，将时间设定为 10 秒，把涂过或浸泡过茚三酮溶液且已干燥的客体放置在熏显柜内的金属架上，关好柜门后按下启动键。

（3）时间到达预定时间后，在语音提示下，关闭电源开关，取出检材，在自然光下观察显现效果。

（4）打开熏显柜门，用干抹布将熏显柜内壁擦干。

（三）茚三酮显现法适用的客体

茚三酮丙酮（酒精）溶液适宜于显现浅色纸张（表面无染料）、牛皮纸、本色木制品等吸水性客体表面上较陈旧的汗液手印。

茚三酮显现手印的次序应在碘熏法之后、硝酸银显现法之前进行。

七、注意事项

1. 茚三酮丙酮（酒精）溶液的浓度应根据当地当时的气候环境通过实验确定。

2. 涂抹茚三酮丙酮（酒精）溶液时，切忌来回用力涂抹，应用毛笔或棉签轻轻点涂。

3. 因丙酮和酒精是一种有机溶剂，对有机玻璃、塑料、油漆客体表面上的汗液手印不宜用此法显现。

4. 经茚三酮溶液显现的手印，可用摄影的方法固定。

八、实验作业

1. 用茚三酮丙酮溶液显现白纸上的汗液手印。

2. 用茚三酮丙酮溶液显现牛皮纸上的汗液手印。

九、思考题

茚三酮丙酮溶液常用于显现哪些客体上的无色汗液手印？

实验七　502 胶（氰基丙烯酸乙脂）显现无色汗液手印

一、实验目的

1. 了解"502"胶的性能、原理及适用范围。

2. 掌握用"502"胶显现手印的操作方法。

二、实验内容

1. 冷熏法。

2. 加热加湿熏显法。

3. 真空熏显法。

4. 催化法。

三、实验原理

"502"是一种瞬间粘合剂的商品名称，其主要成分是 α - 氰基丙烯酸乙脂。在常温下容易挥发，遇到汗液手印时，在汗液中的水、氨基酸及弱碱的引发下，进行单体聚合，在纹线上形成白色固体状聚合物，从而显出手印。

四、实验器材

"502"胶、"502"自动加热加湿熏显柜、"502"真空熏显柜、高速定性滤纸、氢氧化钠、脱脂棉。

五、实验步骤

（一）冷熏法

1. 在密闭的容器内熏显。将被显现客体悬挂在容器（如塑料罩）内的架子上，把"502"均匀滴在容器底部的铝箔上，密封容器，让"502"自然挥发，进行熏染。由于受客体的性能和外界温度的影响，一般熏显需要的时间较长，要注意记录和观察，及时补充滴加"502"，直至显出白色手印为止。

2. 载体冷熏法。将"502"均匀地涂布在高速定性滤纸上，待浮液晾干后，轻轻覆盖在疑有手印的客体上，数分钟后揭取滤纸，显出白色纹线手印。

（二）加热熏显法

在密闭的容器内或"502"自动熏显柜内，放入需熏显的客体，在有加热装置的两个小容器内，分别加上水和"502"，接通电源开关，先加湿后加热，很快"502"汽化成白色烟雾，整个熏显过程约需 1 小时。

（三）真空熏显法

打开"502"真空熏显柜，在柜底的两个铝箔小容器内，分别放入水和"502"，在架子上放好需熏显的客体，关好柜门，打开电源，抽真空泵启动，将容器内抽成真空，让"502"在负压的条件下慢慢挥发，对客体进行熏显。真空熏显的优点：一是不会熏染过厚；二是对塑料袋、枪支以及表面不十分光滑的客体显现效果比较好。

（四）催化法

1. 将脱脂棉浸泡在 0.25% 或 0.5% 的氢氧化钾水溶液中，取出后晾干，剪成小片待用。

2. 取一片脱脂棉，放入容器底部，在脱脂棉上滴加"502"，在强碱的催化下，"502"很快汽化，冒出大量白烟，熏显手印。

（五）染色方法

"502"显出的手印呈白色，在浅色客体上反差小，纹线不易发现、不易观察、不易拍照，需染色处理。

1. 加碘染色。在热熏的同时，在"502"中加入少量的碘，一起熏显，熏出的手印呈淡黄色。

2. 烟熏染色。用"502"显出手印后，再用松香烛进行熏显染色，纹线呈黑色。

3. 粉末染色。用"502"显出手印后，用磁性粉、铝粉等进行刷粉染色。

（六）固定提取

1. 提取原物。

2. 摄影提取。

3. 粉末染色后用胶带提取。

六、实验注意事项

1. 用载体冷熏时，一定要虚盖，不能用力压，要防止滤纸纤维粘连在显现出的手印纹线上，损坏手印。

2. "502"不适用于血渍、油渍、灰尘手印的显现，但对被血渍、油渍污染的客体上的汗液手印，仍可用此法显现。

七、实验报告要求

1. 简要说明实验的目的和原理；

2. 详细叙述实验的步骤和方法；

3. 显现不同客体上的 3 枚指纹；

4. 按要求及时上交实验报告。

八、思考题

1. "502" 胶常用于显现哪些客体上的无色汗液手印？

2. "502" 胶显现潜指纹的基本原理是什么？

实验八　多波段光源显现无色汗液潜在手印

一、实验目的

1. 通过实验使学生熟练掌握多波段光源仪器的使用方法。

2. 通过实验使学生掌握多波段光源显现汗液潜在手印选择荧光粉末的方法，以及不同波段适用的客体和手印类型。

二、实验原理

汗潜手印中含有很多化学成分，其中大部分是水分，还有一定的盐分和蛋白质等物质，这些物质在不同波段光源照射下，会自发的发出固有的荧光，从而使潜在的汗液手印能够被显现出来。同时，也可以利用汗潜手印中水分对荧光粉末的吸附作用，通过多波段光源的照射，激发出荧光手印。

三、实验内容

了解常见多波段光源的特点和适用范围，结合现场汗潜手印的遗留状况，选用适当波段的光源激发汗潜手印的固有荧光，或者使用荧光粉末显现后，再使用多波段光源激发荧光。

四、实验器材

美国产便携式多波段光源（16 波段）1 台，手持式多波段光源数台，荧光粉末（闪电红色、黄色、紫色、蓝色）、A4 白纸、普通稿纸、木块、油漆面桌子、玻璃片，白线手套、相机、各色观察眼镜、滤色片若干。

五、实验步骤与方法

（一）直接照射激发汗潜手印显现出荧光手印

使现场处于较暗光线环境，打开多波段光源，调整波段，在被显客体上进行照射，光线角度与被显客体大致呈 30°～80°，具体情况根据遗留手印客体外形而定。在显现发现时，应转换不同角度和不同滤色镜片认真贴近观察。

（二）利用荧光粉末显现

在现场处于较暗环境中，戴上观察眼镜，打开多波段光源。常见方法如下：

1. 直接刷显法。用毛刷蘸取适量的荧光粉末，沿着垂直物面从下往上扫动，使粉末粘附于物面，当看到纹线后，弹掉毛刷上的粉末，顺着纹线的流向沿一个方向刷显，直至纹线清晰为止。

2. 撒粉刷显法。用毛刷蘸取适量的粉末，轻轻弹击刷柄，使物体表面均匀地覆盖一层粉末，弹掉毛刷上多余的粉末并将其收回容器，再用干净毛刷尖部在撒粉物面轻轻扫动，当发现纹线后，顺着纹线的流向沿一个方向刷显，直至纹线清晰为止。此方法适用于透明物体和有光泽的非透明物体的水平面上的手印显现。

3. 撒粉抖显法。用毛刷蘸取粉末，弹击刷柄使粉末覆盖于物面，或将适量粉末直接倒于物面，然后双手拿住物体的两边使其上下抖动，让粉末滑过疑有手印的物面，待手印显出后，将多余粉末收回容器，再轻轻弹击物体背面抖掉浮于纹线间的粉末即可。此法适用于纸张等柔软客体、本色木及细小客体手印的显现。

六、实验注意事项

1. 显现环境应当较为昏暗。

2. 多波段光源照射时不能对人，尤其紫外短波照射时不能直接照射人体，否则会对人体造成损害。

3. 显现时应当变换不同波段光源，找到最佳光源显现出最清晰的荧光手印。

七、实验报告

1. 实验目的、步骤的简要介绍。

2. 对实验结果的分析总结。

3. 总结不同波段光源对不同客体上的汗潜手印显现效果。

八、思考题

1. 什么波段的光源能够激发出汗潜手印中的固有荧光？

2. 用荧光粉末显现和普通粉末显现之间有什么区别？

实验九　血手印的显现

一、实验目的

1. 了解血手印的显现方法——四甲基联苯胺法的原理。

2. 掌握其配制方法、操作方法以及注意事项。

二、实验原理

四甲基联苯胺能与血液中的血红蛋白发生反应，使血手印呈现出蓝紫色。

三、实验用品

烧杯，玻璃棒，镊子，搪瓷盘，脱脂棉，白线手套，一次性塑料手套；
四甲基联苯胺，无水乙醇，30%过氧化氢。

四、实验内容

（一）检材制作

用手蘸少许血液后，分别在花玻璃、搪瓷、陶瓷、塑料制品和纸张上留下手印。

（二）四甲基联苯胺显现液配制方法

将1克四甲基联苯胺加入100ml无水乙醇中，充分搅拌并水浴加热，使之溶解，然后加入5ml 30%的过氧化氢，充分搅拌溶解。

（三）手印显现

1. 用镊子夹棉花，蘸少许无水乙醇，轻轻涂在血手印上，并稍等片刻。

2. 用镊子夹棉花，蘸少许四甲基联苯胺溶液，轻轻涂在血手印上，也稍等片刻。

3. 观察并拍照。

五、实验注意事项

1. 四甲基联苯胺对人血、动物血均有颜色反应，不能作种属鉴定。

2. 四甲基联苯胺对一些植物汁液、果汁、乳汁、铜盐、铁盐、碘盐，也有颜色反应，但对人体汗液、尿液、精斑无颜色反应。

3. 使用四甲基联苯胺时，需戴上一次性塑料手套，注意安全。用后须妥善处理。

六、实验报告要求

1. 简要说明实验的目的和原理；

2. 详细叙述实验的步骤和方法；

3. 显现不同客体上的3枚指纹；

4. 按要求及时上交实验报告。

七、思考题

1. 四甲基联苯胺常用于显现哪些客体上的血手印？

2. 血手印的显现方法主要有哪些？

实验十　胶带粘面上手印的显现

一、实验目的

掌握胶带粘面上手印显现方法的原理、操作及注意事项。

二、实验原理

将胶带表面的黏合剂溶解后，用生物染色剂或悬浮液染色剂对手印进行染色，使手印得以显现。

三、实验用品

烧杯，玻璃棒，镊子，搪瓷盘，脱脂棉，医用乳胶手套，丁酮（甲乙酮），龙胆紫，苯酚，无水乙醇，蒸馏水，英雄牌碳素墨水。

四、实验内容

（一）检材的制作

分别于实验前 1 天、1 周和 1 个月在黄色与白色封箱胶带粘面上捺印手印。

（二）胶带剥离液的配制

丁酮与无水乙醇配成 1:1 的混合液（体积比）。

（三）胶带粘面上手印显现染色液的配制

取龙胆紫 0.9g，加入苯酚 2g，再加入无水乙醇 9ml，充分搅拌使之溶解，然后加入蒸馏水至 100ml，充分搅拌溶解。

（四）胶带粘面上手印显现悬浮液的配制

取碳素墨水 100ml，加入 TX – 10 表面活性剂 1ml，充分搅拌加热溶解。

（五）胶带粘面上手印的显现

1. 用滴管将胶带剥离液滴在胶带的接头处，并将胶带剥离。

2. 用镊子夹棉花蘸取悬浮液涂在剥离后的胶带粘面上，等候约 3min；或用镊子夹棉花蘸取染色液涂在剥离后的胶带粘面上，等候约 1min。

3. 入水中漂洗干净，然后放在实验台上干燥。

4. 观察并拍照。

五、实验注意事项

1. 常用黄色封箱胶带粘面上手印的显现最好使用悬浮液法；常用白色封箱胶带粘面上手印的显现最好使用染色法。

2. 胶带剥离液使用时应尽可能少用，不可浸泡，以免损坏胶带粘面上的手印。

3. 操作时应使用医用乳胶手套，不能使用线手套或一次性塑料手套，因前者会在胶带粘面上留下类似手印纹线的痕迹，后者会粘在胶带粘面上。

4. 操作时应尽量少用镊子，因镊子会在胶带粘面上留下类似指节纹的痕迹。

5. 操作时应特别注意胶带的接头处，因胶带的接头处是最容易留下指纹痕迹的地方。

六、实验报告要求

1. 简要说明实验的目的和原理；

2. 详细叙述实验的步骤和方法；

3. 显现不同客体上的 3 枚指纹；

4. 按要求及时上交实验报告。

七、思考题

胶带粘面上手印的显现用显现液和悬浮液有何区别？

实验十一　灰尘手印的显现

一、实验目的

1. 了解显现灰尘手印的原理；

2. 掌握、显现灰尘手印的常用方法。

二、实验原理

灰尘手印是较为常见的一类手印，由于此类手印稳定性差，易遭受破坏变形，所以一般采用光照增加背景反差，以拍照法显现提取。灰尘手印有两种类型：一是加层灰尘手印，二是减层灰尘手印。这两类手印的显现主要是将灰尘线纹固定，然后将手印线纹与背景形成反差，使手印显现出来。所以先固定，再处理。

也可以用硫氰酸钾溶液进行显现。在浓硫酸的作用下，硫氰酸钾的硫氰根（SCN^-）与酸中的氢离子（H^+）结合，生成硫氰酸气体，硫氰酸气体遇铁离子生成棕红色的硫氰酸铁[$Fe(SCN)_3$]。因为在灰尘泥土中含有一定量的铁矿物质，当硫氰酸气体遇灰尘手印中的含铁物质时，会发生反应，变成棕红色，从而显现出灰尘痕迹。

三、实验内容

用硫氰酸钾溶液显现灰尘手印。

四、实验器材

烧杯、真空干燥器、长颈漏斗、玻璃片（带有灰尘手印）。

五、实验方法和步骤

取硫氰酸钾 10g 放在烧杯内，置于真空干燥器内，将被显物体放入，盖上干燥器盖，再将长颈漏斗从盖子顶孔插入烧杯，缓缓倒入发烟浓硫酸 10ml 于烧杯内，发烟浓硫酸与硫氰酸钾立刻反应，产生大量硫氰酸气体烟雾，几分钟后灰尘手印即呈棕红色显现出来。

六、注意事项

1. 硫氰酸钾与浓硫酸的比例为 1:1 为宜，根据检材的多少和容器大小增减试剂量。

2. 对吸水性较强的物体显现时，可适量加几毫升水，增加氢离子浓度，提高显现效果。

3. 对较大客体上的灰尘手印，可先用胶带纸提取，贴在过滤纸上，再用此方法显现。

4. 对灰尘汗液、灰尘油脂混合物手印，可在烧杯内加少许碘或"502"胶熏显，以增强效果。

七、实验报告

按实验报告格式，简要说明实验目的、内容、方法、步骤、实验效果、实验总结。

八、思考题

1. 灰尘手印中的成分有哪些？

2. 灰尘手印提取的方法有哪些？

实验十二　油脂手印的显现

一、实验目的

1. 了解油脂手印形成的三种类型；

2. 掌握对不同类型油脂手印的显现方法。

二、实验原理

油脂手印分为矿物油手印和非矿物油手印，矿物油包括汽油、机油、柴油、煤油等从石油中提炼的产物；非矿物油就是动物油和植物油，或叫动植物油。矿物油主要来自石油，是石油的裂解产物，主要成分是各种大分子烷烃类有机物。动植物油化学成分主要是脂肪酸和三甘油脂，常温下液态的叫油；固态或半固态的叫脂。由于各种矿物的分子量不同，对光的吸收、反射也不同。通常重质油（如齿轮油、机油等）的光致荧光比轻质油的光致荧光要强。

根据相似相溶原理，油脂手印能很好地吸收有机化合物。显现油脂手印所用的生物染色剂和大多数荧光试剂均是有机化合物，将它们通过雾化气熏或其它方法可有效地显出油脂手印。

油脂手印的形成有三种类型：客体表面聚油形成的手印、手上油脂在客体表面形成的手印和被油脂渗透的物体上形成的油脂手印。根据具体情况的不同，显现方法也不同。

三、实验内容

用物理、化学显现法显现油脂手印。

四、实验器材

多波段光源仪器、荧光试剂、"502"胶、碘、锇酸溶液、磁性粉末、无水乙醇、丙酮、被显客体。

五、实验方法和步骤

（一）光检验法

光检验法也叫非破坏性检验法。对遗留在本身没有荧光非渗透性物体上的矿物油手印，在常温下可用激光、长短波紫外灯、痕迹显示仪、蓝光灯（加滤光片）直接观察，激发油手印的固有荧光，颜色多为浅黄色或白色，可直接拍照提取。

动植物油手印在常温下用紫外光源难以激发其固有荧光，用痕迹显示仪和蓝光灯可以发现油手印。在低温 -40℃左右，用短波紫外可检验到浅色荧光手印。所有动植物油、矿物油手印，在低温下都比在常温下荧光要强得多，湿度越低荧光越强。

（二）荧光试剂气、雾化显现法

有些油污较多物体上的手印如油桶、油瓶上加层、减层油手印混在一起难以区分。对这种手印可用荧光试剂气化的方法熏显。在紫外光下检验，通过乳突线与小犁沟对荧光试剂吸附量不同，在紫外光下产生的荧光强度不同、反差不同，从而将手印显现出来。

常用于气化的荧光试剂有罗丹明 6G、罗丹明 B、吖啶等。也可将罗丹明 6G 配成水溶液，用超声波雾化器使之雾化的方法，将荧光试剂均匀地喷在物体表面后，置于激光或紫外光下观察，可检验到二次荧光手印。

（三）油脂手印化学试剂显现法

1. 502—荧光试剂显现法。对遗留在非渗透性物体上的各种油脂加层手印，可先用"502"胶熏显，然后用 0.1% 的罗丹明 6G、无水乙醇溶液对显出的手印进行染色，几秒钟后晾干，再用清水冲洗、晾干。将检材置于激光或长短波紫外光下观察，手印呈桔黄色荧光。

2. 锇酸水溶液染色法。四氧化锇（OsO_4）俗称锇酸，是强氧化剂，有类似氯的辛辣气味。OsO_4 能溶于醇、醚、苯、氨水，易升华、有毒。

OsO_4 为白色或淡黄色结晶，其水溶液为中性。当 OsO_4 与油脂手印相遇，发生氧化反应，OsO_4 生成氢氧化锇 $[Os(OH)_4]$。氢氧化锇为黑色，这样无色的油脂手印在 OsO_4 氧化作用下成为黑色，将手印显出。

配方：$1g\ OsO_4$ 溶于 100ml 蒸馏水中。

3. 粉末显现法。由于油手印的粘性比汗液手印粘性大，一般常用的铝粉、青铜粉不易用来显现油手印。普通的磁性粉末因其粒度细，显出的油手印易模糊一片，也不便采用。专用于显现油手印的磁性粉末有 3 种。前两种油 I 号和油 II 号磁性粉末的主要成分是还原铁粉为载体，配粉为苏丹 I 和苏丹 II。I 号为深红色，II 号为深棕色，第 3 种油粉末是在普通井犬牌磁性粉中加入适量铁粉稀释而成，多为黑色。

4. 油浸手印的显现方法。在有些现场常提取到罪犯装油用的瓶子或油桶。上述检材中罪犯遗留的手印常被容器内溢出的油"淹没"，即被油浸没，将罪犯手印掩盖。这种手印用光检验法、化学试剂显现法、粉末显现法均难以奏效。而这类手印的主要遗留物质是汗液、油脂、灰尘等，其中灰尘及汗液中的无机盐是不溶于有机溶剂的。因此，宜选用有机试剂作挥发剂显现油浸手印，这样可以将溶于有机溶剂的油脂与有机溶剂共同挥发掉，而不溶于有机溶剂的灰尘、汗液中的无机盐等沉积在物体表面，将手印显出。

分别用无水乙醇、丙酮、乙醚、三氯甲烷作挥发剂，显现油浸手印。实验结果表明乙醚作挥发剂显现油浸手印最快，丙酮较快，三氯甲烷次之，无水乙醇最慢。

用有机溶剂显现出的油浸手印，还可用"502"胶熏显或高真空镀膜法达到增强反差、提高显现清晰度的效果。

5. 碘熏。在纸张、本色木上的油脂加层手印，可用碘熏法显现。

6. 苏丹 III 饱和酒精溶液显现。投苏丹 III 于 50% ~ 70% 浓度的酒精中，达饱和为止。用棉球蘸溶液轻轻涂在手印上或用滴管滴到手印上，至均匀盖满手印为止。待 3~5 分钟后，苏丹 III 被脂肪溶解，再用 50%~70% 浓度的酒精轻轻洗涤手印表面上多余的苏丹，手印被染成红色显示出来。

用酒精洗涤多余苏丹时，一定要小心谨慎，慢慢操作，让少量的酒精从一旁徐徐流入手印部位。大量冲滴，将会把整个手印溶解于酒精中而毁坏。

7. 白纸复印粉末显现。未渗入物体深处的油脂手印，如油层厚度 1 毫米以上时，则不宜直接撒粉处理，用白纸复印粉末显现的效果较好。

剪一张适当大小的复印纸，从一侧至另一侧覆盖住手印，一手固定纸张，另一手在纸背轻轻碾压，再从一侧到另一侧取下白纸，油手印即复印到纸上。然后撒上粉末（锑粉、二氧化锰、骨灰粉等），用抖显的方法显出清晰的手印。拍照后用透明胶纸覆盖固定。

六、注意事项

1. 用粉末法显现油脂手印时，粉末不易过多，过多会影响纹线的凹凸性。

2. 碘熏应用冷熏的方式显现油脂手印。

3. 白纸复印显现法显出的手印与实际手印相反，此点应注意。

七、实验报告

按报告书格式，简要说明实验目的、实验内容、方法、步骤、结果、总结。

八、思考题

粉末显现法显现油脂手印适用于哪些客体？

实验十三 现场手印遗留部位的分析判断

一、实验目的

1. 充分了解手印各部位的特征；

2. 熟练掌握区分手印不同部位的方法和判断依据；

3. 经过实验能顺利完成手印遗留部位的分析判断。

二、实验原理

根据手印各部位所具有的特性，分析判断手印的部位。

（一）区分手指手掌痕迹原理

1. 根据现场手印遗留在客体的部位可判断是手指还是手掌。根据承受手印客体的大小、形状、重量以及周围物体的关系，可以判断其动作，通常推、扶、握、抱等动作用力较大，留下掌印的可能性较大。

2. 根据手印面积和形状进行判断。一般情况下指头、指节的范围较小，指头印多呈圆形、椭圆形、半圆形，指节印多为方形和长方形。手掌的范围较大、纹线长，留下的掌印形状不定，呈长条形、长圆柱形或不规则的片状印痕，与手指头和指节有明显区别。

3. 根据乳突线的粗细、弯曲度进行判断。指头乳突纹线通常较掌纹细，成年人每厘米长刻度内有 20~24 根左右，弯曲度较大。手掌乳突纹线通常较指纹粗，间隙大（犁沟较宽），成年人每厘米长刻度内约有 14~20 根纹线，弯曲度较小。

4. 根据乳突花纹结构进行判断。

（1）箕型纹的区别。指纹中的箕型纹面积小，弧度大，箕头较圆，箕枝箕口的流向较圆滑，三角位于箕形线的一侧，距离较近。

手掌箕型纹因不同部位各有特点，手掌上部的箕形纹多较小而笔直，中心纹线的顶端呈尖圆形；手掌外侧部和内侧部的箕形纹面积较大，有的箕头呈方形和圆形，有的箕口弯曲呈汤匙形，有时在箕头顶部出现对顶小箕，三角多位于箕形线的顶端，有的位于两侧，有的只见箕头不见三角。

（2）斗型纹的区别。指纹斗型纹的中心花纹小而圆，花纹两侧各有完整的三角。掌纹斗型纹中心花纹较大，形状有的呈圆形，有的呈方形，三角距中心较远，多为对角分布，有时只有一侧三角。

（3）三角线的区别。现场手印常出现三角纹线，没有中心花纹，这时应根据三角本身的特点进行判断。

指纹中的三角线面积小，比较规则，构成三角的三个边纹线的形态互有区别，靠中心一侧的纹线曲度大，呈圆弧形；靠根基的纹线多为横线或略向上弯弧；靠外围的纹线多为坡度较大稍向里弯的倾斜线。

掌纹中的三角大且不规则，构成三角的三边纹线形态很接近，不易区分，有的一边则由直线组成。

5. 根据屈肌褶纹和小皱纹进行判断。

（1）屈肌褶纹的区别。指节屈肌褶纹短小，很少分小枝，形态多为平坦，略弧或倾斜。手掌屈肌褶纹粗大而长，并在主杆上有小的分枝。

（2）小皱纹的区别。手指皱纹较短小，指头上皱纹多出现在两侧，有横向的或倾斜的，其他指节上的皱纹则多为纵向的，且互相较为平行。手掌上的皱纹较大而长，有横的、竖的或倾斜的，还有的交织呈网格状等。

6. 根据个别特征出现率进行判断。指掌纹的细节特征表现形式是一致的，但各个特征的出现率有些差异。手掌上的短线、中断线、小点、分歧或结合线、弯曲线比手指上出现多，尤其弯曲线、交叉线在手掌更多见，而手指少见。

（二）区分左右手痕迹

判定了现场手印是手指或手掌所留之后，应进一步判明是左手还是右手形成的痕迹。通常可采取首先分析现场环境，然后分析手印遗留的位置、方向和排列关系，再分析纹线的倾斜流向和特征出现的多少，最后参考动作习惯和现场遗留手印的频度等这四个步骤。

1. 分析现场手印所在物体的情况及其和周围环境的关系。留有手印物体的大小、高低、状态，原来位置及其周围关系，构成了一种特殊的环境。这种环境对于作案人在接触该物体时的所站位置，并以什么姿势，用某一只手的何种动作才能完成一定的行为起到一种特殊的限制作用。依据这种特殊环境可以分析作案人必须用哪个手才能接触留有手印的物体，从而判断该手印是何手所留。

2. 分析手印遗留的部位、方向和排列状况。

（1）分析手印所在的部位、方向。手印遗留的部位是指手印在物体上的具体分布位置。如在某物体的左边或右边、上面或下面、内侧或外侧、靠近中央或靠近边沿或者两个部位均留有手印等。

手印遗留的方向是指手印的指尖朝向，如朝上或朝下、朝左或朝右、朝左上方或右上方、朝左下方或右下方等情况。

手印所在的位置和朝向往往反映着左右手的解剖位置和所属的生理功能达到动作范围，有时亦能反映一定的动作习惯，借此即可辨别左右手痕迹。

（2）分析指印的排列状况。指印的正常排列状况取决于各手指的排列关系。根据各手指的解剖位置和形态及其生理功能，彼此存在着三种关系：次序关系、高低关系、对应关系。全面地分析这三方面的关系，有助于判断左右手痕迹。

3. 分析手印纹线的倾斜流向和特征出现的多少。纹线的倾斜、流向和特征出现多少，大多与左右手密切相关，而且往往是左右手相反的，借此区分左右手痕迹是一种重要标志。

（1）根据指头印痕花纹的倾斜流向和特征出现多少进行判断。不同纹型和不同部位的纹线，表现形式不同。

第一，弓型纹。弓型纹中的弧型纹，用一根直线串过层叠一起的弧形线最高点，作为弧形纹的中心轴，这条轴线上端向左倾斜的多为左手，向右倾斜的多为右手。这种现象，实际上是由于大多数弧形纹从弓顶部开始向某一侧上加纹线（分叉线），造成纹线的弓顶部向某一侧倾斜。增加的纹线越多，倾斜程度越大。左手的多为向左增加分叉线，右手的多为向右增加分叉线，因此，左手弧形纹的弓顶部多突向左侧，右手弧形纹的弓顶部多突向右侧。可见用弧形纹弓顶部的突向及分叉线向那一侧较多这两方面来判断左右手也是一样可行的，即弧形纹指印的弓顶部突向左侧多为左手，突向右侧多为右手；向左分叉线多的多为左手所留，向右分叉线多的多为右手所留。按特征命名原则应称为"终点"或"结合"多的多为左手所留，"起点"或"分歧"多的多为右手所留。

帐型纹中心支撑线向左偏多为右手所留，向右偏多为左手所留。

第二，箕型纹。箕型纹中多数属于箕口朝向小指的正箕，因此，在印痕中箕口朝左的多为左手所留，箕口朝右的多为右手所留。亦可依箕头的朝向进行辨别，印痕中箕头朝右的多为左手所留，箕头朝左的多为右手所留。但食指等常出现反箕，其箕口、箕头的朝向全然与上述相反，分析时应当加以注意。

第三，斗型纹。不同形态的斗型纹有不同的表现：

囊形斗——印痕中囊口朝左多为左手所留，囊口朝右多为右手所留。亦可依囊形上端的箕头朝向来判断，箕头朝右的多为左手所留，箕头朝左的多为右手所留。

环形斗——用一根直线，按照环形斗的长轴方向把所有环形线串连起来，作为中心轴线观察这条轴线的倾斜方向，其上端朝右、下端朝左者多为左手所留；反之，其上端朝左、下端朝右者多为右手所留。

螺形斗——观察螺形线的旋转方向，顺时针旋转的多为左手所留，逆时针旋转的多为右手所留。亦有反螺出现（即左手出现逆时针旋转，右手出现顺时针旋转）的情况，分析时应引起注意。

双箕斗——观察中心曲形线的流向和整个内部花纹的旋转方向，其中心结构呈"S"形，整个内部纹线呈顺时针旋转的多为左手所留；相反，中心结构呈"Ƨ"（反"S"）形，整个内部纹线呈逆时针旋转的多为右手所留。还可依双箕中的倒箕头的位置靠左或靠右来判断，倒箕头靠左侧者（亦为离左三角较近者）多为左手所留，倒箕头靠右侧者（亦为离右三角较近者）多为右手所留。

对于箕形、囊形、螺形、双箕形纹，亦可根据纹线的分歧、结合、起点、终点的数量进行判断。指头印的中心花纹上部两侧分歧、起点多的多为左手所留，"结合"、"终点"多的多为右手所留。这种现象是因为中心离三角较远，从花纹中心上方不断增加纹线才能填满中心到三角的间距，因此出现许多叉形线。左手指印的正箕，其三角在右侧，左手的"囊、螺、双箕"，其较远的三角亦在右侧，所以花纹中心上方向右侧增加纹线，根据特征命名原则，向右增加的纹线不是"起点"就是"分歧"，故"起点"、"分歧"多的多为左手所留。反之，右手的"箕、囊、螺、双箕"的中心上方向左侧增加纹线，按特征命名的原则，向左增加的纹线，不是"终点"就是"结合"，故"终点"、"结合"多的多为右手所留。

指尖纹线的偏斜位置和方向的特征；通常指尖部位的纹线越往上越平直，且其位置是居中的，惟拇指和食指指尖部位纹线较为偏斜，其偏斜程度拇指更为突出。左右手指的偏斜方向各有区别。

指印纹线观察：指尖左侧偏斜，纹线从右上方至左下方流者为左手所留，指尖右侧偏斜，纹线从左上方至右下方流者为右手所留。

（2）根据指节印痕纹线进行判断。指节倾斜纹线中有方向不同的区别。据观察，各指纹线倾斜方向与手别关系如下：①拇指印痕。拇指第二指节纹线90%以上是倾斜型的。其倾斜流向，从左上至右下的多为左手拇指所留，从右上至左下的多为右手拇指所留。准确度达90%左右。②食指印痕。食指有第二、三指节。第二指节多为弧型和混合型，不能以倾斜流向区别左右手。第三指节纹线多属倾斜型，其倾斜流向与拇指相同，即从左上至右下者多为左手食指所留，从右上至左下者多为右手食指所留。准确度亦达90%左右。③中指印痕。中指亦有第二、三指节。它们的纹线约90%属混合型和平弧型，在工作中难于根据其倾斜流向区分左右手印痕。④环指印痕。环指具有第二、三指节。其第二指节的纹线90%是平弧型和混合型，难于以倾斜流向区分左右手。第三指节纹线多数是倾斜型，其倾斜流向与拇指相反，即从右上至左下者多为左环指所留，从左上至右下者多为右环指所留。准确度达90%左右。⑤小指印痕。小指第二、三指节纹线均多为倾斜型，其倾斜流向与拇指相反，即从右上至左下者多为左小指所留，从左上至右下者多为右小指所留，准确度达90%左右。

（3）根据手掌印痕纹线进行判断。

第一，根据手掌屈肌褶纹进行分析判断。第一屈肌褶纹从手掌外侧（小指侧）边沿流向食指根部，在外侧边沿有许多八字形分叉，其叉口角朝向内侧。印痕中，叉梢向左展开的为左手所留，叉梢向右展开的为右手所留。

第二、三屈肌褶纹在拇食指间（虎口部位）联结而构成角度，然后向掌心方向倾斜。印痕中，其展开方向朝左的为左手所留，展开方向朝右的为右手所留。

第三屈肌褶纹流至手腕常与腕部乳突线三角构成相邻关系，绝大多数居乳突线三角的内侧。印痕中乳突线三角在屈肌褶纹末稍的右侧者多为左手所留，乳突线三角在屈肌褶纹末梢的右侧多为右手所留。

第二，根据手掌上部乳突线进行分析判断。食指指根乳突线与两侧乳突线汇成三角后，经由掌心斜行流向掌外侧部。印痕中，乳突线向左流为左手所留，乳突线向右流为右手所留。

中、环指指根乳突线亦常与两侧乳突线汇成三角，然后流向小指根下（第一屈肌褶纹上下）。印痕中，乳突线向左流为左手所留，乳突线向右流为右手所留。

小指指根乳突线亦常汇成三角，但往往由于环小指间构成纹型，使这个三角的位置倾斜，其三角的三个边纹线弯曲度不同：内边纹线弧度较大（常构成花纹中心的一部分）；上边（即小指根侧）的纹线多呈斜直；下边纹线向上弯曲呈弧。印痕中，小指根侧的斜直纹线，由右上向左下方流的为左手所留；反之，小指根侧的斜直纹线自左上方至右下方流的为右手所留。

第三，根据手掌内侧乳突线和皱纹进行分析判断。手掌内侧部多为凸向掌心的大弧形纹线组成。印痕中，乳突线凸面向左的为左手所留，其凸面向右的为右手所留。

掌内侧部箕型纹的箕身亦多凸向掌心。印痕中，其凸面向左的多为左手所留；其凸面向右的多为右手所留。

掌内侧部斗型纹，多在花纹的上角或内下角处汇成三角。故印痕中，花纹中心在上下两个三角的左侧多为左手所留；反之，花纹中心在上下两个三角的右侧多为右手所留。

手掌内侧部有交织呈方格状皱纹，如果掌印出现的方格状皱纹在整个印痕的右侧为左手所留，方格状皱纹在整个印痕的左侧为右手所留。

第四，根据手掌外侧部乳突线和皱纹进行分析判断。掌外侧部乳突线由掌心开始迅速增加纹线呈扩散形状，倾斜流向外侧边沿。故印痕中乳突线扩散（大量增加"起点"、"分歧"）流向左侧的为左手所留，流向右侧的为右手所留；外侧部近边的乳突线向左下方流者为左手所留，向右下方流者为右手所留。

外侧部外边沿在印痕中常反映出整齐的边沿，其乳突线亦呈整齐的断头。故其整齐的边沿和断头在左侧的为左手所留，其整齐的边沿和断头在右侧的为右手所留。

外侧部的箕型纹多呈汤匙形的箕，有一小部分外横箕，其箕头均朝向外侧。在印痕中，箕头向左的多为左手所留，箕头向右的多为右手所留。极少数出现箕头向内的横箕，这种箕的箕口多为水平开口于外侧边沿，故印痕中其箕口横向左侧的为左手所留，其箕口横向右侧的为右手所留。

掌外侧部外边沿常出现短而粗的横行皱纹，印痕中此皱纹在左侧出现为左手所留，在右侧出现为右手所留。

三、实验内容

现场手印手掌手位的判断。

四、实验器材

马蹄镜、白纸、铅笔、现场手印样本若干。

五、实验方法和步骤

1. 根据指掌印痕的特点分析指纹和掌纹。

2. 根据乳突花纹、指节纹、屈肌褶纹等分析何指、何手、何部位。

3. 结合手印遗留在客体的部分同动作的关系。

综合判断，将结果写在报告书上，并说明理由。

六、注意事项

1. 在分析指纹时，要注意单指花纹类型出现的概率，不能凭单一理由就认定为何指、何手。

2. 掌纹分析时，较容易出现差错的是，指根区外侧和内侧的三叉线流向。内侧区三叉线及周围纹线流向较缓、弧度大，而外侧区三叉线及周围纹线流向较急、弧度小。

七、实验报告

按实验报告规格，简要说明实验目的、内容、实验结果、理由、实验总结。

八、思考题

1. 如何确定手掌尺侧区部位？

2. 指根区乳突纹线的特点是什么？

实验十四 手印鉴定

一、实验目的

1. 掌握手印鉴定的程序、手印认定的依据。

2. 理解本质特征和非本质特征。

3. 熟练掌握手印鉴定的方法和手印鉴定书的制作。

二、实验原理

根据同一认定理论，手印表现出的特定性、稳定性和反映性对检材和样本进行特征的比对，进行同一认定。

三、实验内容

检验现场手印和样本手印，出具手印鉴定文书。

四、实验器材

放大镜、红蓝笔、直尺、胶水、现场手印照片、样本手印照片。

五、实验方法和步骤

手印鉴定分为预备检验、分别检验、比较检验、综合评断做出结论、制作鉴定书几个过程。

（一）预备检验

对手印检验之前，鉴定人员要向委托鉴定单位或送检人了解案件性质、案发时间，了解现场手印遗留情况、形成条件、变化因素、手印类型、显现提取方法，手印是否具备鉴定条件。对于样本手印的来源、采集方式、何指何部位、质量、大小比例要了解清楚，在这些工作结束后，重点了解鉴定要求和目的，最后对检材样本清点登记，准备检验的器材。

（二）分别检验

对现场手印和样本手印分别独立进行检验，一般先检材后样本，主要任务是寻找检材、样本特征，为下一步比对作好准备。

初检：对检材、样本初步检验。初步检验主要是对手印的方向、部位以及乳突纹线的确定。

详检：寻找特征、固定特征。寻找特征可以从点到面，逐步扩展，先易后难，先明显后模糊，先重点后一般，利用基点定向法、逐线搜索法、追踪法、两头数线法、检样互补法发现特征，然后用笔标记特征，或用针孔标记。

（三）比较检验

1. 特征的选择。选用明显、稳定可靠、稀有少见、清晰的特征。

2. 比对内容。比对检材、样本的种类特征和细节特征，比对特征的数量、分布位置、相互关系以及特征、形态、面积大小、角度、方向。

3. 比对程序。先一般特征，后个别特征。一般特征就是手印的纹型类别，细节特征是特征点的形态大小、角度方向、位置相互关系，等等。

4. 比对方法。

（1）特征对照法。用对照的方式，在现场手印和样本手印的相应部位上选出明显的特征点逐步向周围扩展，对特征统一观察比对，并用不同色笔在特征点上把符合点和差异点划线标记。

（2）特征连线法。这种方法多用于纹线特征少而清晰的手印鉴定，具体操作：在同倍大的现场手印与样本手印照片上标出特征，再分别用直线把特征连结起来，构成一个几何图形，比对它们的形状、面积、角度、边长等特点。

（3）特征重叠法。将同倍大的检材、样本制成负片，用幻灯机按其相同部位相同特征重叠起来进行比较，比较细节特征的位置，纹线的流向、弧度、粗细、间隔等。

5. 标示特征。

（1）观察标记点。

（2）按时针法则、垂直法则、不交叉法则标示。

（3）红色标示相同特征，蓝色标示不同特征。

（四）结合评断

评断特征的数量和质量，质量高的特征主要是勾棒、桥眼、疤痕奇特纹，质量低的特征点是起点、终点、分歧、结合。

1. 评断符合点：要找出本质上的符合，排除非本质符合。本质的符合就是手印特征特定性问题，而非本质符合是因各种原因引起的偶合。

2. 评断差异点：应确定其差异是同一手指同一部位发生变化的结果，是现场手印与样本手印实际上是两个不同的手指或同一手指不同部位反映出的差异，还是手印形成过程中由于其它因素的作用形成的差异。

（五）结论

1. 认定结论：花纹类型相同，纹线结构形态相同，相应部位的细节特征的名称、位置、数量、形态相同，少数差异点能得到科学的解释。

2. 否定结论：花纹类型不同，或花纹类型相同，但纹线结构形态、细节特征总合不相符，少数特征相似，证明是偶合。

（六）制作手印鉴定书

标题、结论、检验、论证、结论、落款。

现场照片、比对照片。

六、注意事项

1. 寻找确定细节特征时要客观，不要先入为主，模糊残缺的特征只作参考。

2. 比对方法主要是特征对照法，特征连线法形成的图形不可能完全重叠，因为手印在遗留过程中会有变形。

七、实验报告

制作鉴定书。

八、思考题

1. 如何运用质量低的细节特征认定手印同一？

2. 制作鉴定书应注意哪些问题？

实验十五　模糊、残缺手印的鉴定

一、实验目的

锻炼对于模糊、残缺的手印，如何找到稳定可靠的细节特征，以及对模糊、残缺部位特征的判断。

二、实验原理

同一认定理论和手印纹线的连续性。

三、实验内容

模糊、残缺手印的分析。

四、实验器材

模糊、残缺手印的照片，红蓝笔，直尺，分规，放大镜等。

五、实验方法

（一）模糊手印特征的寻找确定

1. 平行线追迹法。这种方法，主要根据纹线的间隔距离的改变情况去发现特征。寻找时顺着两条乳突线或小犁沟线追寻，如果在两条平行线中距离突然变宽，并恰好能容纳另一条纹线的宽度时，即认为有特征存在；如果两条平行线的距离逐渐变窄，最后合二而一，或其中一条纹线终止了，或加入了相邻的另一条纹线，再往前追迹则是另一条纹线的继续，这些情况，均表明有特征存在。是什么特征，则需要根据表现的形态，作几种可能的假想，并标示出来，待找到其他特征时，再进一步研究，结合几个特征的相互关系，一一核实。在顺着平行的小犁沟线进行追踪时，如果发现分叉，终止、或连接于它条纹线时，亦认为有特征存在。

2. 两头数线法。两头数线法主要是在模糊区域的两头清查纹线的数目，通过纹线的不等数来确定特征。如在上方查线是 3 根纹线穿过模糊之处，在下方查线则成了 4 条或 5 条纹线，这就说明其间存在一两个细节特征。反之，如果前面查线是 4 条，模糊区后面查线只有 2 条、3 条纹线，亦说明其间有特征存在。是什么特征，则要从纹线流向的趋势和特征的形态进行分析。

查线时一定要保证两头所查的纹线确实是原来走向的纹线，如果窜了线位，即前后查的纹线中有的不是原来的纹线，就可能导致工作的失误。为此，必须把住所查的两条边线，严格地按照它们的流向和纹线本身的连续性，一追到底，不使中途窜入其他线条，出现差错。

查线数的方法对肯定有特征时的意义较大，用来否定特征存在时则要慎重。如上方查 3 条线，下方查亦为 3 条线，就不能由此而简单地认为其间（模糊之外）不会有特征，要注意是否有结合、分歧交错的特征在其间。如果中间这条纹线的走向始终不偏，其间没有断离现象，才可认为没有特征。

由于手印中的乳突线与小犁沟之间亦不是单独存在，而是互相依存的，同时特征的构成又是两者相辅相成的，故在纹线追迹中，要互相照应，同时进行。

另外，模糊手印的部位不同，其清晰程度不同。一般边缘部位较清晰，中心部位较模糊，或一侧较模糊，另一侧较清晰。检验时，可先从纹线较清晰部位找特征，然后逐步向较模糊的部位扩展，最后把全部特征找出来。

在确定模糊区域的特征时，要注意鉴别手印形成物质的干扰和显现物质的多余附着或随物体表面的粗纹、裂纹等所产生的虚假特征。以免错用了这些特征而使鉴定工作走弯路。

必要时，对于个别模糊区域或个别模糊特征亦可与重点嫌疑样本进行对照，加以补充和核实。但必须以现场手印上的特征出发，不可拿样本上的特征到现场手印上硬凑，以免发生错误。

（二）残缺手印特征的寻找确定

现场发现提取的手印多属不完整的片断的局部小块印痕，或是指纹的某一部分，或是掌纹的某一小块，特点是纹线不多，特征少，既无花纹中心，又无花纹三角。因此，定位不易，定性亦难。

检验的突破口是要把遗留部位定准。定准遗留部位，又首先要解决方向问题，即分清手印上下、左右的方位。为此可研究现场手印遗留情况，客观地判断出当时的动作，结合纹线的形态和流向进而确定那一边是上，那一边是下。在这个基础上，判断何手何指何部位所留，确定具体部位。实际工作中，由于现场手印面积小、纹线少，又无典型区域的固有形态，往往一时定不准方向位置的时候是经常发生的。这种情况下，必须调转手印的各个方向进行观察，并对照样本各个可能出现（纹线形态）的部位，一一核对。一旦找到了恰当的部位，检验工作即可顺利进展。

残缺手印往往带有比较明显的纹线，或者一部分清楚，一部分较模糊，通常情况下寻找特征不会感到太难。由于它的特点是面积小，纹线少，所以寻找特征的方法比较灵活，可从印痕中心到外围，亦可从边缘到中心，更常用的方法是从某一边的纹线查到另一边的纹线，对为数不多的纹线一一追查清楚，从中发现特征。如果印痕中有清楚区和模糊区，可用追迹的方法，从清楚部位追迹到模糊部位。

检验的关键是对特征的细微观察。由于残缺手印的特点之一是特征数量少，对于为数少量的特征，不能停留在特征的有无和特征名称的确定，还须进一步分析研究每个特征细小特点，如对每个特征的具体构成、形态、大小、位置、方向、角度及各个特征间的彼此距离、方位、构成的图形、相隔线数等，均要进行仔细研究和确定，使仅有的特征更加特定化，就能为比对和评断提供更丰富、更科学的基础材料，从而使鉴定客观准确。

此外，很重要的一点是综合利用各种特征，即除了认真寻找乳突纹线的特征外，还应尽力发现和确定褶纹、皱纹、伤疤以及细点线汗孔等特征。许多情况下，乳突线不多、特征很少，可是由于找到印痕中所反映的伤疤、褶皱纹等特征，不但增加了特征的种类和数量，更提高了这些特征的质量，使该印痕达到特定化的程度，为鉴定结论提供了可靠的依据。

六、注意事项

1. 判断模糊、残缺手印的细节特征时，一定要客观，不能想当然。

2. 判断特征时，用多种方法综合判断。

七、实验报告

简要说明实验目的、内容、实验结果，说明依据，总结。

八、思考题

在何种情况下模糊、残缺手印符合鉴定条件？

实验十六　计算计指纹自动识别系统操作使用

一、实验目的

1. 通过实验熟悉指纹自动识别系统软件的功能和操作流程。

2. 通过实验熟悉指纹录入、查询的原理和操作方法。

3. 通过实验熟悉各种指纹比对方法。

4. 通过实验熟悉指纹远程识别方法和操作。

二、实验原理

借助计算机网络和计算机图像自动识别原理，采用多用户管理以及远程图像采集、查询比对技术，让指纹比对查询进入基层，做到不受地域的限制，在任何网络条件下都能向中心数据库传输指纹数据或查询比对指纹信息，而且还能在中心数据库上对每个远程用户进行管理。

三、实验内容

1. 熟悉指纹的采集和录入方法。

2. 熟悉各种指纹查询方法。

3. 熟悉远程指纹比对操作方法。

四、实验要求

1. 每位学生要完成指纹的录入、查询和比对。

2. 制作活体特征比对表。

3. 完成指纹远程传输和比对操作。

五、实验器材

北大高科刑侦指纹自动识别系统1套，指纹比对服务器1台，远程输入、比对电脑数台，活体指纹采集仪数台，摄像机2个，指纹自动识别配件若干，A4白纸，HB铅笔，红蓝铅笔，橡皮，直尺，放大镜（或显微镜）等。

六、实验步骤与方法

1. 计算机USB接口插入软件加密U盾，并连接好活体指纹采集仪、摄像机、打印机等，点击桌面【主菜单】图标或通过【开始】／【程序】／【主菜单】打开软件操作界面，如图：

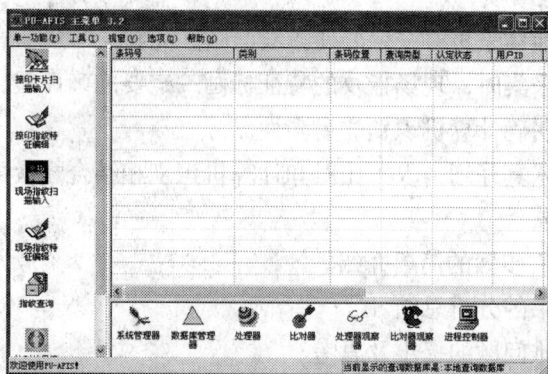

图2-9

然后选择不同的指纹输入方法，按照操作程序采集指纹并输入指纹库，并对指纹特征编辑、进行查询等。

2. 指纹输入。指纹输入是远程客户端进行其他操作的基础，包括现场指纹输入和捺印指纹输入。现场指纹输入方式有扫描、摄像头、图像文件；捺印指纹输入方式有扫描、图像文件，活体指纹输入。

3. 指纹处理和编辑。指纹处理是针对捺印指纹而言，主要是自动提取捺印指纹特征和压缩捺印指纹图像，这些操作由计算机自动工作。现场指纹编辑必须由学生自己标示指纹特征。捺印指纹编辑主要是学生对指纹处理程序自动提取的指纹特征进行修改和确认的过程，对指纹特征进行编辑的目的是为指纹查询和比对做准备。

4. 数据上报。在对指纹特征编辑完成后，将指纹数据传输给中心数据库，捺印指纹可以直接传输压缩图、特征及人员信息，现场指纹可以直接传输原图、特征和案件信息。

5. 指纹查询。查询分为两种：直接查询和转发查询。

直接查询是将一个查询请求同时发给一个或者多个中心库，由各中心库对其进行查询，随后由系统汇总各中心库的查询结果，并下载候选指纹，供学生认定。

转发查询是通过一个中心通讯服务器向其他中心库的服务器转发查询请求，由各服务器查询。

6. 指纹认定。由学生人工确定指纹系统查询出来的结果中是否有比中的指纹。

七、实验注意事项

1. 前期指纹活体采集时一定要使指纹清晰、完整。

2. 指纹现场采集时，现场指纹的特征标画一定要准确无误，宁缺毋滥。

3. 查询时要明确计算机识别的局限性。

4. 比对时要认真仔细，人工比对和计算机识别相结合才最可靠。

八、实验报告

1. 实验目的、步骤的简要介绍。

2. 对实验结果的分析总结。

3. 实验中疑难问题的提出及思考。

九、思考题

1. 现场指纹倒查时，应当注意的事项有哪些？

2. 指纹录入时的要求有哪些？

3. 自动比对时需要人工如何操作？

4. 前期指纹录入的方法有哪些？

实验十七　捺印足迹样本训练

一、实验目的

掌握捺印足迹样本的操作方法和基本要求，了解足部造痕体在不同方向和习惯的作用力下遗留在平面足迹中的形态反映。

二、实验原理

足部在不同方向和习惯的作用力下，在平面足迹中可能产生不同的形态反映，所以人们在行走中不但会留下足迹的纹线或花纹印痕，还会留下一些特殊的和习惯性的磨损特征。为了清晰、准确、逼真的取得足迹中的这些特征，让被捺印人用赤足或鞋底面，在调好油墨的捺印板上踩踏，使其沾上油墨后再踩踏在捺印纸上，在力的作用下使足迹底面以一定的方法移印到捺印纸上，形成足底平面镜像，使足迹底面形态完整、逼真的反映出来，这样才有利于与现场足迹进行比对分析。

三、实验要求

1. 捺印的足迹要清晰、完整、不变形。赤脚印捺印要求纹线清晰，鞋印捺印要求花纹清晰，足迹的侧部、掌部、跟部要反映完整。

2. 油墨应均匀、适度。捺印的足迹各部分墨色要求基本相同，浓、淡应以纹痕反映清楚为度。

3. 按照现场足迹遗留的实际情况。是站立遗留的就以站立方式捺印，是走动时遗留的就以走动的方式捺印。

四、实验器材

油墨、调墨板、油墨辊、1cm 厚 40cm×35cm 比较细密的海绵数块、软胶垫数块、足迹捺印卡（8 开大小较厚的普通白纸）以及清洗工具等。

五、实验内容和步骤

1. 调墨。根据捺印的样本是赤足还是鞋印选择相应的调墨工具，赤足捺印可以选择调墨板、专用墨盒，捺印鞋印可以选用长、宽大于鞋底底面的 1cm 厚 40cm×35cm 大小的海绵，给调墨板或海绵的一面涂抹适量的油墨，然后用油墨滚滚动调匀。油墨的薄厚和均匀程度直接影响着捺印的质量，油墨太薄、太厚或浓淡不均都会影响足迹特征的反映，所以油墨的薄厚要合适、均匀。如果调墨板油墨过多，可用旧报纸擦除后再重新调匀。

2. 静态足迹样本的捺印。静态足迹样本捺印一般是从上向下竖直方向捺印。

调好油墨后，让被捺印人将赤足或鞋底面，在捺印板上踩踏使其沾上油墨后再踩踏在捺印纸上，这种捺印可以称为站立状的静态足迹捺印，主要为了反映足迹的花纹形态和其它细部特征。

3. 动态足迹样本的捺印。这种捺印方法要求与人的正常行走状态基本相同或模拟现场作案过程中的行走状态，在行走过程中进行捺印。将调好墨的捺印板放在被捺印人前方2m～3m处，在捺印板前方一步远的距离放上捺印纸，让捺印人在行走过程中足底沾墨，然后自然行走踩踏在捺印纸上，留下足迹印痕，这种捺印称为动态足迹捺印。这种方法不仅可以反映足迹花纹形态和细部特征，还可以反映行走中的一些动态特征。

4. 在捺印纸的表格栏填写姓名、性别、年龄、身高、体重以及鞋子种类、样式、鞋号、合脚程度等项目。

六、捺印注意事项

被捺印人赤足或鞋底上有污垢时，要用水洗净、擦干后再捺；捺过一次不能再重复沾取油墨，必须重新滚涂油墨后再沾墨捺印；对鞋底上填塞的异物，不可轻易排除，否则会使特征发生改变。

七、作业要求

制作本人左、右两脚穿鞋足迹静态和动态的足迹样本各一份，要求油墨均匀，足迹反映完整，并书写一份捺印报告。

附：足迹捺印示例

被捺印人姓名		性　别			出生年月	
住　　址		身　高			体　重	
捺印足迹类型	鞋子种类	鞋　号		样　式	合脚程度	
捺印单位		捺印人			捺印时间	

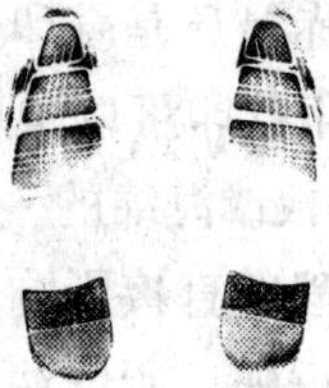

（左）　　　（右）

图2－10　足迹捺印（实习用）

实验十八 足迹测量和特征分析

一、实验目的

1. 了解足迹中各部位的名称。

2. 掌握赤脚印痕、鞋底印痕的测量以及特征分析的步骤和方法。

二、实验原理

在进行足迹鉴定和足迹分析时，经常需要准确地测量出足迹的全长及各部位长、宽，因而必须建立测量标准或测量基线。对于赤脚足迹测量基线的确定方法是：找出赤足足迹跟后缘向后最突出点和第二趾中心点，将两点连线作为赤足足迹测量基线或赤足足迹中心线。对于鞋印测量基线的确定方法是：首先在鞋的前掌尖突点与跟后缘突点两点间作一直线，或前掌、后跟面各自的最宽处的中心点上，连一直线，作为测量用的基准线，通常又称为纵轴线，以基准线为依据测量鞋印的全长和各部位长、宽。对于残缺不全的足迹，要灵活确定测量的基准线，要求测量时现场足迹与样本足迹测量的基准线保持一致，避免由于现场足迹与样本足迹测量方法不同而产生误差。

三、实验要求

1. 了解赤脚、穿鞋平面足迹静态和动态足迹的长宽特征及其变化规律。

2. 准确、规范地测量足迹的全长以及各部位的长、宽，熟记各部位的名称，观察并标示出赤脚和鞋底痕迹的特征。

四、实验器材

捺印完成的赤脚印或穿鞋平面足迹样本，放大镜、钢卷尺、三角板、量角器、分规仪、钢笔、橡皮等。

五、实验内容和步骤

（一）赤脚足迹的测量

1. 作出足迹中心线。首先确定第二趾球面的中心点和后跟的中心点，然后通过两中心点作一直线，此线为赤脚足迹中心线，作为测量的基线。

2. 测量赤脚足迹全长。从脚趾的前缘作足迹中心线的垂直切线，过脚跟后缘作足迹中心线的垂直切线，两切线之间的距离即为赤脚足迹的全长。

3. 测量赤脚足迹各部位宽度。

（1）赤脚足迹足宽测量。分别作跖内、外缘突点的平行于足迹中心线的切线，两切线之间的垂直距离即为赤足足迹足宽。

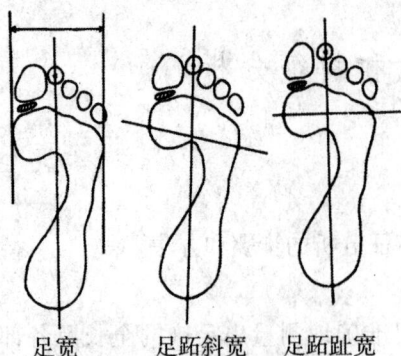

足宽　　　足跖斜宽　　足跖趾宽

图2-11　赤脚足迹的测量

（二）鞋底痕迹的测量

1. 测量鞋底痕迹的全长。过鞋底痕迹前掌、后跟各自的最宽处的中心点上连一直线即足迹的中心线，然后过鞋尖前缘和后跟后缘两处，各作一条与中心线垂直的切线，两切线之间的距离就是鞋底痕迹的全长。

2. 测量鞋底掌长、弓长和跟长。

（1）鞋底掌长。测量掌长时经常出现两种情况，当掌后缘与中心线垂直时，沿中心线测量掌后缘至掌前缘切线之间的距离，就是掌长。当掌后缘与中心线不垂直时，就出现掌内侧长和掌外侧长。掌内侧长就是掌内侧后缘至鞋尖垂直于足迹中心线的切线之间的距离；掌外侧长就是掌外侧后缘至鞋尖垂直于足迹中心线之间的距离。

（2）鞋底弓长。掌后缘至跟前缘之间中心线的长度即弓长。内外侧长度不一致时，可分别测量内外侧弓长。

（3）鞋底跟长。跟前缘至后跟之间中心线的长度即跟的长度。

3. 测量鞋底印痕各部位的宽度。

（1）鞋底掌部的宽度。在掌的内侧凸点和外侧凸点分别做两条与中心线平行的切线，两切线的垂直距离即为掌宽。

（2）鞋底弓部的宽度。即鞋腰部位最窄的距离，测量时与中心线平行在弓部内、外缘分别做两条切线，两切线的垂直距离即为弓宽。

（3）跟宽。在跟的内缘和外缘分别作两条平行切线，二切线间的垂直距离即为跟宽。

（2）赤脚足迹弓宽的测量。赤脚足迹弓宽是指沿足迹中心线方向，赤脚足迹弓区的最小宽度。测量方法：让直尺垂直于足迹中心线，找出弓区最窄处，测量直尺与弓内、外缘二交点之间的距离。

（3）赤脚足迹跟宽的测量。赤脚足迹跟宽是沿足迹中心线垂直方向足迹跟区的最大宽度。测量方法：让直尺垂直于足迹中心线，找出直尺与内、外缘二交点的最大距离，此距离即为跟宽。

（三）赤脚足迹的特征分析

1. 赤脚足迹的特征。

（1）赤脚足迹的一般特征。赤脚足迹的一般特征包括足迹全长和脚掌、脚弓、脚跟各部位的长、宽，赤脚足迹的形状，脚趾的分布，脚掌乳突线的类型，足弓的高低等。

（2）赤脚足迹的个别特征。有多趾、缺趾、畸形趾、连趾；各趾的粗细及长短比例关系；脚掌乳纹线的细节特征以及它们的形态、位置、数量、流向及其相互关系；屈肌褶纹、皱纹、裂纹、伤疤以及鸡眼、脱皮、老茧皮等位置和形态，这些特征是足迹鉴定的重要依据。

2. 特征分析方法。直接观察或用放大镜观察赤脚足迹样本，首先逐项测量足迹的大小及各部位的尺寸，然后分析样本上的一般特征和个别特征，用红色细笔表示出个别特征并按顺时针方向编号。

（四）脚底痕迹的特征分析

1. 脚底痕迹的特征。

（1）鞋印的一般特征。包括鞋印的长度和宽度，脚印的形状，鞋底图案花纹的种类，鞋底上的标记如商标牌名、厂名、产地、鞋号、代号等，鞋底的质料。

（2）鞋印的个别特征。鞋底在生产、穿用和修补过程中，由于主客观因素的影响，形成的一些可以相互区别的个别特征。鞋印中反映的缝线的针脚、断线、跳线、接头、钉帽的位置和形态，各部位磨损的形状和程度，各部位出现的划痕、凹陷、孔洞、裂纹等破损痕迹的位置和形态，修补后形成的针脚、补丁、脚钉、鞋掌的形状、位置以及相互间的距离，鞋底附着物的位置和形状等。

2. 特征分析方法。首先测量鞋印的大小及各部分的尺寸，然后仔细分析各种个别特征，可以借助放大镜进行观察，将发现的个别特征用红色细笔标示出来，并按顺时针方向对特征编号。

六、注意事项

测量足迹长宽作的辅助线不能破坏足迹特征，可以用细绳、细铁丝等物品代替测量辅助线，然后按照要求进行测量。注意区分哪些足迹特征是一般特征，哪些是个别特征。

七、作业要求

每个学生制作一份鞋底平面足迹的测量和特征分析的实验报告。

八、思考题

平面足迹测量与立体足迹测量有什么区别？各应注意哪些问题？

实验十九 步法特征的测量和分析

一、实验目的

1. 掌握步幅特征的测量方法。

2. 了解步态特征起脚、落脚、支撑三个阶段形成痕迹的种类和特点。

二、实验原理

步法特征包括步幅特征和步态特征，是人体行走运动规律特点在足迹中的综合反映。人们行走姿势的动作习惯表现在步幅和步态两个方面，它与人的身体解剖结构、生理机能状态有密切的关系，也就是说身体结构、生理状态决定行走姿势，行走姿势决定步法特征，反过来步法特征也就反映了人的身体结构及步行习惯动作。所以，通过分析步法特征，就可以了解人身的一些习惯动作，进而了解留痕人的一些特点。

三、实验要求

1. 能对步幅特征进行准确的定点、定位测量。

2. 对步态特征痕迹进行图示和文字记录。

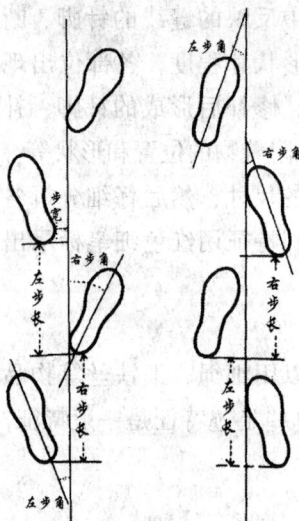

图 2-12 步幅特征的测量

四、实验器材

足迹实习用的沙土地、细线绳、钢卷尺、量角器、铁铲、耙子、扫帚、自然行走留下的成趟立体足迹样本。

五、实验内容和操作步骤

（一）步幅特征的测量

1. 作出步行线和足迹中心线。选一枚比较完整的足迹，过足迹前掌中心点和后跟中心点作一条直线，即足迹的中心线，然后从同侧相邻足迹后跟中心点作一条直线，即步行线。步行线分为左步行线和右步行线，分别作出左、右步行线（见图 2-12）。

2. 测量步长。步长应分别测量其左步长和右步长，左步长为前后相邻的从左到右两足迹间的相应部位沿步行线的距离；右步长为前后相邻的从右到左两足迹间的相应部位沿步行线的距离，测量时一般选择左右脚跟后缘的位置测量。

（1）81 厘米以上为长步。

（2）71～80 厘米之间为中步。

（3）70 厘米以下为短步。

3. 测量步宽。步宽应分别测量左步宽和右步宽，左步宽为左足迹内缘最突点到右步行线的垂直距离，右步宽为右足内缘最突点到左步行线的垂直距离。

步宽可分为分离步、并跟步、搭跟步、直线步和交错步。

4. 测量步角。步角是指左右足迹各自的中心线与其同侧的步行线相交所构成的角度，也分为左步角和右步角。根据步角测量数值和展开方向分为外展向（俗称"外八字"）、直行角、内收角（俗称"内八字"）、不对称角（左右足迹中心线与步行线构成的角度大小和方向不同）。

（二）步态特征识别分析

1. 起脚阶段的痕迹特征。起脚阶段一般注意观察以下特征：

蹬痕：在疏松的地面上行走，走脚时脚掌向后蹬在土地面形成的向后移土、堆土和破土的痕迹。

挖痕：在松软的土地上行走，起脚时脚趾向后挖动地面，在着力的脚尖部位形成的小土坑。

抠痕：在松软的土地上行走，起脚时后跟离开地面，脚趾向下抠压地面形成的眉状立体痕迹。

挑痕：在松软的泥地上行走时，因起脚低，脚尖将要离开地面时向前上方用力挑土形成的痕迹。

耥痕：在松软的土地上行走时，因起脚较低，足尖顺着地面向前，以小角度平行踢耥地面形成的痕迹。

抬痕：在干燥的地面上行走时，因抬脚速度快，使地面上浮土被鞋花纹吸附起来而形成星芒状的痕迹。

划痕：在松软的土地上行走，起脚时脚尖内侧向偏向方向划动地面而形成的条状痕迹。

扫痕：在疏松的土地上行走时，由于起脚低，脚掌内侧或脚尖内侧边缘向内前方扫动地面而形成的痕迹。

2. 支撑阶段的痕迹特征。支撑阶段的痕迹是指人行走在松软或有粉尘的地面上时，脚跟与脚掌都着地，支撑体重从落脚后到起脚前完成的行动动作形成的痕迹。实验中注意观察如下痕迹：

压痕：是支撑体重的脚踝压地面所形成的痕迹。这是支撑阶段经常反映出来的最基本的痕迹。由于重力点位置和着力大小的不同，压痕的轻重、部位、形态各不相同，这是判断步行姿势和年龄阶段的重要依据。

坐痕：是支撑体重的脚落地后，向前摆动腿时，由于支撑脚后跟的反作用，使脚跟向后微动形成的痕迹，反映在足迹中有脚跟边沿和鞋帮的部分印痕。

迫痕：脚落地后，向内侧或外侧微动时形成的痕迹，迫痕有内迫痕和外迫痕，以外迫痕居多。

拧痕：是脚开始离地时，以支撑脚掌为轴，脚跟向内或向外微转，在地面上形成"S"状堆土痕迹。

3. 落脚阶段的痕迹特征。落脚阶段的痕迹特征，是指脚跟下落接触和踩踏地面留下的痕迹特征。这种痕迹能反映落脚部位、方向和轻重。应注意观察磕、踏、推、擦、跄痕。

磕痕：是当脚与腿呈 90°落地时，跟部向后下方用力磕碰地面留下的立体痕迹。

踏痕：是落脚时，脚跟向前方踏动地面，在脚跟痕迹后部形成的横条状裂纹，这多半是迈大步行走时由于人体向前的冲力较大而形成。

推痕：是落脚时，脚内侧先着地，向内前方推动地面，在足迹内侧形成的堆土痕迹。

擦痕：是低落脚时，脚跟擦划地面形成的痕迹，其形状有羊胡子状、长条状或半月状。

跄痕：是落脚时，脚底向前跄动地面形成的痕迹，表现在前掌部位被跄起的土向后裂缝而形成线条状，脚跟前沿堆土、脚尖向前踢土等痕迹。

4. 步态特征分析。

（1）确定各种步态特征位置和方向。

（2）分析步态特征形成过程中作用力的大小、方向和角度。

（3）分析步态特征与步行姿势的特定关系。

（4）分析地面的软、硬条件和土壤粒度等因素对步态特征形成时的影响。

六、实验注意事项

1. 测量步幅特征实验用的沙土地要疏松适宜、平整，沙土颗粒较细。测量选点要准确，划线要求直而细，以减少测量误差。

2. 测量步态特征实验用的土地要软硬适宜，土粒较细，选择行走姿势不同的人自然行走留下的足迹进行分析。

七、作业要求

每组交一份步幅特征测量、步态特征图示的实验报告，并分析影响步幅特征、步态特征变化的主要因素。

八、思考题

1. 不同的地面、不同的行走速度、不同的负重对步幅特征和步态特征会产生什么样的影响？

2. 穿不同种类的鞋和穿不同大小的鞋对步幅特征和步态特征会产生什么样的影响？

实验二十　平面粉尘足迹的提取

一、实验目的

1. 掌握粉尘足迹的常用提取方法。

2. 了解每种方法的提取原理和适用范围。

二、实验要求

每组2～4人互相配合操作，分别对水泥地面、木地板、地板革和油漆桌面以及纺织品上的粉尘足迹进行提取。能够正确使用仪器安全操作，提取的足迹应清晰、不变形。

三、实验器材

高压静电吸附器、黑色硬塑料板、黑色软塑料膜、干毛巾、橡胶辊、复写纸、纸张、宽幅透明胶带纸、绝缘手套等。

四、实验内容和操作步骤

（一）高压静电吸附器吸附法提取平面粉尘足迹

1. 提取原理。静电电场能够吸附物质微粒，电压越高电场强度越强，对物质微粒的吸附力愈大。根据这种原理通过电子线路将直流低压变换为1万伏到几十万伏的直流高压产生静电电荷，静电电荷聚集在提取器的金属滚（板）形成静电电场而具有极强的吸附力，因而能将足迹留在地面的粉尘吸附到金属板或紧贴金属板的塑料膜上。

2. 操作方法。

（1）高压电板提取法。这种方法使用的是一个平板电极，将包有塑料膜的金属板塑料膜一面朝下铺盖在粉尘足迹上，金属板朝上并接高压静电发生器高压输出端，金属板均匀带电产生高压电场，使粉尘足迹吸附到塑料膜上。为增强效果可以用绝缘胶辊等按压金属板，减小接触距离以增加吸附力。

（2）高压滚动提取法。这种方法使用的是一个滚动电极，首先将塑料膜光面向下铺盖在粉尘足迹上，然后用手持静电提取器的滚动电极在塑料膜上单向滚动数次，待塑料膜与承痕客体紧紧吸附后，去掉电极，在塑料膜上即可反映出足迹。如果承痕客体表面灰尘过多，可用吹风机或扇子轻轻地吹去多余的灰尘然后提取，也可用同样的方法反复提取，直到清晰为止。

3. 适用范围。静电吸附器吸附法适用水泥地面、水磨石地面、磁板砖地面、木地板、桌椅以及地毯、纺织物品、皮革、棉毛织品、纸张等物品上的平面粉尘足迹。

（二）摩擦法提取平面粉尘足迹

根据摩擦起电的原理，用干毛巾、皮毛等物品摩擦塑料板或塑料膜产生静电荷，使其具有吸附微尘的能力，就可以直接或间接地提取平面粉尘足迹。

1. 直接提取法。将塑料膜直接铺盖在有足迹的硬质客体上，用干毛巾、皮毛等物品以每秒 4 次的频率向同一方向摩擦约 30 秒钟，操作时塑料膜不能移动，防止模糊或出现重叠甚至损坏足迹，然后轻轻揭开塑料膜，就可以观察到膜上的粉尘足迹。

2. 间接提取法。将塑料板放在平面物体上（最好是绝缘物体），用毛巾、皮毛等物以每秒 4 次的频率用力摩擦 1 分钟（应尽力摩擦全部表面），使其全面带静电后，迅速将摩擦面轻轻贴压于留有粉尘足迹的物面上，并用力按压，让静电充分吸附粉尘足迹，约 20 秒后取下，板面上即可出现足迹。操作时最好带橡胶手套，以防静电经人身流失。

（三）透明胶带粘附法提取平面粉尘足迹

根据粉尘足迹的面积大小，拉出长、宽适量的透明胶带，从一端向另一端一次性平直贴压在粉尘足迹的表面上，朝一个方向用力压平，然后从一端一次性取下，粘贴在反差较大的深色衬底上，粉尘足迹即被提取。

注意：提取时胶带上不能有褶、皱纹；脚印内不能封有气泡；衬底表面应深色和有光泽。

（四）复写纸粘附法提取平面粉尘足迹

复写纸具有较强的粘附力，表面颜色一般为深蓝色，与粉尘足迹颜色有较大的反差，是提取粉尘足迹的一种方便实用的材料。提取时按粉尘足迹的面积大小，取长、宽大于足迹的复写纸直接覆盖在足迹的表面上，然后加放多层纸张，用橡胶辊从一端向另一端用力均匀的滚压，让粉尘足迹粘附到复写纸面上，足迹即被提取。

五、实验注意事项

1. 高压静电吸附器有很高的电压，使用中要注意安全；在进行足迹提取中，高压静电吸附器的地线应接地，高压端才能与大地形成回路，产生较强的吸附力。

2. 使用各种方法在粉尘足迹的提取过程中，都应避免提取材料产生移动，以避免提取的足迹模糊或出现重影。

六、实验作业

采用高压静电吸附器提取水泥地面、油漆面、纺织物上的粉尘足迹各一枚，并请写出提取过程总结报告。

七、思考题

1. 高压静电吸附器的吸附力越强是否提取粉尘足迹的效果越好？

2. 高压静电吸附器还能提取其它物证吗？

实验二十一 石膏制模法提取立体足迹

一、实验目的

掌握石膏制模法提取立体足迹的步骤和方法。

二、实验原理

石膏化学成分主要为 $CaSO_4$，立体足迹制模中使用的石膏是经过煅烧、精制后的石膏粉，它具有极强的吸水性。当石膏粉与水以一定比例混合后，能在较短时间（30 分钟左右）吸收水分而凝固，使灌注到立体痕迹中的石膏成型，反映出立体痕迹的外表形态和细节特征。

三、实验要求

两名同学一组，自己动手做好实习准备工作，然后按照制作模型的程序和方法进行实验。实验结束后立即清洗调配石膏液用的器皿，以防石膏凝固在器皿上。

四、实验器材

石膏粉、调配石膏液的器具（盆、搅勺等）、小木棍、小木板、树枝、线绳等。

五、操作步骤和方法

（一）制模前的准备工作

1. 制作围墙。对已拍照固定的立体足迹，用泥土或制作一个可调围带，在待制模的足迹周围堆起 3~4 厘米高的围墙，以防止灌注石膏浆时外溢。做围墙时必须注意：不要破坏足迹形态，特别是起落足的延伸部位的痕迹也应在围墙内。

2. 清理足迹内的杂物。主要清理足迹形成后滚入、掉落、风吹进的泥丸、沙石、树叶、草叶、纸屑等物，以及降落积淀的雨水，在不损坏足迹特征的前提下，可分别用镊子、洗耳球、粘性软物或吸水纸等，小心地将杂物取出，将水吸尽。

3. 制作骨架。骨架在灌注足迹模型中起着增加石膏足迹模型强度的作用，使灌注的石膏模型不易损坏。骨架的制做一般用干树枝、铁丝、竹条等细棍，其长度不能超过足迹的长度。骨架不要用鲜树枝，以防这类物质干后收缩产生的内应力引起石膏足迹模型破裂。

（二）调灌石膏浆

1. 调石膏浆。根据足迹大小取适量的石膏粉，一般为 800 克，将清水按所需量盛在脸盆或其他广口容器里，在所需制模的足迹附近，用手调石膏浆。调浆时，一手均匀地将石膏粉撒入水中，一手用木片等工具顺容器底匀速搅拌，尽量不要搅出气泡，防止影响模型质量。使用这种方法，时间应尽量缩短，否则易在容器中凝固，倒不出来。石膏和水的（重量）比例通常在 5:4 左右。

2. 灌注石膏浆。应从足迹最低处的边沿，紧贴地面将调好的石膏浆缓慢倒入，让其自流，随着液面增大，自然地灌满整个足迹的表面，当足迹最高处厚度为 1 厘米左右时，将准备好的封签绳套在骨架上，平稳地放在上面，让其固定下来，然后再继续灌注石膏液，倒时不要让骨架浮起，要让其紧贴于第一层表面上。这时石膏液可以稍浓一点，但不应超过自流状态，否则就不光滑、平整、结实。

（三）模型的处置

1. 取模。灌模半小时后，石膏即可凝固，如没有封签可在石膏凝固前用铁钉等在其一面刻划案件名称、时间、地点和编号等。为了判断模型是否凝固，可用食指在模型表面按压一下，若不向外渗水，说明模型已凝固，即可取模。取时，先将围墙除掉，再将模型周围土挖松掏开，双手平均向内用力搬动，小心地将模型捧托取出，切忌一只手拿着模型的一端硬搬。在双手接触上表面一侧托出的同时，可顺势将模型翻转过来，使花纹面向上，一手托着，一手以拇指肚贴近模型，使力向上外升，顺着模型表面，细心地除掉粘附于模型上的泥土，不能用指甲等硬物去挖。

2. 冲洗。稍干后，用清水冲洗，若在宽水面上洗，可用双手捧托模型的两端在水中左右来回摆洗，也可一手托着模型，一手撩水浇洗，将泥土冲去，显出特征即可。有条件的，还可用自来水冲洗，但水势不应过猛太急。不管哪种洗法，切忌用刷子刷和用手指或其他硬物刮洗，不能使模型底部表层洗得发白，一点反差也没有，要保持承痕体的色调，使足迹特征不被破坏。

3. 晾干包装。冲洗后的模型应放在通风处晾干，不应用高温烘干，否则易碎。晾干后的模型应妥善加以保存，严防碰撞、掉落、摩擦，避免造成断裂、破碎，以损坏特征。在运送时，必须用木箱、棉絮进行妥善包装，做到既不互撞，也不碰箱，以防导致肢离破碎。一般作法是：在花纹特征部位用棉絮垫稳，互相隔开，装进箱后不让箱内有空隙，可用碎纸、碎泡塑、糠壳填实。

六、实验作业

每组制作一枚立体足迹石膏模型，并写出一份实验报告。请在报告中写出制模操作过程中的注意事项，分析影响制模效果的主要因素。

七、实验注意事项

1. 清理立体足迹内的杂物要仔细，不能损坏足迹特征。

2. 水与石膏粉要试验确定合适的比例，石膏液调剂要均匀，速度要快，以防石膏液变稠难以灌注。

3. 调配好的石膏浆不能直接倒入立体足迹，应倒在小木板上缓冲后流向立体足迹，以防对足迹造成破坏。

八、思考题

雪地上或粉尘上形成的立体足迹在采用石膏制模法灌注之前应如何处理？为什么？

实验二十二　足迹鉴定

一、实验目的

了解足迹中特征的构成和性质，掌握足迹鉴定的程序和方法，能独立完成比较规范的足迹鉴定书的制作。

二、实验原理

足迹是一种象形痕迹，一般反映的是足部底面的形态图案、磨损、擦痕、步法特征以及特殊特征，这些特征在一定时间范围之内具有相对稳定性，这就给鉴定是否出于同一只赤脚或鞋、袜子提供了客观的物质基础。所以通过对现场足迹和嫌疑人的样本足迹的检验，一般根据赤足足迹特征就可对人身作出同一认定；根据穿鞋、穿袜足迹特征就可对现场穿鞋、穿袜足迹是否为嫌疑人拥有或穿着的某种鞋、袜所留作出鉴定。

三、实验要求

要求每个学生对检材和样本独立进行分析，将发现的特征按照规范方法分别标绘出来，并正确分析和评断检材与样本特征符合与特征差异的矛盾关系，准确的作出鉴定结论。

四、实验器材

直尺、量角器、分规仪、放大镜、红蓝圆珠笔、鉴定用的现场足迹照片和嫌疑人足迹样本照片、纸张等。

五、实验内容及操作方法和步骤

（一）检验前的准备

1. 了解案情。

2. 了解现场足迹遗留和提取情况。了解现场足迹的种类、数量、遗留的具体位置。了解现场足迹的遗留条件，主要包括现场足迹所在处的地理、地貌、质地、疏松度、平整度等条件；发案时的气候条件以及当地的自然条件；形成现场足迹的具体动作；形成足迹的物质。了解鞋或脚的大小、种类、新旧程度及其各部位的形态结构等。了解提取现场足迹的方法以及处理、保管、运送足迹的方法。了解提取现场足迹有无附着物等情况。

3. 了解样本足迹及嫌疑人的情况。

（1）收取嫌疑人样本足迹的时间、方式，明确现场足迹与样本足迹间隔的时间。

（2）嫌疑人样本足迹提取方法和处理、保存、运送方法。

（3）嫌疑人继续穿用鞋袜和修补鞋袜的情况。

（4）嫌疑人的姓名、性别、身高、体态、年龄、走路姿势及其生理和心理健康情况。

（5）搜取嫌疑人足迹样本时，嫌疑人有无伪装、不配合搜取的情况。

4. 明确送检目的和鉴定要求。向送检人了解送检要解决的问题，是否复核鉴定，了解原来的鉴定机关和鉴定结论。

5. 审查、登记送检材料。审查检材和样本是否符合鉴定目的和要求所规定的条件，是否需要补充材料；嫌疑人鞋袜上的附着物是否与案件有关。审查之后将检材和样本分别编号、注明、保存。

（二）分别检验

分别检验就是对现场足迹和嫌疑人的样本足迹进行分别检验以确定各自的特征。检验的顺序是：先检验现场足迹，后检验嫌疑人的样本足迹，都要先确定一般特征，后确定细节特征。

1. 分别检验的内容。

（1）确定足迹特征。首先确定现场足迹的种类和遗留部位，然后对足迹进行测量并观察一般特征和细节特征。

鞋底痕迹一般特征有：鞋子的种类、大小、形态、花纹结构、商标号码、制作工艺待征等；细节特征有：磨损特征、修补特征、机械损伤特征以及其他细微的特征和附着物特征等。

赤脚痕迹一般特征有：赤脚痕迹的大小、各部位的形态、花纹的种类等；细节特征有：纹线的细节特征以及鸡眼、伤疤、脱皮及其附着物特征等。

袜底痕迹一般特征有：袜底痕迹的大小、形态、种类、花纹的结构等；细节特征有：袜底磨损的部位和形态、孔洞的位置和大小形态、缝补的针脚和形态以及跳线、并线等细节特征的反映。

（2）检验步法特征。检验步幅特征并测量步长、步宽、步角的大小和交叉点的位置。检验步态特征痕迹的种类、大小、位置、方向，压痕的分布位置、大小、形态，足迹边沿的鞋帮特征等。

（3）检验动力定型特征。起落脚用力的大小、方向和力点的位置、动力线和足迹中心线构成的夹角大小。人体重力在脚掌、脚跟上分布的大小、位置和主要范围。

2. 分别检验的方法。

（1）由点到面的方法。这种方法是在足迹反映清晰的部位，寻找、确定一个明显、稳定、可靠的特征作为基点，向四周逐步扩展，寻找更多的特征。这种方法的优点是步步为营、由浅入深、由清晰到模糊，有利于发现模糊不清的特征，有利于残缺足迹特征的寻找、定位，有利于点状小花纹足迹特征的寻找、发现。例如，对布底布鞋足迹的检验，一般是先找寻一个稳定、明显的针脚特征为起点，然后向外扩展寻找其他针脚特征，对赤足乳突纹线检验时，也常用此法。

（2）先重点后一般的方法。所谓重点是指稀有少见、稳定、特殊的特征；所谓一般是指一般性、常见的特征。从重点到一般，就是先抓住事物的主要方面，再扩展到事物的次要方面，就是先从稀有、高质量特征开始，向四周扩展寻找其他一般性特征。这种方法对于残缺足迹的检验尤为重要、有效。

（3）先易后难的方法。这种方法是从足迹反映清晰的部位着手，从明显可靠特征开始寻找的方法。其特点是由浅入深、由易而难。例如，同一现场提取了多个足迹时，应选择其中完整、清晰、容易观测的足迹开始检验。只有单个或残缺现场足迹时，应暂时放弃模糊不清、残缺、变形部位，从清晰、明显的部位开始检验，逐渐向四周、模糊的部位寻找特征。

（4）追踪的方法。这种方法是顺着足迹所反映的造痕客体表面的阳纹的流向，去寻找发现特征，它适应于对阳纹密集、细小的足迹寻找特征，有时也适应于对阳纹粗大的足迹寻找特征。例如，检验赤足足迹时，沿着纹线流向，一根一根纹线去寻找，会发现起止点、分歧、结合、小眼等特征；检验穿鞋足迹时，顺着阳纹或阳纹的二边沿流向去寻找，能够发现破损、断线、磨损、附着物或阳纹变形等特征。

（5）对照验证的方法。这种方法是在寻找发现特征时，将同一现场或已经并案的不同现场上的同一足迹下的多个足迹以及不同方法提取的同一足的足迹（如实物、照片、石膏模型等）放在一起，逐一加以观察，相互对照，从中寻找、发现、确定和验证特征。此法既能够互相补充，发现新特征，又能够互相验证所发现特征的可靠性。

3. 对特征进行标记。对检验中发现的足迹特征用细实线和虚线进行标记，标记方法一般从特征部位引一条直线到足迹外面并编号，对足迹底面的压痕部位和其它步态特征，可用虚线标出所在部位的面积形态。

（三）比较检验

有比较才有鉴别。分别检验完成之后，对现场足迹和嫌疑人的样本足迹发现的特征要进行全面比较，比较检验的程序是先比对种类特征后比对个别特征。比较的内容是特征的方位、大小、流向、形状、局部形态、相互关系。一般采用以下方法：

1. 特征对照法。对现场足迹和样本足迹所反映的种类特征和细节特征进行一一比对，比对特征的种类、形态结构、大小位置、方向和数量是否相同，并对相同特征和不同特征进行注解和标记。

2. 测量比对法。使用分规和直尺，在同一条件下，测量出二者所反映出的特征的准确位置、面积，以及所有特征之间的准确距离和相互关系，然后比较二者所反映出的各个特征的特点是否相符合。

3. 特征重叠比对法。在相同的条件下，把现场足迹和样本足迹制作成比例相同的负片（底片），然后把二者重叠起来，利用透射光观察，看二者特征的形态、位置、方向、角度、大小，以及特征之间的关系是否相同。

4. 特征连接比对法。将同倍大小的现场足迹和样本足迹照片分别取二者对应部位特征进行连接，比对特征连接部位的形态、大小、位置、方向、角度以及对应关系是否吻合。

（四）综合评断

综合评断是对比对检验确定的特征符合点和差异点进行科学分析与综合，最后对现场足迹和样本足迹是否同一作出鉴定结论的过程。在分析确定差异点和符合点形成原因的基础上，分析评断两者的性质，作为鉴定结论的根据。

在综合评断过程中，应着重于特征质量的分析以及特征质量和数量关系的研究，既要强调特征的数量，使其能够客观如实地反映本质特性，也不要唯量而论，应注意研究每个特征的出现率、稳定性、反映性，即特征的质量。高质量特征尽管数量少，但其特征总和达到了一定质，也能够反映本质特性；低质量特征尽管数量多，但其特征总和未达到一定质，也不能够反映本质特性。如果低质量特征总和的量很大，它们对于造痕客体的本质特性的反映将发生质变，能够客观、如实地反映本质特性，也能够作为给出鉴定结论的可靠根据。

此外，在足迹鉴定中，不能只根据差异点的数量或符合点的数量的多少，而作出相应结论。差异点虽然多于符合点，但符合点的质量高，仍可下认定结论；符合点虽然多于差异点，但差异点的质量高，也可作否定结论。

通过对特征差异点和符合点来源的分析和实验查证，以及对特征总和的质与量的分析，如果差异点的总和占据主导地位，则可作出否定结论，即现场足迹和样本足迹不是同一人或同一鞋、袜所留。如果符合点的总和占据主导地位，则可作出认定结论，即现场足迹和样本足迹是同一人或同一鞋、袜所留。

足迹鉴定结论只有两种：认定结论和否定结论。认定结论应具备三个条件：种类特征相同，个别特征的总和相符，少数差异点得到科学解释；否定结论也应具备三个条件：种类特征不同，种类特征相同但个别特征的总和不符，少数"符合"特征属偶然现象。

通过综合评断，若符合点是主要的、本质的，既可作出认定结论，否则作出否定结论。

对一些较复杂的足迹，经反复试验，仍不能作出认定或否定结论时，应实事求是，切不可勉强下结论。

（五）制作鉴定书意见书或检验报告书

足迹鉴定书由文字和图片两部分组成。

1. 文字部分。

（1）标题。足迹鉴定书的标题应明确写上"足迹鉴定书意见书"。

（2）正文。内容包括：绪论、检验、论证、结论。

绪论应包括收检日期，送检单位，送检人，简要案情，现场足迹的数量、名称、种类（立体、平面足迹）、提取方法、载体及包装、运输等情况，样本足迹的采源、名称、收取方法、数量，嫌疑人的姓名、年龄、身高等，以及鉴定要求（解决什么问题）。

检验部分包括检验的方法、手段和全部过程，记录检验所见和实验结果。

论证是对检验所发现的特征的符合与差异进行综合评断，为论证所得结论的科学性找出依据。

结论应准确精简地表达鉴定的结果。结论的表达应该针对所提出的问题直接回答，措词准确、简练。

（3）落款。由鉴定人、复核人签字、盖章，注明职称，加盖鉴定专用章。

2. 图片部分。图片部分包括：

（1）现场足迹的方位照片；

（2）现场和样本足迹全貌照片；

（3）特征比对照片。特征比对照片一般还要标出现场足迹和样本足迹有哪些特征相符，哪些特征差异。

六、实验注意事项

检验鉴定中要注意足迹种类特征、一般特征、细节特征的区别，明确它们对鉴定的意义，还应该注意分析足迹特征变化的原因。

七、实验作业要求

每人独立制作一份足迹鉴定书。

八、思考题

1. 鞋印鉴定一般进行的是鞋子的同一认定，能否进行人身同一认定？如果足迹样本没有与现场足迹相同的鞋印，能否用嫌疑人的其它鞋印进行人身同一认定，为什么？

2. 什么情况下制作"足迹鉴定意见书"？什么情况下制作"足迹鉴定检验报告书"？

实验二十三　撬压痕迹检验

一、实验目的

了解常见撬压方法和撬压痕迹的特点，并能对撬压工具种类、特点以及形成撬压痕迹的条件作出比较准确的判断。

二、实验原理

用工具对客体实施撬压时，在力的作用下，一般都会在被撬压客体的接触部位产生形变，根据撬压客体和被撬压客体的性质不同，产生形变的形态也不同；如果被撬压客体的可塑性较大，就会留下撬压工具接触面的形态特征，根据这些遗留的形态特征，就能够对撬压工具的种类、特点以及撬压痕迹形成的条件进行分析，为寻找撬压工具划定方向。

三、实验要求

测量痕迹各边的尺寸，描绘痕迹的形态，在放大镜或体视显微镜下观察螺丝刀和钢丝钳形成的撬压痕迹特征，判断撬压工具的种类和特点，分析撬压痕迹形成的条件。

四、实验器材

螺丝刀、钢丝钳在木制品和铁制品上制作的撬压痕迹，放大镜、显微镜、游标卡尺、直尺、记录纸、铅笔等。

五、实验内容及操作方法和步骤

（一）观察、测量撬压痕迹

撬压痕迹是利用杠杆作用破坏客体引起变形而留下的痕迹。撬压时一般有撬点，有压点，即一次撬压，形成一对痕迹，一个在支点上，一个在重压点，两点对应。由于压力的作用，撬压痕迹多为凹陷的坑状痕迹。

1. 螺丝刀撬压形成的痕迹特征。螺丝刀可用作扩缝撬压、拆离撬压和扭转撬压，不同的撬压方法其留痕部位和特点会有区别。正常撬压时头部和杆部均形成痕迹，头部痕迹较完整，有时是大面或小面形成痕迹，也有时是刀口边沿留下痕迹，其典型的形状是呈梯形"⌒"，杆部压痕呈弧形"⌣"。杆部的支点部位形成的痕迹一般不完整。其痕迹特征分为种类特征和个别特征。

（1）种类特征。螺丝刀大面和小面的形状、大小，刀口的宽度和厚度，旋杆的长短和粗细等。观察之后用 0.1mm 精度的直尺或读数显微镜、量角器测量痕迹的边长、深度、角度、弧长等。

（2）个别特征。用显微镜观察痕迹面有无一些特殊的特征，如生产过程中在螺丝刀上形成的凸凹点、小沙眼、卷边、细裂纹、砂轮加工时形成的线条状磨痕，使用过程中形成的卷边、缺角、磨损、缺口、裂纹、凸凹点和线条状痕迹等，并做好记录。

2. 钢丝钳撬压形成的痕迹特征。钢丝钳经常使用不同的部位和方法撬压，用钢丝钳嘴顶部位撬压（杠杠原理）时，形成凹陷状的压痕，痕迹可反映出齿纹的形态结构和特征；钳头侧面撬压时，则留下钳侧边棱的痕迹；用钢丝钳夹持撬压时，则留下平台、齿纹形成的压痕；用手柄部撬压时，会留下钢丝钳柄部尾端的形状。钢丝钳撬压时形成的痕迹分为种类特征和个别特征。

（1）种类特征。反映钢丝钳钳顶的宽窄和形状、侧边的宽窄和形状、齿纹的宽窄和数量等；描绘痕迹形态并用测量工具进行测量。

（2）个别特征。钢丝钳顶边缘凸凹点的位置、形状；侧面上的凸凹点线的位置、形状；前后平台和顶部上的凸凹点、线的位置和形状；前后平台上的各种缺陷；齿纹顶部凸凹点的位置和形状；使用过程中形成的磨损、缺口、崩裂、断齿、铁锈、附着物的位置和形状等。

3. 铁棒撬压形成的痕迹特征。常见的铁棒有钢筋、小铁棒、铁叉、残缺的农具、长铁钉等。其形状有圆、方、尖、多角、扁状等，头部有尖、圆、棱角、螺旋纹等，均属不规则工具。此类工具留痕具有以下特点：

（1）铁棒表面常有不整齐的凸凹沟纹，头部常有明显的破断茬口、缺损等，不规则的差异使这类工具更具有特定性。

（2）此类工具多为就地取材，工具的取用地点往往离现场不远。工具表面附着物多，如锈垢、油垢、泥土、油漆等物质，撬压时这类物质会程度不同地留在痕迹上。通过对附着物质进行定性定量分析，对于划定范围、推断工具种类、检验鉴定工作均有帮助。

（二）推断撬压工具种类和特点

1. 确定工具的几何尺寸。

（1）工具类型。如果在客体上形成扁平状，带有一定锥度的压痕，则可推断作案工具可能是螺丝刀或木工凿类；测量其宽度和锥度，确定工具的规格型号。

（2）工具长度。在确定客体上撬压痕迹的位置，并测量其支点、阻力点间距离后，根据杠杆原理和撬压的习惯动作，通常是阻力臂小于力臂，尤其是拆离撬压，工具的长度约是阻力臂的 3~4 倍。

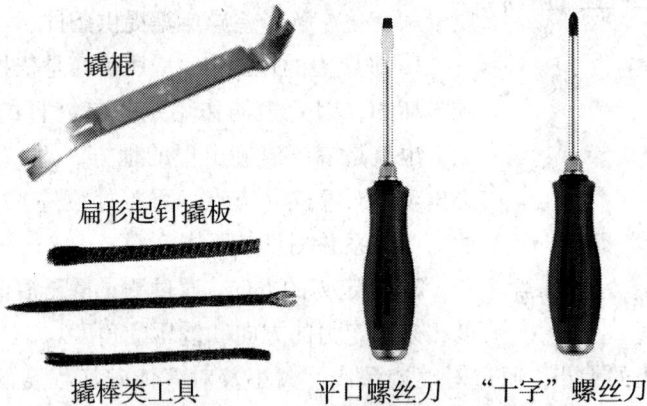

撬棍

扁形起钉撬板

撬棒类工具　　平口螺丝刀　　"十字"螺丝刀

图2-13 常见撬压工具

（3）工具粗细。如果在客体上形成带有弧度的压痕，则与压痕接触的工具部位多为圆柱状（如圆铁棒、螺丝刀杆等）。根据压痕的弧度应用三点法和弦高法可计算对应的工具部位圆柱的直径。

三点法。在圆弧上取三点（A、B、C），连接AC，BC，分别作 AC 弦、BC 弦的垂直平分线，交于 O 点，O 点到圆弧任意一点的距离即为所求工具的半径（见图 2-14）。

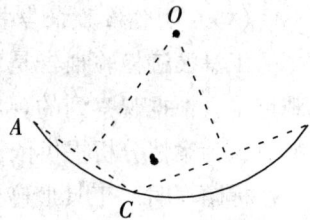

图2-14 三点法示意图

弦高法：在圆弧上作弦 AB，测出弦长（b）和弦高（h），根据公式可求出工具的粗细 $D = (b^2 + 4h^2)/4h$（见图 2-15）。

2. 工具的局部形状。撬压破坏的特点是一次撬压形成两个痕迹（支点和阻力点痕迹），检验时应把两者结合起来分析，确定工具有关部位形状。如螺丝刀撬压，阻力点痕迹呈"⌒"形，剪刀撬压呈"M"或"∧"形，对应支点痕迹是弧形或扁平形。

3. 确定工具的材质。在现场被撬压客体的周围或痕迹中，有时留下工具的断离物或从工具上脱落下来的某种物质。这些断离物或脱落物可供整体分离检验和化学成分分析，以便认定作案工具和确定工具的材质，勘验中应注意提取。

（三）分析撬压工具痕迹形成的条件

通过对现场上被破坏客体的工具痕迹特征的观测检验，进而分析痕迹形成

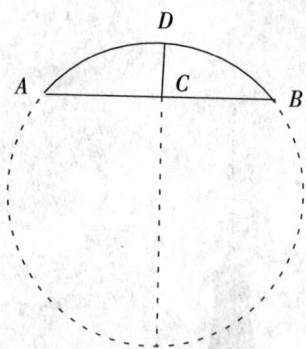

图 2-15　弦高法示意图

的条件、方法和过程，有利于制作实验样本，并为鉴定工具痕迹时筛选嫌疑工具提供依据，为确定特征的质量和变化、解释差异点等提供条件。

1. 确定力的作用点。撬压破坏是依据杠杆原理实施破坏的，因此力的作用点就是杠杆的支点和阻力点，也就是撬压痕迹出现的地方。每一次撬压动作，必出现一对痕迹（支点、重点处痕迹），应确定它们的对应关系并测量其距离。

2. 确定力的方向。通过测量撬压痕迹的坡度、角度，来确定力的方向和撬压的角度。

3. 推断力的大小。通过对痕迹深浅、大小及对客体破坏程度的观测，并结合客体的材质及有关性能，分析推断力的大小，必要时可通过实验验证以推断力的大小。

（四）制作检验报告书

工具痕迹检验报告是对检验过程使用什么方法、观察到什么现象的一种客观记录，根据观察到的现象，分析痕迹形成的条件以及形成痕迹工具的种类和特点，为案情分析提供依据。其格式如下：

标题写明"工具痕迹检验报告书"，下方为编号。然后写明：

（1）收检日期、送检单位、送检人和该案简要案情；现场检材是实物还是模型（承受客体的质地或痕迹模型的类别），数量与编号，包装运输的方法；嫌疑工具的名称、质地、数量与编号，收取的方法与嫌疑对象的姓名以及鉴定的要求。

（2）检验的方法、手段（包括所用的放大镜、显微镜、投影仪等仪器），检验过程中每一步所见和实验情况，描述对现场痕迹的检验，要反映出现场痕迹在承受客体上的分布与位置，痕迹的种类及其大小、形状，痕迹之间的关系，痕迹中特征出现的部位与特征的形状、性质、结构，特征的分布关系（特征间的距离、方向、角度等）。

（3）描绘现场痕迹的形象以及分析痕迹形成的条件，如力的大小、方向和作用点，是否有职业性的习惯。

（4）形成痕迹工具的种类和特点。用什么工具形成的，工具的种类和质地，工具的新旧程度以及有没有特殊的特征，附着物的色泽、大小、形状、位置和提取方法。

（5）落款。写明检验人和检验日期。

六、实验注意事项

1. 注意观察和分析工具痕迹的形态。

2. 调整显微镜的放大倍数、用光角度，观察各个痕迹面以及痕起缘、痕止缘有无个别特征和其它遗留物。

七、实验作业要求

每个学生制作一份撬压痕迹检验报告书，内容包括痕迹的形态、发现的特征，并对工具的种类、使用情况、痕迹形成的条件作出分析。

八、思考题

撬压痕迹特征的反映与哪些因素有关？各种因素会产生怎样的影响？

实验二十四　打击痕迹检验

一、实验目的

了解常见打击方法和打击痕迹的特点，并能对打击工具种类、特征以及形成打击痕迹的条件作出比较准确的判断。

二、实验原理

用榔头等工具打击客体时，在力的作用下，一般会在客体上产生形变。根据打击工具和被打击客体的性质不同，其产生的形变也不同。如果被打击的客体是柔软的和可塑的，就会留下打击工具接触面的形态特征，根据这些遗留的形态特征，就能够对打击工具的种类、特点以及打击痕迹形成的条件进行分析，为寻找打击工具划定范围。

三、实验要求

1. 测量打击痕迹各边的尺寸；

2. 描绘痕迹的形态；

3. 比较熟练地使用体视显微镜观察榔头等工具形成的打击痕迹特征；

4. 判断打击工具的种类和特点；

5. 分析打击痕迹形成的条件。

四、实验器材

用新、旧榔头打击木质物品留下痕迹的木块，放大镜，体视显微镜，游标卡尺，直尺，记录纸，铅笔等。

五、实验内容及操作方法和步骤

（一）观察、测量打击痕迹特征

打击痕迹是打击工具与承受客体发生碰撞作用，在接触的瞬间产生冲量，使物体表面发生形变而形成的痕迹。当工具正面打击客体时，工具打击面的整个形状都会在痕迹中反映出来；当工具一侧或边棱打击客体时，工具打击部位边棱的各种形态、棱角均可反映出来。其痕迹特点是：一次打击形成一处痕迹，其痕迹的大小、形状和特征均反映打击工具的特点，一般为凹陷状立体痕迹，由痕起缘、痕壁、痕止缘、痕底所构成。

斧头和铁锤打击形成的痕迹特征：

1. 种类特征。痕迹的形状（如方形、圆形、多边形等），痕迹的大小、边长、深度等，描绘形态并进行测量。

2. 个别特征。由于打击工具在制造以及使用过程中，会产生凹凸点、沟纹、砂眼、磨损、卷边、缺角、缺口等细小特征，这些特征会不同程度的在痕迹中反映出来，如痕迹壁上的线痕，痕止缘上的凸凹点，痕底上的凸凹点、线等细节特征。检验中应注意观察、测量个别特征的形状和位置。

（二）推断打击工具的种类和特点

对打击工具的材质可通过现场被打击客体周围及痕迹处提取的断离物、脱落物进行检验分析确定；其工具形状，特别是敲面的形状，可由痕迹的周边轮廓尺寸分析确定；如正圆形锤面的一侧打击客体留下弧状压痕，多边形的锤面打击留下 1 个角或 2 个角、边的压痕。可根据三点法和弦高法确定击面直径，根据压痕角度确定多边形锤头的边数。

多边形锤边数 = 360° / （180° - 所测痕迹角度）

图 2-16　常见打击工具

（三）打击工具痕迹形成条件的分析

打击痕迹是冲力作用的结果，一次打击在客体上形成一处凹陷痕迹。

1. 作用力的方向、角度。打击工具对客体实施打击动作时，一般工具作圆弧运动，因此被破坏客体弯曲、断裂的方向通常是冲力的方向。

对横向纤维的木质客体打击时，凹陷痕迹的起缘常出现木质纤维翘起，且指向力的起点方向；而止缘周围常有纤维堆积现象，它迎着力的方向。

2. 作用力的大小。在讨论打击痕迹时，打击冲力的大小难以定量计算，只能通过实验估算。冲力的大小受打击方式、打击工具与承受客体相对硬度、塑性、脆性及物质结构组成的影响，一般通过被破坏客体受打击破坏程度来估算力的量级。对于客体局部组织产生轻微变形的表浅凹陷痕迹，对应的打击力轻微；在客体受力部位组织结构瞬间被压缩变形，形成明显的凹陷痕迹，对应适中的打击力；当客体受打击使局部组织塌陷，引起较大范围的裂缝、破口、断裂，形成孔洞，对应打击力大；对于受打击客体产生粉碎破裂，对应更大的打击力。

（四）制作检验报告书

参考《撬压痕迹检验》实验。

六、实验注意事项

在显微镜下观察打击痕迹时，应调焦清晰、调好亮度、选择合适的放大倍数，重点观察痕起缘、痕壁、痕止缘、痕底面是否留有打击工具生产、使用过程中留下的个别特征。

七、实验作业要求

每个学生制作一份打击痕迹检验报告，内容包括痕迹的形态、发现的特征，并对工具的种类、使用情况、痕迹形成的条件作出分析。

八、思考题

影响打击痕迹特征的反映有哪些因素？这些因素会使痕迹特征产生什么变化？

实验二十五　钳剪痕迹检验

一、实验目的

了解常见剪断方法和钳剪痕迹的特点，并能对钳剪工具种类、特征以及形成钳剪痕迹的条件作出比较准确的判断。

二、实验原理

用钢丝钳、剪刀等工具对客体剪切时，剪切工具的刃口在压力的作用下与被剪客体紧密接触，两者产生挤压使被剪客体的剪切面上留下剪切工具刃口部的特征。由于不同的剪切工具刃口的结构形状不同，在使用过程中因磕碰、摩擦、锈蚀、电烧等造成的缺损不同，这些特征有可能留在剪切痕迹断面中，根据这些特征就可以对剪切工具的种类、特点以及使用方法进行分析，为寻找剪切工具划定范围，为同一认定做好准备。

三、实验要求

描绘钳剪断面的形态，测量痕迹部位数据，并用体视显微镜观察剪切断面的痕迹特征，判断钳剪工具的种类和特点，分析钳剪痕迹形成的条件。

四、实验器材

几种不同的钢丝钳剪断的铅丝、铁丝、铜丝小段，放大镜、体视显微镜、比较显微镜、直尺、记录纸、铅笔等。

五、实验内容及操作方法和步骤

（一）观察、测量钳剪痕迹

钳剪痕迹是利用具有咬合刃口的工具剪切破坏客体引起变形或断裂的痕迹。其基本特点是：剪切时，钳剪的上下刃呈咬合状态，向中心点施加大小相等、方向相反的作用力，对客体实施破坏作用，在一定厚度的被剪客体上，常出现两个斜坡的断面，斜断面上的线条状痕迹的方向是从两侧朝向中心。

剪切的方向一般为直剪和斜剪，其手法有：①扭剪：剪切时，在工具上施加了左右摆动力，使工具向左右方向摆动。②转剪：剪切时，使刃口绕客体轴线转动剪切。③拉剪：剪切时，在工具的里、外方向施加推力或拉力。④顿剪：剪切时，剪切力的大小不均匀，剪切压力大于剪力时，工具出现停顿现象，形成顿痕。不同的剪切作用方式留痕特点不同，并在一定程度上能反映出一个人使用工具的特点，是进行种类特征分析的重要依据之一。

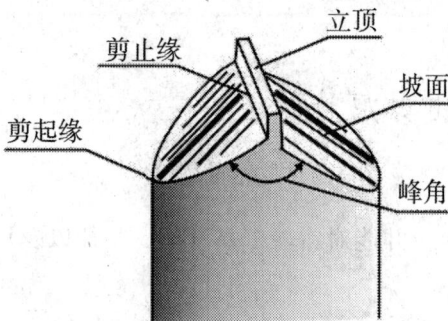

图2-17　钳面痕迹断面图

1. 钢丝钳剪切形成的痕迹特征。钢丝钳是对口咬合的剪切工具，钳剪时两个刃口向一起靠拢，呈咬合状态，所以在具有一定厚度的被钳剪客体上常出现两个大小近似相等的斜坡状的断面，在坡面上，刃口和刃侧上的凸凹点线，通过与断面擦划形成较为粗大的线条状痕迹，刃侧与断面经印压作用常形成铲、铣、锉等花纹痕迹，其痕迹特征可分为种类特征和个别特征两类。

（1）种类特征。断头峰角（咬合角）的大小，断头形状，断面上的铲、铣、锉刀花纹种类，断头立顶的长、高等。断头峰角大小以及断头立顶的长、高还需要进行测量。

（2）个别特征。个别特征是指断头断面上切划形成的线条痕迹的形态、粗细、数量、相互间的距离；断面上印压接触时形成的粗大、明显的凸凹点线印痕，断面上痕止缘部位经印压接触时形成的凸凹点线痕迹。这些特征中，一些是因生产中留在刃口、刃侧面的凹凸点造成的，一些因是使用中钢丝钳出现缺口、卷边、磨损造成的。值得注意的是，钳刃上的凸起点，在被剪客体上反映的则是凹陷点或是凹陷线条痕迹；钳刃上的凹点，反映在被剪客体上的则是凸起点或是凸起线条痕迹。

2. 家用剪刀剪切形成的痕迹特征。家用剪刀是上下刃错口咬合的剪切工具，形成的痕迹断面通常是一大一小不相对称，线条痕迹较细，没有明显的立顶，断头峰角较大，断头形状与钢丝钳剪切的断头有明显的区别。其痕迹为：

（1）一般特征。断头的形状，断头角度的大小。

（2）个别特征。断面上线条痕迹的形态、粗细、深浅、数量，痕起缘和痕止缘上经印压接触时形成的凸凹点线痕迹的形状、大小、位置、数量和相互之间的距离等。

（二）推断钳剪工具的种类和特点

对钳剪形成的断头，其峰角的大小，在一定条件下反映出钳剪咬合角的大小，通过观测可推断造型钳剪的咬合角。

观察一次剪断的两断头斜截面及痕止缘形态特征，可分析推断钳剪刃口、刃侧的结构条件，观察两个断头斜截面上反映的锉、铲、铣加工纹痕，分析造

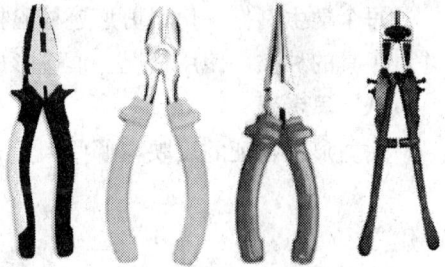

图2-18　常见钳剪工具

型钳剪刃侧加工花纹类型。从断头立顶部位的高低、宽窄，可大体确定钳剪工具的刃部宽度和咬合间隙。综合断头可能有的痕迹反映，以确定钳剪工具的种类。

（三）钳剪痕迹形成条件的分析

1. 作用力的方式、方向。钳剪的上、下剪刃具有剪切能力，咬合时，刃口（或刃顶）对客体施加大小相等、方向相反、作用线相近的二个剪力，致使客体

受剪切作用而破坏。被剪客体断缘一定有两个痕起缘和痕止缘，并在两个断头截面上反映出钳剪时作用力的方向是从两侧朝向中心这一特点。

2. 破坏方法。实践表明，不同的剪切方法，形成痕迹的反映也不同。

直剪时，两个断头的形态较规整，斜坡部较匀称，立顶部位较直立。

斜剪时，两个断头的形态不规整，斜坡部位的两个截面一长一短，立顶部位常向一侧偏斜。

拉剪或推剪时，两个断头形态不规整，向拉力（或推力）方向偏斜，斜坡面往往一大一小。

扭剪时，断头弯曲不规则，断面上凸凹线痕常歪扭，断头立顶部位不明显，剪止缘上常出现脆断反映。

转剪时，断头有时出现麻花纹，断面出现螺旋纹，立顶不明显。

（四）制作检验报告书

参考《撬压痕迹检验》实验。

六、实验注意事项

在显微镜下观察钳剪痕迹时，应调焦清晰，调好亮度，选择合适的放大倍数，仔细观察剪断面的形态以及剪断面是否留有钳剪加工、使用过程中留下的个别特征。

七、实验作业要求

每个学生制作一份钳剪痕迹检验报告，内容包括痕迹的形态、发现的特征，并对工具的种类、使用情况、痕迹形成的条件作出分析。

八、思考题

钳剪痕迹特征的反映与哪些因素有关？各种因素会产生怎样的影响？

实验二十六　擦划痕迹检验

一、实验目的

了解常见擦划方法和擦划痕迹的特点，并能对擦划工具种类、特点以及形成擦划痕迹的条件作出比较准确的判断。

二、实验原理

使用工具对客体打击、撬压或使用刃类工具切割物体时，当物体具有一定的硬度或可塑性，力与物体表面又成一定的角度，这样工具可能在物体表面产生滑动或切割运动，在客体表面或切割断面留下工具接触部位擦划的痕迹，这些擦划痕迹反映了工具接触部位的特征，根据这些特征就可以对工具的种类、特点以及使用方法进行分析，为寻找擦划工具划定范围，为同一认定做好准备。

三、实验要求

比较熟练地使用体视显微镜并完成对擦划痕迹的观察，判断擦划工具的种类和特点，分析擦划痕迹形成的条件。

四、实验器材

用螺丝刀或钢丝钳的头部在金属物和木制品上擦划的材料、放大镜、体视显微镜、游标卡尺、直尺、记录纸、铅笔等。

五、实验内容及操作方法和步骤

（一）观察、测量擦划痕迹的特征

擦划痕迹是工具对客体实施压划作用，工具在客体表面上滑动时所形成的线条状痕迹。能形成擦划痕迹的工具种类很多，或者说任何工具都可能形成擦痕。在擦划痕迹形成时，力的大小、方向、角度等发生变化，线痕的数量、间距以及单一线痕的形态也会发生变化。因擦划痕迹反映工具上凸凹点线特征（工具上是凸点，其痕迹是凹线；工具上是凹点，痕迹是凸线），每个特征点都对应着一线条状痕迹，不同的工具，其特征点各不相同，所形成的痕迹也不相同，这为我们利用擦痕认定作案工具提供了客观的依据。

擦划痕迹可以单独出现，也可以伴随着其他痕迹出现（如撬压、打击、刺切、锯锉钻痕等）。因此，在检验时要仔细观察痕迹的形态，分析痕迹的形成过程和作用方式，掌握痕迹的特征反映情况，做好实验样本痕迹。

擦划痕迹是典型的线条状痕迹。线痕的结构分为三个部分：痕起缘（开始形成痕迹的边缘）、痕止缘（工具作用停止时形成痕迹的边缘）、痕迹面（痕起缘与痕止缘之间的部分）。

1. 线痕的一般特征。工具在痕起缘上印压形成的轮廓，痕面的宽窄和线痕的形态。

2. 线痕的个别特征。主要单一线痕的形态、数量、粗细、相互之间的距离等。

（二）推断擦划工具的种类和特点

擦痕起点的形状，有时可以反映出工具接触部位的大体形状；擦痕停顿部位的形状，可以反映出工具接触部位的表面形状。对痕迹中的附着物应注意提取，并分析检验，以便于确定工具的材质和成分。

（三）擦划痕迹形成条件分析

在擦划痕迹中确定擦痕的起点和终点，则力的方向应是起点指向终点。当工具切划接触客体形成擦痕时，由于工具压划在客体表面上，必然在客体上产生某种变形现象。如果在金属客体上，其表面因切划而出现物质剥脱，木质客体出现纤维分离。这些剥离物或残渣，受工具推带，堆积在工具的前方随工具一起运动。当工具停止运动，这些物质便留在痕迹的终点部位上，显然这有利于推断擦痕的起点和终点，

力的作用角度可由工具与客体接触角度确定，即前角、偏角和侧角；力的大小通常根据擦痕的深度、宽度及特征表现由实验确定。

（四）制作检验报告书

参考《撬压痕迹检验》实验。

六、实验注意事项

在显微镜下观察擦划痕迹时，应调焦清晰，调好光线亮度和角度，选择合适的放大倍数，仔细观察擦划痕迹痕起缘、痕止缘的特点以及线条的数量和间距。

七、实验作业要求

每个学生制作一份擦划痕迹检验报告，内容包括痕迹的形态、线条的数量和间距、发现的特征，并对工具的种类和痕迹形成的条件作出分析。

八、思考题

影响擦划痕迹的因素有哪些？各种因素会产生什么样的作用？

实验二十七　工具痕迹提取

一、实验目的

1. 了解凹陷痕迹、线性痕迹的特点以及提取工具痕迹的原理。

2. 掌握不同的提取材料提取工具痕迹的方法和步骤。

二、实验要求

使用常用的提取材料和方法，进行规范地操作，提取理想的凹陷痕迹和线条状痕迹模型。

三、实验器材

硅橡胶、正硅酸乙酯、月桂酸二丁基锡、调拌刀、小刀、快速固化硅橡胶

膏、打样膏、醋酸纤维素薄膜、丙酮、镊子、铅笔、纸张、吹气球等。

四、实验内容及操作方法和步骤

制模法提取工具痕迹前，应首先对痕迹进行拍照，将痕迹的特征和所在位置固定下来。只有不能提取带有痕迹的物体的，才使用以下几种方法制作痕迹模型。

（一）硅橡胶提取凹陷痕迹

1. 提取原理。硅橡胶是硅元素的有机化合物，呈白色粘稠状。将其涂抹在客体上，使之均匀地渗透到痕迹的整个表面。根据客体对于液体有吸附作用的原理，当液状硅橡胶与客体接触时，被客体吸附于痕迹表面并将痕迹印附在硅橡胶上。硅橡胶造型细腻，能反映出痕迹的细微特征，干固后弹性好，不易断裂、破碎。

2. 操作方法和步骤。

（1）清除痕迹中的杂物和灰尘。

（2）调配硅橡胶液。具体配制方法是：根据痕迹大小将适量的硅橡胶放置在一块干净的玻璃板上，在硅橡胶上面加几滴（约占硅橡胶的 3%~5%）正硅酸乙酯，正硅酸乙酯是交联剂，为白色易挥发液体。硅橡胶与正硅酸乙酯反应，生成一种网络状液体。为加速反应，可在其中加几滴（约占硅橡胶的 1%~3%）月桂酸二丁基锡。月桂酸二丁基锡呈淡黄色液体，是较好的加速干固剂。将上述液体调拌均匀，即可使用。

（3）灌模、提取。包括以下两种提取方法：①普通提取法。提痕时，根据痕迹深浅不同和面积大小不等，用小型调拌刀调拌适量的硅橡胶，并将其涂抹在痕迹上面，大约半小时后，硅橡胶干固，用小刀从硅橡胶边缘轻轻掀起，取下模型。②快速固化硅橡胶提取法。该方法的硅橡胶（内含交联剂）和催化剂材料均为牙膏筒式包装。使用时，根据制模需要，将材料从膏管中挤出，置于玻璃板上，再滴入催化剂（比例为 100∶2.5），边加边搅拌，迅速调匀，轻轻注入痕迹中，3~4 分钟即可固化，然后从四周边缘轻轻揭起，取下模型。

配制硅橡胶液时，一定不要忘记添加催化剂及交联剂，否则硅橡胶将蔓延四周，长时间不凝固。如果触媒剂注入过多，会使凝固后的模型变脆，容易破碎，不易保管。

（二）硬塑料提取凹陷痕迹

1. 提取原理。硬塑料是牙科用品，别名打样膏。主要成分是黄蜡、松香、石蜡以及氧化锌等填充物。硬塑料热软冷凝，具有很好的可塑性，70℃左右的热水就能将其软化，提取痕迹方便，痕迹反映清晰。

2. 提取方法。

（1）提取痕迹前首先在痕迹表层涂抹甘油润滑。否则，硬塑料粘连在痕迹上，不但不能提取痕迹模型，反而会破坏痕迹特征。

（2）根据痕迹大小，手掰或刀切适量的硬塑料，将其放入盛有温水（60℃～80℃）的杯子中，软化后取出，甩掉上面的水珠，用手揉几下，将其直接按压在涂过甘油的痕迹表层。

（3）等待 5 分钟左右，随着温度的降低，硬塑料呈硬块状，这时可在边缘取下压铸好的模型。

（三）注塑器提取凹陷痕迹

该法的原料是颗粒状聚氯乙烯，将原料装入枪式取痕器软化室，通电加热 10 分钟左右（电源功率 80W/220V），粒料软化融解，再切断电源，手持取痕器器柄，将出料嘴对准欲取的孔洞痕迹，借助手的握力通过杠杆柱塞将软化室的液体排出器外，挤注入痕迹中，注满后可用带手套的手指或隔热工具压实注塑材料，冷却半分钟左右，待稠状聚氯乙烯变为固状时，便可将痕迹模型提取出来。

聚氯乙烯有良好的可塑性，提取的痕迹特征细腻，弹性好，不易被拉断，特别适于提取内大外小的囊孔状痕迹。

（四）AC 纸提取线条状痕迹

1. 提取原理。AC 纸又叫醋酸纤维素薄膜，具有高渗透性，透明度好，遇丙酮易融解变软，适于提取没有油漆的金属表面的线痕。

2. 操作方法。

（1）清除痕迹中的杂物和灰尘。

（2）将制作好的 AC 纸用剪刀剪取比线痕面积稍大的一块，用镊子夹住边缘放在丙酮溶液中浸泡，待 AC 纸变软后取出，贴在痕迹上。

（3）从一侧向另一侧赶压（压紧后再在上面覆盖一张 AC 纸，同方向赶压，使上下两张 AC 纸融合在一起），融解的 AC 纸附着在痕迹表面，而将痕迹特征复印在 AC 纸上。

（4）约 10 分钟，丙酮完全挥发，揭下干透的 AC 纸即可。操作过程中注意 AC 纸在丙酮中不要浸泡过软，以能支持本身重量为宜。

3. 制作醋酸纤维素薄膜方法。原料为醋酸纤维素，溶液为丙酮。制作时，用量杯量取 1 咖毫升丙酮倒入干净玻璃瓶，再用天平称取 100 克醋酸纤维素颗粒放入丙酮中（如着色可放添加剂）。用玻璃棒按一个方向不断搅拌以加速融解。调制均匀后（溶液不得产生气泡），倒在干净的玻璃板上。倾倒溶液时，要在中间倾倒，然后让溶液慢慢向四周蔓延，自然摊平。用玻璃钟罩盖上，边沿留一窄缝，让丙酮缓慢挥发并从此缝排出。大约 24 小时后，丙酮完全挥发，溶液凝固为 0.5 毫米厚的薄膜。用刀片从一侧轻轻剥离取下薄膜，裁成大小适当的片状夹在书本中备用。

为增加 AC 纸的反差，可添加一些染料。紫色 AC 纸，在溶液中添加甲醛紫0.5 ~ 1 克；黄色 AC 纸，在溶液中添加苦味酸 0.5 ~ 1 克；红色 AC 纸，在溶液中添加苏丹Ⅲ0.5 ~ 1 克。

五、实验注意事项

制作模型前用镊子或风吹的方法清除痕迹中的杂物和灰尘，提取痕迹模型时从边缘一点一点剥离，一切操作用力要轻，以防对痕迹造成破坏。

六、实验作业要求

将提取原理、操作过程以及遇到的问题写出书面实验报告。

七、思考题

能否用石膏液提取工具痕迹模型？为什么？

实验二十八　工具痕迹鉴定

一、实验目的

了解工具痕迹的种类和细节特征，掌握工具痕迹鉴定的方法和步骤，对工具痕迹特征的价值作出比较准确的判断，制作比较规范的鉴定书。

二、实验原理

工具在生产过程中，由于不同的厂家、不同的生产设备和工艺，使工具生产的外形、质地等都会产生差别，甚至在工具上还会留下一些生产时的疵点；在使用过程中由于敲打、碰撞必然使工具产生一些缺损等。这些特征使工具在使用时留在客体上的痕迹具有特殊性。所以，根据现场工具痕迹特征，比对嫌疑工具或嫌疑工具制作的痕迹样本，观察、分析两者特征是否相同，就可以作出现场痕迹是否由嫌疑工具形成的结论。

三、实验要求

了解比较显微镜的结构和性能；正确使用比较显微镜，完成对现场痕迹和样本痕迹的观察和特征比对。

四、实验器材

比较显微镜、立体显微镜、钢丝钳、剪刀、金属丝、纸张、铅笔、摄影器材等。

五、实验内容及操作方法和步骤

（一）预备检验

预备检验是在了解案件基本情况的基础上，明确检验目的，清理检材，对检材和送检的嫌疑工具进行初步观测检验，为后续的检验工作做好准备。

1. 检验前的准备工作。

（1）了解案情并填写工具痕迹鉴定登记表。如案件发生的时间、地点、案件性质等；工具痕迹遗留、发现、提取、保管和运送情况及检材的种类和数量；嫌疑工具的情况（来源、提取方法、案后使用情况等）及与嫌疑人的关系；要求鉴定解决的问题；工具痕迹是否经过检验、嫌疑工具是否做过实验样本等。

（2）清点检材。对送检的检材和嫌疑工具，逐一进行清点、编号、登记，并说明有关情况，以免混淆。

（3）清理检材。对送检的检材及嫌疑工具的附着痕迹（如指纹）和其它物证（工具分离物、客体碎屑、毛发、肉等），进行拍照、登记并提取，并对检材和工具上与检验鉴定无关的灰尘、锈斑进行清洗。

（4）准备检验仪器。根据送检单位对鉴定的要求，拟定检验方法和步骤，准备好各种检验仪器和设备。

2. 初步观测检验。明确送检的检材是从被破坏客体什么部位提取的，通过观测工具痕迹，明确工具痕迹的种类、数量及宏观尺寸和形状，通过初检应确定涉嫌工具的种类范围。对送检的嫌疑工具，明确其工具的种类、规格、型号、形状及尺寸，通过初检明确工具痕迹的种类特征是否与送检的工具种类、规格、结构特点相符合等。

（二）检验现场工具痕迹

通常是在立体显微镜、比较显微镜下进行，其目的是通过对现场工具痕迹观测、检验，确定作案工具的种类，并寻找和确定用以比对检验的个别特征。

1. 确定痕迹的种类。通过对现场工具痕迹的观测，首先明确是凹陷痕，还是线条状擦划痕迹，若两种痕迹同时出现，要明确立体痕迹和伴生痕迹，从痕迹的总体反映中，分析客体被破坏的方式、方法，以确定痕迹的种类。

2. 分析痕迹形成过程。在确定现场工具痕迹种类的基础上，根据不同痕迹的具体特点，观察痕迹的形态、大小、深浅、宽窄，各周边形状、夹角，各特征间相互关系及距离，痕迹的平面形貌及主体形状等；分析工具与客体的接触过程（开始接触至脱离接触），从而明确痕迹形成的物理过程。

3. 分析形成痕迹的工具条件。在上述工作的基础上，在充分了解承受客体的结构组成及各部位的相互关系，明确现场痕迹在客体上分布的位置及各痕迹的相互关系，结合痕迹的种类特征，确定工具的基本尺寸、形状、厚薄、宽窄、粗细等结构特征，明确作案工具的种类及规格。

4. 判断工具的接触部位。通过分析痕迹形成的工具条件，结合承受客体被破坏的状态、作用力的大小、方向、角度及痕迹的形态特征，明确工具接触部位应具有的表面特征，判断作案工具的接触部位。

5. 选择基础痕迹。在客体上工具痕迹特征反映的质量，取决于造痕体和承受客体的物理属性和表面结构及相互作用的条件等诸多因素。因此在对工具痕迹检验观察时，选择有代表性、特征反映好的痕迹，作为寻找个别特征和用以比对检验的基础痕迹。

6. 寻找个别特征。工具痕迹的个别特征指能反映作案工具外表结构特定特点的痕迹特征。个别特征是认定作案工具的依据。在根据现场工具痕迹的特征，确定了作案工具的种类，并利用嫌疑工具制作好实验样本的基础上，在分别检验时，应对现场工具痕迹和样本痕迹在立体显微镜下寻找供分别检验、认定作案工具的个别特征。在工具痕迹中，可从痕迹的痕起缘、痕止缘、痕壁和痕底部位去寻找。

在压痕的痕起缘上应寻找反映工具接触部位周边形状、尺寸的突出特征；在擦痕的痕起缘上应寻找工具接触部位凸、凹特征的反映。

在痕止缘上常留下工具接触部位的边缘形状、宽度、角度和凸凹特征。特别是凹陷状痕迹痕止缘特征相对稳定，是寻找个别特征的重点部位。

痕壁或痕迹面上通常可观察到工具接触承受客体途中每一瞬间的运动状态与变化、方向、角度等，常留下工具接触部位的边缘形状、凸凹结构等特征。线条状痕迹鉴定价值大、利用率高，凹陷状痕迹特征稳定性差，应注意寻找凸凹坑丘特征。

寻找个别特征要注意区别承受客体本身固有的纤维、颗粒或粘附的砂粒、杂物、锈蚀等，不能与工具留下的特征混淆。

（三）检验嫌疑工具

对嫌疑工具的检验，是确定工具是否符合形成现场工具痕迹的条件，有助于寻找工具的特征，推断工具的留痕部位。

1. 确定工具形成现场痕迹的条件。在检验现场工具痕迹和确定形成现场痕迹的工具种类基础上，对送检的嫌疑工具，从其结构组成及各部位的形状、特点、色泽、成分、机械性能等各方面进行分析，检验是否能形成现场痕迹。

观测检验嫌疑工具可能与客体接触部位的表面形态，从工具的总体结构及有关部位的几何尺寸和表面特征上分析确定能否形成现场痕迹，以确定送检工具是否符合形成痕迹的条件。

2. 确定嫌疑工具的留痕部位。若嫌疑工具符合形成现场痕迹的条件，应仔细观测工具可能与客体接触部位的外表结构特征和细微特征，尤其是发案不久提取的嫌疑工具，根据某部位形状变形程度及磨损状况确定某部位的形状与现场痕迹的形状是否相同，分析变形的原因，并根据其磨损状况和表面的细微特征与现场工具痕迹的种类特征和个别特征是否具有一定的对应关系，以确定工具的留痕部位。

（四）制作实验样本

利用送检的嫌疑工具与承受客体可能接触的部位，在适当的材料上与现场痕迹形成相似的条件下制作的样本痕迹叫实验样本。

1. 制作实验样本的目的。

（1）将工具有关部位上的特征移置到样本上，得到与现场痕迹凸凹结构一致的特征，以利比对检验。

（2）验证嫌疑工具是否具备形成现场痕迹的条件。

（3）验证工具遗留痕迹部位所形成的痕迹，其特征的质量和数量，区别真假特征，以利综合评断。

2. 对实验样本材料的要求。对选用实验样本材料最基本的要求，原则上是选用与现场承受客体的物理属性相同的材料，具体要求是：

（1）样本材料硬度适当。以不损坏工具特征为前提先软后硬，逐渐利用和现场承受客体相同的材料。

（2）干湿度接近。如果痕迹在木质客体上，实验时应选用与现场承受客体干湿度相近的木质材料。

（3）物质结构、塑性适合。应尽量选用密度大、颗粒小、纤维细、结构紧密和塑性好的材料。

3. 对样本制作条件的要求。对实验样本的制作条件应尽量与现场痕迹形成条件相一致，具体要求是：

（1）在样本材料上制作样本痕迹，应与现场痕迹形成时相同的破坏方式进行制作。

（2）制作样本时，持工具的动作，作用力大小，工具与实验客体接触的方向、角度，都应与现场痕迹形成条件尽量一致。

（五）比对检验

比对检验通常在比较显微镜下进行，其主要目的是对现场痕迹、嫌疑工具和样本痕迹的个别特征进行比对检验，为认定或否定作案工具提供证据。比对检验的顺序是先比对一般特征，后比对细节特征。

1. 比对检验的方法。

（1）特征对照法。把被比对的客体并列放置在同一视野下，对两者的各种特征进行比较观察，此法适用于印压痕迹的比对。比对时，将现场痕迹的特征与嫌疑工具或其样本痕迹特征对照，逐一比对特征的具体形状、大小、间隔、位置分布、凹凸性等，以确定其特征的异同。

（2）特征接合法。此法适用于线条状痕迹的比对，将现场痕迹和样本痕迹分别放在比较显微镜左、右载物台上，调节显微镜以及痕迹的位置，对现场和样本痕迹的相同部位进行线条接合，观察两者线痕的宽窄、凸凹线条的粗细、形状及分布距离、走势流向等是否一致，以确定线痕特征的异同。也可以采取照片放大拼接的方法进行接合比对。

（3）重叠比对法。对于图像比较简单，外形轮廓完整、清晰、无明显变形的痕迹，分别对现场和样本痕迹在相同倍率下拍照，在透射光下将两副片重叠观察，检验其两者形状大小、周边特征及痕底、痕面各细节特征是否完全重叠一致。

2. 比对检验的内容和步骤。

（1）比较检验凹陷痕迹。主要比对现场痕迹与工具相应部位特征的总体形态，边棱直线、曲线、弧线的长短与角度，凸凹结构形状，缺损、卷边的大小、锐利程度，小丘、小坑的外貌形状、大小。比对的部位包括撬压痕迹的支重点部位和打击痕迹的着力点部位。针对不同客体、不同痕迹，对质量较好的、稳定的特征做重点比对。

（2）比较检验线条痕迹。主要比对现场痕迹与嫌疑工具相应部位特征的总体形态，凸凹线痕的宽窄、深浅、条数，形状、特征的间距分布及其位置等。比对的部位包括：擦痕的起点、终点与停顿点部位；钳剪痕迹的断头斜坡及立顶部位；刺切痕迹的刺入口、出口和痕迹壁；锯痕的锯断面；钻痕的孔底、孔口周围、钻屑。

比对检验的顺序是：先宏观，后微观；先比对种类特征，后比对特定特征；先比对痕迹轮廓，后比对痕迹的个别特征。

3. 比对观察时应掌握的要点。

（1）微观检验时可用放大镜、立体显微镜从低倍到高倍，再从高倍到低倍进行，如此往复细致地观察。

（2）灯光。可用小型聚光灯，配上不同颜色的滤光片。检验中，根据检材的反差情况，选用适当颜色的光，以提高检验的效果。

（3）检验中用分规测量特征的距离、分布，用量角器测量痕迹的周边角度，特征的角度、位置，必要时用读数显微镜准确地测量出特征之间的距离位置。

（4）比对时不要把嫌疑工具直接放入现场痕迹中，这样既易损坏原有痕迹特征，又易产生新的特征，给鉴定工作带来不应有的麻烦。

（六）综合评断

综合评断是在比对检验的基础上，把握特征的本质，评断特征相符和相异的质量和数量，以便作出相应的鉴定结论。

1. 评断特征的质量与数量。在比较检验时，现场痕迹和样本痕迹特征完全相符和特征完全不符合的情况是很少的，大多存在着符合点多于差异点或差异点多于符合点，差异点与符合点相近，因此必须对相同和相异特征的质量和数量及其在矛盾中的地位进行分析。在评断中，质量是关键，是最本质的，但也必须具有一定数量才能作出特定性的结论。对工具接触部位上稳定可靠、明显、固有特点的反映是高质量的特征，如在线条状痕迹中，反映工具明显凸凹特征的粗大、明显、连贯的线痕是高质量的特征；在凹陷状痕迹中，反映工具表面明显、凸凹坑丘特征的点线面块是高质量的特征，它们在评断中占重要地位。

2. 认定结论的依据。

（1）对凹陷状痕迹认定依据。包括：①种类特征相同，工具的结构、形状、功能具备形成现场痕迹的条件。②全部或多数现场、样本痕迹个别特征的位置、形状、凸凹特征、相互关系一致。③差异点是非本质的，可得到科学解释及实验验证，或通过实验证明是外来或偶然因素形成的。

（2）线条状痕迹认定依据。包括：①种类特征相同，工具的结构、形状、功能具备形成现场痕迹的条件。②稳定的凸凹线特征相吻合，并在一定范围内粗大、明显、连贯的凹凸线痕自然延续接合，各线痕间相互位置关系一致。③差异点是非本质的，可得到科学解释及实验验证，或通过实验证明是外来或偶然因素形成的。

3. 否定结论的依据。

（1）凹陷状痕迹否定依据。包括：①种类特征有根本的差别，如嫌疑工具的结构、性能、形状不能完成现场上的破坏活动，或嫌疑工具的大小、长短与现场痕迹差别很大，不能形成现场痕迹。②虽然种类特征相同，个别特征偶然符合，多数特定特征的形状、位置、相互关系有根本差别。③同一承受客体上有两个或两个以上的痕迹，特定特征均有根本差别。

（2）线形痕迹否定依据。包括：①种类特征有根本差别，如嫌疑工具的结构、性能、形状不能完成现场上的破坏活动，或痕迹的宽窄有明显的不同。②在可见范围内，线条状特征接合的数量，粗线条、中线条、细线条的接合率均在40%以下，线条总数接合率低于30%的可以否定。

（七）制作鉴定书或检验报告书

工具痕迹鉴定书由文字部分和图片部分组成。两部分互相补充，互相印证。文字部分是鉴定的叙述，图片部分是鉴定的形象说明。

1. 文字部分。正文的标题写明"工具痕迹鉴定检验报告书"，下方为编号。正文的叙述内容应包括：绪论、检验、论证、结论和落款。

（1）绪论。写明收检日期、送检单位、送检人和该案简要案情；现场检材是实物还是模型（承受客体的质地或痕迹模型的类别），数量，包装运输的方法，嫌疑工具的名称、质地、数量与编号，收取的方法与嫌疑对象的姓名以及鉴定的要求。

（2）检验。写明检验的方法、手段（包括所用的放大镜、显微镜、投影仪等仪器以及放大倍数），检验过程中每一步所见和实验情况。主要描述现场痕迹检验、嫌疑工具检验、制作样本、比对观察的结果等。

（3）论证。把比对检验所发现的符合特征与差异点作出综合评断，指出相符合特征的稳定性与特定性如何，特征位置、分布关系与数量是否反映了本质符合，是否构成了特定同一（不可重复性）；也要指出差异点的数量、性质、形成的原因，能否作出科学的解释并经过实验证明属非本质的反映。对差异点的解释不应推测，也不应采取回避态度。

（4）结论。针对送检的要求和提出的问题，通过鉴定结论，以简明扼要的文字直接回答出来。

（5）落款。写明鉴定人（本人签字或盖章），注明职称、出具检验报告书的日期，然后加盖"鉴定专用章"。

2. 图片部分。图片部分应紧密配合文字部分所叙的有关内容，以层次简明、形象具体、标画整洁的照片与线条标注反映出来。一般应该包括：

(1) 现场工具痕迹所在位置的照片；

(2) 检材全貌照片；

(3) 检材特征比对照片。

六、实验注意事项

使用比较显微镜进行比较检验时，不但要调好用光的角度，还要校正比较显微镜左右载物台的放大倍数完全一致。

七、实验作业要求

每个同学独立进行鉴定，并制作一份工具痕迹鉴定书。

八、思考题

1. 使用实物和使用制作的样本进行鉴定应该注意什么问题?

2. 比较检验的几种方法各有哪些利弊?

实验二十九　观测射击弹头上的痕迹

一、实验目的

掌握观察、测量发射弹头形态及其痕迹特征的方法，并根据弹头特点和形成的痕迹推断发射枪支的种类。

二、实验原理

不同种类的枪支由于枪管的口径、长度的不同以及对射击距离和杀伤力的不同要求，会使用不同种类的子弹，即使使用同一型号的子弹，由于枪支结构上的差异也会在弹头上形成不同的发射痕迹，所以根据发射弹头的形状、型号和痕迹特征可以识别发射枪支的种类。

三、实验要求

能正确使用测量工具和体视显微镜、比较显微镜完成对弹头的测量和观察，并根据测量和观察的结果分析发射枪支的种类。

四、实验器材

射击弹头、显微镜、游标卡尺、螺旋测微计、普通分析天平、绘图工具、纸张、铅笔等。

五、实验内容及操作方法和步骤

观察、测量射击弹头痕迹。

1. 磕碰痕迹。弹头上磕碰痕迹是子弹进膛过程中弹尖附近先后与机座导引面、导弹斜面（在枪管尾端）、弹膛内壁上方相碰撞形成，显微镜下观察一般在弹尖至弧形部形成点块状、短线状、月牙形等磕碰痕迹，且出现率较高；因各种枪支子弹进膛的速度、姿态、导引方式不同，其磕碰痕迹的形态、位置、短线方向也不同，所以磕碰痕迹在区分枪种时有一定价值。

2. 坡膛痕迹。坡膛痕迹是弹头在火药气体的推力作用下与坡膛摩擦而形成的线条状擦划痕迹。它位于弹头弧形部下部及弹头圆柱部，平行于弹轴。在阳膛线左上侧阴膛线区域常能见到，尤其是位于坡膛内的阳膛线起始部位所形成的坡膛痕迹常呈条束状，比较清晰，便于观察利用。

3. 膛线痕迹。膛线痕迹包括阳膛线痕迹、阴膛线痕迹、主棱线痕迹、次棱线痕迹、小线纹痕迹、起末端痕迹和金属卷屑。

（1）膛线痕迹的数量。把枪管中凸起的膛线叫做阳膛线，把凹入的膛线叫做阴膛线。在射击弹头上，阳膛线痕迹正好是弹头颈部被刮擦掉的表面凹陷的条带状痕迹。反之，弹头表面没有什么磨擦或磨擦不严重的部位，也就在两条阳膛线痕迹中间的区域，就叫做阴膛线痕迹。阳阴膛线的数量是恒等的。膛线痕迹的数量反映了枪支膛线数量。枪支的膛线数一般在2~12条，大多数为4条。

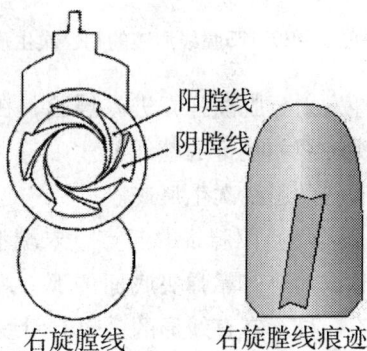

阳膛线
阴膛线

右旋膛线　　右旋膛线痕迹

图 2-19 阳膛线旋向

（2）阳膛线的旋向。从枪膛往枪口看，膛线呈顺时针旋转的为右旋，反之，为左旋。检查膛线的旋向，一般拉开枪机挂机后，从枪口往枪膛观看，若见到膛线从枪膛旋向枪口，呈逆时针方向旋转的，为右旋膛线，弹头上反映为自左下往右上的倾斜线痕。呈顺时针方向旋转的，为左旋膛线，反映在弹头上成了自左上往右下的倾斜线痕。为判断方便，可先在弹头上作一根轴线，膛线的上端向左倾斜的为左旋，向右倾斜的为右旋。

（3）阳膛线痕迹磨损的特征。根据弹头上膛线痕迹特征的反映，还可以判断枪管磨损的状况，枪管磨损主要是弹头外壳和枪管内壁磨擦、火药气体烧蚀以及枪管锈蚀、细屑脱落或残渣沉积所造成。一般分为三类：①枪管轻度磨损：阳膛线主要和次要棱线痕迹，都能清楚地反映出来，阴膛线部位，看不到什么线条状痕迹。②枪管中等磨损：常能反映阳膛线主要棱线痕迹，次棱线痕迹反映得较不明显。阳膛线的初次生痕迹中的小线纹较多，阴膛线痕迹中，也能见到一定数量的线条痕迹。③枪管高度磨损：阳膛线痕迹的主、次要棱线痕迹已难以分辨，线条多呈平行于弹头轴线的状态，有时可见到部分的阳膛线主要棱线痕迹，阴阳膛线痕迹中细小的纹线密集，形似小梳。

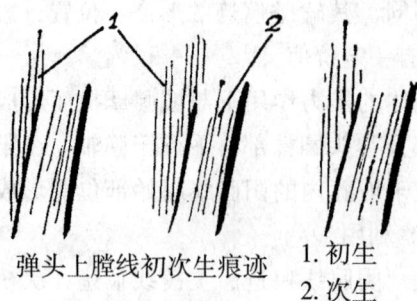

弹头上膛线初次生痕迹　　1. 初生
　　　　　　　　　　　　　2. 次生

图 2－20　阳膛线痕迹的初、次生痕迹

（4）阳膛线痕迹的初、次生痕迹。在射击弹头上，可见到一部分的膛线痕迹与弹头轴线平行，另一部分与弹头轴线相交而构成一定的角度。前者叫膛线初生痕迹，后者叫次生痕迹。右旋的膛线，初生痕迹多分布在左方，特别是左上方，左旋的膛线，初生痕迹分布在右方。这种痕迹的形成，主要是枪管有坡膛和线膛两个不同的区域的缘故。弹头经发射，脱离弹壳进入坡膛，在坡膛中，弹头是直线前进的，所以留下了同弹头轴线相平行的膛线初生痕迹，当弹头进入线膛区域后，开始旋转，遂留下了倾斜的膛线次生痕迹。

（5）阳膛线的起点、末端痕迹。在弹头上，阳膛线靠弹头尖端的一头，叫起点痕迹；靠弹头底面的那一端，叫末端痕迹。每个起点、末端痕迹的形状都不一样，有直线形的，也有斜线形的、波浪形的或者是弧形的，有单独分离的，也有连成一片的。

（6）膛线痕迹中的小线纹。膛线痕迹中的小线纹，是每一支枪所固有的重要特征，检验价值很大。小线纹痕迹的产生是由于枪支在生产过程中，膛线的表面已形成了各种不同的特征，再加上使用、擦拭、保管等过程中造成的各种斑痕，就必然形成了膛线中不同的小线纹特征。验枪工作中利用这些小线纹特征，常能作出认定或否定发射枪支的结论。

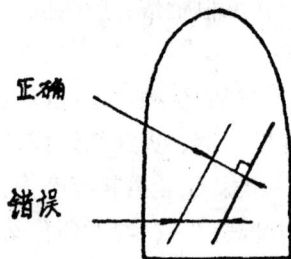

前区纹痕
中区纹痕
尾区纹痕
小纹线

图 2－21　小线纹特征

4. 测量发射弹头。

（1）称量发射弹头。用精度为 1/100g 的天平称量发射弹头的重量。

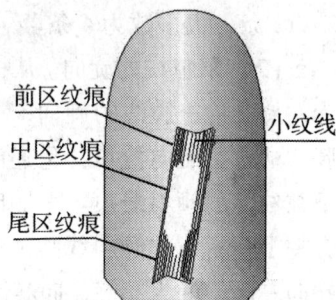

正确
错误

图 2－22　膛线痕宽的测量

（2）测量发射弹头尺寸。用游标卡尺测量弹头的高度和圆柱部的直径。

（3）测量阳膛线痕迹的宽度。即两条阳膛线痕迹之间的距离。测量阳膛线的宽度，应选择弹头颈部直径最宽的部分，测量时，要把刻度尺和膛线痕迹垂直放置，不能歪斜。测量方法包括两种：①用1/10毫米为单位的透明刻度尺，把有刻度的一面贴靠在阳膛线痕迹上，并把它置于立体显微镜下观察测量；②用工具显微镜、读数显微镜等观察测量。

（4）测量阳膛线痕迹的倾斜度。阳膛线痕迹的斜度，也就是膛线的倾斜角度。测量方法包括以下两种：①扩大测量法。利用投影仪、幻灯机等放大仪器，将膛线痕迹投放在银幕和荧火屏上观察，再用量角器直接测量其角度。②三角测量法。根据扩大的弹头照片，通过底面的 AC 作一直线，然后作 AC 的垂直平分线 EF。膛线棱线 D 与 EF 交于 O，测量角 DOE，即得出倾斜度。或者以 O 点为圆心，以 5.7 厘米长度为半径，作弧线分别交棱线于 MN 两点，在直接度量 MN 之间的距离，每 1 毫米长度即为 1 度，全长几毫米即为几度（见图 2-23）。

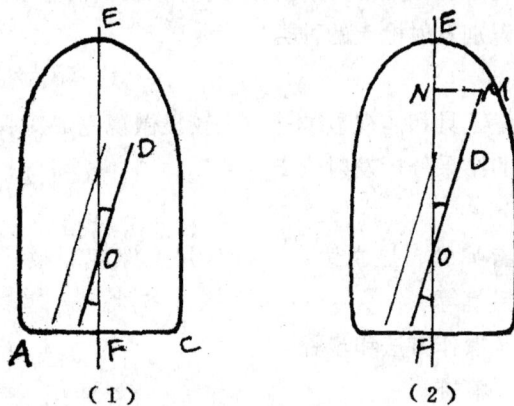

（1）　　　　　　　（2）

图 2-23　膛线痕迹斜度的测量

六、实验注意事项

1. 在显微镜下观察弹头痕迹时，注意调整弹头的位置以及光线的强度、角度；

2. 使用不同的放大倍数观察并选择最佳观测效果进行记录。

七、实验作业要求

每个同学将实验中观察、测量的弹头特征书写一份实验报告，并初步分析发射枪支的种类。

八、思考题

有哪些枪支使用的子弹型号相同？各是什么枪弹？弹头上的痕迹有哪些方面的区别？

实验三十　观测射击弹壳上的痕迹

一、实验目的

掌握观察、测量发射弹壳形态及其痕迹特征的方法，并根据弹壳特征和形成的痕迹推断发射枪支的种类。

二、实验原理

不同种类的枪支由于枪管的口径、长度的不同以及对射击距离和杀伤力的要求不同，会使用不同型号的子弹，即使使用同一型号的子弹，由于枪支结构上的差异也会在弹壳上形成不同的发射痕迹。所以，根据发射弹壳的形状、型号和痕迹特征可以识别发射枪支的种类。

三、实验要求

能正确使用测量工具和体视显微镜、比较显微镜完成对弹壳的测量和观察，并根据测量和观察的结果分析发射枪支的种类。

四、实验器材

常用枪支的射击弹壳、显微镜、游标卡尺、螺旋测微计、普通分析天平、绘图工具、纸张、铅笔等。

五、实验内容及操作方法和步骤

观察、测量弹壳痕迹。

（一）装弹过程中留下的痕迹

这一过程指枪弹装入弹匣至子弹进膛定位为止。

1. 弹匣口痕迹。子弹在装入弹匣和从弹匣中推弹上膛时，由于托弹簧的顶力和扣弹齿两棱边的压力、摩擦力作用，在弹壳体部及底缘棱边上留下一定宽度的两条（弹匣中单排弹）或一条（匣中双排弹）平行于弹轴的线条状擦划痕即为弹匣口痕迹。

2. 枪机下表面痕迹。在枪机后座时，枪机下表面与弹匣中上方的壳体表面产生滑动摩擦形成线条状擦痕，即是枪机下表面痕迹。

3. 推弹突笋痕迹。当枪机后座到位后复进时，弹底窝平面下方突起的推弹突笋撞击弹匣中待进弹将其送入弹膛，于是在弹壳底面留下推弹突笋撞击痕迹。

该痕迹位于底火两侧稍偏上，其形状为角点状（如六四手枪）、横条形（如五四手枪）。

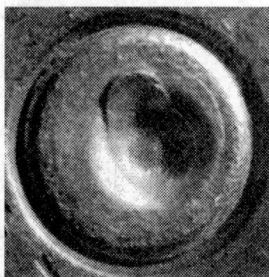

图 2 - 24　舌痕

4. 弹膛后切口痕迹。枪弹在进膛时，其壳口、斜肩或壳体与枪管后切口边沿或导弹斜面的边缘相碰撞，形成弹膛后切口痕迹。

（二）发射过程形成的痕迹

在发射过程中遗留的痕迹，是枪支主要机件的痕迹，也是检验鉴定的主要内容。

1. 击针头痕迹。射击时，击针碰撞枪弹底火会留下凹陷痕迹。各种不同枪支的击针头形状、大小、粗细不同，具体构造和细微特征也不同，因此，在检验鉴定中利用价值很大。可以利用的特征有：击针头的一般形状（圆的、方的、椭圆的），击针头痕迹直径大小、深浅程度，端点细小特点，痕迹的相对位置即击针头痕迹与其他机件痕迹的距离、交角、搭配关系等。

击针与底火的作用，不仅在击发时，而且有的在排壳时也会形成次生痕迹。有的枪支排壳时枪管下降，击锤顶住击针，就会产生针头的次生痕迹"舌痕"（见图 2 - 24），舌痕的形状、大小等取决于火药、击针簧等因素，各种枪在痕迹中有不同的反映。

2. 后膛痕迹（又称弹底窝痕迹）。子弹被击发后在巨大的火药气体压力下，一方面迫使弹头飞出，一方面使弹仓迅速后退排壳，此时与后膛紧压的弹壳底面就会留下后膛在生产加工和使用中产生的痕迹。

后膛加工痕迹的形状有平行纹、直线交叉纹、角形纹、同心圆线纹、弧形线纹以及点痕等。这些生产加工的痕迹，一般都会清楚地反映出来，但火药压力较小或枪支在使用过程中机体松懈，这种加工特征会发生变化，也可能反映得不明显。检验中还应该注意留在弹壳底部上的后膛发生锈蚀、崩裂或其他损坏的痕迹。

1	2	3	4
无明显纹痕或不属于后七类	平行纹	平行纹加弧形纹	弧形纹
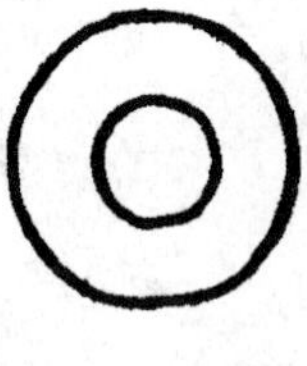			

5	6	7	8
角形纹	直线交叉纹	圆形纹加平行纹	螺旋纹或圆形纹
	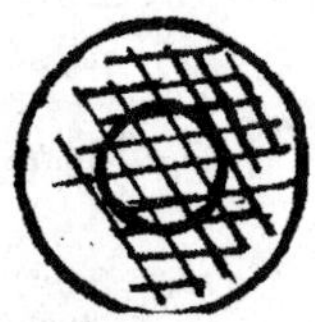		

图 2 - 25　后膛加工痕迹

3. 弹膛内壁痕迹。弹膛内壁痕迹，也叫内表面痕迹，射击时火药气体的压力很大，使壳体膨胀，壳体与弹膛内壁紧密结合，如内壁上有凹凸不平点或污物残渣时，弹壳上便留下这些擦痕，利用这种痕迹有助于识别发射枪支的某些特点。弹膛的一些加工痕迹对识别枪支的种类非常有利。

4. 弹膛指示杆痕迹（见图 2 - 26）。为指示弹膛内有无子弹，有些枪支（如六四式手枪、五二式公安手枪）枪机内装有指示杆，枪弹上膛时，弹底顶着指示杆，在指示杆簧力作用下指示杆头部就在弹壳底部留下印压痕迹。尤其发射时，火药气体使弹壳撞压弹底窝和指示杆，使指示杆痕迹更明显。它

图 2 - 26　指示杆痕迹

位于壳底 12 时位，特征较稳定，不同枪种指示杆痕迹的形状、位置、深度和直径是不同的，所以在鉴定中有应用价值。

（三）退壳过程留下的痕迹

1. 拉壳钩痕迹（见图2-27）。枪弹在上弹及排壳过程中，拉壳钩与弹壳底部发生作用，通常在弹壳底座后边缘、棱边、前边缘或底槽内等几个部位，会留下拉壳钩痕迹的重要特征，如：痕迹的宽度、分布位置（分为上方的、右上方的、右方的、左上方的、左方的等）、痕迹的数量（一个还是两个、是相对还是毗连的）、痕迹的外貌形状以及结构特点、凹凸点与线痕的分布等细小特征。

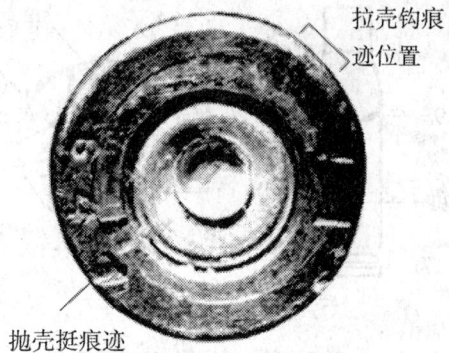

拉壳钩痕迹位置

抛壳挺痕迹

拉壳钩痕迹与抛壳挺痕迹的位置

图2-27　拉壳钩和抛壳挺痕迹

有的枪支没有拉壳钩，排壳时靠后座力，就不能留下拉壳钩的痕迹。

2. 抛壳挺痕迹（见图2-28）。当弹壳被拉到排除器所在位置时，弹底边缘就会与抛壳挺碰撞，弹壳抛出，同时也留下抛壳挺痕迹。抛壳挺的痕迹特征主要有抛壳挺痕迹的位置（左方的、左下方的、上方的、下方的）、痕迹的形状大小、抛壳挺边缘缺损及内部的凹凸点等。

图2-28　抛壳挺痕迹

研究抛壳挺痕迹，应与拉壳钩痕迹紧密结合起来，先要正确地确定它们的相互位置，然后再检验其痕迹特征。如果弹壳底部有击针头舌痕，可将舌痕对准上方，再确定拉壳钩、抛壳挺的相互位置。抛壳挺痕迹都是在弹底面上反映出来的。为了便于退壳，按力学作用原理的要求，拉壳钩、抛壳挺的位置分布在不同的两个半圆上。因此找到一个痕迹，就很容易找到另一个痕迹。在把抛壳挺痕放正直（即将痕迹棱边呈水平或垂直状态）的情况下，可以判断出弹壳原在膛内的位置。用时针法来表达，抛壳挺痕迹通常在7~8、8~9、6、4时位处能见到，个别还有留在12时位的。拉壳钩痕通常在2~3、3、12时位处能见到，少数可在10、6时位处察见。

3. 弹匣口刮擦痕迹。弹匣口刮擦痕迹是指弹壳在后退并翻转脱离拉壳钩和弹匣口上方时，弹壳体部与弹匣口棱边刮擦所形成的痕迹。它多呈小旗状，随枪种不同、弹匣不同，其出现率和旗状痕的旗杆、旗面出现的特征也有所不同。如六四式、五九式、七七式手枪，小旗状的弹匣口刮擦痕迹出现率较高，出现

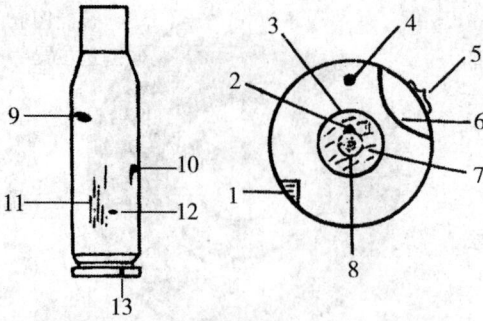

图2-29　弹壳各种痕迹部位

1. 抛壳挺痕迹　2. 舌痕　3. 底火帽上擦痕
4. 指示杆痕迹　5. 拉壳钩痕迹　6. 拉壳钩
后端面痕迹　7. 弹底窝痕迹　8. 击针痕迹
9. 第一抛壳

的位置多在壳体对应弹底4～5时的位置上，旗杆痕是退壳直线运动时滑擦匣口形成的，旗面痕是弹壳翻转时匣口刮擦弹壳体部形成的。

4. 抛壳口痕迹（见图2-30）。抛壳口痕迹是指弹壳抛离枪支时与抛壳口相碰撞而留在壳体上的痕迹。这种磕碰痕迹多出现在壳体中部、斜肩乃至壳口处。不同枪种，其弹壳碰击力度和位置不同，则抛壳口痕的形状、大小及数量也不同。有些枪射击弹壳抛壳口痕迹呈唇形，也有横短线、斜线、点状等。有些枪的弹壳抛出时与枪机件碰撞两次，故在壳体上形成上、下两个抛壳口痕迹。抛壳口痕迹在验枪中有较高的利用价值。

（四）测量发射弹壳

1. 称量弹壳重量。用精度为1/100g的天平称量发射弹壳的重量。

2. 测量弹壳尺寸。用游标卡尺测量弹壳的高度、弹底直径、弹壳中部和口部直径。

六、实验注意事项

在显微镜下观察弹壳痕迹时，注意调整弹头的位置以及光线的强度、角度，使用不同的放大倍数观察，选择最佳观测效果进行记录。

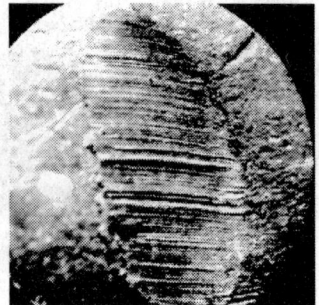

图2-30　抛壳口痕迹

七、实验作业要求

每个同学将实验中观察、测量的弹壳特征书写一份实验报告，并分析发射枪支的种类。

八、思考题

有哪些枪支使用的子弹型号相同？各是什么枪弹？弹壳上的痕迹有哪些方面的区别？

实验三十一　枪弹痕迹鉴定

一、实验目的

了解枪弹痕迹的特征和性质，掌握枪弹痕迹鉴定的方法和步骤，制作比较规范的枪弹痕迹鉴定书。

二、实验原理

枪支制造工艺复杂，并有很多零部件，制造中不可能做到每个零部件处理得完全一样，甚至还会产生一些加工疵点；另外枪支在保管和使用中因锈蚀、磨损、碰撞等而产生一些有别于其它枪支的微小的特征，这些特征必然在其后的子弹发射中留在弹头或弹壳上，并且具有一定的稳定性。所以，通过制作实验样本比较的方法，观察、分析两者特征是否相同，就可以作出现场发现的弹头或弹壳是否嫌疑枪支发射的鉴定。

三、实验要求

基本掌握比较显微镜的结构、性能和使用方法，完成对现场弹壳或弹头与样本弹壳或弹头痕迹的观察以及特征比对。

四、实验器材

相同型号的现场弹壳、样本弹壳，放大镜、体视显微镜、比较显微镜、游标卡尺、螺旋测微计、普通分析天平、绘图工具、纸张、铅笔等。

五、实验内容及操作方法和步骤

（一）预备检验

1. 做好检验前的准备。

（1）填写鉴定登记表，按公安部规定记明案件情况，检材种类、数量，留痕情况，要求鉴定、分析解决的问题等。

（2）做好检验准备。首先要拍照、记录，准备好检验仪器、器材和工具；其次要取下枪支、枪弹上的附着痕迹（如指纹）、附着的碎屑物证（毛发、血肉等）；熟悉检材，构思检验计划。

2. 初步检验。查明现场弹头、弹壳是否符合同种枪弹结构，能否配用送检枪种发射，其痕迹的枪种特征是否与检验枪支种类结构特点相符合。

（二）检验现场弹头、弹壳

1. 查明现场弹头，弹壳的种类，是几支枪发射的；确定现场提取的弹头、弹壳是否为同发子弹的组成部分。

2. 观察、测量现场弹头、弹壳的结构特征，判明配用枪种范围。为此要了解和熟悉枪弹结构资料知识。

3. 检验并确定现场弹头、弹壳上的枪种特征。弹头、弹壳上的枪种特征，指同一类型、样式的枪支具有相同的结构特点，反映到射击弹头、弹壳上，具有共性的痕迹特征，是本枪种独有的痕迹特征。

弹头上的枪种特征有膛线的数量、宽度、旋向、斜度等。弹壳上的枪种特征有击针头痕迹形状，能否形成舌痕；壳底反映的弹底窝加工纹线；弹膛内壁结构特点在壳体上反映的痕迹；拉壳钩、抛壳挺、抛壳口痕迹的位置、形状、尺寸及相互关系等。

4. 检验确定现场弹头、弹壳上的个别特征。个别特征是指在射击弹头、弹壳上留下的具体枪支机件外表结构特点的痕迹特征，是某一支枪独具的特征，可依据它们认定或否定其它的射击枪支。

射击弹头的个别特征主要有膛线痕迹的具体磨损程度，各个突出的部位特点，每根阴阳膛线痕迹的棱线粗细、清晰程度以及旁边金属卷屑的形态、分布，每根阳膛线上初次生痕迹的交错特点，相互覆盖的面积大小、位置关系，阳膛线痕迹重叠的具体情况，膛线痕迹中小线纹的细节反映，阴、阳膛线痕迹中突出的点、块特征，以及各特征之间的距离、交角、彼此关系等。射击弹壳上的个别特征主要有弹壳上舌痕的形状、内部纹线分布；抛壳挺痕中的裂纹、缺角；抛壳口痕中的纹线分布、斜向；弹膛内壁中的擦拭痕在壳体上的反映；弹底窝痕的擦拭痕迹、修饰痕迹，等等。

5. 枪弹痕迹个别特征的寻找和确定方法。

（1）在留痕部位重点寻找。枪支机件与枪弹作用部位及作用方式是固定的，在种类特征中存在着奇异的个别特征。如弹壳底部底火中央的击针痕迹中必然反映击针头部的个别特征。抛壳挺边沿的裂纹、断折特征必然在抛壳挺痕迹的周边处，等等。

（2）从主到次、由点到面寻找。以弹头、弹壳上粗大明显、形状特殊的痕迹为基点，逐步扩大，在相应的部位和距离上去寻找。在确定其明显的特征后，再相互对照，深入观察，去发现其它的特征。

（3）采用技术手段发现、确定特征。包括：①配光照明。对微小的弹痕，不仅要用放大镜、显微镜，还要用灯光以变换照射角。对线条状痕迹从垂直方向照射效果好；对小面积、深凹陷痕（如痕底、痕壁），以强光高照，点射为好；对面积大而浅的痕，以小角度，漫衍光照射，能较清楚看到细微特征。②转动观察。在配光照射的同时，还要不断转动弹头、弹壳或使其倾斜，寻求最佳观察条件，发现细微特征，并随时以橡皮泥等固定位置，以便摄影固定特征。③显微放大。对细微的弹痕个别特征，必须借助放大镜、立体显微镜、比较显微镜观察，才能显露出那些特殊的细节特征，并获得一定质量和数量的个别特征，并应用显微摄影技术，确保鉴定正确无误。④仪器测量。对于微小痕迹的测量，常用读数显微镜、深度测定器进行测量，测量痕迹的长、宽、深、倾斜度、间距等，以获得较好的鉴定效果。

（4）在思辨中寻找、确定个别特征。在检验枪种痕迹时，注意观察、思考枪种痕迹特征中那些特殊的、异常的反映。例如，要敏感地辨识痕迹图形何以不完整，缺损、变形的原因是什么？在应当光滑的痕迹面上为何出现点、块线等特异痕迹？是否因枪支机件磨损、裂开、折断所造成？经仔细观察、分析认定，只有特定枪支发射的弹头、弹壳才有这种特殊的特征，这样我们在枪种特征中才真正找到了个别特征。

（三）样本弹头、弹壳的制取和检验

1. 样本弹头、弹壳的制取。用嫌疑枪支发射而得到的供与现场弹头、弹壳比对用的射击弹头、弹壳，称为样本弹头、弹壳。样本弹头、弹壳从以下几方面获得：①通过嫌疑枪射击获取的称制作样本；②在两个以上现场提取的弹头、弹壳是互为样本；③发案前嫌疑枪发射留下的弹头、弹壳称自然样本；④在枪弹痕迹档案中存档的样本称档案样本。

样本制作要按现场射击条件（如阴晴、温度、湿度等）在射击室进行，保证样本不受损坏。获取弹头的方法是用水着弹器、棉花着弹器、胶皮着弹器和皂类、胶体着弹器等收集，也有用旧棉被絮、海绵等软性物体收集弹头。收取弹壳的方法是在排壳方位安装搜壳器（布兜、网兜）或在抛落处置软物接壳。

2. 样本弹头、弹壳的检验。在检验中注意发现那些痕迹反映清晰，特征典型、稳定，寻找确定与现场弹头、弹壳特征相互一致之处。掌握特征出现的条件和规律性，以选取更好的比对样本。

（四）比对检验

比对检验常在比较显微镜和监示器中直接观察比对的弹痕。比对检验的任务是对现场弹痕和样本弹痕进行深入比较，以确定射击枪支的同一性。常用的比对方法有如下四种：

1. 对照比对。又称特征并列比对。这是弹痕检验中常用的比对方法。将现场和样本弹壳或弹头并列安放，使其位置相同，方向一致，观察比较两者的痕迹特征。

2. 接合比对。多用于比对弹头、弹壳上的线条状痕迹。将弹痕水平并顺着一个方向放在比较显微镜的两个载物台上,经调试,将现场和样本弹头、弹壳上同一部位两擦划线图像结合成一个图像,中间用物镜分界线把接合部位分开,若两侧线条痕彼此对接,自然延伸,则表明两痕的造痕体同一,线条接合比对是认定射击枪支的有效方法。

3. 重叠比对。此种方法适用于边缘轮廓清晰,形状面积一定的弹痕特征比对。用高倍显微镜拍摄两痕倍数相同的负片,在透射光下重叠观察,比较两痕迹的轮廓、细小特征是否吻合。

4. 综合比对。又称全面比对。它是一种对检材上各种痕迹进行一一比对的方法。对不在一个平面上的各种弹痕,用特写镜头全面地拍照比对。也可在一张图片上用多个特写放大照片进行比对,将特征加以标注说明。

(五)综合评断得出结论

在分别检验和比对检验的基础上,综合一切材料,进行综合评断,以得出准确的科学结论。认定射击枪支的根本依据是寻找、确定、比对枪弹痕迹的个别特征。

寻找、确定、比对枪弹痕迹的个别特征,通常在立体或比较显微镜下,将现场弹头、弹壳和样本弹头、弹壳上的痕迹高倍扩大,使一切细微特征都明显反映出来。同时,按照由全面到局部、由枪种特征到个别特征、由形态特征到细节特征的顺序,认真逐个比对个别特征,在比对中区分出本质和现象、主要与次要、数量和质量、稳定与变化等各种关系。抓住那些稳定、明显、可靠、出现率高的个别特征重点比对。并要综合评断主要个别特征及特征的总和,是相符之处主流,还是差异地方占主导,有无合理的科学解释,如果前者占主流,符合认定原则,即可做出认定发射枪支的结论。

1. 对认定结论的评断。

(1)现场射击弹头、弹壳,能够用检验枪种发射,痕迹反映正常,没有被改动的迹象。

(2)现场和样本弹头、弹壳上的枪种痕迹特征互相对应、吻合。

(3)在枪种特征符合的前提下,两者的个别特征的总和及主要的个别特征,确实是本质的符合。

(4)现场和样本弹头、弹壳上的某些痕迹的差异,是次要的、非本质的,可以得到科学的解释和实验的证实。

2. 对否定结论的评断。

（1）现场弹头、弹壳的外形及其痕迹特征虽然是正常反映，但却不能用嫌疑枪发射。

（2）现场弹头、弹壳虽然能用检验枪种发射，但其枪种痕迹特征差异大。

（3）枪种痕迹特征虽相同，但个别特征的差异点是主要的、本质的，没有理由解释，也不能用实验来证实，的确是不同枪支的不同结构特点造成的。

（4）弹痕特征部分符合，只是枪种特征的相同，有的个别特征相像，实际上是类似或巧合，是非本质的。

总之，要得出正确的结论，就必须仔细、认真、实事求是地全面评断分析，不草率，不主观，不迎合某种需要，不能勉强做出结论。

（六）制作枪弹痕迹检验报告书或鉴定书

枪弹痕迹鉴定书分文字部分和照片部分。

1. 文字部分包括绪论、检验、论证和结论。绪论之前首先写明鉴定书名称、鉴定部门、年度分类编号。绪论要准确、简明扼要地说明案发时间、地点、性质；勘验中发现、提取的枪支、弹头、弹壳、物屑等痕迹物证；要求解决的问题。

检验包括四个部分：①现场弹头、弹壳的检验。要记明现场弹头、弹壳的结构参数、构成材料、弹底图文符号、弹种、配用枪种；记述镜检中发现的枪种特征和个别特征，特别要指明那些弹痕特征明显、可靠、稳定、特异痕迹特征，必要时可插图说明。②嫌疑枪支的检验。写明嫌疑枪支上附着的痕迹、物证情况；枪支名称类型、枪号；枪支开启状态和结构特点，存弹情况；能否发射现场枪弹。③样本弹头、弹壳的检验。写明制作样本的方法、条件，记录、固定痕迹的方法，样本弹头、弹壳痕迹的枪种特征和个别特征，能用于比对的明显、可靠、稳定的特殊的痕迹。④ 比对检验。要写明比对检验的方法、比对检验中发现的枪种特征和个别特征的符合点及差异点。

论证应写明对弹痕综合评断论证的意见，记明所确定的弹痕特征所具有的特定性，辩证地阐明做认定结论或否定结论的依据及其科学解释。

结论应准确、简要地写明鉴定结论。

落款写明鉴定人（签字或盖章）、职称、职务、日期等，并加盖"鉴定专用章"。

2. 照片部分包括以下内容：

（1）弹头、弹壳等物证的现场方位照片；

（2）枪弹痕迹、物证的全貌照片；

（3）弹头、弹壳等物证局部照片；

（4）枪号及特殊痕迹的特摄放大照片（注意放大比例尺）；

（5）枪弹痕迹特征比对照片。

六、实验注意事项

1. 使用接合比对和重叠比对鉴定时，比较显微镜左右两边的放大倍数必须相同；

2. 调整光源角度使痕迹特征获得较好的反差。

七、实验作业要求

每个学生制作一份枪弹痕迹鉴定书。

八、思考题

枪弹痕迹中哪些是种类特征？哪些是个别特征？怎样发现个别特征？

第三章

笔迹文件检验

实验一　选择、标示笔迹特征训练

一、实验目的

1. 认识笔迹特征，学会选择笔迹特征。

2. 掌握笔迹特征的标示方法及其要求。

3. 学会制作规范的笔迹特征比对表。

二、实验内容

1. 分析检材和样本。

2. 选择并描绘笔迹特征。

3. 标示笔迹特征。

4. 制作特征比对表。

三、实验要求

1. 复习相关理论知识。

2. 在实验教师指导下，学生独立完成。

3. 实验必须认真细致，特征的标示、比对表的制作必须规范。

四、实验材料

检材1份，样本1份，特征比对表2张，HB铅笔1支，红蓝铅笔1支，橡皮1块，铅笔刀1个，放大镜（或显微镜）若干。

五、实验步骤与方法

1. 认真细致地阅读检材，了解检材形成的条件及原因，分析检材笔迹有无伪装。

2. 选择笔迹特征。

3. 按照从概貌到局部、从大体到细节、从文字到其它的顺序，认真细致的发现检材上的如下笔迹特征：①概貌特征；②文字局部特征；③字的写法特征；④单字结构特征；⑤运笔特征；⑥笔顺特征；⑦标点及其它符号特征；⑧书面语言特征；⑨阿拉伯数字特征。

4. 选择笔迹特征的方法。

（1）从重复出现的字中选择特征；

（2）从结构正常、运笔自然的字中选择特征；

（3）在书写速度快、笔画较多的字中选择特征；

（4）在有突出特点的字中选特征；

（5）选择细节特征；

（6）注意选择文字以外的特征；

（7）注意选择有疑问的特征。

5. 制作特征比对表。

（1）记录笔迹特征。

第一，记录和选择笔迹特征同时进行。从检材中选择的笔迹特征，用铅笔依次临摹描绘在特征比对表的左侧，相同的字描在同一横行中。如果相同字重复再现时笔迹特征形态一致，则选择 3～5 个描绘；如果相同字笔迹特征不同，则应全部描在比对表中。

第二，在样本中选择与检材选择出的相同字，对应描绘在特征比对表右侧，描绘数量的要求与检材相同。

第三，如果检材中选择的笔迹特征在样本中没有，样本栏应暂时空缺，待补充样本后再描绘上。如果样本中有突出特征，可在样本栏中描绘，然后仔细在检材中寻找，确定没有时可去掉样本栏中已描绘的特征。

（2）标示笔迹特征。

第一，将检材栏中选择的笔迹特征，用红色笔按照规范的标示符号进行标示，相同字只需标示一个。样本栏中，与检材特征比较后是符合的，在相同部位用红笔标示，与检材特征比较后是差异的，则用蓝色笔标示。

第二，笔迹特征标示符号及其使用（见表 3–1）。

表3-1 笔迹特征标示符号及使用

符号名称	符号形态	标示特征	示 例
双箭头	⇒	起、收笔的动作、笔画搭配位置	
单箭头	→	运笔的方向、转折和连笔动作	
顺序号	①②③④ 1 2 3 4	笔顺	
括号	( )	各类写法特征	
实线	——	搭配、比例、字间组合	
虚线	……	文字布局	

六、实验注意事项

1. 选择特征应该全面、认真、细致，避免先入为主的思想，任何案件如果只选符合点不选差异点或者只选差异点不选符合点都是不正确的。

2. 注意选择明显的、特殊的、稳定的、价值较高的笔迹特征，比对表中应该有充足的特征，能够反映出书写人的书写习惯。

3. 描绘特征时必须用铅笔临摹，描得不像的，用橡皮擦掉重新再描。描绘特征要反复练习，力求形神兼顾。

4. 笔迹特征编排要科学，尽量将具有相同偏旁、部首的特征字靠近排列。对于概貌、布局、阿拉伯数字、标点及其他符号特征要注意选择并描绘。

5. 特征标示符号要规范、醒目，简明扼要。运笔特征用单箭头描绘时，不要在原笔画上直接标示，应在靠近笔画处进行标示。

6. 妥善保管检材和样本，禁止直接在检材和样本上涂描、画线等。

7. 爱护实验仪器设备。

七、实验报告

1. 对检材和样本进行分析。

2. 在选择笔迹特征、制作特征比对表过程中有哪些体会？

3. 描绘特征和标示特征中的难点有哪些？

实验二　正常笔迹检验

一、实验目的

1. 掌握笔迹检验的一般程序、步骤和方法。

2. 重点掌握笔迹特征的选择、笔迹特征的分析以及综合评断的方法。

二、实验内容

1. 受理鉴定。

2. 分析检材及样本，选择特征并制作特征比对表。

3. 比较笔迹特征异同，综合评断做出结论。

三、实验要求

1. 复习相关理论知识后进行实验。

2. 严格按照检验程序进行，尤其对于分析检材和样本、选择笔迹特征、比较检验、综合评断等环节应认真细致进行。

四、实验用品

检材 1 份，样本 1 份，特征比对表 2 张，HB 铅笔 1 支，红蓝铅笔 1 支，橡皮 1 块，直尺 1 把，铅笔刀 1 个，放大镜（或显微镜）。

五、实验步骤与方法

（一）受理鉴定

1. 查验委托单位介绍信，送检人的身份证、工作证。

2. 了解检验要求，初步查验检材和样本，看是否具备检验条件。

（1）根据送检要求，具备检验条件的，直接受理。

（2）根据送检要求，不具备检验条件或者不能检验的，向送检人说明原因，不予受理并将送检材料退还送检人。

3. 对于能够受理的案件，让送检人填写委托鉴定登记表。委托鉴定登记表应包括以下主要内容：

（1）送检的时间、地点。

（2）送检单位的名称、送检人的姓名、职务。

（3）送检案件的简要案情。

（4）送检的检材和样本的名称和数量。

（5）鉴定要求。

4. 了解案情。

（1）了解案件发生的时间、地点、现场的基本情况。

（2）了解当事人的基本情况，当事人与案件的利害关系及原因。

（3）了解现场勘查笔录、询问笔录、讯问笔录。

（4）了解样本情况：①嫌疑人的基本状况。包括年龄、职业、籍贯、文化程度、爱好、生理、心理状况等。②确认样本是否为同一人所写，是否为嫌疑人亲笔所写。③样本的来源情况。包括样本的种类属于案前样本、案后样本还是实验样本，收集样本的时间和具体的方法。

（5）了解本案是否做过其他方面的鉴定，结论如何。

（二）分析检材、选择笔迹特征、制作特征比对表

1. 分析检材。

（1）对检材进行概貌分析。通过观察弄清检材内容与案件事实的关系；检材的书写工具、字形、字体、书写速度、书写水平和语文水平；有无其他异常现象和突出特点。

（2）判断检材笔迹是否正常，弄清变化原因。正常笔迹应有如下特点：①书写流利自然，字的大小、间隔、倾斜、文字布局基本一致；②偏旁部首、笔画之间搭配关系协调一致；③书写水平和语文水平基本一致；④相同字、相同偏旁部首、相同的笔画特征重复再现时基本形态一致。

经过上述判断，如为正常笔迹，则进入下一步检验程序；如为非正常笔迹，则需要进一步判断伪装手法。

2. 选择笔迹特征，制作特征比对表。按照实验一中的程序与方法，选择笔迹特征、制作特征比对表并进行规范的标示。

（三）比较检验

1. 对笔迹概貌特征的比较。主要是对检材和样本之间的书写水平、书写速度、字体形体、语文水平、文字布局等特征进行比较，找出符合点和差异点。

2. 单字特征的比较。对选择出的单字特征进行全面、细致、认真的比较，确定符合点和差异点。

3. 对符合点价值的分析。对于符合点，究竟是同一人笔迹的自身同一，还是不同人笔迹的相似性，要进行认真分析，符合点特征价值高低判定的依据是：在人群中出现率越低的笔迹特征，其特征价值越高。特征价值的高低，一般可以从以下几个方面判断：

（1）是否社会规范、规则要求所形成；

（2）是否某地区、某职业范围内所通行；

（3）是否在嫌疑范围内常见；

（4）是否在一定年龄或者一定书写水平的人当中常见。

4. 对于差异点的分析。对于差异点，究竟是不同人之间的本质差异，还是同一人由于各种主客观原因形成的非本质差异，必须结合案情，认真分析差异点的成因。

如果差异点不可能用客观存在的各种非本质的现象加以解释和证明，一般属于本质差异。非本质差异形成的原因多，例如故意伪装、书写条件的不同、书写习惯的多样性、偶然笔误、检材和样本书写时间相隔太长、作案时作案人的心理、生理产生变化等。解释和证明差异点成因的基本方法是：

（1）复查现场和笔迹原件；

（2）进行鉴定实验；

（3）了解嫌疑人的具体情况；

（4）补充笔迹样本。

（四）综合评断，做出鉴定结论

在比较检验的基础上，综合分析符合点和差异点谁是矛盾的主要方面，依据矛盾的主要方面作出鉴定结论。一般会出现以下几种情况：

1. 符合点数量多，特征价值高，差异点数量少而且属于可以解释的非本质差异，则直接得出认定结论。

2. 差异点数量多，特征价值高而且属于无法解释和证明的本质差异，或者符合点数量少，特征价值较低而且是不同人笔迹相似性造成的，则直接得出否定结论。

3. 其它情况的出现。如果出现符合点和差异点数量不相上下，或者符合点数量少但特征价值高，或者差异点数量少却属于本质差异，则应再次仔细分析：

（1）是否对检材没有研究透，是否对伪装手法或者其它引起变化的因素认识不足；

（2）是否鉴定人偏爱某类特征导致特征选择不够全面；

（3）在选择特征时鉴定人是否带有先入为主的观点；

（4）是否样本检验条件不充分，需要再补充样本笔迹；

（5）是否对案情或嫌疑人情况了解不够。

六、实验注意事项

1. 妥善保管检材和样本，禁止直接在检材和样本上涂描、画线等。

2. 要充分了解案情，但是不能依赖案情，防止先入为主的思想。

3. 重视对检材和样本的分析了解。如果不能充分认识检材，就可能导致对笔迹特征认识的偏差。样本的真实性、可靠性同样直接关系到鉴定结论的准确性。

4. 比较检验中应注意：

（1）在相同字相同偏旁、部首，相同的笔画之间进行比较，防止牵强比对；

（2）客观全面比较，防止主观片面；

（3）抓住实质特征比较，防止机械比对；

（4）认真细致，防止粗枝大叶；

（5）反复验证和补充对特征的认识。

（6）综合评断中，要认真分析符合点和差异点的数量和质量的本质，出现疑问时一定要反复、认真研究。

（7）爱护实验仪器设备。

七、实验报告

1. 书写实验分析报告；

2. 注意加强对检材笔迹的分析和认识；

3. 综合评断的过程及其结论；

4. 特征比对表。

实验三　制作笔迹鉴定书

一、实验目的

1. 进一步熟悉笔迹检验的程序和方法。

2. 学会制作规范的笔迹鉴定书。

二、实验内容

1. 对正常笔迹进行检验鉴定。

2. 制作笔迹鉴定书。

三、实验要求

1. 严格按照程序进行检验；

2. 要规范制作鉴定书。

四、实验用品

检材 1 份，样本 1 份，特征比对表 2 张，空白笔迹鉴定书 1 份，HB 铅笔 1 支，红蓝铅笔 1 支，橡皮 1 块，直尺 1 把，铅笔刀 1 个，放大镜（或显微镜）。

五、实验步骤与方法

（一）进行笔迹检验

按照实验二的程序与方法进行笔迹检验，作出鉴定结论。

（二）制作笔迹鉴定意见书

1. 编写笔迹鉴定意见书的基本要求。

（1）坚持实事求是的原则。

（2）鉴定书文字部分简练、用词准确、概念清楚、有严密的逻辑性。

（3）鉴定书应附有照片，对鉴定结论加强说服力。

2. 鉴定意见书的基本格式。

（1）文字部分。文字部分包括标题、正文和落款三部分内容。

首先，标题。鉴定书的开头应该有标题，即"笔迹鉴定意见书"。标题的右下方应有鉴定书的编号。

其次，正文。正文是鉴定书的文字部分的主体，包括以下四个方面：①绪论部分。这部分要写明受理日期、委托单位、送检人、简要案情、检材的名称和数量、嫌疑人的姓名、样本的数量和种类、送检要求。②检验部分。概述检材字迹的概貌特征，现场的具体情况，笔迹有无伪装变化，变化程度如何，检验中选用哪些笔迹特征，并举单字说明，同嫌疑人笔迹样本进行比对后，发现哪些主要符合点和差异点。③论证部分。说明检验中发现的符合点和差异点的成因及其性质。论述符合点的总和能否说明书写习惯的同一。论述差异点的总和能否说明书写习惯本质的不同。④结论部分。根据检验结果和论证理由，针对送检要求，简明写出鉴定结论。即"送检的××案件中的文件物证笔迹是（不是）×××亲笔所写。"

最后，落款。在鉴定结论的右下方，要有鉴定人和复核人签名，并注明技术职称，写明鉴定日期，加盖鉴定专用章。

（2）照片部分。照片部分主要是为了反映和固定笔迹物证及嫌疑人笔迹样本原貌，形象、具体的说明鉴定结论的根据。补充文字难以表达的内容，使鉴定结论更有说服力。照片部分反映以下内容：①检材全貌照片，并加以文字说明它是什么物证的全貌照片。如"匿名信全貌照片"。②嫌疑人笔迹样本照片，并加以说明。如"×××的笔迹样本照片"。③主要特征比对照片。检材笔迹特征照片贴在特征比对表的左边，样本上相应笔迹特征照片贴在特征比对表右边，并进行规范标示。同时应与文字描述部分相对应。

鉴定书应加封皮装订成册，编好页码。一般是一式两份，一份交送检单位，另一份存档备查。

3. 笔迹鉴定意见书示例：

笔迹鉴定意见书

××（鉴）第字×××号

2005 年 1 月 20 日，××地区发生一起绑架人质案。现由××公安局×××及××两同志送来绑架案中敲诈信 1 封（共 1 页），嫌疑人王××笔迹样本 5 页。要求鉴定：所送敲诈信是否嫌疑人王××亲笔所写。

经检验，所送检敲诈信系用钢笔书写在 16K 白纸上，书写流利自然，书写速度较慢，文字大小均匀，笔迹特征能够稳定重复再现。说明为同一人正常书写，能够反映书写人固有的书写习惯。

经与嫌疑人王××的笔迹样本进行比较，发现两者书写水平、书写风格极为相似；在文字布局特征中的缩头特征均为缩进三个字；在单字特征上，如"看"字上部都是多写一横的错字；"平"字中部两点为外"八"形运笔；"佰""伍"等字中单立人的运笔方向、"谁"字中言字旁的大小搭配关系等，两者完全符合。

比较中也发现在"的"字的撇笔方向、"运"字的坐车旁的运笔动作有差异点出现。这些差异是由于书写人书写习惯多样性造成的，属于非本质差异。

综上所述，检材与样本比较中出现大量符合点，且表现在布局、写法、单字结构等许多笔迹特征中，特征价值较高，符合点总和充分反映了同一人书写习惯的自身同一。虽然有少量差异点出现，主要是由于书写速度不同所致，为可以解释的非本质差异。

结论：所送检绑架人质案件中的敲诈信上的字迹是王××亲笔所写。

鉴定人：×××

鉴定人：×××

二〇〇五年二月三日（盖章）

六、实验注意事项

1. 鉴定意见书各个部分要全面、准确。

2. 鉴定意见书语言要简练，用词准确，概念清楚，逻辑性强。禁止用文学性、修饰性语言。

七、实验报告

本次实验提交符合上述规范格式的完整鉴定书一套。

实验四　不同书写工具形成的笔迹特征分析

一、实验目的

1. 认识不同书写工具在正常书写情况下对书写活动的影响。

2. 确定笔迹中易变特征及稳定特征，并对其原因进行分析总结。

二、实验内容

1. 制作检材。

2. 比较分析所制作的检材的笔迹特征。

3. 总结归纳。

三、实验要求

1. 检材制作应在 A4 白纸上进行。书写时应正常书写，数量要充分。制作完毕后学生之间交换使用。

2. 对笔迹特征的对比分析要全面，按照从概貌到局部、从大体到细节、从文字到其它的顺序认真细致地进行分析比较。

3. 对不同书写工具所造成的笔迹特征变化分别制作特征比对表进行分析总结。

四、实验用品

钢笔、圆珠笔、毛笔、签字笔各 1 支，A4 白纸 4 张，特征比对表若干张，HB 铅笔 1 支，红蓝铅笔 1 支，橡皮 1 块，直尺 1 把，铅笔刀 1 个，放大镜（或显微镜）。

五、实验步骤与方法

（一）制作检材

同一人分别使用钢笔、圆珠笔、毛笔、签字笔在 4 张 A4 白纸上听写内容相近的一段课文。制作完毕后，相互交换使用。

（二）选择笔迹特征，制作特征比对表

1. 以毛笔书写为检材，按照选择笔迹特征的程序和方法选择笔迹特征并描绘到特征比对表上。

2. 其余 3 份各自作样本，分为样本一、样本二、样本三，在 3 份样本中分别选取对应特征，并列描绘到特征比对表上。对于样本中出现的笔迹特征也应注意选取。

3. 选取的特征按照规范的标示方法进行标示。

（三）分析特征比对表

1. 对于符合点的分析。对于 4 份材料中共同出现的符合点进行认真分析，按照笔迹特征的分类进行归类。根据笔迹检验的原理解释不同书写工具下产生符合点的原因。

2. 对于差异点的分析。对于 4 份材料中相互出现的差异点进行认真分析，按照笔迹特征的分类进行归类。根据笔迹检验的原理解释不同书写工具下产生差异点的原因。

3. 总结不同书写工具影响下，容易出现的笔迹特征的变化。

六、实验注意事项

1. 检材制作过程中应尽量注意正常书写，单字应该有充分的数量保证。

2. 特征的选取要全面，对于每一份材料都应按照选择特征的程序和方法进行，然后进行相互比较。

3. 对于差异点的分析，要注意分析属于同一个人不同书写习惯的表现和同一个人受不同书写工具的影响形成的差异。重点总结出不同书写工具形成的笔迹特征的变化。

4. 分析总结中，应该注意同原书写人进行交流、探讨。对于疑问特征应反复实验，进行总结。

七、实验报告

实验的分析总结：

1. 实验目的、步骤的简要介绍。

2. 对特征比对表的分析总结。

3. 实验中疑难问题的提出及思考。

4. 制作的 4 份材料。

5. 制作的特征比对表。

实验五　观察判断笔顺训练

一、实验目的

1. 了解不同种类的书写工具书写的字及其交叉部位的形态和特点。

2. 掌握体视显微镜的使用方法。

3. 掌握利用体视显微镜观察圆珠笔、钢笔、中性笔、签字笔、铅笔的笔画交叉形态和特点。

4. 熟悉和掌握各种判断笔顺的方法。

二、实验内容

1. 观察慢速书写的圆珠笔字迹若干。

2. 观察慢速书写的钢笔字迹若干。

3. 观察慢速书写的中性笔字迹若干。

4. 观察慢速书写的签字笔字迹若干。

5. 观察慢速书写的铅笔字迹若干。

6. 比较不同书写工具在书写时交叉笔画的形态和特点。

7. 将形态和特点记录在实验报告书中。

三、实验要求

1. 在认真学习相关理论知识的基础上进行实验。

2. 在理论课和实验教师指导下，学生独立完成分析。

3. 实验中必须认真细致，交叉部位的形态和特点要认识清楚并加以区分。

四、实验仪器

体视显微镜、放大镜。

五、实验基本步骤

1. 在体视显微镜下认真观察慢速书写的圆珠笔字迹交叉部位的形态（包括已知笔顺和未知笔顺的单字。已知笔顺的单字由学生自己设计书写；未知笔顺的单字由实验教师设计书写后，交给学生进行分析）。

2. 在体视显微镜下认真观察慢速书写的钢笔字迹交叉部位的形态（包括已知笔顺和未知笔顺，设计情况同上）。

3. 在体视显微镜下认真观察慢速书写的签字笔字迹交叉部位的形态（包括已知笔顺和未知笔顺，设计情况同上）。

4. 在体视显微镜下认真观察慢速书写的中性笔字迹交叉部位的形态（包括

已知笔顺和未知笔顺，设计情况同上）。

5. 在体视显微镜下认真观察慢速书写的铅笔字迹交叉部位的形态（包括已知笔顺和未知笔顺，设计情况同上）。

六、实验报告

1. 比较不同书写工具在书写时交叉笔画的形态和特点，并进行总结分析。

2. 将分析后的形态和特点记录在实验报告书中。

实验六　形体变化笔迹检验

一、实验目的

1. 掌握对形体变化笔迹特点的认识。

2. 掌握形体变化笔迹的检验程序、步骤和方法以及检验的要点。

3. 掌握形体变化笔迹特征异同的比较方法。

4. 掌握形体变化笔迹综合评断的方法。

二、实验内容

1. 仔细观察检材笔迹，确定属于何种字体字形的笔迹。

2. 分析嫌疑人样本笔迹是否正常，属于何种字体字形的笔迹，与检材笔迹的字体字形是否相同或相近，是否具有可比性，能否满足检验条件。

3. 选择不受字体字形影响的笔迹特征并描绘在特征比对表中。

4. 比较特征异同，综合评断做出鉴定结论。

5. 制作笔迹鉴定书。

三、实验要求

1. 对形体变化的笔迹如何进行检验、检验要点等理论知识进行复习。

2. 严格按照检验程序进行，尤其对于形体变化笔迹中检材笔迹和样本笔迹的分析要透彻，对笔迹特征异同的比较要客观，综合评断符合点和差异点要准确，各环节都不能忽视。

四、实验仪器

体视显微镜、放大镜。

五、实验基本步骤

1. 学生设计书写改变字体字形的笔迹，对照理论知识，总结特征稳定和变化的原因。观察检材笔迹，确定属于何种字体字形。对字体变化笔迹进行初步分析；对形体变化笔迹进行初步分析，分析检材笔迹是否能够满足检验条件，如果无法满足检验条件则退检。

2. 分析嫌疑人样本笔迹是否正常，属于何种字体字形，与检材笔迹的字体字形是否相同或相近，是否具有可比性，可比单字是否充分，能否满足检验条件。如果满足检验条件，继续检验；如果不能满足检验条件，分析是何种原因，如果样本笔迹不充分，则补充样本笔迹。

3. 选择不受字体字形影响的笔迹特征，并描绘在比对表中。首先注意选择的方法；其次注意对选择出的特征进行先行分析。

4. 比较特征异同，进行综合评断，做出鉴定结论。首先对符合点数量和质量进行分析；其次对差异点数量和质量进行分析；最后对符合点和差异点从数量上、质量上进行总结分析，并做出正确鉴定结论。

5. 制作笔迹鉴定书。注意认定案件时，要对差异点进行分析解释，否定案件时，要对符合点进行分析解释。

实验七　书写速度变化笔迹检验

一、实验目的

1. 了解书写速度不同引起的笔迹特征变化规律。

2. 掌握笔迹中易变特征及稳定特征，并对其变化原因进行分析总结。

3. 掌握速度变化的一般规律，学会解释书写速度变化引起的笔迹特征差异。

二、实验内容

1. 观察分析检材笔迹的书写速度。

2. 观察分析样本笔迹的书写速度。

3. 总结归纳不同书写速度引起的笔迹变化规律。

4. 选择不受书写速度变化影响的笔迹特征，并描绘在比对表中。

5. 标示特征、比较特征、综合评断。

6. 在综合评断的基础上得出正确结论，并制作特征比对表。

三、实验要求

1. 对检材笔迹和样本笔迹的书写速度要分析准确。

2. 对不受速度影响的笔迹特征分析要全面，按照从概貌到局部、从大体到细节、从文字到其它的顺序选择特征，并认真细致的进行分析比较。

3. 对不同书写速度所造成的笔迹特征变化进行分析总结。

四、实验仪器

体视显微镜、放大镜。

五、实验基本步骤

1. 学生设计书写改变书写速度的笔迹，对照理论知识，总结特征稳定和变化的原因。

观察分析检材笔迹的书写速度；观察分析样本笔迹的书写速度；确定检材与样本笔迹书写速度的类型；并总结归纳不同书写速度引起的笔迹变化规律。

2. 选择笔迹特征，掌握慢中找快、快中找慢的规律进行特征选择，不仅注意选择文字特征，还要注意选择文字以外的特征。将选择出的特征描绘在特征比对表中，用规范的标示方法对特征进行标示。

3. 分析特征比对表。对于符合点和差异点的性质分别进行分析，从数量和质量上分别进行评断，总结不同书写速度影响下，哪些特征容易出现变化，哪些特征很稳定，变化和稳定的数量和质量如何。

4. 根据笔迹检验的原理解释不同书写速度下产生符合点的原因，根据笔迹检验的原理解释不同书写速度下产生差异点的原因。

5. 综合评断，做出正确的鉴定结论，并制作笔迹鉴定书。在鉴定书的书写中，注意不同鉴定结论下对符合点性质和差异点性质的形成原因进行认真细致的分析总结。

实验八　一般性伪装笔迹检验

一、实验目的

1. 认识常见的一般性伪装笔迹的类型、特点及变化规律。

2. 掌握一般性伪装笔迹的检验方法。

二、实验内容

1. 一般性伪装笔迹的常见类型、特点及变化规律的认识。

2. 一般性伪装笔迹的检验方法。

三、实验要求

1. 对不同类型一般性伪装笔迹的特点要有准确认识。

2. 针对一般性伪装方法下不易改变的特征进行分析。

3. 学生独立完成检验过程。

四、实验用品

各种类型一般性伪装笔迹检材各 1 份，样本 1 份，特征比对表若干张，空白笔迹鉴定书 1 份，HB 铅笔 1 支，红蓝铅笔 1 支，橡皮 1 块，直尺 1 把，铅笔刀 1 个，放大镜（或显微镜）1 个。

五、实验步骤与方法

1. 一般性伪装笔迹的常见类型、特点。一般性伪装笔迹是不借助某种特殊手段，不追求某种固定形式，而是凭作案人主观意志改变自己的笔迹。大体上有以下类型：

（1）故意降低书写水平。故意降低书写水平是要从笔迹上制造一种书写水平低的假象。一般会出现书写速度较慢，书写动作不协调，部分运笔出现生涩、呆板和弯曲，结构失称，有的有意写错别字，有的在字形上类似小学生字体。

（2）故意改变正常字形。将字写的大小不一，东倒西歪，奇形怪状，造成笔画过长或过短，运笔方向变化，某些搭配比例关系变化。

（3）故意破坏字的结构。使字的结构过于松散、紊乱，有的甚至难以辨认。

上述类型在一般性伪装笔迹案件中，通常混合存在。在对检材进行分析过程中应依据上述特点综合分析判断，确认属于某一种或者几种的综合。

2. 一般性伪装笔迹的检验方法。

（1）选择笔迹特征，制作特征比对表。选择笔迹时，应注意：①从相同字、相同偏旁、相同笔画中选择。②从结构比较正常、运笔比较自然流利的单字中选择。③从结构复杂的字和单字内部结构上选择。④对于是否属于伪装的疑问特征先行选用，再与样本比较后进行验证。⑤对于结构严重破坏的字迹不要轻易放弃，应仔细辨认选择。⑥从正常笔迹样本中选择对应的单字描在特征比对表中。

（2）按照检验程序进行标示、比较检验、综合评断，然后作出鉴定结论。

3. 制作笔迹检验鉴定书。

六、实验注意事项

1. 对检材分析一定要认真细致，判明伪装的具体手法。

2. 注意区分故意降低书写水平和正常低水平书写。

3. 注意补充不同时期笔迹样本材料，客观解释差异。

七、实验报告

按照规范要求制作一套笔迹检验鉴定书。

实验九 左手伪装笔迹检验

一、实验目的

1. 掌握左手伪装笔迹的特点及其变化规律。

2. 掌握左手伪装笔迹的检验方法。

二、实验内容

1. 左手伪装笔迹的特点及变化规律的认识。

2. 左手伪装笔迹的检验。

三、实验要求

1. 从理论上理解左手伪装笔迹变化的原因。

2. 从理论上认识左手伪装笔迹的特点，与其他伪装笔迹的区别，尤其注意左手伪装笔迹和"左利手"的笔迹不同。

3. 检验中注意选择在左手伪装下不易发生变化的笔迹特征，对容易受到左手伪装影响而发生变化的笔迹特征尽量不要选取。

4. 在教师指导下，学生独立完成检验过程。

四、实验用品

左手伪装笔迹检材 1 份，样本 1 份，特征比对表 2 张，空白笔迹鉴定书 1 份，HB 铅笔 1 支，红蓝铅笔 1 支，橡皮 1 块，铅笔刀 1 个，放大镜（或显微镜）。

五、实验步骤与方法

1. 左手伪装笔迹的认识。

（1）认真分析检材。左手伪装笔迹在概貌、布局、运笔、单字结构等笔迹特征上与正常书写有明显变化，因此，首先应对照正常笔迹特点进行分析，确认有伪装存在。

（2）左手伪装笔迹典型特点的认识。左手伪装笔迹由于受文字书写规范、左右手生理对称功能、左手书写的不协调性影响，有以下典型特点：①较长的横笔画容易左高右低，横行书写时字行易向左下方倾斜或呈锯齿状。②常出现反起笔、反字或者字的左右组成部分颠倒现象。③下笔轻重不一，运笔呆板，转折生硬，起收笔易出现拖笔现象。④字形不正，结构不严，笔画参差不齐，抖动、弯曲，容易出现多笔少笔和笔画重叠现象。⑤字的大小不均匀，特别是笔划多的字容易写得较大。

上述典型特点是判断左手伪装的依据，应对照检材认真分析寻找。但是如果是"左利手"书写，上述特点反映较少。"左利手"是一种特殊书写方式，不能看作伪装。

（3）左手伪装笔迹稳定特征的认识。虽然左手伪装导致很多笔迹特征的变化，但是受人的大脑左右半球的相互补充、制约、代偿、迁移的作用，受书写习惯形成的长期性影响，左手伪装笔迹也可以不同程度反映出书写人固有的书写习惯。这些能够反映书写习惯的特征主要是：①字的基本写法特征。如异体字、习俗简化字、错别字等。②笔顺特征。特别是各种通用笔顺以及违反笔顺规则的特殊笔顺。③基本的搭配比例关系。④部分笔划的特殊运笔。⑤书面语言特征、局部安排特征和标点及其他符号特征。

注意在检材中选择寻找此类特征并进行认真分析比对。

2. 左手伪装笔迹的检验。

（1）选择特征。在分析出是左手伪装笔迹后，选择不易受左手伪装影响的笔迹特征。同时注意选择有疑问的特征，描在特征比对表中检材栏内。

（2）从正常笔迹样本中选择对应的单字描在特征比对表中样本栏内。

（3）按照检验程序进行标示、比较检验、综合评断，最后作出鉴定结论。

3. 制作笔迹检验鉴定书。

六、实验注意事项

1. 伪装笔迹中判明伪装手法很重要，否则会导致鉴定结论错误。所以，实验中对左手伪装的分析判断是重要一步，应认真进行。

2. 选择笔迹特征时，应注意区分同一人书写时的非本质差异以及由于左手伪装形成的笔迹特征差异。

3. 注意"左利手"笔迹与左手伪装笔迹的不同。

4. 左手伪装笔迹变化的大小程度与书写人书写水平有很大关系，因此应注意了解嫌疑人的书写水平。

5. 爱护实验仪器设备。

七、实验报告

按照规范要求制作一套笔迹检验鉴定书。

实验十　摹仿笔迹检验

一、实验目的

1. 了解不同摹仿手段形成的笔迹的特点。

2. 掌握不同摹仿笔迹的识别方法。

3. 掌握摹仿笔迹的检验方法。

二、实验内容

1. 对不同的摹仿笔迹进行种类识别。

2. 对摹仿笔迹进行检验。

三、实验要求

1. 认真复习理论内容。

2. 对不同摹仿手段形成的摹仿笔迹进行比较分析。

3. 对检材和样本进行分析。

4. 选择笔迹特征，制作特征比对表，书写笔迹鉴定书。

四、实验用品

检材 1 份，样本 1 份，体视显微镜 1 台，铅笔、红蓝笔各 1 支，橡皮 1 块，小刀 1 把，特征比对表 2 张，空白鉴定书 1 份。

五、实验步骤与方法

1. 了解并分析案情。

2. 逐笔逐画地认真分析检材笔迹，判断检材笔迹是否正常。

（1）先肉眼观察，再用体视显微镜进行观察。

（2）寻找笔画的具体特征。

（3）根据寻找出的特征来判断是否正常笔迹。

（4）如果判断是伪装笔迹，具体判断伪装手法。

（5）如果判断是摹仿笔迹，再具体判断摹仿手段。

3. 分析嫌疑人的样本笔迹。

（1）判断是否嫌疑人本人所写。

（2）判断样本笔迹是否正常。

4. 在检材中选择笔迹特征并描绘在特征比对表中。

5. 在样本中选择和检材相同的字，并描绘在特征比对表中。

6. 比较特征并标示特征。

7. 综合评断，作出鉴定结论。

六、实验注意事项

（一）注意发现摹仿

1. 在分析检材时，注意每一个单字的细节特征，从中发现摹仿。在摹仿笔迹中，套摹笔迹、临摹笔迹和凭记忆摹仿笔迹各自有各自的特点，注意抓住这些特点进行分析。

2. 除了从检材笔迹中发现摹仿外，还要注意分析案情，详细了解嫌疑人的具体情况。

3. 在摹仿笔迹中，会出现"形像而神不像"的特点，即"貌合神离"。注意体会书法中神形兼备的精神。

（二）注意选择笔迹特征

1. 在伪装笔迹检验中，选择特征要"去伪存真"，比对表的制作要抛开伪装变化的特征，抓住不变的特征。

2. 摹仿笔迹一般在字的基本写法、搭配比例、特殊的运笔特征上容易摹仿得像，但是在一些细节特征上容易摹仿走样，所以注意抓住这些细节特征。

（三）注意综合评断

1. 摹仿笔迹一般来说字数较少，对于比对表中出现的符合点和差异点，要客观、细致、认真地去分析评断。

2. 对出现的符合点，一方面要注意摹仿造成的摹仿笔迹和被摹仿笔迹的相似性，另一方面还要注意，对任何一个人来说，书写习惯的动力定型会使笔迹出现稳定的现象。

3. 对出现的差异点，一方面要注意任何一个人在重复书写时，都不可能写出一模一样的字来的差异，还要注意摹仿人和被摹仿人笔迹的自身差异。

4. 嫌疑人书写水平很高或很低时，要注意对符合点和差异点的分析。

七、实验报告

制作标准比对表，制作标准鉴定书。

实验十一 签名笔迹检验

一、实验目的

1. 了解不同情况下各种签名笔迹的变化特点；

2. 掌握各种情况下签名笔迹的变化规律；

3. 掌握签名笔迹的检验方法，并能够作出正确的鉴定结论。

二、实验内容

1. 了解案情，对检材笔迹中签名笔迹进行初检，看检材笔迹是否具有检验条件；对嫌疑人的情况进行具体了解，尤其是文化程度、年龄、书写水平、个人爱好等；

2. 对签名笔迹进行逐笔逐画的分析，并在显微镜下仔细观察；

3. 对签名笔迹进行具体检验，选择特征、分析特征、比较特征等；

4. 在综合评断的基础上得出正确结论，并制作笔迹鉴定书。

三、实验要求

1. 回顾理论内容，对摹仿笔迹进行复习；

2. 对不同摹仿手段形成的摹仿签名笔迹进行比较分析；

3. 对检材笔迹和样本笔迹进行分析时要认真细致，不能粗枝大叶；

4. 在案情分析中要对是否存在摹仿进行认真了解，对签名争议的原因了解清楚；

5. 选择稳定的笔迹特征，描绘并标示笔迹特征，对符合点和差异点进行认真比较分析，综合评断，作出正确结论，并制作笔迹鉴定书。

四、实验仪器

体视显微镜、放大镜。

五、实验基本步骤

1. 学生首先设计书写各种签名笔迹，对照理论知识，总结不同的伪装手段下哪些笔迹特征稳定、哪些笔迹特征变化，并分析变化的原因。

对具体的检验案件要了解并分析案情。对检材笔迹的形成、检材笔迹自身情况、嫌疑人的情况、检材笔迹是否有摹仿的可能性等进行具体了解，看检材笔迹是否具有检验条件。

2. 对签名笔迹进行分析，看属于哪种性质的签名笔迹，是冒签他人姓名、摹仿他人签名、复制他人签名还是伪装自己的签名。冒签他人姓名指凭借自己的书写技能或习惯去书写他人的姓名。一般是冒领他人的邮件、汇款，冒支他人的存款。摹仿他人签名是仿照他人笔迹进行伪装的一种手段，有临摹、套摹、描摹和凭记忆摹仿四种手段，其不同手段有不同的笔迹特点。复制他人签名是用有关的技术方法将他人签名移植到伪造文件上，具体方法有复印签名、转印签名和偷垫复写纸窃取签名三种形式。伪装自己的签名属于伪装手法，可以利用各种伪装手段进行签名笔迹的伪装。

3. 分析嫌疑人的样本签名笔迹，看是否嫌疑人本人所写，是否正常笔迹等。

4. 在检材笔迹中将签名笔迹均描绘在特征比对表中；在样本笔迹中也将签名笔迹均描绘在特征比对表中。

5. 分析特征比对表，对于签名笔迹进行逐笔逐画的分析，将符合点和差异点的性质分别进行评断，总结不同的签名笔迹中哪些特征容易出现变化，哪些特征较稳定。

6. 对符合点和差异点总和进行分析，根据笔迹检验的原理解释产生符合点和差异点的原因。

7. 综合评断，做出鉴定结论并制作笔迹鉴定书。综合评断要客观真实，笔迹鉴定书中对特征单字的描述要规范正确。

实验十二　阿拉伯数字笔迹检验

一、实验目的

1. 了解阿拉伯数字笔迹特征的种类；

2. 掌握阿拉伯数字笔迹特征的使用；

3. 掌握阿拉伯数字笔迹检验的方法。

二、实验内容

1. 对检材进行深入的分析，选取笔迹特征；

2. 分析样本笔迹；

3. 制作特征比对表；

4. 对检材进行分别检验、比较检验，综合评断并做出结论；

5. 制作笔迹鉴定书。

三、实验要求

1. 不允许破坏检材和样本笔迹材料。

2. 严格按照检验程序和方法进行检验。

四、实验仪器

体视显微镜、放大镜。

五、实验基本步骤

（一）分析检材笔迹，选择笔迹特征

首先认真细致地分析检材笔迹，看其是正常笔迹还是非正常笔迹；有无检验条件，如果检材笔迹不存在伪装，就按照正常笔迹的检验程序。如果检材笔迹存在伪装，就需要判断是何种伪装手段造成的笔迹，而后针对该种伪装手法，分析伪装变化的特征和稳定的特征，去伪存真地选择特征并标示特征。

（二）分析样本笔迹，选取特征，制作特征比对表

了解样本笔迹的种类和收集方法、嫌疑人的基本情况、样本材料是否充分等内容。在样本中选取和检材一样的特征。描绘比对表并标示特征。

（三）比较检验

1. 对阿拉伯数字笔迹概貌特征进行比较。

2. 对单个数字特征的比较。对选择出的特征进行全面、细致、认真的比对，确定符合点和差异点。

3. 对符合点价值和差异点价值进行分析。对于选择出的符合点和差异点，究竟谁是本质的，谁是非本质的，依据符合点价值高低和差异点价值高低来判定。注意必须结合案情，认真分析符合点和差异点的成因。

（四）综合评断，做出鉴定结论

综合评断中如果符合点数量多、特征价值高、差异点数量少而且属于可以解释的非本质差异，可以得出认定结论。如果差异点数量多、特征价值高而且属于无法解释和证明的本质差异，同时符合点数量少、特征价值较低，则可以得出否定结论。如果出现符合点和差异点数量不相上下，或者符合点数量少但特征价值高，或者差异点数量少却属于本质差异，则应再次仔细分析笔迹特征。

六、实验报告

制作鉴定意见书。

实验十三　笔迹检验综合训练

一、实验目的

1. 掌握在未知状态下，准确判断检材笔迹的类型。

2. 掌握正常和非正常笔迹检验的程序、步骤和方法。

3. 掌握正常和非正常笔迹检验中特征异同的比较方法；掌握综合评断的方法。

4. 掌握依据不同的特征变化规律去解决各种复杂案件。

二、实验内容

1. 受理鉴定。

2. 分析检材笔迹，确定检材笔迹类型；分析样本笔迹，制作特征比对表。

3. 比较笔迹特征异同，综合评断做出结论。

三、实验要求

1. 不允许破坏检材和样本笔迹材料。

2. 严格按照检验程序进行，尤其对于分析检材笔迹、样本笔迹、比较检验、综合评断等环节要慎重进行。

四、实验仪器

体视显微镜、放大镜。

五、实验基本步骤

（一）受理鉴定

在受理时，要了解案情，了解检验要求，初步查验检材笔迹和样本笔迹，看是否具备检验条件；对于能够受理的案件，让送检人填写受理鉴定登记表。

（二）分析检材笔迹，选择笔迹特征，制作特征比对表

首先认真细致地分析检材笔迹，看其是正常笔迹还是非正常笔迹；如果检材笔迹不存在伪装，就按照从概貌到局部、从大体到细节、从文字到其它的检验顺序，认真细致地发现检材笔迹上的笔迹特征，用铅笔描绘在特征比对表中，然后用所学的标示方法分别对写法、搭配比例、运笔、起收笔、笔顺、布局以及标点符号等特征进行标示。

注意检材笔迹一律用红笔进行标示，样本笔迹中，和检材笔迹特征符合的用红笔进行标示；和检材笔迹特征差异的用蓝笔进行标示。如果检材笔迹存在伪装，就需要判断是何种伪装手段造成的笔迹，而后针对该种伪装手法，分析伪装变化的特征和稳定的特征，去伪存真地选择特征并标示特征。

（三）比较检验

1. 对笔迹概貌特征的比较。主要是对检材笔迹和样本笔迹之间的书写水平、书写速度、字体形体、语文水平、文字布局等特征进行比较，找出符合点和差异点。

2. 单字特征的比较。对选择出的特征进行全面、细致、认真的比对，确定符合点和差异点。

3. 对符合点价值和差异点价值进行分析。对于选择出的符合点和差异点，究竟谁是本质的，谁是非本质的，依据符合点价值高低和差异点价值高低来判定。注意必须结合案情，认真分析符合点和差异点的成因。

（四）综合评断，做出鉴定结论

综合评断中如果符合点数量多，特征价值高，差异点数量少而且属于可以

解释的非本质差异，可以得出认定结论。如果差异点数量多，特征价值高而且属于无法解释和证明的本质差异，同时符合点数量少，特征价值较低，则可以得出否定结论。如果出现符合点和差异点数量不相上下，或者符合点数量少但特征价值高，或者差异点数量少却属于本质差异，则应再次仔细分析笔迹特征。

六、实验报告

制作鉴定意见书。在文字部分书写时，注意语言简练、用词正确、逻辑性强等。

实验十四　真伪票证检验

一、实验目的

1. 了解伪造票证的方法、特点。
2. 掌握鉴别真伪票证的一般方法。

二、实验内容

1. 肉眼观察可疑票证表面情况。
2. 仪器观察可疑票证表面情况。
3. 分析可疑票证，判定可疑票证真伪。
4. 对可疑票证进行伪造方法的识别。

三、实验要求

1. 熟悉真票证的大体内容、版面结构、印刷类型。
2. 通过版面特征鉴别票证的真伪。
3. 通过版面特征判断印刷类型。

四、实验材料

真伪票证，放大镜，体视显微镜，比对投影仪，红、紫外灯。

五、实验步骤与方法

1. 用肉眼直接观察两种票面的大体内容，注意可疑票证图文油墨色调与纸张质量，可疑票证上图案、花纹、文字是否齐全，有无擦刮、消褪等异常现象。

2. 在紫外线灯下观察可疑票证油墨图文的颜色及纸张的荧光反应，在红外线灯下观察票面及其它特征，并和真票证进行比较。

3. 在比对投影仪上检验版面尺寸、点线结构、细节特征，并记录两种票面异同。

4. 用放大镜、体视显微镜进一步观察，找出可疑票证和真票证之间的细节特征，并详细记录异同。

5. 制作特征比对表并标示特征。

6. 制作鉴定书。

六、实验注意事项

1. 在票证的真伪鉴别时，首先要对真票证的版面特征了解清楚，这样在票证检验时，才能对伪造的票证进行检验。

2. 注意尽可能收集不同时期的样票进行比对。因为同一种票证可能出现不同批次印刷品的差异，有的即使是同批印刷，也会出现不同版的差异，有的即使是同版，也会出现同版不同印刷时期的差异。

3. 在进行印刷方法鉴别时，版型不同的，可以判定可疑票证为假。如是同种版型，还要从印刷材料和版面特征进一步进行鉴别。

4. 在进行印刷材料的检验时，注意票证可能因为磨损、污染、水洗而产生自身变化，比如票证因浸湿凉干，尺寸会略有变化。

5. 注意不同时期的票证因为印刷材料的不同，出现的荧光现象会有差别。

6. 仪器检验时注意观察并记录特征，以备标示特征时所用。

7. 要找出足够的能说明问题的特征。

8. 制作比对表时，将可疑票证和真票证同倍复印件粘贴在比对表中，直接进行标示。

七、实验报告

1. 实验报告内容：实验目的、实验要求、实验器材、实验步骤、实验结果。

2. 在实验结果中将真伪票证的差异点直接进行标示，并用文字进行适当的说明。

3. 鉴定书按规定格式书写。

实验十五　印章、印文检验

一、实验目的

通过实验掌握印章印文检验的一般方法。

二、实验内容

1. 肉眼直接观察可疑印文，并与真印文样本进行粗略比较。

2. 在体视显微镜下观察可疑印文，并与真印文样本进行细致比较。

3. 在比对投影仪上用并列比对的方法进行比较检验。

4. 在比对投影仪上用重叠比对的方法进行比较检验。

5. 用拼接比对的方法进行比较检验。

6. 用画线比对的方法进行比较检验。

7. 制作鉴定书。

三、实验要求

1. 通过对印文真伪的鉴别，作出可疑印文与真印文是否同一印章所盖印。

2. 通过对可疑印文的检验，掌握印文特征变化的一般规律。

3. 要求运用各种检验方法进行检验。

4. 要求学会对印文差异点进行综合评断。

四、实验材料

可疑印文1枚及复印件、样本印文4枚及复印件、放大镜、圆规、直尺、比对投影仪、体视显微镜。

五、实验步骤与方法

1. 对可疑印文进行概貌分析。肉眼观察可疑印文的油墨颜色与性状，以及印文的内容、外形、文字的大小和形体、文字的布局等特征。

2. 对可疑印文进行细节特征分析。在体视显微镜下观察可疑印文中的文字的细节特征：文字线条的尖角形态、文字线条的间断缺损、文字线条间的相对位置及比例关系、印文结构中的其他多余印迹。

3. 对可疑印文用并列比对的方法进行检验。将可疑印文和样本印文置于投影比对仪的载物台上，将两印文并列于视野中进行相同部位比对。

4. 对可疑印文用重叠比对的方法进行检验。将可疑印文与样本印文重叠起来，通过透光可以观察两枚印文文字线条的影像是否能够完全重合，也可以在比对投影仪上，将两枚印文调至重叠，观察是否能够完全重合。

5. 对可疑印文用拼接比对的方法进行检验。用可疑印文与样本印文同倍复印件，将其从一部位剪成两半，和另一个印文对接，观察两印文是否能够对接成一枚印文。

6. 对可疑印文用画线比对的方法进行检验。用可疑印文与样本印文同倍复印件，在两枚印文上选择一致的起点和终点，将起点和终点连接，观察该线切割印文部位是否相同。

7. 通过以上方法进行检验后，对可疑印文进行综合评断，作出鉴定结论，并书写鉴定书。

六、实验注意事项

1. 在对可疑印文进行概貌分析时，还要注意对盖印的一些其他特征进行分析，比如对盖印的力量、盖印的方向和角度、盖印时印文和文件上文字的位置关系等进行分析。

2. 在对可疑印文进行细节特征分析时，注意发现特征后及时记录特征。

3. 在对可疑印文用并列比对、重叠比对、拼接比对和画线比对的方法检验时，要注意将观察所见及时标注在印文的复印件上。

4. 用画线比对的方法检验时，一定注意起点和终点的选择要准确。

5. 使用所有方法检验时，注意不要破坏可疑印文原件。

七、实验报告

1. 实验报告内容：实验目的、实验要求、实验器材、实验步骤、实验结果。

2. 在实验结果中将两枚印文的符合点和差异点直接进行标示，并用文字进行适当的说明。

3. 鉴定书按规范格式书写。

实验十六　签名与印章印文先后次序检验

一、实验目的

1. 掌握使用无损方法判断签名与印章印文先后次序。

2. 掌握有损方法判断签名与印章印文先后次序。

二、实验内容

1. 用肉眼直接观察可疑印文正面和背面。

2. 用体视显微镜直接观察先盖印后签名的检材的特征。

3. 用体视显微镜直接观察先签名后盖印的检材的特征。

4. 用体视显微镜直接观察可疑印文，判断签名与印章印文先后次序。

5. 采用交叉点切面镜检法观察可疑印文的切片横截面，判断签名与印章印文先后次序。

6. 书写鉴定书。

三、实验要求

1. 了解先盖印后写字的印文和文字交叉部位的特征。

2. 了解先写字后盖印的印文和文字交叉部位的特征。

3. 通过对可疑印文的检验，掌握签名与印章印文先后次序的检验方法。

4. 通过对可疑印文检验，作出可疑印文与签名先后次序的鉴定结论。

5. 要求学会对签名与印章印文交叉部位特征进行综合评断。

四、实验材料

可疑印文原件 1 枚、几种书写工具、几种不同纸张、印章、红色印油、红色印泥、体视显微镜、载玻片、双面胶带、手术刀、镊子。

五、实验步骤与方法

1. 先用肉眼后用体视显微镜，观察先盖印后签名的印文和签名文字交叉部位的特征。

2. 先用肉眼后用体视显微镜，观察先签字后盖印的印文和文字交叉部位的特征。

3. 总结比较以上两种情况下交叉部位特征的异同。

4. 用肉眼直接观察可疑印文正反面特征，判断书写工具和印文油墨染料。

5. 在体视显微镜下仔细观察可疑印文和签名交叉处的形态，和先盖印后签名的印文以及先签字后盖印的印文进行比较，看可疑印文中，印文和签名文字，谁有被冲断的现象，若签名文字笔画通过印文戳记有冲断现象，则可以判定是先盖印后签名，反之亦然。

6. 采用交叉点切面镜检法观察可疑印文的切片横截面。将双面胶纸裁下一截，贴在载波片上。在可疑印文上选择印文和签名文字交叉点，将选好的点从纸的背面用手术刀切开，这样就形成两个断层面，切下一部分用镊子夹起粘在贴有胶纸的载波片上，要让断层面向上，然后，将此放在体视显微镜下观察。如果先签名后盖印，在字迹与印文交叉处，印油不能直接渗透到纸张里层，显微镜下观察断层面时，可看到印油渗透是不连续的，此时签名文字与印文交叉点处笔画底部没有印油渗透，而笔画两侧则有印油渗透。如果先盖印后签名，则印油渗透是连续均匀的，交叉部位可看到笔画覆在印油上面。

六、实验注意事项

1. 首先采用无损方法检验，其次采用有损方法检验。

2. 采用交叉点切面镜检法时，切点要准并且要切直，选点位置必须是无破损的交叉点，而且还要注意从背面切，不要从正面切。

七、实验报告

1. 实验报告内容：实验目的、实验要求、实验器材、实验步骤、实验结果。

2. 在鉴定书的书写时，对签名文字与印文交叉部位特征观察后，对出现的符合点和差异点进行综合评断时，用文字说明清楚。

实验十七　消褪文件检验

一、实验目的

1. 了解消褪变造文件的特点。
2. 掌握如何发现消褪变造的事实。
3. 掌握显现被消褪原文的检验方法。
4. 掌握 H_2S 气熏法显现被消褪文件的操作方法。

二、实验内容

1. 制作被消褪文件。
2. 观察并总结被消褪变造文件的特点。
3. 制备 H_2S 气体。
4. 对消褪文件用 H_2S 气熏法进行显现。
5. 用 9412 显字试剂进行显现。

三、实验要求

1. 能够发现消褪变造的事实，初步判断消褪变造的性质。
2. 了解各种消褪剂、纸张质量与消褪效果的关系。
3. 了解 H_2S 气熏法显现消褪文件的原理。
4. 比较试剂法与气熏法的显现效果。

四、实验材料

蓝黑墨水、纯蓝墨水、空白纸张、钢笔、几种氧化剂、几种还原剂、硫酸氢钾、硫氢酸钾、9412 显字剂、酒精灯、小烧杯、棉签、滤纸等。

五、实验步骤与方法

1. 在空白纸张上用蓝黑墨水书写几行字迹。
2. 在空白纸张上用纯蓝墨水书写几行字迹。
3. 准备以下消褪剂：①84 消毒液；②双氧水；③高锰酸钾溶液；④草酸水溶液；⑤V_c 水溶液。
4. 用棉签蘸取准备好的消褪剂，轻轻按压在需要消褪的字迹上。先消褪蓝黑墨水书写的检材，后消褪纯蓝墨水书写的检材。消褪后凉干备用。
5. 对准备好的被消褪文件，先用长、短波紫外灯观察文件，确定被消褪部位。后用显微镜进一步观察，以确定被消褪部位。
6. 用棉签蘸取少量 9412 显字试剂，涂抹于用蓝黑墨水书写后被消褪的文件，观察被显现后的效果。

7. 用棉签蘸取少量 9412 显字试剂，涂抹于用纯蓝墨水书写后被消褪的文件，观察被显现后的效果。

8. 制备 H_2S 气体。

（1）在小烧杯中加入硫酸氢钾和硫氢酸钾固体各 0.5 克。

（2）加入 4 滴水。

（3）用酒精灯加热不到 1 分钟，H_2S 气体即可产生。

9. 待 H_2S 气体一产生，立即将用蓝黑墨水书写后被消褪的文件置于烧杯上方熏显，几秒钟后即显出红色字迹。

10. 将纯蓝墨水书写后被消褪的文件置于烧杯上方熏显。

六、实验注意事项

1. 书写字迹时，注意字间距、行间距疏密得当。

2. 将文件进行消褪时，注意将滤纸垫在被消褪文件的下方，以防止洇渗现象出现。

3. 用棉签蘸取消褪剂时，注意用量要少。

4. 消褪文件时，棉签蘸消褪剂要按压在字迹上，不要来回擦拭。

5. 在显现消褪文件之前，先用肉眼观察和仪器观察文件，确定被消褪的事实及消褪部位。注意了解消褪变造文件的特点。

6. 注意比较不同墨水书写的被消褪文件的消褪和显现效果。

7. 用 H_2S 气体熏显的字迹，放置 2~3 天后，颜色自然褪去，再次重复熏显，仍然可以显出清晰的字迹，不破坏原件。

8. 用 H_2S 气体熏显的字迹，如果想永久保存，可以在显出的字迹上涂抹一层胶。

七、实验报告

列表统计两种不同显现方法针对两种不同被消褪文件的显现效果。

实验十八　压痕文字检验

一、实验目的

1. 掌握压痕文字的碘熏检验法。

2. 掌握压痕文字的静电压痕显现仪检验法。

二、实验内容

1. 制作检材。

2. 用碘熏检验法检验压痕文字。

3. 用静电压痕显现仪检验压痕文字。

三、实验要求

1. 显现不同纸张书写的文字压痕。

2. 显现不同书写工具书写的文字压痕。

3. 显现不同页次的文字压痕。

4. 显现不同书写压力的文字压痕。

5. 显现纸张不同湿度的文字压痕。

6. 显现正面朝上和背面朝上的文字压痕。

四、实验材料

信稿纸、打印纸、钢笔、圆珠笔、签字笔、铅笔、碘片、烧杯、静电压痕显现仪、加湿箱、透明胶纸。

五、实验步骤和方法

（一）制作检材

1. 用钢笔、圆珠笔、签字笔、铅笔在一打信稿纸上用不同压力书写一些字迹。

2. 用钢笔、圆珠笔、签字笔、铅笔在一打打印纸上用不同压力书写一些字迹。

（二）用碘熏检验法检验压痕文字

1. 将碘片放入烧杯中，让其自然升华。

2. 将有压痕文字的文件罩在烧杯口上，盖严。

3. 有压痕的文字部位吸附碘量多而颜色变深，无压痕的部位吸附碘量少而颜色浅。

4. 观察不同书写工具、不同纸张、不同书写压力下压痕文字的显现情况。

（三）用静电压痕显现仪检验压痕文字

1. 将制作的检材放入加湿箱中加湿15分钟左右取出。

2. 将加湿后的文件放在静电压痕显现仪的真空金属座上，并覆盖一层透明的聚脂薄膜，开动真空抽气泵，使纸张与薄膜一起紧贴于金属座上。

3. 打开高压开关，用充电杆在距聚脂薄膜2厘米处，往返缓慢移动数次进行充电，此时形成压痕文字潜像。

4. 将黑色墨粉喷洒在聚脂薄膜上，因有压痕的文字部位和无压痕部位吸附墨粉量不同，使压痕文字潜像显现出来。

5. 用透明胶纸加以固定。

六、实验注意事项

1. 用静电压痕显现仪检验压痕文字时，需将制作的检材先放入加湿箱中加湿，加湿时间需要根据空气湿度适当延长或缩短。空气湿度大的，需缩短加湿时间，空气湿度小的，需延长加湿时间。

2. 需要记录不同显现方法对不同压痕文字的显现效果。

七、实验报告

1. 列表统计不同书写工具、不同纸张用不同书写压力形成的压痕文字的显现效果。

2. 在实验报告书中书写讨论结果，分析不同检验方法在何种情况下显现效果较好。

实验十九　被掩盖文件检验

一、实验目的

掌握文检仪、红外分辨仪、化学溶剂溶解法显现被掩盖的文件。

二、实验内容

1. 制作检材。

2. 分别用文检仪、红外分辨仪、化学溶剂溶解显现被掩盖文件。

3. 书写实验报告书，需要列表统计。

三、实验要求

1. 制作检材时需要各种色料相互掩盖，包括墨汁、碳素墨水、蓝黑墨水、纯蓝墨水、蓝色签字笔、黑色签字笔。

2. 需要用不同纸张，如信稿纸、打印纸、日记本纸等。

3. 需要用不同笔，如签字笔、钢笔、圆珠笔等。

四、实验用品

各种墨水、各色书写笔、毛笔、各种纸张、氯仿、丙酮、草酸、氢氧化钠、次氯酸钠、柠檬酸、氯化铵、棉球、滤纸、牙签。

五、实验步骤与方法

1. 用墨汁、碳素墨水、蓝黑墨水、纯蓝墨水、蓝色签字笔、黑色签字笔、圆珠笔分别在信稿纸、打印纸、日记本纸上各书写正常文字 2 行，共 14 行，每行不少于 21 个字。

2. 将 14 行分成 7 组，每组 2 行，分别用墨汁、碳素墨水、蓝黑墨水、纯蓝墨水、蓝色签字笔、黑色签字笔、圆珠笔进行掩盖。

3. 将制作好的各种掩盖文件在文检仪、红外分辨仪下观察，并选择红外线发射波段和接收波段，记录哪一种书写物质被什么掩盖材料掩盖在什么波段下显现效果最好。

4. 把每组分成 7 部分，在每部分上分别用：氯仿、丙酮、草酸、氢氧化钠、次氯酸钠、柠檬酸、氯化铵等化学试剂进行显现。

5. 列表记录显现结果。

6. 讨论不同书写材料、不同书写纸张、不同掩盖物质、不同化学试剂的显现结果如何。

六、实验注意事项

1. 制作检材时，用各种颜色的笔书写两行。比如铅笔写两行、墨汁写两行、圆珠笔写两行等。行间距和字间距稍大一些。

2. 用不同物质进行掩盖时，涂层一种是厚，一种是薄。待涂层完全阴干后再进行化学试剂显现。

3. 用不同化学试剂显现时，试剂量要掌握合适。

4. 实验完毕后，要将原始材料附着在实验报告书中。

5. 实验过程中，要注意化学试剂不要接触皮肤。

七、实验报告

1. 列表统计不同书写物质、不同掩盖物质用不同化学试剂的显现结果。参照表 3 - 2。

2. 在实验报告书中书写讨论结果，分析不同化学试剂在何种情况下显现效果较好。

表 3 - 2　墨汁书写

书写材料 ＼ 溶剂	氯仿	丙酮	草酸	氢氧化钠	次氯酸钠	柠檬酸	氯化铵
墨　汁							
蓝黑墨水							

（续表）

溶剂 书写材料	氯仿	丙酮	草酸	氢氧化钠	次氯酸钠	柠檬酸	氯化铵
纯蓝墨水							
蓝签字笔							
黑签字笔							
碳素墨水							
圆珠笔							

实验二十　擦刮变造文件检验

一、实验目的

1. 了解擦刮变造文件的特点。

2. 掌握确定擦刮变造的几种方法。

二、实验内容

1. 制作实验材料。

2. 观察擦刮变造文件所具有的特点。

3. 用不同方法确定擦刮变造事实。

4. 制作实验报告书。

三、实验要求

1. 了解不同工具书写后被擦刮变造的特点。

2. 了解不同纸张被擦刮变造后的特点。

3. 了解不同压力下书写文字被擦刮变造的特点。

4. 掌握确定擦刮变造的几种检验方法，并记录各种检验结果。

四、实验材料

小刀、橡皮、针、胶带纸、厚账页纸、薄信稿纸、蓝黑墨水、纯蓝墨水、圆珠笔、签字笔、放大镜、体视显微镜、聚光灯、长波紫外灯、甲基蓝、淀粉。

五、实验步骤与方法

（一）制作实验材料

1. 用蓝黑墨水、纯蓝墨水、圆珠笔、签字笔分别在厚的账页纸和薄的信稿纸上各书写两行笔迹，其中一行用正常书写压力；另一行加重书写压力。

2. 用小刀、针、橡皮、胶带纸分别对上述材料中的文字进行擦刮变造。

（二）进行检验

1. 对不同书写工具书写的、不同擦刮工具擦刮的不同厚薄纸张上的擦刮痕迹进行比较分析，了解擦刮变造后文件的特点。

2. 分别用放大镜和体视显微镜观察文件，确定擦刮部位后，观察分析纸张表面纤维结构的变化、纸张表面物理特性的变化、擦刮工具遗留的痕迹特点、被擦刮文字本身及周围的变化情况、被擦刮后又添写的文字与原文字之间的变化等，并将结果进行记录。

3. 手持聚光灯用侧光和透射光观察文件，总结擦刮变造文件的特点及这两种检验方法的检验效果，并进行记录。

4. 用长波紫外灯进行荧光检验，观察擦刮部位的荧光和其他部位荧光的强弱。

5. 将具有显色作用的甲基蓝和淀粉以 1:8.9 的比例混合后，均匀撒在被检验的文件表面上一层，少许时间将纸张上的混合粉末轻轻抖去，观察被擦刮处与没有被擦刮处粉末的堆积情况，并进行记录。

六、实验注意事项

1. 在用小刀、针、橡皮、胶带纸分别对实验材料中的文字进行擦刮变造时，注意留几个文字不进行擦刮变造，以备比较所用。

2. 注意观察不同擦刮工具对不同厚薄的纸张、不同色料的文字、不同压力下的文字的擦刮变造的效果。

3. 用侧光和透射光观察时，注意调整光线的强度和角度，以达到最好的检验效果。

4. 用甲基蓝和淀粉混合剂时，注意粉末颗粒越细，检验效果越好。

七、实验报告

1. 列表统计不同擦刮工具针对不同书写色料、不同厚薄纸张、不同书写压力的擦刮变造情况。

2. 列表统计不同检验手段的检验结果。

实验二十一 印刷版型和各类印刷文件的种类识别训练

一、实验目的

1. 掌握各种印刷版型印刷出的印件的特征。

2. 掌握各种类型的打印文件、复印机复印文件、传真机传真文件的特征。

二、实验内容

1. 观察凸版、凹版、平版印件的特征。

2. 观察人民币中各种版型的特征。

3. 观察各种打印文件的特征。

4. 观察复印文件的特征

5. 观察传真文件的特征。

6. 书写实验报告书。

三、实验要求

1. 学会对不同版型的印刷文件进行识别。

2. 学会对各种印刷文件进行种类识别。

四、实验用品

放大镜、体视显微镜、凸版材料、凹版材料、平版材料、各种票面的人民币、喷墨打印文件、激光打印文件、针式打印文件、复印文件、传真文件。

五、实验步骤与方法

1. 在放大镜、体视显微镜下分别观察凸版、凹版、平版印件的特征。

2. 总结凸版、凹版、平版印件的不同特征。

3. 在放大镜、体视显微镜下观察喷墨打印文件、激光打印文件、针式打印文件的特征，并比较异同。

4. 在放大镜、体视显微镜下观察复印文件的特征

5. 在放大镜、体视显微镜下观察传真文件的特征。

6. 比较各种类型印刷文件的异同。

六、实验注意事项

1. 不要破坏原文件。

2. 观察各类特征时注意及时记录。

七、实验报告

列表记录各类文件的特征。

实验二十二　打印机种类鉴别训练

一、实验目的

1. 掌握针式打印机打印文件的特征。
2. 掌握喷墨式打印机打印文件的特征。
3. 掌握激光式打印机打印文件的特征。
4. 掌握热敏式打印机打印文件的特征。

二、实验内容

1. 在显微镜下观察针式打印机打印文件的特征。
2. 在显微镜下观察喷墨打印机打印文件的特征。
3. 在显微镜下观察激光打印机打印文件的特征。
4. 在显微镜下观察热敏打印机打印文件的特征。
5. 对四种类型打印机打印的文件进行比较鉴别。

三、实验要求

1. 选择特征时,注意选择稳定性特征。
2. 特征的选择要认真细致。
3. 写出实验报告。

四、实验器材

读数放大镜、体视显微镜、直尺、针式打印机打印文件 1 份、喷墨打印机打印文件 1 份、激光打印机打印文件 1 份、热敏打印机打印文件 1 份。

五、实验基本步骤

1. 以针式打印机打印文件一份为检材,其余均为样本。
(1) 观察并选择针式打印机打印文件特征。
(2) 观察并选择喷墨式打印机打印文件特征。
(3) 观察并选择激光式打印机打印文件特征。
(4) 观察并选择热敏式打印机打印文件特征。
2. 分析打印机使用的材料特征。
(1) 墨迹光泽度及可溶性特征。
(2) 用纸特征。

六、实验报告

按实验报告要求书写观察到的不同种类的打印机打印的文字特征并进行

分析。

七、思考题

针式打印机打印文件、喷墨式打印机打印文件、激光打印机打印文件、热敏式打印机打印文件的特征有哪些?

实验二十三　激光打印机同一认定训练

一、实验目的

1. 掌握激光式打印机打印文件的特征。

2. 掌握同一认定的检验方法。

二、实验内容

1. 在显微镜下观察激光打印机打印文件的特征。

2. 对不同品牌激光打印机打印的文件进行比较鉴别。

三、实验要求

1. 选择特征时注意选择稳定性特征。

2. 特征的选择要认真细致。

3. 写出实验报告。

四、实验器材

读数放大镜、体视显微镜、直尺、激光打印机打印文件5份。

五、实验基本步骤

1. 准备材料:"惠普"激光打印文件2份,"佳能"、"爱普生"、"施乐"激光打印文件各1份。

2. 以"惠普"激光打印机打印文件1份为检材,以其他4份激光式打印机打印文件为样本。

3. 观察并选择检材打印机打印文件特征。

4. 观察并选择样本打印机打印文件特征。

5. 对检材和样本进行比较检验,进行同一认定。

六、思考题

各种品牌激光打印机的打印文件特征有哪些?

实验二十四　书写字迹相对书写时间检验

一、实验目的

1. 掌握草酸溶解法判断书写时间。

2. 掌握吸附转移法判断书写时间。

二、实验内容

1. 选择用蓝黑墨水书写的不同时间的笔迹材料 2 份（检材、样本）。

2. 用草酸溶解法，在体视显微镜下观察笔画的溶解速度。

3. 选择不同墨水书写的不同时间的笔迹材料 4 份（检材、样本）。

4. 用吸附转移法分别观察笔画的转移能力。

三、实验要求

1. 笔迹材料的准备要符合要求。为草酸溶解法准备的笔迹材料必须是鞣酸铁墨水书写的笔迹材料。两份笔迹材料书写间隔时间为 1 年左右。为吸附转移法准备的笔迹材料，需要用两种不同颜色的墨水书写的笔迹材料，各份材料书写间隔时间较长为好。

2. 实验操作要规范。

3. 通过该实验，掌握两种方法判断书写相对时间。

四、实验用品

各种笔迹材料、体视显微镜、秒表、滴管、试管、棉棒、草酸、柠檬酸、相纸、滤纸。

五、实验步骤与方法

（一）草酸溶解法判断书写相对时间

1. 分别用滴管吸取等量的 5% 的草酸水溶液与 5% 的柠檬酸水溶液，混合于试管中备用。

2. 将被检验的笔迹材料（检材）置于体视显微镜下，选择好被测笔画。

3. 将上述混合溶液用吸管吸出少量，滴到被测检材笔画上一滴，同时用秒表记时开始。

4. 将被检验的笔迹材料（样本）置于体视显微镜下，选择好被测笔画。

5. 将上述混合溶液用吸管吸出少量，滴到被测样本笔画上一滴，同时用秒表记时开始。

6. 比较检材和样本笔迹笔画的溶解速度快慢并记录溶解所用时间。

（二）吸附转移法判断书写相对时间

1. 将长宽各 4 厘米大小的相纸，用水湿润。

2. 用滤纸将相纸上多余水分吸干。

3. 将被检验的笔迹材料（检材）置于实验台上备用。

4. 将相纸的药膜面向下贴在检材笔迹的笔画上，并施加一定的压力于上。

5. 重复上述过程于其他检材和样本上。

6. 隔一定时间后，观察比较它们的转印能力。

六、实验注意事项

1. 实验用的笔迹材料准备一定要充分。

2. 用草酸溶解法判断书写相对时间的材料只限于鞣酸铁类墨水书写的笔迹材料，其他类不适用。书写时间越长的笔迹，出现溶解现象所需要的时间越长，越不容易褪色。此法适用书写 3 年以内的笔迹的相对时间的判定。

3. 用吸附转移法判断书写相对时间的实验中所用相纸，必须是没有显影而直接定影的相纸，而且是被冲洗晾干的，需要事先准备好。书写时间很短的笔迹，转印能力强，转印效果好。书写时间很长的笔迹，转印不下来或转印颜色浅淡。

七、实验报告

1. 用草酸溶解法判断书写相对时间的实验中，需要在实验报告书中用表格记录溶解开始时间、洇散时间、颜色消褪的时间。

2. 用吸附转移法判断书写相对时间的实验中，需要在实验报告书中将转印后的相纸贴上，并记录实验结果。

实验二十五　纸张的物理检验

一、实验目的

1. 了解纸张的外观特征，为纸张的纤维检验做基础。

2. 掌握千分尺和读数显微镜的使用。

二、实验内容

1. 熟悉实验器材。

2. 对纸张进行外观及物理特性的检验。

3. 书写实验报告书。

三、实验要求

1. 对各种纸张进行检验。

2. 要认真比对，精确测量。

四、实验器材

紫外线灯、读数显微镜、灯箱、黑纸、分析天平、放大镜、千分尺、各种标准纸样、有格线的稿纸 6 张。

五、实验基本步骤

（一）色泽和透明度观察

观察各种纸张的色泽深浅、透明程度，并进行比较、记录。

（二）平滑度观察

用手触摸感觉各种纸张的正反两面的平滑程度，并进行比较、记录。

（三）荧光检验

在紫外灯下观察各种纸张的荧光反应，比较亮暗程度，并注意观察纸张内的斑点、杂质、污点等，与自然光下进行比较。

（四）厚度测量

用千分尺进行测量，计算后记录数据。

（五）重量换算

取各种纸张边缘处 $2cm \times 5cm$ 大小，用分析天平称其重量后换算为每平方米的重量，并进行数据记录。

（六）印刷格线观察

用读数显微镜进行观察，看纸张的印刷特征。

（七）网痕观察

用放大镜观察网痕的清晰程度及网痕形态。

六、思考题

纸张的物理特性通过哪些方法可以检验？

第四章

法医物证检验

实验一 人体解剖检验

一、实验目的

人体解剖学是医学中一门重要的基础学科，也是法医学的非常重要的基础。人体解剖学知识主要通过解剖学实验来实现。该实验就是通过对人体标本及模型观察，加深对课堂理论的理解和记忆。

二、实验材料

人体解剖模型一套、骨架一副、按系统解剖要求的尸体一具、重要器官标本一套、解剖器械及乳胶手套若干、人体解剖学组织切片一套。

三、实验步骤

（一）模型观察

由教师示教人体医学模型，主要观察大脑、心脏、肺脏、胃肠、肝脏、脾脏、肾脏等器官的形态结构。掌握人体各系统的组成、重要器官的位置及相互关系。

（二）尸体解剖示教

1. 观察人体骨骼标本，了解骨的数目、形态、分布及主要骨骼的名称。

2. 在尸体上观察胸腹部的几条重要标志线及腹部分区的划分；观察体表重要标志；观看人体解剖常用的几种切面。

3. 在尸体上观看重要器官的位置、形态及大体结构。

（三）组织学实验

观察心肌、肝脏、肾脏、皮肤、毛发等组织切片的显微镜下的结构。

实验二 死亡与尸体现象检验

一、实验目的

通过该项实验，使学生熟悉死亡的发生过程以及死后尸体发生变化的过程，了解各种尸体现象及所需要的时间，以加深对课堂理论的理解。

二、实验材料

活兔一只、10cm 注射器一具、2cm 注射器一具、7% 硫代硫酸钠溶液500ml、剪刀一把、镊子一把、棉球或纱布块若干、橡胶手套 2 双、大方盘 1 个、匹罗卡品滴眼液 1 支、新福林（苯肾上腺素）滴眼液 1 支、动物固定架 1 个、20cm 直尺一把、小木棒 1 根、体温表 1 支、温度计 1 支。

三、实验步骤

1. 实验前一天，脱去兔毛。将活兔固定在架上，用剪刀将较长的兔毛剪短，带上橡胶手套，用镊子夹棉球或纱布块蘸取 7% 硫代硫酸钠溶液擦在剪过毛的兔子身上，数分钟后，兔毛变软呈糊状，随后用棉球或纱布块擦拭并用清水冲洗干净即可。

2. 处死兔子，记录死亡发生过程及表现情况。将兔子固定在架上，用 10ml 注射器吸取 5~10ml 空气注入兔子耳后静脉，兔子因空气栓塞死亡。处死前应记录一次体温，同时记录注入空气的时间。将观察到的濒死期的表现记录在作业本上。

3. 观察记录尸体现象。具体操作如下：

（1）超生反应。

（2）肌肉超生反应实验。用小木棒敲打腿部肌肉，肌肉出现收缩，局部肌肉隆起为阳性反应，肌肉不隆起为阴性反应。每 30 分钟记录一次，一直记录到出现阴性反应为止。

（3）瞳孔反应实验。如果实验前兔子瞳孔相对较大，用新福林注入结膜囊，如瞳孔相对较小，用匹罗卡品注入结膜囊。瞳孔有散大或缩小的为阳性反应，无散大或缩小的为阴性反应（新福林使瞳孔散大，匹罗卡品使瞳孔缩小）。死后4 小时内进行此项实验。该实验只做一次，因为散瞳或缩瞳药物的作用时间可持续 12~24 小时。

（4）尸冷。用体温计插入直肠内 5~7cm，观察 5 分钟，然后将测得的温度记录下来，每小时测一次，直到和外界环境温度基本持平为止。

（5）肌肉松弛。用手握住尸体的前肢和后肢做屈伸运动，关节活动无阻力即为松弛现象。每分钟记录一次，直到尸僵出现为止。

（6）尸僵。用手触摸肢体各关节，并做屈伸运动。如关节屈伸有阻力，即为尸僵开始形成；各关节僵硬固定不能做屈伸运动为尸僵最强；肌肉由僵硬转为软化，即尸僵开始缓解。每15分钟记录一次，直到尸僵完全缓解为止。

（7）尸斑。用肉眼直接观察尸斑出现的部位、颜色及各期表现，使用指压法判断属于哪一期，变换体位观察尸斑转移表现。每15分钟记录一次，直到浸润期出现为止。

（8）皮革样化。用肉眼观察，皮革样化的皮肤呈黄褐色，用手触摸有一定的硬感和韧性。每15分钟记录一次，直到皮肤的皮革样化形成为止。

（9）角膜混浊。用肉眼观察角膜透明程度，判断属于哪期混浊。每15分钟记录一次，直到高度混浊出现为止。

（10）腐败。用肉眼观察腐败的各种表现。每4小时观察记录一次，直到完全白骨化为止。

实验三　钝器伤及锐器伤检验

一、实验目的

了解钝器及锐器的成伤原理，掌握常见各类钝器伤及锐器伤的损伤性状，学习用科学术语记录和描述损伤的形态特征，能读懂法医学鉴定书，初步学习如何根据损伤的性状来推断致伤物。

二、实验器材

1. 表皮剥脱、皮下出血、挫伤、创、骨折、各类颅内出血彩色照片和人体损伤模型。

2. 各类钝器伤和锐器伤彩色照片和人体模型、标本。

3. 棍棒、斧子、锤类、砖石、菜刀、水果刀、匕首、三角刮刀、剪刀等，生猪一头或新鲜猪皮若干。

4. 幻灯片或录像。

三、实验形式

模拟实验、动物实验、观察人体模型、观看幻灯片和录像。

四、实验步骤及方法

1. 钝器伤实验。

（1）致伤实验动物。用圆形、方形、不规则形木质和金属棍棒的棒体、棒端、皮鞋底等分别在猪的背、臀部进行垂直快速打击。用皮带、藤条、橡皮管在猪体弯曲处进行打击。用砖块、斧背的平面和边棱分别直击、偏击猪的头面部平坦处。用圆形、多角形锤面分别直击、偏击猪的背、臀部和头面部。

（2）观察损伤组织的形态性状。根据打击部位依此观察并记录、描述各处损伤组织的形态特征，比较不同形状、不同质量棍棒伤的异同点，分析砖块、斧背、锤面的作用部位、致伤方式与损伤形态特点的关系，比较致伤物作用面形态与损伤形态，观察有无生活反应现象。

（3）归纳总结法医学意义。

2. 锐器伤实验。

（1）致伤实验动物。用菜刀反复平行切割生猪脚颈，形成切创；用菜刀和斧刃分别从不同角度砍击生猪体，形成砍创；用单刃刺器、双刃刺器、无刃刺器、三角刮刀分别刺入生猪臀部和腹部，形成深浅不一的刺创；用张开的剪刀分别以垂直、倾斜、平行的角度夹剪、离断生猪局部组织和猪耳尖等突起的部位，形成夹剪创和剪断创；用张开的剪刀分别以不同的角度刺入局部组织，形成不同形态的刺剪创。待猪死亡后，再以同样的致伤物以相同的方式致伤。

（2）观察损伤的组织形态。观察猪脚颈处切创的形态特征，尤其注意创角、创缘的特征；比较猪体处菜刀和斧刃所形成的砍创的特点，与切创作区别；观察比较各类刺器形成的刺创口、刺创道形态的异同点，理解刺器形态、致伤方式与损伤形态的关系；观察比较各类剪创，理解剪器不同方式致伤与损伤形态的关系；观察死亡前后各创口的生活反应现象。

（3）总结各类锐器伤损伤性状和钝器伤损伤性状的区别，理解致伤物作用点（面、边、角）在不同的致伤方式下与创口形态的关系。

3. 模拟实验。

（1）模拟制作锐器伤。把两块新鲜猪皮分别固定在 10cm 厚的高密度海绵上，根据锐器的主要成伤方式，用不同的锐器分别切、砍、刺、剪新鲜猪皮，制作各种形态的切创、砍创、刺创和剪创。

（2）观察损伤的组织，比较、鉴别新鲜猪皮上的各类锐器创的形态特点，比对各类损伤形态与致伤物作用面形态，观察创口有无生活反应。

4. 观看幻灯、录像，观察人体损伤标本模型。

五、实验报告

根据理论知识，结合自己实际观察记录的实验结果，比较、鉴别钝器伤和锐器伤的基本形态特点和两者之间的鉴别点。

实验四　动物的缢死与勒死检验

一、实验目的

通过对动物的缢死与勒死实验，使学生了解机械性窒息的过程和致死机制；熟悉机械性窒息尸体的一般尸体征象；掌握缢死和勒死尸体特征以及鉴别要点。

二、实验器材

家兔4只、半硬绳索2根、定时钟2台、解剖器械若干、橡胶手套2副、线手套2副、动物固定架2个、解剖台1个。

三、实验步骤及方法

1. 将家兔分别以前位、侧位、后位缢死在动物固定架上并记录死亡时间。

2. 将家兔勒死在解剖台上，并记录死亡时间。

3. 观察尸体外部征象。颜面窒息表现、舌尖是否挺出、颈部索沟性状、大小便失禁情况及尸斑。

4. 观察内部尸体征象。颈部皮下软组织损伤、咽后壁出血、颈总动脉内膜横裂、舌骨、甲状软骨等喉软骨骨折、内脏淤血、肺水肿、肺气肿、塔雕氏斑等。

四、实验报告

根据实验观察结果，总结缢死和勒死的法医学鉴别点。

实验五　动物的溺死检验

一、实验目的

通过动物溺死实验，使学生了解溺死的机制和死亡过程，熟悉生前入水的尸体征象，掌握生前入水和死后入水的鉴别要点。

二、实验材料

家兔2只，大塑料桶1个（里面装有混有泥沙的水），锤子1把，解剖器械若干，橡胶手套1副，线手套1副。

三、实验步骤及方法

1. 将一只家兔用锤子打死后，放入盛有泥沙水的大塑料桶内，另外一只家兔溺死在装泥沙水的塑料桶中。

2. 将死兔置于解剖台上，停留一小时后，分别将两只家兔背部的毛剃光。

3. 观察尸体外表征象并记录时间：尸斑、口鼻腔外形泡沫、爪中有无异物、皮肤浸泡现象等。

4. 解剖尸体，观察内部尸体征象：气管、支气管内充满白色泡沫状液体，肺水肿、肺气肿、肺血肿及肋骨压痕，右心淤血，胃肠内是否有溺液，塔雕氏斑等。

四、实验报告

根据所做实验结果，总结生前入水和死后入水的鉴别要点。

实验六　硅藻检验

一、实验目的

通过对生前溺死动物和死后入水动物的实质脏器及牙齿中硅藻的检验，使学生了解硅藻检验的原理，熟悉硅藻检验的方法，并明确硅藻检验在鉴别生前溺死和死后入水中的重要法医学意义。

二、实验原理

硅藻是广泛存在于江海湖泊及自来水中的一种单细胞浮游生物，种类繁多。硅藻大多在 8～15 微米范围内，在生前溺死时，硅藻可随溺液进入肺泡，进而进入破裂的肺泡壁毛细血管内，进入肺静脉，进入左心，再由大循环到达全身各内脏。因此，从大循环的实质脏器中检验出硅藻以证明在入水后是否还有呼吸和血液循环存在。

三、实验材料

家兔 2 只，法医用硅藻检验破机罐，干燥箱，离心机，浓硝酸，实验用硅土、水，解剖器械若干，橡胶手套 2 双，玻璃平皿、离心管、乳头吸管等若干。

四、实验步骤及方法

1. 破机。从上次实验生前溺死和死后入水的兔尸中分别取出肺、心、肝、肾、牙齿各 3 克切碎，贴好标记，分别放入破机罐内。分别向破机罐内加入浓硝酸 3ml，用开闭器拧紧破机罐的内外盖，把罐放入 120℃ 干燥箱内 1.0～1.5 小时。然后分别取出罐后冷却，放入通风橱内，用开闭器拧下内外盖，待黄色硝酸烟雾放出后，将硝化了的液体用乳头吸管吸取放入离心管内。

2. 涂片。将离心管放入离心机，3500 转/分，离心 20 分钟。弃掉各离心管内上清液，再放入 2~3 次蒸馏水，反复洗涤离心管直至液体透明清澈。弃去上清液后，将各离心管内沉渣分别涂在载玻片上并加盖玻片。

3. 观察硅藻。在生物学显微镜下，分别观察制成涂片的心、肝、肺、肾、牙齿内的硅藻。

五、注意事项

1. 解剖兔尸取各脏器时，注意及时使用蒸馏水冲洗器械，防止污染。

2. 浓硝酸系强酸，使用时注意勿接触人体或衣物，避免造成人体损伤和衣物破坏。

3. 浓硝酸气体系有毒气体，注意勿污染环境。

六、实验报告

根据实验结果，总结生前溺死和死后入水的各种常见硅藻的鉴别。

实验七　动物的有机磷中毒检验

一、实验目的

通过有机磷中毒实验，使学生了解毒化检验的基本过程，熟悉有机磷中毒的尸体征象表现，掌握有机磷中毒的毒化性质。

二、实验原理

有机磷是一大类农业生产中常用的杀虫剂，除少数为固体外（如敌百虫、乐果、亚胺硫磷、甲胺磷、久效磷、乙酰甲胺磷、毒鼠磷、育畜磷等为白色固体，双硫磷为黄色固体），多为浅黄色或黄棕色液体，另外，有些有机磷纯品为无色液体，如敌敌畏、八甲磷等。有机磷性质不稳定，在土壤中最终分解产物为二氧化碳、水及磷酸盐。多数较易氧化、水解或异构化，温度、PH 值、水分会加速这些过程的进行，有机磷在碱性条件下多能迅速分解而失效。

三、实验器材

分液漏斗，研钵，烧瓶，蒸馏瓶，苯，氯仿，二氯甲烷，无水硫酸钠，氯化钠，甲醇，乙醇，乙烷，石油醚，丙酮，60%~80% 乙腈水溶液等。

四、实验步骤及方法

1. 收集检材。口服中毒者，取呕吐物、胃内容物、剩余饮食物、血液、肝脏等；呼吸道吸入中毒者，取血液及肺、肝等；皮肤、粘膜接触中毒者，取接触部位的局部组织、血液和肝脏等。

2. 沾污有机磷的米、面等粮食，用苯、氯仿或二氯甲烷等直接浸渍提取，提取液于600℃以下水溶液中浓缩。

3. 胃内容物、呕吐物和吃剩的饭菜等，加适量无水硫酸钠脱水，然后用苯、氯仿或二氯甲烷溶液浸提，如果这些检材比较稀薄，则先用丙酮、甲醇等采水性溶液浸提，过滤，滤液用2%硫酸钠溶液稀释5~6倍，以减低有机磷在水相的溶解度，然后用乙烷或石油醚振摇提取极性较弱的有机磷，用二氯甲烷或氯仿振摇提取极性较强的有机磷。

4. 内脏组织可将其切碎或捣碎，置乳钵中少量多次加入无水硫酸钠进行研磨，直至呈干沙状，然后移置烧瓶中，用苯、氯仿或二氯甲烷等浸提。

5. 水、饮料、酱油等液体，用苯、氯仿、二氯甲烷等在分液漏斗中直接提取。

6. 食油或富含油脂的食品，可选用以下方法提取：

（1）蒸馏法：将检材置于蒸馏瓶内，加适量水稀释，再加10ml甲醇或乙醇，然后进行蒸馏、收集，取馏液50~100ml，加入2~5克硫酸钠或氯化钠，再用氯仿或苯提取。此方法只对部分挥发性较强的有机磷效果较好，如敌敌畏、敌百虫、1605等。

（2）乙腈——正乙烷分配提取法：将检材先用60%~80%乙腈水溶液提取，分出乙腈提取液，加6倍提取液体积的2%硫酸钠溶液稀释，再用正乙烷、石油醚或氯仿、二氯甲烷提取（极性弱的有机磷用正乙烷、石油醚提取，极性强的有机磷用氯仿、二氯甲烷提取）。

五、注意事项

1. 实验中使用的试剂、药物多有很强的腐蚀性和溶解性，操作中应注意勿接触到皮肤和衣物。

2. 对照样品的配制应尽量采用当地产品，且不宜长时间存放，应每3~6个月配制一次。

六、实验作业

1. 有机磷的理化性质是什么？

2. 常用的有机磷提取方法有哪些？

实验八　血痕预检验

一、实验目的

掌握血痕预试验的基本方法、实验原理、各实验的特点及意义，并对实验检材进行检验。

血痕预试验（preliminary test），又称预备实验或者筛选实验，是血痕化学检验的开始，实验方法简便而灵敏，该方法对经过洗涤的血痕，即使在肉眼不能辨认的情况下都能检出。血痕预试验的方法很多，但是每种方法都是针对血痕中血红蛋白或正铁血红素中氧化酶的活性进行测定，而具有这种活性的物质不仅存在于血痕中，还存在于许多生物液体中，因此血痕预试验虽然灵敏度很高，但特异性一般较差。实验结果阳性，只能说明可能是血；实验结果阴性，则可以否定是血。

二、实验内容

1. 联苯胺试验。

（1）实验原理：血痕中血红蛋白或正铁血红素的过氧化酶活性，能使过氧化氢分解释放出新生态的氧，而将无色的联苯胺氧化成联苯胺蓝。

（2）器械和试剂：镊子、剪刀、滤纸或白磁板、冰醋酸、联苯胺、无水酒精、3%过氧化氢。

（3）实验方法：用剪刀、镊子剪取少量检材置于滤纸或白磁板中央，依次分别滴加冰醋酸，联苯胺无水酒精饱和液，3%过氧化氢，稍等片刻，观察结果。

（4）实验结果：阳性结果，立即出现明显蓝色。

（5）注意事项：①本法灵敏度极高，可达1:100 000～1:500 000，实验只需微量检材即可；又因本实验特异性较差，实验中应尽可能避免各种外界物质污染。②血痕预试验所用试剂对血痕破坏作用较大，预试验后的血痕，一般不能用来进行血痕种属试验和血型测定，因此，切勿将试剂直接滴于检材斑痕上进行试验，而应采用刮、擦或剪取微量检材进行检验。③检验所用试剂应依次按顺序（即冰醋酸→联苯胺无水酒精饱和液→3%过氧化氢）滴加，以免出现假阳性。④联苯胺试验是迄今最常用的预试验，但已证实联苯胺有显著致癌作用，试验中应注意自我保护。

2. 氨基比林试验。

（1）实验原理：与联苯胺试验相似，血痕中红蛋白或正铁血红素的过氧化酶活性，能使过氧化氢分解释放出新生态的氧，而将氨基比林氧化成蓝色产物。

（2）器械和试剂：所用器械与联苯胺试验相同。

试剂：冰醋酸、氨基比林无水酒精饱和液、3%过氧化氢。

（3）实验方法：用剪刀、镊子剪取少量检材置于滤纸或白磁板上，依次分别滴加冰醋酸、氨基比林无水酒精饱和液、3%过氧化氢。

（4）实验结果：出现淡紫蓝色为弱阳性，紫蓝色为阳性，深蓝色为强阳性。

3. 邻联甲苯胺试验。

（1）实验原理：与联苯胺试验相似，血痕中血红蛋白或正铁血红素的过氧化酶活性，能使过氧化氢分解释放出新生态的氧，将邻联甲苯胺氧化成蓝色产物。

（2）器械和试剂：所用器械与联苯胺试验相同。

试剂：I 液：80%酒精溶液 20 毫升，邻联甲苯胺 1 克，冰醋酸 0.5 毫升。
　　　II 液：3%过氧化氢。

（3）实验方法：与联苯胺试验相似，依次滴加 I 液、II 液。

（4）实验结果：显翠蓝色者为阳性。

4. 鲁米诺实验。

（1）实验原理：血痕中的血红蛋白催化过氧化钠，释放新生态氧使鲁米诺氧化而产生化学发光。

（2）器械和试剂：小型喷雾器；鲁米诺、过氧化钠、蒸馏水，4—碳酸异吡唑或尿酸。

（3）实验方法：鲁米诺 0.1 克加过氧化钠 0.5 克，加蒸馏水 100 毫升溶解。将新配制的鲁米诺试剂注入喷雾器内，在暗室中向可疑斑迹处喷射，血痕呈现白色发光现象。

（4）注意事项：本实验对唾液、尿液、乳汁、浓汁、粪便均不起发光作用；对部分油脂或金属却能起发光作用。有时溶液自体也会发光，为防止溶液自体发光，可加适量 4—碳酸异吡唑或 0.2%尿酸。

实验九　血痕确证检验

一、实验目的

掌握血痕确证试验（血色原结晶试验、氯化血红素试验、分光镜检查）的原理、操作方法、特点、应注意的事项，并对可疑检材进行检验。

血痕确证试验（conclusive test），是对血痕预试验结果阳性检材的进一步检验，用以确定检查是否为血痕。常用的检验方法有血色原结晶试验、氯化血红素结晶试验和光谱检查三种，其中任何一种出现阳性，即可确认检材为血痕。但确证试验的灵敏度较低，尤其是结晶试验；若血痕检材条件较差，如经雨淋、日晒、加热、发霉、腐败或混有杂质时，就难以得到阳性结果。因此，如果检验结果为阴性，并不能否定血痕的存在，只能说明未检见血痕。

如确证试验结果为阴性，而通过案情分析检材又有重大可疑时，应使用具有脏器特异性的抗体作种属鉴别。因为种属试验的灵敏度较确证试验高，可在确证试验结果阴性的检材获得种属试验阳性的结果。因此在一些条件较好的实验室，由于使用脏器特异性强的抗人血红蛋白沉淀素血清进行血痕种属鉴定，确证试验这一步骤可以省略。

二、实验内容

1. 血色原结晶试验。

（1）实验原理：血痕中的血红蛋白在碱性溶液中被分解成正铁血红素和变性珠蛋白，再与还原剂作用，正铁血红素还原成血红素，血红素同变性珠蛋白或其他含氮化合物（如吡啶、烟碱、氨基酸等）结合，生成血色原结晶。这是一种有特殊吸收光谱的色素结晶。

（2）器械和试剂：

器械：载玻片、盖玻片、剪刀、镊子、分离针、生物显微镜。

试剂（高山氏试剂）：将10%氢氧化钠溶液3ml、30%葡萄糖溶液10ml、吡啶3ml三种试剂混合后，置于棕色玻璃瓶内保存于4℃冰箱内备用。

（3）实验方法：取检材少许（如系布纤维1～2mm；血痂1mm²），置载玻片上，将纤维细心分离或将血痂压细后，加高山试剂一滴，盖上盖玻片，静置，使试剂与检材充分作用后，进行显微镜下观察。

（4）实验结果：检材如系血痕，在显微镜下可见桃红色针状、星状或菊花状的结晶。

（5）注意事项：①高山试剂配制后应置于棕色玻璃瓶内低温保存；试剂配制后第二天使用效果较好，久置则结晶生成缓慢，甚至失效，出现假阴性反应。②本法用0.1mg血红蛋白即可出现阳性反应；如血痕被洗涤或被细菌等杂质污染，则不易形成结晶。此时，可将此玻片作光谱检查。

2. 氯化血红素试验。

（1）实验原理：血红蛋白因酸的作用破坏珠蛋白而生成正铁血红素，冰醋酸和氯化钠作用生成游离氯，正铁血红素与游离氯作用生成氯化血红素结晶。

（2）器械和试剂：

器械：载玻片、盖玻片、剪刀、镊子、分离针、酒精灯、生物显微镜。

试剂：将10%氯化钠溶液2ml、冰醋酸10ml、无水酒精5ml 三种试剂混合后置于试剂瓶中备用。

（3）实验方法：取检材少许（同上），置载玻片上。如为纤维，用分离针细心分离；如为血痂，用刀尖压碎，然后加配制试剂一滴，盖上盖玻片，在酒精灯火焰上小心缓慢加热至出现一二个气泡为止，冷却后置显微镜下观察。

（4）实验结果：检材如系血痕，在显微镜下可见褐色菱形结晶。

（5）注意事项：实验过程中加热时要注意控制温度，刚出现一二个小气泡时就要移开火焰，停止加热。因为加热到142℃时便会破坏血红素，而不能出现结晶。煮过、烧过的血痕，不能检出结晶。

3. 分光镜检查。

（1）实验原理：日光通过分光镜（三棱镜）时，由于棱镜折射作用而将日光分成红、橙、黄、绿、青、蓝、紫7种光线，即为太阳光谱。有色物质能吸收一定波长的光线，如果日光通过这种物质时，则因这种波长的光线被吸收，光谱上的特定区域便出现黑色线条，这种黑色线条则为吸收线。血红蛋白及其衍生物均系有色物质，具有很强的选择性吸收光线的性质，利用这种性质，在分光镜下检查是否有特定的吸收线，就可确定所测检材是否为血。

（2）器械和试剂：分光镜，试管，蒸馏水，20%～30%氢氧化钠、硫化铵溶液。

（3）实验方法：将血痕溶于蒸馏水至溶液呈玫瑰色，然后盛于小试管内，后置于分光镜前，对着强光观察氧合血红蛋白的吸收带。若检材斑痕陈旧，不易溶于水，则需用20%～30%氢氧化钠溶液1～2滴处理，然后加硫化铵溶液数滴使之还原，观察血色原吸收带。

（4）实验结果：氧合血红蛋白的吸收带位于576～578nm 和540～542nm。在紫色区有一条在412～415nm，在紫外线区还有两条，在270～280nm 及330～340nm。当检材量很少时，需用显微分光镜检查。

实验十　血痕种属检验

一、实验目的

掌握血痕种属试验的原理、操作方法、结果的判断，并对可疑人血检材进行检验。

血痕种属试验（blood stains species test）是在检材血痕确定为血痕后，进一步对其种属来源所作的鉴别和检验，主要是判断该血痕是人血还是动物血，必要时还要确定是哪种动物的血。

目前，对于血痕种属来源的判定有多种方法，包括血清学方法、细胞学方法、生物化学方法以及分子生物学方法（DNA－PCR 技术）等，其中以血清学方法最为常用。

二、实验内容

1. 沉淀反应。

（1）实验原理：可溶性抗原（如人血红蛋白、人血清）与相应抗体（如抗人血红蛋白抗体、抗人血清抗体）由于物理化学过程而相互发生特异性结合，形成肉眼可见的抗原—抗体复合物絮状沉淀。据此，利用已知抗体（抗人血红蛋白抗体或抗人血清抗体）检测相应抗原（人血红蛋白或人血清蛋白）是否存在，用来判断血的种属。

（2）器械和试剂：

器械：离心机、试管、吸管、沉淀反应管、毛细管。

试剂：抗人血红蛋白沉淀素血清、抗人血清蛋白沉淀素血清、浓硝酸、生理盐水。

（3）实验方法：①血痕浸出液的制备。从确定有血痕的部位取材，将其剪碎后置于试管中，加适量生理盐水，置于 37℃ 温箱 2 小时或冰箱中 12～24 小时，再将血痕浸出液离心沉淀，取其上清液，测定浸出液中的蛋白含量，使其不超过 0.1%。②用吸管向沉淀反应管底部加入抗血清（抗人血红蛋白沉淀素血清或抗人血清蛋白沉淀素血清）0.3～0.4 厘米高度。③用吸管吸取被检血痕浸出液 0.2 毫升缓慢地沿着管壁重积于抗体血清上，然后将沉淀反应管置室温或 37℃ 温箱中。④记录时间，经过 5、10、30、60 分钟各观察一次。

（4）实验结果：抗原加入后，在 15 分钟内出现白色沉淀环者记"＋＋＋"，30 分钟内出现者记"＋＋"，60 分钟内出现者记"＋"。如果在 60 分钟仍不出现沉淀环，即可认为沉淀反应阴性。

（5）注意事项：①血痕浸出液中的蛋白含量，不能超过0.1%，否则蛋白含量较多，可能出现非特异性的沉淀反应。②抗血清应该无菌，澄清透明，特异性好，有足够的效价（法医学检案用血清的效价不少于1∶10 000）。③沉淀反应管中加入抗血清应避免产生气泡；加入血痕浸出液后，两液液面应平整，分界清楚。④实验中要设制空白对照（生理盐水、同一基质无血痕部分）、已知人血对照、已知动物血对照。⑤用抗人血红蛋白抗体血清反应出现阴性时，可再用抗人血清蛋白抗体血清检测。因为血红蛋白较血清蛋白更易受到破坏。

2. 琼脂扩散反应。

（1）实验原理：在透明胶质（如琼脂）中，抗原与抗体相互扩散相遇时便形成白色沉淀带。

（2）器械和试剂：琼脂玻片、保湿盒、钻孔器。

（3）实验方法：①用钻孔器在琼脂板上打出两组六角形孔洞，孔的直径为0.3厘米，孔间距为1.5厘米。②在第一组的中央孔加入抗人血红蛋白抗体血清，在第二组中央孔加入抗人血清蛋白抗体血清，周围各孔按需要分别加入各种抗原、空白对照和已知对照（如血痕浸液、无血痕处检材浸液、生理盐水、已知人血浸液、有关动物血痕浸液）。③将上述琼脂玻片放入保湿盒内，先置37℃中1~2小时，再置室温中2~3小时，最后观察结果。

（4）实验结果：阳性反应，在中央孔与周围孔之间出现白色沉淀带。

3. 对流免疫电泳。

（1）实验原理：基本原理同琼脂扩散反应。由于抗原抗体在电场下定向移动，限制了在琼脂扩散试验时抗原抗体自由扩散的倾向，提高了检测灵敏度。

（2）器械和试剂。

器械：电泳仪、琼脂板（规格6厘米×9厘米）、钻孔器、毛细吸管。

试剂：缓冲液：离子强度0.1，PH8.6巴比妥钠—盐酸缓冲液。

（3）实验方法：①用离子强度0.1、PH8.6的巴比妥钠—盐酸缓冲液（巴比妥钠9克、0.1N盐酸65毫升加水至1000毫升）配成1%琼脂平铺于6厘米×9厘米的玻璃板上，冷却后备用。②用钻孔器在琼脂板上打出三排成对的孔洞，孔径3~4毫米，孔间距0.6厘米。③每排阳极侧孔洞加入抗血清，阴极侧孔洞加入检材血痕浸出液及对照血痕浸出液。④电泳。电流强度25~30毫安；电压（抗原侧接负极、抗体侧接正极）在9厘米长的琼脂板上电压每厘米约4~6伏；通电时间45~60分钟。⑤电泳结束后，在每排相邻孔洞间观察有无白色沉淀带出现。

（4）实验结果：阳性反应，在相邻孔洞之间出现白色沉淀带。

（5）注意事项：①抗原端接电源负极，抗体端接电源正极，不能颠倒，否则出现阴性结果。②应注意设制空白对照、已知人血对照、已知动物血对照。③检材血痕腐败、肥皂和洗衣粉污染、与其他化学物质（如福尔马林、石炭酸、石灰、高锰酸钾、过氧化氢等）作用，会使蛋白质变性而不能溶解，或蛋白质结构被破坏而影响检验结果。

实验十一 血液 ABO 血型检验

一、实验目的

掌握血液 ABO 血型检验的基本原理、检验的方法，并对自己 ABO 血型进行检测。

血液由血细胞和血浆组成；血浆去除纤维蛋白原即为血清。血型是人类重要的遗传标记。自从 1900 年 Land Steiner 首先发现 ABO 血型以来，人类已经发现 20 多个红细胞血型系统，其中以 ABO 血型系统抗原性最强且最为重要。

二、实验内容

1. 血液中凝集原（抗原）的检出。

（1）实验原理：抗原与相应抗体相互作用会发生特异性结合。据此原理，利用已知抗 A 和抗 B 血清（凝集素）与被检血液作用，观察红细胞凝集情况，用以检测红细胞上 A、B 血型物质（凝集原）的存在情况来判断血型。

（2）器械和试剂：采血针、载玻片、碘酒、75% 酒精、抗 A 血清（1:32）、抗 B 血清（1:32）。

（3）实验方法：取载玻片一块，左侧标记抗 A、右侧标记抗 B；指端或耳垂消毒采血，分别滴于玻片左右两端；再按标记加标准抗血清各一滴，混匀，室温静置 15 分钟内，再用肉眼观察结果。

（4）实验结果：加入抗 A 端红细胞发生凝集，加入抗 B 端不发生凝集，则血型为 A 型。加入抗 B 端红细胞发生凝集，加入抗 A 端不发生凝集，则血型为 B 型。加入抗 A、抗 B 端红细胞均发生凝集，则血型为 AB 型。加入抗 A、抗 B 端红细胞均不发生凝集，则血型为 O 型。

（5）注意事项：①采血应注意消毒，以免发生感染。②使用抗 A、抗 B 血清效价不必太高。

2. 血液中凝集素（抗体）的检出。

（1）实验原理：基本原理同"血液中凝集原（抗原）的检出"。不同处在于利用已知 A 型和已知 B 型红细胞检测被检血液中有无相应抗体（抗 A 和抗 B）存在，用来测定血型。

（2）器械和试剂：载玻片、盖玻片、生物显微镜、采血针、碘酒、75% 酒精、0.1% A 型红细胞悬液、0.1% B 型红细胞悬液。

（3）实验方法：①指端或耳垂消毒采血，置于载玻片两端（A 端和 B 端）各 1 滴。②载玻片两端血滴上各加入相应标记的 0.1% A 型红细胞悬液或 0.1% B 型红细胞悬液 1～2 滴，盖上盖玻片，在显微镜下观察红细胞凝集情况。

（4）实验结果：加入 A 型红细胞端血液发生凝集，加入 B 型红细胞端血液不发生凝集者，血型为 B 型。加入 B 型红细胞端血液发生凝集，加入 A 型红细胞不发生凝集者，血型为 A 型。加入 A 型红细胞和加入 B 型红细胞两端，血液均发生凝集者，血型为 O 型。加入 A 型红细胞和加入 B 型红细胞两端，血液均不发生凝集者，血型为 AB 型。

（5）注意事项：①采血应注意消毒。② 所用红细胞悬液必须新鲜，没有被细菌污染，且浓度不宜过大，以免出现假阳性。

实验十二　精斑种属检验——抗人精环状沉淀

一、实验目的

掌握精斑环状沉淀反应的原理、方法及操作流程，并对精斑检材进行种属检验。

二、实验内容

精斑种属试验（seminal stains species test）是对精斑种属来源所作的鉴别和检验，主要是判断被检精斑是人精斑还是其他动物精斑，必要时还要确定是哪种动物的精斑。

三、实验原理

精斑中可溶性抗原与相应抗体（抗人精液抗体）相互作用而发生特异结合，形成肉眼可见的抗原—抗体复合物絮状沉淀。据此，利用抗人精液抗体检测精斑中相应抗原物质是否存在，用以判断精斑的种属。

四、器械和试剂

离心机、试管、吸管、沉淀反应管、毛细管、抗人精液沉淀素血清、浓硝酸、生理盐水。

五、实验方法

目前，对于精斑种属来源的判定有多种方法，包括血清学方法、细胞学方法和分子生物学方法（DNA－PCR 技术）等，其中以血清学方法中环状沉淀反应最常用。

1. 精斑浸出液的制备：剪取精斑部位检材，剪碎后置于试管中加适量生理盐水，室温浸泡 1~2 小时离心，取其上清液备用。

2. 用吸管向沉淀反应管底部加入抗人精液沉淀素血清 0.3~0.4 厘米高度。

3. 用吸管吸取精斑浸出液 0.2 毫升，缓慢地沿着管壁添加于抗人精液沉淀素血清上，然后将沉淀反应管置室温或 37℃ 温箱中。

4. 观察反应结果。

六、实验结果

60 分钟内出现环状沉淀反应者为阳性反应。

七、注意事项

1. 抗血清应该无菌、澄清透明、特异性好、有足够的效价（抗体效价在 2000 以上）。

2. 精斑浸出液应较透明，必要时可作过滤处理。

3. 加入抗人精液沉淀素血素应避免产生气泡；加入精斑浸出液后，两液面应平整、分界清楚，避免相混。

4. 实验中应设置无斑痕部位、生理盐水、已知人精斑、阴道液及血痕等对照。

实验十三　精斑确证检验

一、实验目的

掌握精斑确证试验的方法，对于可疑精斑检材进行确证试验。

二、实验内容

1. 精子检出法。

（1）实验原理：精子是精液中最重要的细胞组成（生殖细胞），精子的检出直接可以证明精斑的存在，检出精子是认定精斑最简便、最可靠的方法。

（2）器械和试剂：载玻片、盖玻片、试管、吸管、离心机、玻璃棒、生理盐水、染色液。

（3）实验方法：取检材少许置载玻片上，加生理盐水一滴，将斑迹浸软，用分离针将纤维分离，加稀薄的染色液一滴，盖上盖玻片置显微镜下直接镜检。

为提高精子的检出率，可用精斑浸出液沉淀残渣涂片检查：剪取可疑精斑少许，置于试管中，滴加生理盐水0.3毫升浸湿检材，振摇数下，室温2小时或冰箱12~24小时后，用玻棒挤压检材，取出检材纤维，将试管在离心机中离心，沉渣作涂片，待干燥后染色镜检。上清液留作抗人精液沉淀反应使用。

（4）实验结果：将染色涂片置显微镜下寻找精子。若用藻红染色，则精子头部和尾部均染成红色；若用瑞氏染色，则精子头部染成紫色，尾部染成紫蓝色；若用H. E染色，则精子头部染成蓝色，尾部染成红色。只要发现一个典型的精子，即可确证被检检材为精斑。

2. 抗人精血清环状沉淀反应（同精斑种属试验，实验17）。

实验十四　毛发检验——形态学

一、实验目的

掌握毛发的基本结构；掌握毛发和纤维的区别；了解人毛与兽毛的区别。

二、实验内容

1. 毛发的基本结构。毛发有内部结构：毛小皮、皮质和髓质。

2. 毛发与纤维的区别。依靠毛发的内部结构进行区分。

3. 人毛与兽毛的区别。借助毛发的毛小皮、皮质及髓质的三层结构特征区分是否人毛或兽毛。

4. 人毛部位的确定。

5. 毛发脱落和损伤鉴定。

三、实验要求

掌握毛发的基本结构。

四、实验器材

1. 器械：镊子，剪刀，滤纸，载玻片，盖玻片，硝酸纤维膜。

2. 试剂：蒸馏水，生理盐水，酒精，乙醚，3% H_2O（或5%氨水或20%硝酸），乙酸丁脂。

3. 材料：动物毛，毛发状检材，人毛发。

五、实验步骤与方法

1. 毛发的基本结构。用显微镜观察其内部结构，毛发有内部结构：毛小皮，皮质、髓质。

2. 毛发和纤维的区别。现场发现的纤维状物是毛发还是纤维，一般情况下，用肉眼即可区分，对人造毛等区分有困难时，用显微镜观察其内部结构进行判断。有内部结构（毛小皮、皮质、髓质）的是毛发，无内部结构的是纤维。

3. 人毛与兽毛的区别。

（1）肉眼材料：将现场提取的毛发状物质通过肉眼或放大镜检查，编号，逐一记录其长度、色泽、形态、有无附着物等。

（2）直接镜检：将检材置载玻片上，加一盖玻片镜检，观察颜色，毛尖及毛根是否存在，有无异常附着。高倍镜下观察髓质结构，按照皮、髓的宽度分析区别人毛与兽毛。若毛发上有异物附着，先用盐水冲洗异物后镜检；若毛发色素太浓，皮、髓质分界不清，则采用脱色观察。

（3）脱色观察法：

第一，清洗脱脂。用自来水或蒸馏水冲洗（若污染则用肥皂水冲洗后再用自来水或蒸馏水冲洗）晾干。置1:1酒精乙醚混合，脱脂10分钟。

第二，脱色。脱脂后毛发用3% H_2O_2 脱色。

第三，脱水。脱色后毛发用95%酒精脱水5分钟。自然浑干，浸入二甲苯透明5分钟。

第四，镜检。将处理好的毛发置载玻片上加盖玻片镜检，观察皮、髓宽度，记录髓质结构特征，区分人毛与兽毛，必要时可测定毛发直径及髓质直径。

4. 毛小皮印痕制作法：

（1）取同毛发一样长的硝酸纤维片。

（2）毛发清洗、脱脂：方法同上。

（3）将脱脂毛发置硝酸纤维膜毛面，用手压紧毛发两端，使二者紧贴。毛根端稍许抬高，沿该端加1滴乙酸丁酯，当液滴沿毛发流至毛尖时放平硝酸纤维片，经5~10分钟液滴挥干，毛发自然脱落，硝酸纤维膜上永久留下毛小皮印痕。

（4）镜检：高倍下观察毛小皮结构以区分人毛与兽毛。

5. 人毛部位的确定方法。一般按毛发的长短、粗细、形态、颜色、卷曲状态、附着物等可区分是头发、胡须、眉毛、腋毛等。最长的是头发，其次是胡须，再次是阴毛和腋毛，最后是体毛、眉毛、睫毛和鼻毛。在10厘米以上多是头发或是胡须。胡须的直径是0.15厘米，头发一般不超过0.11~0.12厘米。头发的横断面呈圆形或椭圆性，阴毛及腋毛呈椭圆性或卵圆形，胡须呈不正的三角形。另外，各部位的毛发常受外界因素的影响。

6. 脱落和损伤鉴定方法。对疑有受伤部位的毛发可做显微镜检查，常可发现损伤痕迹，即提示有致伤物的性质。毛根部干燥萎缩而且内腔下方呈闭锁状态的，为自然脱落毛发。毛根部湿润、内腔的下方呈开放状，特别毛根部附有毛球残片者，多为人工拔掉所致。钝器打击的毛发断端呈锯齿状，毛球突出于创壁。锐器切断的毛发断端与锐器的作用有关，也与被切的毛发束的多少有关。

六、实验注意事项

毛发由于很细小，在操作的过程中稍不注意就会将毛发丢失，所以在操作的过程中，不仅要在台面放一张白纸，而且要用镊子仔细的夹取，以防丢失。

七、实验作业

1. 请描述毛发的基本结构以及人毛与动物毛在基本结构上的区别。

2. 如何进行毛发脱落和损伤鉴定。

实验十五　毛发检验——ABO 血型鉴定

一、实验目的

掌握毛发的 ABO 血型检验方法。

二、实验内容

用解离法进行毛发的 ABO 血型检验。

三、实验要求

了解解离法的实验原理和步骤。

四、实验器械与材料

1. 器械：试管、试管架、吸管、载玻片、盖玻片、振荡器、毛发压榨机（或玻璃棒代替）。

2. 试剂：蒸馏水、酒精、生理盐水、抗 A 抗 B 血清，0.1% A 型和 B 型红细胞悬液。

3. 材料：已知 A 型人毛发、已知 B 型人毛发、毛发检材。

五、实验步骤与方法

1. 脱脂：若毛发污秽，先用肥皂水浸泡，再用自来水冲洗干净，干燥后脱脂。取已知 A 型、B 型人毛发及检材各几根浸泡于乙醚内 10 分钟，自然挥干。

2. 压扁：脱脂后，各取一根剪取两份，每份长 1～2 厘米，放在毛发压榨机上压扁（直径可较原来的大 2~3 倍），使髓质充分暴露。

3. 抗体结合：将两份压扁的毛发分别放入标记好的两凹内，各加抗 A、抗 B 血清两滴，使毛发浸泡在血清内，室温 2 小时。

4. 除游离抗体：将毛发从血清中取出，放滤纸上吸干多余血清，分别放入 4℃ 生理盐水用康氏振荡器洗 10~20 秒。

5. 加指示红细胞：将洗好毛发分装于试管内，每管加相应的 0.1% A、B 红细胞悬液一滴。

6. 解离被结合抗体：将试管置 50~60℃ 温箱内 8~10 分钟。

7. 离心、镜检：1000 转/分离心 1 分钟，将试管内液体倒于载玻片上镜检。先观察已知 A、B 血型人毛发相应红细胞有无凝集，对照准确时，观察检材，判定血型。

表 4-1 解离法测定毛发血型

检材	第一份	第二份	血型
抗体	抗 A	抗 B	
指示红细胞	A	B	
凝集	+	+	AB 型
	+	−	A
	−	+	B
	−	−	"O" 型

六、实验注意事项

该实验一定要有已知的 A、B 血型人毛发进行对照实验，在观察结果时，先观察已知 A、B 血型人毛发相应红细胞有无凝集，在对照准确时再观察检材。否则结果就会有偏差。另外，解离法用的检材较少，实验比较灵敏，一般陈旧的血痕都能够检测出来。

七、实验作业

请说明解离法的实验原理。

实验十六 唾液斑的淀粉酶测定

一、实验目的

掌握唾液斑的测定方法。

二、实验内容

唾液斑的淀粉酶测定。

三、实验要求

了解唾液斑的基本成分，以及唾液斑内淀粉酶的测定方法。

四、实验器材

1. 仪器设备：试管、试管架、滴管、100ml 量筒、250ml 烧杯、150ml 滴瓶、手术剪、手术镊、天平、37℃孵箱。

2. 试剂：0.01% 淀粉液（配制：称取可溶性淀粉 10mg 溶于 100ml 蒸馏水中）、碘液（配制：称取碘化钾 0.5g、碘 0.3 g，溶于 100ml 蒸馏水中，临用再加蒸馏水稀释 200 倍）。

五、实验步骤与方法

1. 取待检样品 $0.5cm^2$，置于一试管中，作好标记。同时作阳性及阴性对照。

2. 每支试管加 0.01% 淀粉液 0.1ml。

3. 置 37℃孵箱 1h。

4. 取试管内液体 1 滴，加碘液 1 滴，立即观察记录结果，不显蓝色为阳性，出现蓝色为阴性。

六、实验注意事项

唾液中含有大量的 α - 淀粉酶，能够水解淀粉内部的 α - 1.4 苷键，使淀粉水解为糖。淀粉遇碘呈蓝色，而糖遇碘不显蓝色。当于检材中加入淀粉溶液，再加碘，如显蓝色，说明检材中不含淀粉酶，未将淀粉分解，检材不是唾液（斑）。如不显蓝色，则说明检材中含有淀粉酶，将淀粉分解成糖，检材可能是唾液（斑）。

七、实验作业

说明唾液淀粉酶测定的原理。

实验十七　骨骼检查

一、实验目的

掌握骨的基本结构；了解人骨与动物骨的区别。

二、实验内容

1. 人骨的确定。

2. 人骨与动物骨的鉴别。

3. 人骨 ABO 血型测定。

三、实验要求

掌握人骨与动物骨在基本结构上的区别，了解骨的 ABO 血型测定方法。

四、实验器械与材料

1. 器材：骨锯、细砂磨石、显微镜、载玻片、盖玻片。

2. 试剂：95% 酒精、二甲苯。

3. 材料：已知人骨、已知动物骨、骨样材料。

五、实验步骤与方法

1. 骨的确定。

（1）肉眼检查。一般来说，完整的骨骼较容易认定。而对残碎的骨块则需认真检查，可根据有无骨干、骨骺、关节面及骨表面的嵴、凹、沟、孔等特征确定。剖面是否有密质骨、松质骨及骨髓腔等。

（2）显微镜检查。将可疑骨锯成薄片后，再用油石研磨成薄片，可在显微镜下检查有无骨陷窝、骨小管、哈佛氏系统等组织学特征。

骨的确定由上述两种方法一般不难确定。在法医现场条件不足时，也可用烧灼方法做初步检查：取检材一小块，用火烧灼，如是骨质，则失去光泽、重量减轻、变松脆。

2. 人骨与动物骨的鉴别。

（1）骨磨片显微镜检查。步骤如下：①制作骨磨片。横断面锯骨骼一小片，厚约 1~2 毫米，在细砂磨石上磨至能透过骨片看清字迹，用自来水冲洗干净。②脱水。将磨好的骨片，浸泡在 95% 酒精内室温下 5 分钟，烘干或自然挥干。③透明。浸泡在二甲苯室温下 5 分钟，烘干或自然挥干。④镜检。置载玻片上，显微镜下观察（表 4-2）。⑤确定为人骨后，用显微镜测哈佛氏管直径，估计年龄（表 4-3）。

表4－2　人骨与动物骨比较

人骨在显微镜下所见	动物骨在显微镜下所见
1. 哈佛氏管形态规则，多呈圆形，或椭圆形。	1. 哈佛氏管小，形态不规则，多呈长圆形。
2. 围绕哈佛氏管周围的骨板层排列规则，哈佛氏管系统间界清楚。	2. 相反
3. 人长骨标本在180倍镜下每视野平均哈佛氏管为7~9个。	3. 动物骨在同倍镜下每视野哈佛氏管数量为：
	羊　17~19个
	猪　15~17个
	牛　10~12个
	狗　14~16个
	鸡　34~37个
	鸭　24~27个

表4－3　年龄与哈佛氏管直径的关系

年龄	哈佛氏管直径（微厘）
新生儿	27~28
10岁	35
20	38
30	40
40	42
50	43~44
60	45
70	47
80	49

（2）生物学检验。包括以下步骤：①制骨粉浸出液。被检骨锉成骨粉，称取约2~5克的骨粉，放入试管内，加生理盐水，置室温下24小时或4℃冰箱过夜或温箱内2小时，离心沉淀取上清液备用。②沉淀环反应。取抗人血清（或抗人球蛋白）加入沉淀管底2厘米左右，再取骨粉浸出液重叠在沉淀素血清之上，形成一完整界面。③结果判定。两液界面处出现白色云雾状沉淀环的，为阳

性，此时被检骨为人骨。两液界面处无白色云雾状沉淀环出现的，为阴性，此时被检骨为兽骨。

3. 人骨 ABO 血型测定。

（1）用氯仿－甲醇抽提法。步骤如下：①取骨粉 5～10 克，放小蒸发皿内，加入丙酮 10 毫升，浸泡三分钟脱水后弃去丙酮。②加 10 倍乙醚浸泡 5 分钟脱脂，弃去乙醚。③加入氯仿－甲醇（2:1）液 10 倍量浸泡，把糖脂质成分抽提到纱布纤维上，干燥后做解离试验。

（2）骨粉粘贴法做介离试验。步骤如下：①取骨粉少量，加 10 倍量乙醚脱脂后，在 56℃温箱把骨粉烘干。②用透明胶纸（有胶面）贴取骨粉，制成骨粉纸备用。③剪取 5 毫米 ×1 毫米大小骨粉纸两片，分别加入抗 A、抗 B 血清吸收（血清效价 128 以上，浸泡时间为冰箱（4℃）中浸泡 2 小时。

六、实验注意事项

在对骨进行生物学检验时，在抗人血清和骨粉浸出液两液界面处出现白色云雾状沉淀环时，一般判定结果为阳性，即被检骨为人骨。但是，如果被检骨很陈旧或曾经被其它化学物质破坏过，其蛋白成分变性，结果可能是阴性。这时不要误以为阴性就是动物骨，要综合分析。

七、实验作业

请比较人骨与动物骨在基本结构上的区别。

实验十八　DNA 检验

一、实验目的

了解血液 DNA 的提取方法；了解 PCR 反应原理及过程。

二、实验内容

1. 新鲜血液 DNA 的提取。

2. 血痕 DNA 的提取。

3. 聚合酶链式反应（PCR）。

三、实验要求

了解血液 DNA 的提取原理，了解聚合酶链式反应（PCR）原理。

四、实验器材

试剂：柠檬酸钠、红细胞裂解液（0.2% Nail）、STE（100mM Tris－Hcl PH8.0，1mM EDTA PH8.0）、10% SDS、10mg/ml 蛋白酶 K、饱和酚、氯仿—异

戊醇混合液（24:1）。

五、实验步骤与方法

1. 新鲜血液 DNA 的提取。

（1）将柠檬酸钠抗凝血以 3000rpm 离心 5～15 分钟，去血浆。

（2）用 2～3 倍体积的红细胞裂解液（0.2% Nail）稀释，在冰浴中放 10 分钟，使红细胞充分溶血。

（3）以 3000rpm 离心 10 分钟，弃上清液，沉淀用红细胞裂解液反复洗几次，直到上清几乎透明无色为止。

（4）沉淀加 STE（100mM Tris－Hcl PH8.0，1mM EDTA PH8.0）充分悬浮，每毫升全血大约加 1ml STE。

（5）加 10% SDS 至终浓度 0.5%；10mg/ml 蛋白酶 K 至终浓度为 100ul/ml，混匀，55℃水浴保温 3～5 小时或 7℃水浴过夜，保温期间混匀多次。

（6）加入等体积的饱和酚抽提一次，轻轻摇动 5 分钟，10 000rpm 离心 5 分钟，水相移至另一离心管中，抽提两次。

（7）加入等体积氯仿—异戊醇混合液（24:1）抽提一次，回收水相。

（8）加入 1/10 体积的 3M NaAh（PH5.2）混匀，2.5 倍预冷（－20℃）的无水乙醇混匀，即可见絮状大分子 DNA 析出。10 000rpm 离心 10 分钟，去上清液（或用细玻棒挑出絮状 DNA 至 1.5 ml 离心管中）。

（9）向沉淀中加入预冷的 70% 乙醇 0.5 ul，洗涤 DNA 一次，离心去上清液，真空抽干。

（10）向沉淀中加入适量的 TE 缓冲液，使大分子 DNA 逐渐溶解，DNA 浓度以 0.5～1.0 为宜，4℃保存备用或 －20℃长期保存。

2. 血痕 DNA 的提取。将附着有血痕的载体浸泡入适量 STE 缓冲液中，加入 DTT、SDS 和蛋白酶 K 使其终浓度分别为 39M、2% 和 100ug/ul。55℃水浴保温过夜。将载体与浸泡液分离，用等体积饱和酚/氯仿抽提。

3. 聚合酶链式反应（PCR）。

（1）PCR 技术的原理：PCR 是一项非常简单的 DNA 体外合成放大技术，在某中程度上相似于生物体内的 DNA 复制过程。在复制过程中，首先是 DNA 的螺旋链松解成为两条单链，然后以母体单链为模板，在 DNA 聚合酶的催化下，合成与母链互补的 DNA。DNA 的基本原理就是依据复制的全过程，首先根据目的 DNA 两侧顺序，采用 DNA 合成仪合成 2 条特异的寡核苷酸引物，分别和目的 DNA 的两条链的两侧互补，并且 3′一端相向对应。当双链 DNA 经加热变性形成单链后，两条特异引物就会结合到两条单链 DNA 的相应部位，成为引物单链 DNA 复合物，在 dNTP 存在下，DNA 聚合酶使引物延单链模板延伸成为双链 DNA。反复这些过程，即 DNA 热变解链、引物与单链模板 DNA 退火、和引物延伸，使体外合成能大量扩增。

（2）DNA 的变性：将待扩增的双链 DNA 加热，使其解离为两条单链的过程称为变性。从理论上讲，在 80℃左右，DNA 双链之间的所有氢链均能断开，完全分离成为单链，而且 DNA 链的完整性在中性 PH 下仍能保持的很好。PCR 就是利用 DNA 分子的这个特点使 DNA 双链解离，以单链状态存在于反应溶液中。当温度适当降低，小分子的引物便会结合到两条单链的模板上。

（3）引物与 DNA 单链结合（退火）：用 PCR 的引物是人工合成的寡核苷酸，其长度一般在 17～25bp 之间，其碱基顺序是根据待扩增的 DNA 片段的两侧顺序设计的。引物的作用在于起动 DNA 链的聚合。在 PCR 过程中，通过适当降低温度，使启动 DNA 合成的引物与单链模板 DNA 结合，形成单链 DNA—引物复合物，这时每条引物的 3′一端的下游区为待扩增的目的 DNA。退火为下一步 DNA 合成步骤做好准备。在引物的设计中要求两个引物的序列不能相互互补，引物本身也不应有回文序列以形成自身的发夹结构。

（4）引物的延伸（DNA 合成）：DNA 聚合酶作用下，dNTP 在一定温度下按照与模板序列互补的顺序，结合到引物的 3′—OH 基团，使引物从 5′→3′延伸，形成一新的双链 DNA，使目的 DNA 得到合成，引物本身也是 DNA 新生链的一部分。

以上解链、退火、引物延伸三个步骤就是聚合酶链反应的一个完整过程。这三步骤称为一个循环，在理论上每进行一次 PCR 循环，DNA 总量就会增加一倍，进行几个周期后，DNA 总量为原始的 2^n。这个过程反复进行，一般通过 20～30 个循环之后，目的 DNA 就会被大量扩增。

六、实验注意事项

PCR 反应可因许多原因导致不能得到理想的结果以致失败。常见的影响因素有以下几种：

1. 模板 DNA。PCR 是一种非常灵敏的 DNA 分析技术，仅用极其微量的 DNA，甚至单个细胞的 DNA 就可以进行实验分析。为了确保 PCR 反应的顺利进行，样品应尽可能的纯净。应尽量除去蛋白质、血红素等，更不能含有酚、氯仿等有机溶剂。另外模板 DNA 应充分变性，变性不完全的模板 DNA 双链之间会迅即退火，使扩增的效率降低。

2. 引物。引物是 PCR 反应的关键因素，直接影响 PCR 的实验结果。一般引物为 15~30 个碱基的寡核苷酸，与模板 DNA 的 3′端的序列互补。在设计引物时，要求引物之间的碱基顺序不能互补，特别是在 3′端，否则易形成引物二聚体。引物内部不应形成二级结构。G 和 C 的含量对于引物与模板之间结合力有直接影响，因此，G+C 含量一般以 40~60 为佳。所以，引物设计通常应采用计算机进行检索分析。

引物退火的温度和时间取决于引物的碱基组成、长度和浓度。适宜的退火温度是低于引物本身的实际变性温度（Tm）5℃。在标准的引物浓度下，提高退火温度可增加特异性。

引物延伸的时间取决于靶序列的长度、浓度以及延伸温度。通常采取 72℃进行延伸，靶序列较长、浓度较低时，延伸时间可增加。

3. DNA 聚合酶。这是目前普遍应用的。它是科学家们从一种水生耐热菌菌体中分离出来的，这种酶不但热稳定性好，而且合成效率高。其功能是：在 PCR 反应系统中，以变性 DNA 为模板，从分别结合的目的 DNA 两端的引物出发，按 5′→3′的方向，沿着模板顺序合成 DNA 新链。

Tap DNA 聚合酶的用量一般为在 100 ul 反应液中加 1~2.5 单位。酶浓度太高会有非特异产物的生成，酶浓度太低，产物达不到预期的产量，不同来源的 Tap DNA 聚合酶的活性会有差异，可按厂家提供的条件使用。

4. dNTP 浓度。贮存液必须保存中性 PH7.0。在标准的 PCR 反应中，每种 dNTP 的浓度是 20~200uM。高浓度的 dNTP 可以增加碱基错误掺入的可能性，低浓度时反应速度下降，扩增产物产量降低。重要的是每种 dNTP 的浓度必须相等，以减少错配率。

5. Mg^{2+} 浓度。Mg^{2+} 是酶的激活剂，直接影响 Tap DNA 聚合酶的活性，浓度太低，就没有 PCR 产物产生，太高又会导致非特异性产物。因此，在 PCR 系统中确定 Mg^{2+} 的最适浓度是必要的。通常使用的绝对浓度以 1.5~2.0mM 为宜。在含有 EDTA 的反应体系中，应适当调整，否则会降低 Mg^{2+} 的有效浓度。

6. "平台"效应。PCR 循环的最适次数主要决定于目的 DNA 的初始浓度。循环次数太少，得不到一定的产物量；而循环次数太多时，在扩增反应的后期，会使产物积累的指数率下降甚至继续扩增非特异性产物，正常的反应几乎停止，这就是所谓的"平台"效应。因此，在其他因素确定最适条件下，通常采用 25~30 个循环周期。

七、实验作业

说明 PCR 反应原理以及影响 PCR 反应的因素。

第五章
微量物证与毒品检验

实验一 炸药定性分析

一、实验目的

1. 学习化学法对炸药残留物中 NO_3^-、ClO_3^-、S^{2-} 和 NH_4^+ 进行检验的方法；

2. 学习用薄层色谱和气相色谱法分析有机炸药时对色谱条件的选择；

3. 掌握用薄层色谱法和气相色谱法对梯恩梯、黑索金、特屈儿、太安等单质有机炸药进行检验的方法。

二、实验原理

炸药的种类很多，常见炸药既有硝基类、硝胺类和硝酸酯类等单质有机炸药，又有黑火药、氯酸盐炸药和硝铵类炸药等混合炸药。由于它们在组成、结构上的差异，导致它们性质上也各不相同，可以通过化学分析或仪器分析等方法的检验，得出明确的鉴定结论。

（一）炸药残留物中某些无机离子的初步检验

待测离子与某些试剂作用，可生成具有特征颜色或具有特殊形状、气味的离子、化合物或结晶，根据这些外观上的明显区别，可以达到用化学法检验炸药的目的。本实验中各种离子发生的部分化学反应如下：

1. 硝酸根的检验。

（1）马钱子碱反应。马钱子碱的浓硫酸试剂与硝酸盐混合时，硝酸根将马钱子碱分子中的邻位甲基氧化，形成红色的邻位醌式衍生物。其反应为

图 5 – 1

（2）硫酸亚铁反应。硝酸根在浓硫酸存在时，与硫酸亚铁作用生成棕色络合物。其反应为：

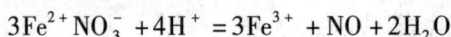

$$3Fe^{2+} + NO_3^- + 4H^+ = 3Fe^{3+} + NO + 2H_2O$$

$$FeSO_4 + NO = [Fe（NO）SO_4] \qquad （棕色）$$

（3）硝酸灵反应（化学显微结晶法）。硝酸灵溶解于 5% 醋酸溶液，遇 NO_3^- 生成白色沉淀。其反应为：

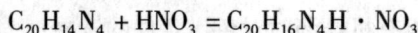

$$C_{20}H_{14}N_4 + HNO_3 = C_{20}H_{16}N_4H \cdot NO_3$$

2. 氯酸根的检验。

（1）硫酸锰—浓磷酸反应。在浓磷酸溶液中，氯酸根与硫酸锰受热生成紫红色的二磷酸合锰络离子（加二苯胺基脲可提高该反应的灵敏度）。其反应为：

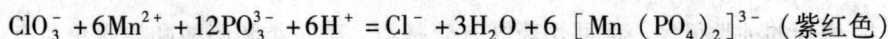

$$ClO_3^- + 6Mn^{2+} + 12PO_3^{3-} + 6H^+ = Cl^- + 3H_2O + 6[Mn（PO_4）_2]^{3-} \quad （紫红色）$$

（2）亚硝酸钠反应。氯酸根在酸性介质中被亚硝酸根还原，生成的氯离子遇银离子产生白色氯化银沉淀。其反应为：

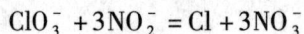

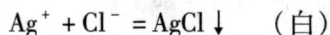

$$ClO_3^- + 3NO_2^- = Cl^- + 3NO_3^-$$

$$Ag^+ + Cl^- = AgCl \downarrow \qquad （白）$$

3. 硫离子的检验。

（1）碘—氮化钠反应。在紫色的碘—氮化钠溶液中，存在着如下反应：

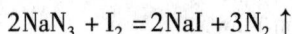

$$2NaN_3 + I_2 = 2NaI + 3N_2 \uparrow$$

因该反应速度极慢，不易见到溶液紫色褪去和气泡生成。当有 S^{2-}、CNS^-、$S_2O_3^{2-}$ 存时，对此反应起催化作用，便于观察溶液褪色及生成气泡的现象（生成的硫化物沉淀同样可催化此反应）。

（2）亚硝酰铁氰化钠反应。在碱性介质中，硫离子与亚硝酰铁氰化钠反应，生成紫红色物质（加酸至介质呈酸性时，颜色褪去），其反应为：

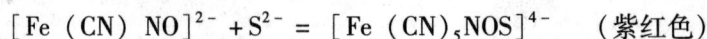

$$[Fe（CN）NO]^{2-} + S^{2-} = [Fe（CN）_5NOS]^{4-} \qquad （紫红色）$$

4. 铵离子的检验。

（1）萘氏试剂反应。含铵离子的检液与萘氏试剂作用生成黄色沉淀。其反应为：

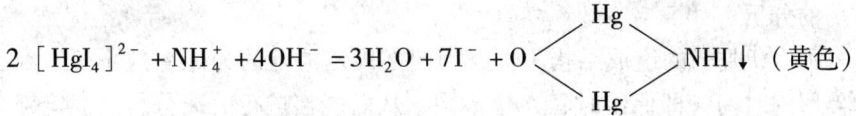

$$2\left[HgI_4\right]^{2-}+NH_4^++4OH^-=3H_2O+7I^-+O\underset{Hg}{\overset{Hg}{\diamond}}NHI\downarrow （黄色）$$

（2）气室法。铵离子在强碱性介质中加热放出氨气，使湿润的红色石蕊试纸变蓝。

（3）氯化对硝基重氮苯反应。铵离子与氯化对硝基重氮苯试剂作用生成红色产物。其反应为：

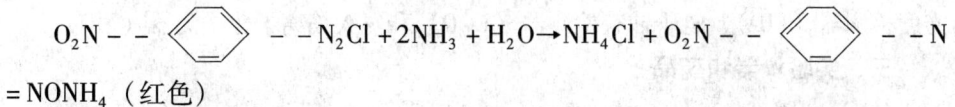

$$O_2N--\langle\bigcirc\rangle--N_2Cl+2NH_3+H_2O\rightarrow NH_4Cl+O_2N--\langle\bigcirc\rangle--N$$

$=NONH_4$（红色）

（二）薄层色谱法检验常见有机单质炸药

梯恩梯、黑索金、特屈儿和太安是四种常见有机单质炸药，它们都是弱极性物质，极性从大到小的次序为：黑索金（RDX）＞特屈儿（CE）＞太安（PETN）＞梯恩梯（TNT）。薄层分析的效果取决于选用的展开剂，通常根据被分离物质的性质来确定，选择的展开剂既要对被分离物质有一定的解吸能力（但又不能太大），又要对吸附剂有一定亲合能力。

薄层色谱法分析常见有机炸药时常用的展开剂有：

正己烷；

苯；

石油醚：丙酮＝9∶1；

石油醚：丙酮＝4∶1；

正己烷：苯＝1∶1；

正己烷：丙酮＝7∶3；

正己烷：丙酮＝2∶1；

苯∶石油醚＝5∶1等。

梯恩梯和太安炸药常采用中等极性或低极性的展开剂，特屈儿和黑索金炸药常采用中等极性或略高极性的展开剂。

薄层色谱法分析常见有机炸药时常用硅胶 G 作吸附剂。

（三）气相色谱法检验常见有机单质炸药

炸药残留物中有机炸药含量少、杂质干扰大，用一般理化检验很难满足要求。气相色谱法具有分离效果好、灵敏度高等优点，故适用于爆炸残留物中有机炸药的分析。

各种有机炸药的组成结构不同，因此在固定液上的分配系数不等，在色谱柱内停留的时间（即保留时间）也不同，从而能够进行分离分析。固定液和检测器是决定分离分析效果的重要因素。选择固定液的依据通常是分析对象的极性大小和沸点高低，即选择的固定液既要考虑二者极性相似相溶使分离效果好，还要考虑柱温，使被测组分充分气化，而固定液又不流失，常用 10% SE－30 和 2%～3% OV－17 等。检测器的选取则根据被测物质的组成和结构而定，常用火焰光度检测器（FID）、电子捕获检测器（ECD）和氢火焰离子化检测器（FlD）。

三、实验仪器和药品

（一）仪器

水浴锅、酒精灯、载玻片、表面皿、烧杯（10ml；50ml）、玻璃棒、药匙、毛细管、牙签、量筒（25ml；100ml）、点滴板、玻璃板（15cm×15cm）、漏斗、滴管、试管、离心试管、具塞试管、试管架、石蕊试纸、滤纸、石棉网、铁夹、铁圈、铁架台、层析缸、喷雾器、微量注射器、紫外线灯、离心机、托盘天平、分析天平、实体显微镜、烘箱。

（二）药品

1. 一般试剂。包括：0.05% 马钱子浓硫酸试剂、浓硫酸、硫酸亚铁固体、尿素固体、1% 二苯胺基脲乙醇液、6mol/l 硝酸、5% 硝酸银、5% 亚硝酸钠、0.05M 碳酸锌（或碳酸镉）、5% 氢氧化钠、3% 亚硝酰铁氰化钠、10% 硫酸、浓盐酸、对氨基二甲代苯、0.05mol/l 三氯化铁、30% 氢氧化钠、0.05mol/l 硝酸汞、硅胶 G、丙酮、正己烷、苯、石油醚。

2. 特殊试剂。

（1）5% 二苯胺乙醇液：称取 5g 二苯胺，先用少量乙醇溶解，然后用乙醇稀释至 100ml。

（2）50%～70% 乙二胺丙酮液：取 50ml～70ml 乙二胺液用丙酮稀释至 100ml。

（3）硫酸锰—浓磷酸试剂：饱和硫酸锰水溶液与浓磷酸等体积混合。

（4）硝酸灵醋酸溶液：取 1g 硝酸灵溶于 10ml 5% 醋酸中。

（5）0.1mol/l 碘液：取 3g 碘化钾溶于 3ml 水中，加入 0.38g 碘，充分振摇至全溶，然后加水至 30ml。

（6）碘—氮化钠试剂：取 0.1 克叠氮化钠溶于 30ml 0.1mol/l 的碘液中。

（7）萘氏试剂：取 1 克氯化汞溶于 70ml 水中，加碘化钾 3.5 克，再加 25% KOH 溶液 30ml 而制得。

（8）氯化对硝基重氮苯试剂。将 1 克对硝基苯胺加在 2ml 浓盐酸和 20ml 蒸馏水中并加热溶解，然后加 160ml 蒸馏水稀释。冷却后，加 20ml 2% ~ 5% 亚硝酸钠溶液振摇至全部溶解。

3. 检材液、样品液及样品。

（1）检材液：称取爆炸尘土检材 5g ~ 10g 于烧杯中，用去离子水浸泡搅拌 10 分钟后过滤。再提取一次，将两次提取液合并后浓缩为 1ml ~ 3ml 的检液供检。

（2）样品液：取分析纯的 $KClO_3$、NH_4NO_3、Na_2S 等药品，用去离子水溶解配成浓度为 0.1mol/l 的样品液。

（3）样品：梯恩梯（TNT）、黑索金（RDX）、特屈儿（CE）、太安（PETN）。

四、实验内容

（一）炸药残留物中某些无机离子的初步检验

1. 硝酸根的检验。

（1）马钱子碱反应。取检液 2 ~ 3 滴和浓硫酸 6 ~ 8 滴于试管中，加新配制的马钱子碱试剂 2 ~ 3 滴。若有 NO_3^- 存在，则呈玫瑰红色，渐变为橙色。

说明：① 边加马钱子碱试剂，边观察、记录系统颜色的变化。② NO_2^- 是干扰离子，加入过量的（体积为检液的 3 ~ 4 倍）浓硫酸，可排除其干扰。

（2）硫酸亚铁反应。加 10 滴检液于试管内，再加少许硫酸亚铁固体，振摇使其大部分溶解。然后将试管倾斜，沿管壁慢慢滴入浓硫酸 6 ~ 8 滴，若有 NO_3^- 存在，则在两液体接触面出现棕色环。

说明：① 加入硫酸亚铁固体的量要以使检液成为其饱和溶液且有少量未溶解为宜。② 沿管壁加入浓硫酸时，要避免振荡并注意观察。③ NO_2^- 是干扰离子，排除方法：检液酸化后，加少量尿素搅拌并加热，使 NO_2^- 分解。其反应式为：

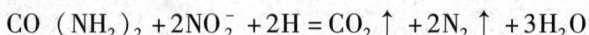

$$CO(NH_2)_2 + 2NO_2^- + 2H = CO_2\uparrow + 2N_2\uparrow + 3H_2O$$

（3）硝酸灵反应（化学显微结晶法）。取 1 ~ 2 滴碱液于载玻片上，滴加硝酸灵溶液 1 ~ 2 滴，若有沉淀生成，则挥干后在实体显微镜下观察晶体的形状。若结晶为白色细长针刺状，则碱液中含有 NO_3^-。

说明：① 硝酸灵溶解于 5% 醋酸溶液，遇 NO_3^- 生成白色沉淀。其反应为：

$$C_{20}H_{14}N_4 + HNO_3 = C_{20}H_{16}N_4H \cdot NO_3$$

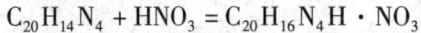

② 亚硝酸盐、溴及碘化物、草酸盐、氯酸盐、铁及亚铁氰化物等亦与硝酸灵生成不溶解的化合物，但晶型明显不同，显微镜下容易鉴别。③ 硝酸灵的醋酸溶液很不稳定，每隔三日须重新配制，若用甲酸代替醋酸，则其溶液较为持久。

2. 氯酸根的检验。

（1）硫酸锰—浓磷酸反应。在试管中加 5 滴检液，再加入 5 滴硫酸锰—浓磷酸试剂摇匀，然后在水浴上加热至沸。冷却后若出现红紫色，则可能有 ClO_3^- 存在。

说明：① 如果 ClO_3^- 离子含量很少，则颜色很浅，可加 1～2 滴 1% 二苯胺基脲乙醇液以提高反应灵敏度。② 边加热边观察反应中的颜色变化。③ 过二硫酸、亚硝酸、溴酸、碘酸及高碘酸的盐类对该反应有干扰。

（2）亚硝酸钠反应。取 5 滴检液于离心试管中，加 2 滴 6mol/l 硝酸酸化，再加 2 滴 5% 硝酸银试剂。若无白色沉淀，说明检液中无氯离子（如有则先离心除去），再加 2 滴 5% $NaNO_2$ 试剂，如果出现白色沉淀，则表示有 ClO_3^- 存在。

3. 硫离子的检验。

（1）碘—氮化钠反应。取 4 滴检液于试管中，加入紫色的碘—氮化钠试剂 1～2 滴，若紫色褪去并有大量气泡产生，示有 S^{2-} 存在。

说明：① CNS^-、$S_2O_3^-$ 等硫化物是干扰离子，可先逐滴加入 0.05mol/l $ZnCO_3$（或 $CdCO_3$）溶液将 S^{2-} 沉淀下来，而与干扰离子分开。② 将生成的 ZnS 或 CdS 沉淀离心分离，沉淀经充分洗涤后滴加碘—氮化钠试剂 1～2 滴，这些硫化物沉淀在该反应中的作用与 S^{2-} 相同。

（2）亚硝酰铁氰化钠反应。取检液 4 滴于试管内，加 5% 氢氧化钠溶液 4 滴，再加 4 滴 3% 亚硝酰铁氰化钠溶液，若溶液变为红紫色，再加入数滴 10% 硫酸，颜色褪去，示有 S^{2-} 存在。

（3）亚甲蓝试验。取检液 2 滴于点滴板内，加 1～2 滴浓 HCl 混合，然后将少许对氨基二甲代苯胺溶解于上述混合液中，再加 2 滴 0.05mol/l $FeCl_3$ 溶液，进行观察，约 2～3min 后有蓝色出现，示有 S^{2-} 存在。

4. 铵离子的检验。

（1）气室法。取检液 1ml 于表面皿中，加入 30% NaOH 数滴，盖上内壁附有用蒸馏水润湿的石蕊试纸的另一表面皿，然后在水浴上加热数分钟，若试纸变蓝，示有 NH_4^+ 存在。

说明：CN^- 在碱性溶液中加热会生成 NH_3，其反应为：

$$CN^- + 2H_2O \rightarrow COOH^- + NH_3\uparrow$$

所以 CN^- 是干扰离子。加入 Hg^{2+} 时与 CN^- 结合，可排除干扰。

（2）萘氏试剂反应。取检液 2~3 滴于点滴板上，滴加萘氏试剂 3~4 滴，若有黄色沉淀生成，示有 NH_4^+ 存在。

（3）氯化对硝基重氮苯反应。取检液 2~3 滴于点滴板上，加氯化对硝基重氮苯试剂 2~3 滴，并加 30% NaOH 2~3 滴，若溶液变为红色，示有 NH_4^+ 存在。

（二）薄层色谱法检验常见有机单质炸药

1. 样品液的制备。用牙签分别取小米粒大小的炸药样品于小烧杯中，各加 1ml 丙酮溶解备用。

2. 分析条件。

（1）吸附剂：硅胶 G。

（2）展开剂：① 正己烷:丙酮 = 4:1；② 苯:石油醚 = 5:1；③ 苯。

（3）显色剂：① 5% 二苯胺乙醇液；② 50% ~70% 乙二胺丙酮液。

3. 操作。

（1）点样：用毛细管取样品液点于薄层板上。

（2）展开：将点样后的薄层板置于加展开剂并已经达到气—液平衡的层析缸中展开。展开后取出，挥干。

（3）显色：① 在日光及紫外光下观察展开后薄层板上各样品斑点的个数、形状和颜色；② 喷显色剂后观察各样品斑点的个数、形状和颜色。

4. 记录。记录在日光、紫外光下及显色后观察到的各样品斑点的比移值、形状、颜色等数据及结果。

（三）气相色谱法检验常见有机单质炸药

1. 样品液及检液制备。

（1）样品液：将三种标样分别配成 0.1mg/ml 的溶液。

（2）检液：分别取梯恩梯（TNT）、特屈儿（CE）和黑索金（RDX）爆炸尘土 3~5g，加 10~20ml 丙酮浸泡 20 分钟左右过滤，再浸提一次，二次滤液合并浓缩到 1~5ml，供检。

2. 实验仪器。配有微处理机的气相色谱仪。

3. 色谱条件。

（1）色谱柱：1m×3.1mm 玻璃柱。

（2）固定液：10% SE－30；2% ~3% OV－17；2.5% QF－1＋5% DC－200。

（3）担体：Chromosorb W/AW DMCS（60~80目）。

（4）检测器：FID、ECD或FPD。

（5）柱温：190℃。

（6）气化温度：230℃。

（7）检测器温度：230℃。

（8）载气：高纯 N_2。

（9）载气流速：70~90ml/min。

4. 操作。开机、输入测试条件，待仪器进入工作状态后，用微量注射器分别取各样品液及检液0.1ml，注入色谱仪气化室内，进行检测。根据各种炸药的不同保留时间得出检验结果。

五、注意事项

（一）炸药残留物中某些无机离子的初步检验

1. 本实验所用试剂在检验检液之前，应当先用样品液作已知试验，这样既检验了试剂的灵敏度，又熟悉了试验现象。

2. 试验操作过程中，从加第1滴试剂起，就应认真观察，记录试验现象，以免漏掉。

3. 爆炸尘土中常见无机离子在自然界中也广泛存在，故一定要做空白试验。

（二）薄层色谱法检验常见有机单质炸药

1. 点样量要适宜，量大时出现拖尾现象，量小则检不出。

2. 薄层板的展开和挥干等操作要在通风橱内进行。

3. 展开后薄层板在日光及紫外光下的斑点情况要在照射后5~10min内观察，观察后的薄层板再进行显色。

（三）气相色谱检验常见有机单质炸药

1. 如用同一个注射器，每次取样前必须清洗干净并干燥后使用，以防污染。

2. 在测样品前，先做溶剂的气相色谱图。

3. 仪器的使用，要在教师的指导下进行，不准擅自操作。

六、思考题

1. 用碘—氮化钠反应检验 S^{2-} 的原理是什么？

2. 用亚硝酰铁氰化钠反应检验 S^{2-} 时，为什么加硫酸至酸性后，紫红色褪去？

3. 用亚硝酸钠反应检验 ClO_3^- 时，为何在加 $NaNO_2$ 试剂前先加 $AgNO_3$ 试剂？若加 $AgNO_3$ 后呈现阳性反应，应如何进行检验？

4. 分别用马钱子碱法和硫酸亚铁法检验 NO_3^- 时，干扰离子 NO_2^- 的排除为何使用不同的方法？还有其他的方法吗？

5. 用气室法检验 NH_4^+ 时，润湿的石蕊试纸可否用其他试纸代替？

6. 试根据爆炸尘土中检验出无机离子的种类，分析爆炸所用炸药的种类。

7. 薄层分析中对点样的操作有哪些要求？

8. 用混合溶剂做展开剂时，展开剂的极性参数如何计算？

9. 炸药分析为何常用玻璃柱？

10. 气相色谱法分析炸药时，常用哪几种检测器？为什么？

11. 柱温的选择应考虑哪些因素？

实验二 爆炸尘土中 NH_4^+ 和 NO_3^- 定量分析

一、实验目的

1. 学习紫外—可见分光光度计的操作；

2. 掌握用紫外—可见分光光度计测定 NH_4^+ 和 NO_3^- 的原理和方法。

二、实验原理

由于天然存在和人为活动等原因，自然界中很多地点和场所存在着数量不等的 NH_4^+ 和 NO_3^-。所以对爆炸现场上提取的检材，不但要进行 NH_4^+ 和 NO_3^- 的定性分析，而且还要进行定量分析，以确定爆炸现场是否为炸药爆炸所致。常用的定量分析方法是加入选定的试剂与 NH_4^+ 和 NO_3^- 作用生成有色化合物，然后借助紫外—可见分光光度计进行分析，在标准工作曲线上查出待测离子浓度，并经扣除空白值后，计算出因爆炸作用而产生的 NH_4^+ 和 NO_3^- 的量。

（一）NO_3^- 的测定。

1. 间苯二酚法。以间苯二酚为显色剂，在浓硫酸存在条件下与硝酸根生成黄色物质，然后根据其在 340nm 处的最大吸光度定量。

2. 偶氮反应法。用锌粉将 NO_3^- 还原成 NO_2^-，后者与对氨基苯磺酸及 a–萘胺作用生成紫红色化合物，然后根据其在 520nm 处的最大吸光度定量。

（二）NH_4^+ 的测定

1. 萘氏试剂法。测定 NH_4^+ 时，在酒石酸钾钠存在下，NH_4^+ 与萘氏试剂作用生成黄色物质，然后根据其在 390nm 处的最大吸光度定量。

2. 碱性酚比色法。用次氯酸盐和氨作用生成氯胺，氯胺再与酚类作用生成靛酚染料，在 630nm 处测量吸光度后进行定量。该方法可以用 10ml 具塞试管进行目视比色法测定。

三、仪器和药品

（一）仪器

1. 常用仪器：移液管、吸耳球、烧杯、50ml 和 1000ml 容量瓶、10ml 具塞试管、漏斗、滤纸、铁架台、药物天平、分析天平。

2. 分析仪器：紫外—可见分光光度计。

（二）药品

1. 一般试剂：硝酸钾、氯化铵、5% 间苯二酚、98% 硫酸、锌粉、a－萘胺—对氨基苯磺酸试剂（等体积混合而成）。

2. 特殊试剂：

（1）碱性酚：苯酚 25ml 溶于 50ml 水中，加苛性钠乙醇液 225ml（浓苛性钠溶液 100ml 和 125ml 无水乙醇），最后加水稀释至 500ml。

（2）碱性次氯酸钠：分别取 10g 苛性钠和四硼酸钠溶于 100ml 水中，加入次氯酸钠 300ml，用水稀释至 500ml。

（3）酒石酸钾钠试剂：称取 50g 酒石酸钾钠，用 100ml 热蒸馏水溶解，加入 5ml 碱性碘化汞钾试剂，摇匀，放置澄清，取上清液保存于棕色瓶中。

（4）萘氏试剂：参见"炸药的定性分析"。

3. 检材：硝铵炸药爆炸尘土和空白尘土。

四、实验内容

（一）NO_3^- 含量的测定

1. 间苯二酚法测定 NO_3^- 含量。

（1）NO_3^- 标准溶液的配制。准确称取干燥后的硝酸钾 0.1631g 于 1000ml 容量瓶中，加去离子水稀释至刻度，得 NO_3^- 浓度为 100μg/ml 的标准溶液

（2）NO_3^- 标准系列溶液的配制。取 10ml 具塞试管 7 只，分别用移液管吸取 NO_3^- 标准溶液 0.00、0.05、0.10、0.20、0.40、0.80、1.00ml，各加 5% 间苯二酚溶液 0.05ml 并摇匀，再滴加 98% 硫酸 2ml，边加边摇匀，冷至室温后用去离子水稀释至刻度，得到 NO_3^- 浓度分别为 0.0μg/ml、0.5μg/ml、1.0μg/ml、2.0μg/ml、4.0μg/ml、8.0μg/ml、10.0μg/ml 的标准系列溶液。

（3）标准工作曲线的绘制。分别取上述标准系列溶液于样品池中，用无 NO_3^- 的试液（即标准系列溶液中的 NO_3^- 标准液用去离子水代替）作参比液，在 340nm 处测其吸光度，然后以吸光度值为纵坐标，NO_3^- 浓度为横坐标作图，即

得到用该方法测定 NO_3^- 含量的标准工作曲线。

（4）爆炸尘土检材中 NO_3^- 的测定。取爆炸尘土检材 2.0g，用去离子水浸提 3 次（每次浸泡 5~10min），浸提液合并过滤后，定容为 50ml。取检材液 1ml 于 10ml 具塞试管中，加 5% 间苯二酚 0.05ml、98% 硫酸 2ml、稀释至刻度后进行测定。

（5）空白尘土中 NO_3^- 的测定。取空白尘上 2.0g，按测定检材的同样方法测量其 NO_3^- 的含量。

（6）检材中 NO_3^- 的计算。若用 A 和 A′ 分别表示在标准曲线上查得的检材和空白尘土中 NO_3^- 的含量，则因爆炸作用而产生的 NO_3^- 的量（C）用下式计算：

C（$\mu g/ml$）＝ $\left[(A - A') \times 10 \times 50 \right] / 2.0$

说明：爆炸尘土中除含有 NO_3^- 外，往往还有 NO_2^-、NH_4^+ 和 Cl^-，其中 NH_4^+ 和 Cl^- 对 NO_3^- 的检验无干扰（虽然在浓硫酸存在时，Cl^- 与间苯二酚反应生成的产物在 500nm 处有吸收，但不干扰 NO_3^- 在 340nm 处的吸光度值）。NO_2^- 的存在影响 NO_3^- 的测定，应当先用尿素除去后再进行检测。

2. 偶氮反应法测定 NO_3^- 含量。

（1）NO_3^- 标准溶液的配制。准确称取干燥后的硝酸钾 0.1631g 于 1000ml 容量瓶中，加 200ml 去离子水溶解后，加 0.75g 锌粉并振摇，再加去离子水稀释至刻度，然后静置还原 2h。

（2）NO_3^- 标准系列溶液的配制。取 10ml 具塞试管 7 只，分别用移液管吸取 NO_3^- 标准溶液 0.00、0.05、0.10、0.20、0.40、0.60、0.80ml，各加人 2ml 的 a—萘胺—对氨基苯磺酸试剂，然后用去离子水稀释至刻度。

（3）标准工作曲线的绘制。用无 NO_3^- 的试液作参比，分别测定标准系列溶液在 520nm 处的吸光度，然后绘制标准工作曲线。

（4）爆炸尘土检材中 NO_3^- 的测定。取爆炸尘土检材 2.0g，用去离子水浸提 3 次，浸提液合并过滤后，定容为 50ml。取检材 1ml 于 10ml 具塞试管中，加人适量锌粉，静置还原 2h 左右，再加入 2ml a—萘胺—对氨基苯磺酸试剂，用去离子水稀释至刻度后进行测定。

（5）空白尘土中 NO_3^- 的测定。取空白尘土 2.0g，按测定检材的同样方法测量其 NO_3^- 的含量。

（6）计算说明：NO_2^- 的存在明显干扰 NO_3^- 的检验，应先检测 NO_2^- 后再对 NO_3^- 进行检测。NO_2^- 的检验原理与 NO_3^- 的基本相同，只是不用锌粉还原而直接与对氨基苯磺酸及 a—萘胺作用，对生成的产物，根据其在 520nm 处的最大吸光度定量。

（二）NH_4^+ 含量的测定

1. 萘氏试剂法测定 NH_4^+。

（1）NH_4^+ 标准溶液的配制。准确称取 0.2972g 干燥后的氯化铵，于 1000ml 容量瓶中，加去离子水稀释至刻度，得 NH_4^+ 浓度为 100μg/ml 的标准溶液。

（2）NH_4^+ 标准系列溶液的配制。取 10ml 具塞试管 7 只，分别用移液管吸取 NH_4^+ 标准溶液 0.00ml、0.05ml、0.10ml、0.20ml、0.40ml、0.60ml、0.80ml，各加入酒石酸钾钠试剂及萘氏试剂 0.30ml，再加去离子水至刻度，充分振摇 15 分钟后测定。

（3）标准工作曲线的绘制。以无 NH_4^+ 的溶液作参比，在 390nm 处分别测标准 NH_4^+ 系列溶液的吸光度，然后绘制标准工作曲线。

（4）爆炸尘土检材中 NH_4^+ 的测定。取爆炸尘土检材 2.0g，用去离子水浸提 3 次，浸提液合并过滤后，定容为 50ml。取检材液 1ml 于 10ml 具塞试管中，加入酒石酸钾钠试剂及萘氏试剂各 0.30ml，加水稀释至刻度，摇匀，15min 后测定。

（5）空白尘土中 NH_4^+ 的测定。取空白尘土 2.0g，按测定检材同样的方法测量其 NH_4^+ 的含量。

（6）计算。从标准曲线上由吸光度 A 查得溶液浓度，按体积换算 NH_4^+ 含量。

2. 碱性酚比色法测定 NH_4^+。

（1）NH_4^+ 标准系列溶液的配制。取 10ml 容量瓶 7 个，分别取氯化铵标准溶液（100μg/ml）0.00ml、0.05ml、0.10ml、0.20ml、0.40ml、0.60ml、0.80ml，用去离子水稀释至 7ml，分别加入碱性酚 1.5ml，碱性次氯酸钠 0.5ml，加水稀释至刻度，混匀。

（2）标准工作曲线的绘制。以无 NH_4^+ 的溶液作参比，在 630nm 处分别测定标准 NH_4^+ 系列溶液的吸光度，以吸光度为纵坐标，氯化铵标准溶液体积为横坐标，绘制标准工作曲线。

（3）爆炸尘土检材中 NH_4^+ 的测定。取爆炸尘土提取液 1ml 于 10 毫升容量瓶中，加入 6ml 水，加碱性酚 1.5ml，碱性次氯酸钠 0.5ml，用水稀释至刻度，摇匀，15min 后在 630nm 处测定吸光度。

（4）空白尘土中 NH_4^+ 的测定。取空白土的提取液 1ml，放入 10ml 容量瓶中，按测定检材同样方法测定吸光度。

（5）计算 NH_4^+ 含量。

五、注意事项

1. 本实验所用试剂必须是新配制的。

2. 加入试剂后按要求及时测定，并使标准系列溶液与检材的试验条件一致。

3. 用移液管移取试液和称取试剂的量要精确，以保证试验结果的准确度。

4. 检材浸提时，每次要浸泡 5 ~ 10min。

六、思考题

1. 用偶氮反应法测定 NO_3^- 时，加入的锌粉要过量，为什么？

2. 用萘氏试剂法测定 NH_4^+ 时，为什么要加入酒石酸钾钠试剂？

3. 爆炸尘土中 NO_3^- 和 NH_4^+ 的量是否应相等？

4. 如何根据 NO_3^- 和 NH_4^+ 的含量进行炸药量的估算？

实验三　薄层色谱法鉴别文字色痕

一、实验目的

1. 学习和掌握文字色痕的薄层色谱分析方法。

2. 通过薄层色谱法鉴别同类文字色痕及部分样品的产地和牌号。

二、实验器材、试剂、实验样品

器材：烘箱、架盘天平、研钵、量杯、层析缸、玻璃板（15 厘米 × 15 厘米）、薄层板框架、毛细管、滤纸条、点滴板、剪刀。

提取剂：0.1% 草酸氢钾用于蓝黑墨水；50% 乙醇用于染料墨水和红印油；95% 乙醇用于园珠笔油；三氯甲烷用于印泥；去离子水用于墨汁。

吸附剂：硅胶 G。

展开剂：正丁醇:乙醇:水:冰乙酸（6:2:2:1）；正丁醇:浓氨水:水（4:1:1）；异戊醇:吡啶:浓氨水（1:1:1）；正丁醇:乙醇:浓氨水:吡啶（4:1:3:2）。

实验样品：不同厂家生产的红墨水 2 ~ 3 种、红印台油 2 ~ 3 种、红圆珠笔油 2 ~ 3 种、蓝黑墨水、炭素墨水、墨汁、印泥各数种。

三、实验内容、步骤

1. 薄层板的制备。每人称取 7 克硅胶 G，加 15 毫升水搅拌后铺两块 15 厘米 ×

15 厘米的薄板，晾干后 105℃活化半小时。

2. 色料提取。按样品编号剪取文字笔痕或色痕样品，置于白磁点滴板中，加少量提取剂反复提取，使笔划上的颜色溶解。遇有提取困难的色料，可放在小烧怀中在红外干燥器内或水浴中微微加热，然后再将溶液浓缩。

3. 点样。将活化后的两块薄层板取出，用截取的毛细管吸取浓缩后的检液，在薄层板上（距离薄层板下端 1.5 厘米，左、右边各为 1.5 厘米 ~ 2 厘米）少量多次地进行点样，点样的圆点直径以 2 毫米为宜，间距大于 1 厘米。

4. 展开。将配好的展开剂倒入层析缸中并轻轻晃动数次，以使层析缸中的展开剂的饱和度处在良好状态（目的是防止在展开过程中薄板出现边缘效应）。然后再将点样后的薄板放入层析缸中。色痕的硅胶 G 板一般放置角度与水平约成 15° ~ 20°角。展开剂浸没薄层板下端的高度约在 0.5 厘米 ~ 1 厘米。一般要求 Rf 值在 0.3 ~ 0.8 之间。若 Rf 值过大，则应减小展开剂的极性，若 Rf 值太小，甚至停留在原点附近，可适当提高展开剂的极性。

5. 鉴定分析结果。展开剂的前沿升至 13 厘米左右时，将板取出，待展开剂挥干后，观察薄层板上的斑点形态、颜色、Rf 值、荧光及斑点数量等实验现象，并做好记录（画图和文字说明）。

四、实验注意事项

1. 采用有机溶剂做提取剂时，浓缩时应在水浴上加热，防止燃烧。

2. 点样的圆点不能超过 3 毫米。如太大会引起区带扩散造成拖尾或分离不清。

3. 点样时不能在薄层板上造成凹穴，这样在展开时，溶剂上升必将绕着凹穴上升，而上升的速度在中心轴处较其相邻处慢，使分离点出现三角形区带，影响分离效果。

4. 点样浓度不易过浓或过稀。过浓时，会有相当部分的样品没经过层析作用而随溶剂流动，产生物质自由扩散，造成分离不清，长拖尾。浓度过稀，则往往会形成空心斑点，形态不整或不能检出。

5. 薄层板上的原点不得浸入展开剂中。

6. 展开时要在通风厨内进行，待展开剂挥干后移出通风厨。

7. 相邻的两个同学分别选用不同的两种展开剂，比较展开剂效果。

实验四　天然纤维形貌检验

一、实验目的

1. 学习用生物显微镜法观察天然纤维的表面形貌及横切面状态，掌握各种天然纤维形貌特点及相互区分的依据，学会进行鉴别天然纤维的方法。

2. 学会使用哈氏切片器切割纤维横切面的方法，掌握切割纤维横切面的技术。

3. 了解天然纤维具有的荧光性质。

4. 学习检验棉花成熟度的方法。

二、实验器材、试剂、实验样品

器械：生物显微镜（目镜 10× 或 l6×，物镜 10× 或 40×）、哈氏切片器、酒精灯、紫外灯、载玻片、盖玻片、滤纸条、分离针、镊子、刀片（刮胡刀片或手术刀片）、剪刀。

试剂：甘油乙醇液（1:1）、乙醇、火棉胶或加拿大树胶、1%刚果红水溶液、1% NaOH、18% NaOH。

已知纺织纤维：棉、大麻、黄麻、亚麻、羊毛、兔毛、驼毛、柞蚕丝、桑蚕丝等。

三、实验内容、步骤

1. 荧光试验。将纤维样品单根或数根放在定性滤纸上，编上号，放在紫外灯下观察有无荧光现象发生，记录之。

2. 纤维形貌检验。将数根纤维分别放在载玻片上，滴上一滴甘油乙醇溶液，盖上盖玻片，用滤纸条擦净盖玻片周围甘油乙醇液，放在显微镜载物台上，放大 100 倍或 160 倍下观察纤维表面形貌，并编号，将形貌图画在记录本上，写出各种纤维的形貌特点。为了保存试片，可用火棉胶将盖玻片四周封固。

3. 纤维横切面检验。将纤维剪成 3 毫米长的一束，用镊子夹取放到哈氏切片器的样品孔隙中，填满孔隙部分，用固定塞杆压紧，在纤维上下各滴一滴火棉胶液，待 3~5 分钟火棉胶液干固后，用刀片平削纤维多余部分，将哈氏切片器上面顶针对准样品，轻轻转动其上螺丝（顺时）至手感有阻力为止，固定旋转螺丝，这时仍按顺时针方向转动 2 个小格，可看到样品孔下面顶出很薄一层，将火棉胶固定，待干后，用刀片放平削去，再顺时针转 2 格，重复上述固定切除手续至第 3~4 片，用刀削下高出部分，并用镊子放在载玻片上，滴上一滴甘油乙醇液，盖上盖玻片，用滤纸条擦净盖玻片四周溶液，放在显微镜载物台上，放大 100~160 倍，观察纤维横切面的形态，必要时可放大 300~540 倍，棉花呈肾型，麻呈多边型聚集在一起，蚕丝为楔型。在同倍显微镜下比较不同种类之间和同种类间的形貌差异，画在记录本上，切好的横切面可用火棉胶封固盖玻片四周。

4. 棉纤维成熟度检验。根据不同成熟度棉纤维用碱处理后接受染料的能力不同，从而可判断成熟度情况。取棉纤维少许放在载玻片的一头，加水或 1% 氢氧化钠液浸泡并在酒精灯上煮沸，滴水冲洗纤维后再滴乙醇冲洗纤维，用滤纸吸干乙醇液后，在纤维上加 18% 的氢氧化钠水溶液浸泡 5 分钟，用滤纸吸干碱液，滴加水冲洗纤维，在纤维上加 1% 刚果红水溶液一滴，在酒精灯上加热几分钟使纤维染色。滤纸吸干染液，用水冲洗纤维后，将染色后的纤维放在载玻片上，加一滴甘油乙醇液，用分离针拨至纤维成平行排列状态，并分散在载玻片上呈互不重叠的单根状态，盖上盖玻片（二块或大盖玻片）并盖满纤维，每块盖玻片上有 100 根纤维为佳。放在生物显微镜下，调至某一载玻片端头，并逐步移动至另一头，数着色不同颜色的纤维根数。成熟纤维呈鲜红色，并呈无扭曲的圆筒状；不完全成熟的呈鲜红色，呈有扭曲的扁平的带状；死亡纤维无色，呈扁平的带状，一般要数 200~300 根纤维后，才可计算出该纤维所含成熟纤维若干，这在棉纤维的同一认定时很有必要。请将检验棉纤维成熟度结果写于记录本上。

四、注意事项

1. 纤维样品检验中要编号，防止混乱。
2. 火棉胶固定纤维粘度不易太大，如果太稠可加无水乙醇稀释。
3. 纤维镜检时要用甘油—乙醇液固定，以防丢失并使于观察形貌。
4. 使用哈氏切片器要按仪器说明步骤，严禁顶针加压过头或丢落零件，使用后要清擦干净并回零位，放入盒中。
5. 横切面厚度是否适宜与顶针螺丝加压有关，也与刀片放平切割有关。

实验五 金属发射光谱对比检验

一、实验目的

1. 了解原子发射光谱分析的基本原理；
2. 初步掌握波长扫描电感耦合等离子体发射光谱，用于金属物证的对比检验方法。

二、基本原理

激发态原子向基态跃迁时，放出能量，能量以辐射的形式表现，经分光产生发射光谱。不同元素的原子结构不同，所产生的光谱不同。原子光谱由分立的谱线组成。根据谱线的波长和强度，分别对元素进行定性、定量分析。

三、仪器设备、试剂、检材

（一）仪器设备

1. 电感耦合等离子体发射光谱仪（Baird 2070）1 台；

2. 天平（最小分度值 0.1mg）1 台；

3. 电炉或电热板 1 只；

4. 烧杯（100ml）；

5. 容量瓶（500ml 和 100ml）等。

（二）试剂

盐酸（37%，AR）、双氧水（30%，AR）、硫酸（98%，AR）、硝酸（68%，AR）、稀盐酸（1:4，V/V）、稀硝酸（1:3.5，v/v）、王水（盐酸:硝酸 =1:3，v/v）。

（三）检材

1. 普通钢筋、铝合金、不锈钢各两种；

2. 块状检材称量前先用手提电钻或在车床上从不同部位用适当直径的洁净钻头钻取，收集金属丝和屑，在 105℃ 的烘箱中干燥 2~3 小时。

四、实验内容

1. 分别准确称取试样 0.2500g，加 20~30ml 的稀盐酸在电热板上加热至全部溶解，然后蒸发干；用 25ml 盐酸溶解浸润残渣，转移到 250ml 容量瓶中，定容，分别得到钢筋、铝合金和不锈钢检材的储备液。储备液中检材的含量皆为 1000mg/l。

分别将 0.5ml 的检材储备液和 5ml 的盐酸加入到 6 个 100ml 的容量瓶中，用二次蒸馏水定容，得到含检材 5ml 的工作溶液 100ml。

2. 在实验人员的指导下开机，调节仪器工作条件，待仪器稳定后（约需 20~30min）进样测定。

3. 作出各检材的光谱图。

4. 对照标准谱图或谱线表，确定检材中的元素成分。

五、注意事项

1. 检材的溶解一般用稀盐酸，或再加入少量双氧水。如不行也可以试用稀硝酸、王水、浓硫酸等，酸不够可适当再添加；溶解样品时要在烧杯上盖一表面皿，防止样品溅出；转移样品时，用少量二次蒸馏水将溅在表面皿下面的样品冲洗下来。

2. 等离子体发射光谱仪是大型精密分析仪器，使用前要对仪器原理、构造和操作方法有足够的了解，并在实验人员的指导下严格按操作规程、步骤进行实验。

六、思考题

1. 原子发射光谱分析的依据是什么？
2. 根据什么原则来选择用波长扫描光谱仪还是用多道光谱仪？

实验六 毒物检验中安眠镇静药物薄层色谱分析

一、实验目的

1. 掌握安眠镇静药物的中毒检材的提取方法；
2. 掌握安眠镇静药物的薄层色谱检验方法。

二、实验原理

安眠镇静药物分为酸性、碱性、中性和两性有机药物。不同种类的药物需在不同的酸、碱性条件下，用有机溶剂进行分离提取，将提取液与安眠镇静药物标准液对照，达到分析目的。

但是吩噻嗪类药物不稳定，陈旧的原药物常发生变化；另外进入生物体内的原药物也发生变化，用薄层色谱分析出现许多斑点，与已知样品很难对照。然而将陈旧的原药物或生物检材中提取的药物用1:1硝酸氧化成亚砜，将已知标准品亚砜和检样亚砜对照，即可达到分析目的。

三、仪器设备、试剂、样品

（一）仪器设备

薄层板、层板缸、毛细管、具塞三角烧瓶、分液漏斗。

（二）试剂

1. 2mol/L盐酸、2:3硫酸、4mol/L氢氧化钠、0.1mol/L高锰酸钾溶液、无水乙醇、乙醚、甲苯、乙酸乙酯、二乙胺、环己烷、丙酮、三氯甲烷；

2. 0.2%二苯偶氮碳酰肼乙醇液：0.2g二苯偶氮碳酰肼溶于100ml的95%的

乙醇中，于棕色瓶中贮存；

3. 硫酸汞溶液：5g 氧化汞溶于 200ml 的 1:10 硫酸中。

（三）样品

1. 标准溶液：巴比妥类、吩噻嗪类药物标准溶液；

2. 模拟检材：在茶叶水（酒类）或模拟胃内容物中，加一定剂量的巴比妥类药物或吩噻嗪类药物。

四、实验内容

（一）模拟检材的分离提取

1. 取 5ml 添加巴比妥类药物的茶叶水（或酒类）中加入 2mol/L 盐酸调 pH = 2，加 20ml 乙醚溶液分两次提取，合并提取液，备检；模拟胃内容物中加入 2ml 无水乙醇至检材呈絮状，然后加入 2mol/l 盐酸调 PH = 2，用乙醚提取，备检。

2. 取 5ml 添加吩噻嗪药物的模拟检材，按上述方法用 4mol/l 氢氧化钠调 pH = 2，用乙醚提取，备检。

（二）薄层色谱分析

1. 色谱检验巴比妥类药物条件。

（1）吸附剂：硅胶 G。

（2）展开剂：①甲苯:丙酮 = 8:2；②三氯甲烷:无水乙醇 = 18:1；③三氯甲烷:环己烷:二乙胺 = 7:2:1。

（3）显色剂：①0.1mol/L 高锰酸钾水溶液；②硫酸汞—二苯偶氮碳酰肼溶液。

2. 检测吩噻嗪类药物的条件。

（1）吸附剂：硅胶 G；

（2）展开剂：①苯:乙酸乙酯:二乙胺 = 17.5:6:1.5；②苯:环己烷:二乙胺 = 15:75:20。

（3）显色剂：2:3 硫酸。

3. 操作程序。

（1）用毛细管将巴比妥类药物乙醚提取液及标准溶液点于薄层板上，然后在展开剂中展开；展开后的薄层板，挥干展开剂后喷显色剂。硫喷妥和速可眠喷高锰酸钾溶液，显黄色斑点（灵敏度 2mg），再喷二苯偶氮碳酰肼，显蓝紫色斑点（灵敏度 0.2mg）。

（2）用毛细管将吩噻嗪类药物乙醚提取液及标准溶液点于薄层板上，用微量注射器取 1:1 硝酸 5ml，分别点在吩噻嗪原药物和检样原点上，至不显红色为止；点样后的薄层板进行展开；展开后的薄层板自然挥干溶液，然后喷 2:3 硫酸，斑点显红色。

五、思考题

1. 是否可以用加热法挥干提取液中乙醚？
2. 检验噻嗪类药物时，加入硝酸的目的是什么？

实验七　有机磷杀虫剂的薄层色谱分析

一、实验目的

1. 了解有机磷杀虫剂的提取净化方法；
2. 掌握薄层色谱分析法检验有机磷杀虫剂的操作技术及显色原理。

二、实验原理

由于各种有机磷杀虫剂的化学结构各异，因而与不同的化学试剂有不同的显色反应，从而达到鉴别有机磷杀虫剂种类的目的。

三、实验器材、样品、试剂

1. 器材：硅胶 G 薄层板、层析缸、喷雾瓶、毛细管、恒温水浴、漏斗、分液漏斗。

2. 样品。

（1）有机磷杀虫剂标样：敌敌畏、敌百虫、磷胺、甲胺磷、三硫磷、马拉硫磷、乐果、甲拌磷、内吸磷、杀螟松、对硫磷、甲基对硫磷的 2 毫克/毫升丙酮溶液。

（2）检液：有机磷杀虫剂的中毒检材（含上述杀虫剂之一）。

3. 试剂：石油醚、丙酮、苯、氯仿、环己烷、无水硫酸钠、中性氧化铝、活性炭、0.5% 二氯醌氯亚胺乙醇、溴、5% 醋酸、溴酚蓝试剂、氯化钯试剂、1% 间苯二酚乙醇液、5% 氢氧化钠乙醇液、2% 4 -（对硝基苄基）—吡啶乙醇溶液（每周新配）、10% 乙二胺丙酮溶液。

四、实验内容

（一）有机磷杀虫剂的提取与净化

检材若为含水较少的内脏组织、胃内容物、呕吐物、吃剩的饭菜等，取 10 ~ 20 克，根据需要将检材剪碎置于研钵中，少量多次加入无水硫酸钠（防止结块），研磨至干沙状，加 10 ~ 20 毫升氯仿浸提，用带滤纸的漏斗过滤，于

60℃以下恒温水浴中浓缩，供检。

检材若为饮料、菜汤、水等液体，取20毫升检材和10毫升氯仿，放入分液漏斗中直接提取。有机层置于60℃以下恒温水浴中浓缩，供检。

一般提取液可直接进行分析，若含杂质较多，可用5～10克Ⅲ级活性中性氧化铝（如色素较深可加0.5克活性炭）层析柱净化。提取液中若含水分，可在柱顶放一装5～10克无水硫酸钠的漏斗，先用氯仿淋洗柱，弃去预淋洗液，然后将提取液经无水硫酸钠漏斗通过净化柱，再用10毫升氯仿淋洗，接收淋洗液，于水浴中浓缩，供检。

（二）薄层色谱分析

1. 条件。

（1）附剂：硅胶G。

（2）展开剂：① 氯仿:丙酮＝9:1；② 环己烷:丙酮＝4:1；③ 环己烷:氯仿＝1:1；④ 苯:环己烷＝4:1；⑤ 苯:石油醚:丙酮＝7:2:1。

（3）试剂：①溴酚蓝—醋酸试剂；② 0.5%二氯醌氯亚胺乙醇液；③ 5%氯化钯试剂；④ 1%间苯二酚—氢氧化钠试剂；⑤ 2% 4—（对硝基苄基）—吡啶乙醇溶液。

2. 点样。分别用毛细管将有机磷杀虫剂标样和检材提取浓缩液点在硅胶G薄层板上，点样时毛细管轻轻接触薄板，要少量多次，使点样后的斑点直径不超过2～3毫米；各样品要点在同一条直线上，且相互要有一定的间距，离薄板底线1～2厘米；待干后置层析缸中展开。

3. 展开。按上述5种展开剂的配方配制好展开剂，于展开缸中静置饱和后，放入点好样的薄板，密封，展开。上述薄板可同样点5块，放在5种不同展开剂中展开，也可把实验人员分为5组，每组选一种展开剂进行实验。

4. 显色。把展开好的薄板取出，待展开剂挥干后显色。有机磷杀虫剂的显色方法很多，可根据有机磷杀虫剂的化学结构而选择。

（1）含硫有机磷杀虫剂显色法。

第一，溴酚蓝—醋酸法。在展开后挥干的薄板上喷雾溴酚蓝—硝酸银试剂至板面出现均匀蓝色，然后在60～80℃烘箱中加热5～10分钟，取出薄板观察结果，再喷雾5%醋酸溶液至背景为浅黄色，再观察结果，比较斑点颜色变化，测量并记录Rf值，含硫有机磷杀虫剂与溴酚蓝—硝酸银作用，在蓝色背景上出现黄色或紫色斑点，遇酸后呈蓝色或紫色，背景变黄色。

溴酚蓝—硝酸银试剂：0.05克溴酚蓝溶于10毫升丙酮中，再用1%硝酸银丙酮水溶液（丙酮:水＝1:3）稀释至 100 毫升。

第二，二氯醌氯亚胺—溴法。喷雾 0.5％二氯醌氯亚胺乙醇液，稍干，于溴蒸气中薰 0.5～1 分钟，观察并记录显色结果，计算出 Rf 值。含硫有机磷杀虫剂与二氯醌氯亚胺作用，经溴氧化后生成红、黄或橙色。

第三，氯化钯法。喷雾氯化钯试剂于薄板上，观察并记录结果，测其 Rf 值，然后将薄板置 100℃烘箱中加热 30 分钟，再观察结果。含硫有机磷杀虫剂在酸性条件下与氯化钯作用，生成 1:1 或 1:2 复合物，呈黄或黄褐色。

氯化钯试剂：0.5 克氯化钯用 1 毫升浓盐酸溶解，再加水至 100 毫升。

（2）不含硫有机磷杀虫剂显色法——间苯二酚—氢氧化钠法。先喷 1％间苯二酚乙醇液，再喷 5％氢氧化钠乙醇液，稍加热后观察并记录结果，计算 Rf 值。含多卤代甲烷基的有机磷杀虫剂，在碱性条件下水解生成二氯乙醛，二氯乙醛与间苯二酚反应生成红色化合物。

（3）有机磷杀虫剂通用型显色剂——4—（对硝基苄基）—吡啶法。喷雾 2％ 4—（对硝基苄基）—吡啶乙醇溶液，干后置 120℃烘箱中加热 20 分钟，取出放冷，再喷 10％乙二胺丙酮液，观察并记录结果，记录 Rf 值。有机磷杀虫剂与 4—（对硝基苄基）—吡啶作用，在弱碱性条件下生成蓝色染料。

10％乙二胺丙酮溶液:乙二胺:丙酮＝9:1 混合，新配。

五、注意事项

1. 实验中皮肤不要接触有机磷杀虫剂，若不慎接触，速用碱性肥皂清洗，使有机磷杀虫剂分解。

2. 大部分有机磷杀虫剂对热不稳定，易挥发、分解，所以在检材提取净化及浓缩等操作过程中，必须在较低的温度下进行。

3. 实验完成后将手洗净。

六、思考题

1. 有机磷杀虫剂提取的原理和方法与不挥发性有机毒物有何不同？

2. 有机磷杀虫剂在提取净化过程中需注意哪些问题？

3. 有机磷杀虫剂薄层显色法各受哪些杂质干扰？如何排除？

实验八　金属毒物化学定性分析

一、实验目的

在金属毒物中，砷、汞化合物占主要地位，通过实验掌握砷、汞化合物化学定性分析的原理和方法。

二、实验器材、样品及试剂

1. 器材：生物显微镜、载玻片、酒精灯、三角烧瓶、恒温水浴、小试管。

2. 样品及试剂：砷、汞中毒检材；铜片或铜丝、锌粒、碘、浓盐酸、浓硝酸、乙醇、碘化亚铜悬浮液、溴化汞试纸、乙酸铅棉。

三、实验内容与原理

（一）金属毒物的预试验—雷因希氏法

1. 原理。在盐酸溶液中，砷、汞化合物能与金属铜作用，生成单质状态或铜化物而沉积在铜表面，其表面沉积物的颜色因元素不同而异。砷化物使铜表面变成黑色，汞化物使铜表面变成银白色。

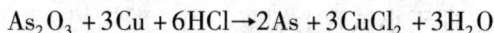

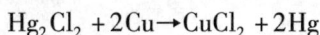

$$As_2O_3 + 6Cu + 6HCl \rightarrow Cu_3As_2 \downarrow + 3CuCl_2 + 3H_2O$$

$$As_2O_3 + 3Cu + 6HCl \rightarrow 2As + 3CuCl_2 + 3H_2O$$

$$HgCl_2 + Cu \rightarrow CuCl_2 + Hg$$

$$Hg_2Cl_2 + 2Cu \rightarrow CuCl_2 + 2Hg$$

2. 操作。

（1）称取中毒检材约 10 克，剪碎，放入 100 毫升三角烧瓶中，加适量蒸馏水调至稀粥状，然后加 1 毫升浓盐酸。

（2）取空白组织检材同上操作，做空白对照试验。

（3）取化学纯铜片（2 毫米 × 10 毫米），置于稀硝酸中洗去其氧化层，再用蒸馏水洗净铜片表面的硝酸。

（4）将处理过的铜片放入盛有酸性检材的三角烧瓶中，然后置酒精灯上小火或水浴中煮沸 0.5 ~ 1 小时，取下烧瓶稍冷，取出铜片，用蒸馏水冲洗，用干净的滤纸吸去水分，再用无水乙醇清洗，晾干，观察铜片颜色变化。将阳性铜片保存在干净的小试管内，待进一步对沉积物进行确证。

（二）砷的确证试验

1. 升华试验。

（1）原理。砷经加热易氧化升华，生成八面体或正四面体的三氧化二砷结晶体。

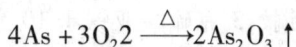

$$4As + 3O_2 \xrightarrow{\triangle} 2As_2O_3 \uparrow$$

（2）操作。将上述经清洗过的铜片，再用无水乙醇小心洗涤至无油腻为止，晾干，剪成小块，放入干燥洁净的小试管中，置酒精灯上小心缓缓加热，若有砷存在试管的上部，则有白霜样有光泽的结晶，置显微镜下观察，结晶呈八面体或正四面体。

2. 古蔡氏反应。

（1）原理。砷化物在酸性溶液中，可被新生的氢气还原为砷化氢，砷化氢遇溴化汞试纸生成黄色至棕褐色斑点。

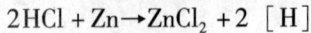

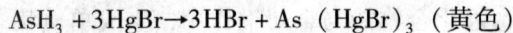

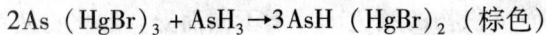

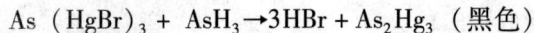

$2HCl + Zn \rightarrow ZnCl_2 + 2[H]$

$As_2O_3 + 12[H] \rightarrow 2AsH_3 \uparrow + 3H_2O$

$AsH_3 + 3HgBr \rightarrow 3HBr + As(HgBr)_3（黄色）$

$2As(HgBr)_3 + AsH_3 \rightarrow 3AsH(HgBr)_2（棕色）$

$As(HgBr)_3 + AsH_3 \rightarrow 3HBr + As_2Hg_3（黑色）$

（2）操作。把雷因希氏试验呈阳性结果的铜片置于小试管中，加 1 毫升蒸馏水，加浓盐酸数滴和锌粒 2 克，立即于小试管上端塞一团乙酸铅棉，管口上盖一张溴化汞试纸，放置，此时检液中有气泡产生，待反应完全，观察溴化汞试纸的颜色变化。

乙酸铅棉：将脱脂棉浸入 10% 乙酸铅溶液中，取出，挤干多余溶液晾干即成。

溴化汞试纸：将滤纸剪成直径约为 2 厘米的圆形纸片，浸入 5% 溴化汞乙醇液中，取出晾干即成，保存于暗处。

（三）汞的确证试验

1. 碘化汞升华法。

（1）原理。汞与碘作用，生成黄色或红色的碘化汞菱形结晶。

（2）操作。将雷因希氏法所得铜片干燥后，放入小试管中，加细砂粒大小碘，在小火上缓缓把管底加热，此时见有紫红色蒸气上升；若铜片上有汞，则在小试管上部冷却处有碘化汞结晶凝集，冷却后置显微镜下观察，热时呈黄色菱形片结晶，冷却后变为红色。

2. 碘化亚铜法。

（1）原理。碘化亚铜与汞作用，生成橙红色碘化亚铜汞。

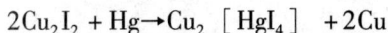

$2Cu_2I_2 + Hg \rightarrow Cu_2[HgI_4] + 2Cu$

（2）操作。碘化亚铜悬浮液制备：溶 5 克硫酸铜、3 克硫酸亚铁于 10 毫升水中，缓缓加入含有 3 克碘化钾的 50 毫升水溶液，所得的沉淀即为碘化亚铜。过滤，用水洗至白色，移入棕色瓶中，加少量水制成悬浮液。

在滤纸上滴加碘化亚铜悬浮液，置于表面皿内，将洗净、晾干的雷因希氏法所得到的铜片放在碘化亚铜斑痕上，然后用另一表面皿覆盖。0.5～1 小时后，若有汞存在，碘化亚铜斑痕变成橙红色。

四、注意事项

1. 雷因希氏试验的反应液中，盐酸的浓度要保持在 2%～8% 之间；在反应过程中要时刻观察铜片变化，若已明显变化，即停止加热，否则生成物较厚易脱落。

2. 升华试验是否成功，关键在于升华的温度和时间的控制；汞的升华试验中，碘不可多加，否则生成物变暗影响观察。

3. 砷的古蔡氏反应灵敏度较高，要做空白对照试验，以防干扰。

五、思考题

1. 进行金属毒物的定性分析时，生物性检材不需要有机质破坏即可直接进行分析，为什么？

2. 毒物的雷因希氏预试验受哪些因素的干扰？如何排除？

3. 酸铅棉在砷的古蔡氏反应中的作用是什么？

实验九　常见毒品的现场快速检验

一、常见毒品的现场初检

鸦片、吗啡、海洛因、安非他明、甲基安非他明、大麻及可卡因的现场初检。

（一）实验目的

1. 掌握鸦片、吗啡、海洛因、安非他明、甲基安非他明、大麻及可卡因的外观特征。

2. 掌握鸦片、吗啡、海洛因、安非他明、甲基安非他明、大麻及可卡因的现场初检方法。

（二）实验原理

根据鸦片、吗啡、海洛因、安非他明、甲基安非他明、大麻及可卡因的外观特征和化学性质的不同，可对其进行现场初步鉴定。

（三）实验器材、样品、试剂

1. 器材：毒检管、毒检试纸、喷雾瓶及毒品检测箱。

2. 样品：鸦片膏、粗制吗啡、海洛因、安非他明、甲基安非他明、大麻及可卡因。

3. 试剂：见毒品现场检验箱内试剂。

（四）实验内容

1. 外观检验：分别取各检材样品少许，于自然光下观察，嗅闻。记录其结果。

2. 显色反应：分别取检材样品各少许（或少量），按有关说明进行操作；记录反应结果，并与说明上的标准色卡进行比对，从而初步判断检材样品中所含毒品种类。

（五）注意事项

1. 现场初检时，切勿用手触摸或口尝检材，以防毒品中混有剧毒物质。

2. 显色反应不是专一反应，对其他物质也可能呈阳性反应。

3. 由于产地不同，大麻树脂的颜色也不同，如北非的为黄褐色，地中海东部的为红褐色；地中海东北部的为深绿色，常见的是棕色。

4. 大麻油不能用水稀释，若加水稀释则会发生乳化现象。

（六）思考题

1. 简述初制吗啡的制造过程。

2. 试写出海洛因的合成路线。

3. 合成安非他明、甲基安非他明、MDA 及 MDMA 的原料有哪些？其合成路线怎样？

4. 试写出具有法庭意义的大麻成分及其缩写，简述大麻油的提取过程。

5. 合成可卡因的主要原料是什么？其合成路线怎样？

二、常见毒品的化学筛选法检验

（一）鸦片、吗啡及海洛因

1. 马奎斯（Marquis）氏实验。

（1）实验目的。掌握用甲醛—硫酸反应检验鸦片、吗啡及海洛因可能存在的方法。

（2）实验原理。鸦片中吗啡、蒂巴因、那可汀、可待因成分及海洛因与马奎斯（Marquis）氏试剂反应显阳性。

（3）实验设备、样品、试剂包括：① 反应板、玻璃棒、耳勺。② 鸦片膏、粗制吗啡、可待因、罂粟碱、蒂巴因、那可汀及海洛因的单一粉末。③ R1：8 ~ 10 滴甲醛加在 10ml 冰醋酸中；R2：浓 H_2SO_4。

（4）实验内容。用耳勺取少量鸦片在反应板孔中；加 2 滴水，用玻璃棒将样品调匀；取一滴水溶液到反应板的另一孔中；加一滴试剂 R1；加 3 滴试剂

R2。观察颜色变化。对于其他样品，操作同上。样品：鸦片、吗啡、海洛因、可待因、蒂巴因、罂粟碱、那可汀。

（5）注意事项。检验鸦片时，如果棕色掩盖了紫红色的出现，可适当减少检材样品，再重复进行实验。检验罂粟碱时，可能会显现蓝色或紫色，说明样品中可能混有杂质。

2. 亚硒酸实验。

（1）实验目的。掌握用亚硒酸实验检验鸦片、吗啡及海洛因可能存在的方法。

（2）实验原理。吗啡、海洛因、可待因、蒂巴因等与亚硒酸试剂反应显阳性。

（3）实验设备、样品、试剂。包括：① 反应板、玻璃棒、耳勺。③ 吗啡、海洛因、可待因、蒂巴因单一粉末。③ R1：0.25g 亚硒酸溶于 25ml 冰醋酸中；R2：浓 H_2SO_4。

（4）实验内容。将少量吗啡、海洛因、可待因、蒂巴因于不同反应板孔中；各加 1 滴试剂 R1，加 3 滴试剂 R2，观察颜色。样品：吗啡、海洛因、可待因、蒂巴因。

（5）注意事项。该反应有干扰，当出现相似的或别的颜色时，可能含有其他控制或非控制药物。

（二）安非他明及其衍生物

1. 甲醛 - 硫酸实验（Marquis Test，马奎斯实验）。

（1）实验目的。掌握安非他明及其衍生物的甲醛 - 硫酸实验检验方法（Marquis Test，马奎斯检验法）。

（2）实验原理。由于安非他明及其衍生物化学性质的不同，因而它们与 Marquis（马奎斯）试剂反应所显现的颜色不同。此可对安非他明及其衍生物进行初步鉴定。

（3）实验器材、样品、试剂。包括：① 滴管、药勺、滴定板、量筒等。② 安非他明、甲基安非他明及其他衍生物检材样品。③ 马奎斯（Marquis）试剂：取 2～3 滴 40% 的甲醛和 3ml 浓硫酸混合。

（4）实验内容。分别取少量检材样品（粉末状样品：1～2mg，液状样品：1～2 滴）置于滴定板反应孔中，逐滴加入马奎斯试剂（不超过 3 滴）。样品：安非他明、甲基安非他明、MDA、MDMA。

（5）注意事项。该反应不是专一反应，其对其他物质也可能呈阳性反应。

2. 没食子酸实验。

（1）实验目的。掌握安非他明及其衍生物的没食子酸检验方法。

（2）实验原理。由于含有亚甲二氧基环状结构的化合物遇没食子酸试剂会呈现出特有颜色反应，而一些安非他明的衍生物含有亚甲二氧基环状结构。根据所呈现的特有颜色反应，可对这些安非他明的衍生物进行初步鉴定。

（3）实验器材、样品、试剂。包括：① 滴管、药勺、滴定板、量筒等。②安非他明及其衍生物检材样品。③ 取 0.1g 没食子酸溶于 20ml 浓硫酸中。

（4）实验内容。分别取少量检材样品置于小试管中，加一滴没食子酸试剂。样品：MDA、MDMA。

（5）注意事项。没食子酸试剂要现配，即使用时再配。

（三）大麻

1. 快蓝 B 实验。

（1）实验目的。掌握用快蓝 B 实验检验大麻可能存在的方法。

（2）实验原理。大麻植物、树脂及油能与快蓝 B 试剂反应呈阳性。

（3）实验器材、样品、试剂。包括：① 耳勺、滤纸等。② 大麻植物（粉末）、大麻树脂及大麻油。③ R1：快蓝 B 盐与无水硫酸钠按 1∶100 混匀；R2：石油醚（60℃ ~80℃）；R3：10%（w/w）碳酸氢钠水溶液。

（4）实验内容。取一张滤纸，对叠成四层并打开成漏斗状；放少量样品在滤纸中心；加 2 滴石油醚，使可疑样品浸透到滤纸底部，挥干底部溶剂；加少量试剂 R1 在滤纸底部中央；加 2 滴碳酸氢钠液在试剂 R1 上，用耳勺混匀并浸到滤纸底部，观察记录滤纸中心颜色。样品：大麻植物、大麻树脂、大麻油。

（5）注意事项。样品中大麻含量越高，颜色越红。

2. 香草醛 – 乙醛实验。

（1）实验目的。掌握用香草醛—乙醛实验检验大麻可能存在的方法。

（2）实验原理。大麻植物、树脂及油与香草醛—乙醛呈阳性反应。

（3）实验器材、样品、试剂。包括：① 玻璃试管、振荡器等。② 大麻植物粉末、大麻树脂及大麻油。③ R1：将 0.4g 香草醛（香兰素）加到 20ml 95% 的乙醇中使其溶解，再加 0.5ml 乙醛；R2：浓盐酸；R3：氯仿等。

（4）实验内容。取少量样品于试管中；加 2ml（约 50 滴）试剂 R1 并振摇试管 1min；加 2ml 浓盐酸，振摇数秒钟后放置；如果在 2 ~3min 内出现颜色，加 2ml 氯仿，缓慢振动试管、静置分层并观察记录颜色。样品：大麻植物、大麻树脂、大麻油。

（5）注意事项。包括：① 试剂 R1 必须放在阴凉处，如果发现试剂变成深黄色，应重新配制。②仅有少数的自然物质，具有相同的反应。

（四）可卡因——硫氰酸钴实验

1. 实验目的。掌握可卡因的硫氰酸钴检验方法。

2. 实验原理。可卡因在一定条件下遇硫氰酸钴会呈现出特有颜色反应，根据此反应可初步鉴定可卡因。

3. 实验器材、样品、试剂。

（1）试管、药匙、天平、量筒等。

（2）可卡因检材样品。

（3）R1：6mol/lHCl；R2：将 25g 硫氰酸钴溶于 100ml 水中。

4. 实验内容。取少量可卡因样品置于一洁净试管中，加一滴试剂 R1，摇匀后再加一滴试剂 R2 混匀。样品：可卡因。

5. 注意事项。安眠酮、海洛因、苯环己哌啶（PCP）及某些非控制药物会出现相似的颜色。

（五）思考题

1. 采用马奎斯试验对鸦片及吗啡进行初步鉴定时，应注意哪些问题？

2. 使用马奎斯试剂、亚硒酸试剂能否将海洛因与吗啡初步区分开？

3. 试列出对马奎斯试剂呈阳性反应的物质及其反应的颜色。

4. 试列出对没食子酸试剂呈阳性反应及其反应的颜色。

5. 试比较大麻的快蓝 B 与香草醛—乙醛的实验效果。

第六章

犯罪现场勘查

实验一 模拟室内盗窃案现场勘查

一、实验目的

培养学生综合运用所学现场勘查知识和刑事科学技术知识，完成现场勘查的操作能力和思考问题、解决问题的思维能力，掌握室内现场勘查步骤、方法和要求，学会寻找、发现、提取有关痕迹物证常用的技术和方法。

二、实验原理

现场是案件信息的记录场所，案犯在现场作案都有一个活动过程，并且在现场及周围地带还可能留下一些痕迹、物证；现场勘查就是通过观察、搜索以及技术的方法发现和研究痕迹的形成原因、物证的来源等，再现案犯活动过程、分析案犯人身特点，为侦查破案划定范围并提供证据。

三、实验内容

1. 设计室内盗窃案现场。

2. 受理案件，确定现场指挥员，组织力量赶赴现场，组织分工，开展勘查，写出勘查报告。

四、实验设备和器材

布置现场的房屋两间，保险柜、文件柜、办公桌、木椅、沙发、电脑等办公物品；刑事案件现场勘查箱、静电吸附器、多波段光源、强光手电、照相器材（相机、胶卷、闪光灯、三角架）、通讯器材、绘图工具、作案工具、保护现场所用的器材以及现场勘查笔录纸等。

五、实验步骤和方法

（一）巡视现场，划定勘查范围

巡视观察现场是勘查的第一步，室内现场观察的顺序一般是先观察室内，再观察室外。然后确定中心现场、中心部位和外围现场，室内现场的现场中心部位大都在室内，是勘验的重点。

（二）确定勘查的顺序

室内现场的勘查顺序有以下几种：

1. 先勘查现场中心，后勘查现场外围。如果某些痕迹物证由于时间、温度、下雨、下雪、刮风等因素的影响，可能发生变形、破坏、消失时，也可以先勘查外围，再勘验中心。

2. 从作案人在现场上的进出口处开始勘查。这种方法可以防止进出口处的痕迹物证受到破坏，也是勘查检查使用的一种方法。

3. 沿着室内各种物体陈列的顺序进行勘查。通常以房屋的进出口为勘查检验的起点。然后沿着室内物体排列的顺序，按顺时针或逆时针方向旋转式进行勘查。

4. 分片、分段、分层勘查。

以上四种勘查顺序，勘查时灵活选用。

（三）勘查方法

1. 勘查进出口。

（1）全面检查现场上的门窗、玻璃。询问有关人员，弄清发生案件前后，所有门窗关闭情况，玻璃是否完整，然后对门窗、玻璃进行全面检查。如果发现有破损的玻璃，要查清破损的时间、原因。重点检查作案人破坏的部位并寻找有关物证。

（2）检查门锁是否完好。对锁的检查，先要弄清门上有几把锁，如果是挂锁，是否都在，有无更换。还要检查锁上、门上、门框上、锁扣上有无撬压痕迹。如果是暗锁，要拆卸暗锁检查锁舌、锁芯上面有无新鲜擦划痕迹和遗留物。

（3）检查门窗内外有无痕迹物证。检查门窗内外有无足迹、蹬踩痕迹、泥土和其他物证。

（4）寻找指纹。仔细检查进出口处的门窗、玻璃、拉手、锁以及窗台内外等障碍物和已打碎的玻璃上有无指纹，发现了指纹要及时提取，然后认定是否犯罪遗留。

2. 勘验被盗财物的地点。这是盗窃现场的中心部位，也是作案人进行作案活动的主要地方。现场上能反映出翻动、撬压破坏、触摸、搬运等作案过程，留有较多的痕迹和一些物证。

(1) 寻找和发现犯罪遗留的足迹。作案人在室内行走或蹬踩各种物体时，会留下平面足迹。由于承受客体表面的光洁度不同、作案人所穿鞋子底部的磨损程度不同，现场上遗留足迹有的清晰，有的模糊不清。利用各种光线和仪器，在作案人行走和可能蹬踩的物体上仔细寻找遗留的足迹。

(2) 寻找和发现犯罪遗留的手印。利用各种光线观察作案人可能触摸、翻动、移动、搬运的物体，还可利用仪器以及理化方法对潜在的手印进行显现。

(3) 细致检查现场上遗留的各种破坏工具痕迹。检查痕迹遗留的部位、方向、形态、种类，判断是哪种工具遗留的。

(4) 弄清现场上哪些物体或物品发生了变动。

(5) 寻找和发现犯罪遗留物。注意寻找犯罪可能遗留的泥土、烟头、作案工具和瓶、罐及残留的食物。

3. 勘查现场外围。作案人在入室作案之前，可能在房屋周围行走徘徊，或者隐藏在不易被发现的地方进行窥视，伺机作案。现场外围部分可能遗留犯罪足迹、运输工具痕迹、攀蹬痕迹或烟头、纸张等遗留物，应注意观察分析；有时在作案人逃跑的路线上，可能发现作案人丢弃或失落的赃物。在城镇街道发生的入室盗窃案，要注意分析作案人选择的作案时间、地点环境与作案目标之间的联系，作案人是否熟悉现场，是否当地人或流窜犯作案。

六、实验要求

按照现场勘查的规范程序进行操作。针对具体现场环境、态势，正确划定勘查范围、确定勘查顺序、明确勘查重点；运用刑事科学技术，认真寻找、发现、提取有关犯罪痕迹物证，做好现场勘查笔录，绘制现场方位图和现场平面图等，拍摄好现场照片。

七、实验作业

每组同学制作完成一份规范的现场勘查笔录，格式如下：

1. 绪言。包括受理报案的情况介绍；赶赴现场的情况介绍；现场的保护情况；参加现场勘查的指挥人员和侦查技术人员的姓名、单位、职务、职称；被邀请的见证人姓名、性别、职业和住址；现场勘查时的气候条件及起始时间。

2. 叙事部分。包括现场的具体地址；现场所处的地理位置、周围环境；现场的建筑结构、内部状态；对现场中心及相关场所进行勘查过程中所见的情况；现场上遗留痕迹、物证的详细情况。

3. 结尾部分。包括现场勘查结束的时间；现场提取痕迹物品的名称、数量；现场拍照的内容、数量，录像的内容和数量；绘制现场图的种类和数量；现场勘查人员及见证人的单位、职务及签名；现场勘查笔录的制作时间。

实验二　模拟室外命案现场勘查

一、实验目的

掌握室外命案现场的勘查步骤、方法和要求，了解室外命案现场勘查的组织分工，学会室外现场勘查的组织指挥，制定勘查计划。

二、实验内容

1. 依据"案情"设计室外杀人现场。

2. 受理案件，确定现场指挥员，组织力量赶赴现场，组织分工，开展勘查，写出勘查报告。

三、实验器材

刑事案件现场勘查箱、法医勘查箱、照相器材（相机、胶卷、闪光灯、三角架）、通讯器材、照明设备、绘图工具、人体模具、各种作案工具、凶器、绳索、保护现场所用的器材以及现场勘查笔录纸等。

四、实验步骤和方法

（一）巡视现场，划定勘查范围

1. 巡视观察现场。

2. 确定中心现场和外围现场。现场中心部位的特征是：①能反映出作案目标；②现场遗留的痕迹物证数量较多，分布比较集中；③多数现场能反映实施犯罪过程；④有明显的犯罪后果。外围现场的特征是：①与中心部位紧密相连，是犯罪现场的一部分；②可能留有足迹、交通工具和拖拉、搬运等痕迹，还可能留有某些遗留物；③能反映作案人进出现场的来去方向和路线。如果一起案件有两个以上犯罪现场，它是联系其他现场的"桥梁"。

（二）确定勘查顺序

室外现场的勘查顺序：

1. 现场中心部位明确的，可以由中心呈"放射"形向四周勘查，也可以围绕中心按"螺旋"式进行勘查。

2. 对地处交通要道或繁华场所的现场，应该从最容易受到破坏和有碍交通的地点开始勘查，要充分考虑尽快地恢复交通秩序。

3. 现场范围较大，中心部位又不明显，可以根据现场环境和地形地物，分片分段进行勘查。

4. 存在两个以上犯罪现场时，先发现的先勘查。如果同时发现两个以上的多处现场时，也可以按作案人作案的先后顺序，或者根据遗留痕迹物证的多少确定勘查顺序。

（三）勘查方法

1. 勘查尸体所在的场所和地面。首先观察尸体附近有无血泊、滴落血迹、毛发、血足迹、杀人凶器和其他遗留物，分析该地是否第一现场。如果是移尸现场，要注意寻找足迹、转运工具痕迹和其它遗留物。对掩盖尸体的物体也要进行细致检查，为寻找第一犯罪现场提供线索；对发现的痕迹物证进行固定、记录和提取。

2. 勘查尸体周围的空间。观察尸体所在空间的周围各个部位有无踩踏和遗留的泥土、纤维等遗留物。如果发现了痕迹、遗留物，要加以保护、固定、提取，然后再移动尸体进行检验。

3. 尸体检验。

（1）尸体外表检验。观察尸体的姿势和所在位置。详细观察尸体躺卧姿势、头脚的方向、四肢的姿势，身上有无捆绑物，尸体在现场上的位置，尸体与周围环境及其他痕迹物证的关系，现场上有无搏斗痕迹等。

（2）检查尸体的衣着和携带物品。检查衣着时，应从外到里，从上到下，层层进行检查。重点检查衣服的数量、式样、名称、新旧程度等，然后再对每件衣服进行详细检查。注意观察衣服有无撕破、缝补，纽扣有无丢失，拉锁是否完好；衣服上有无油垢、泥土、血迹、粪便、精液以及其他附着物。还要检查每个口袋有无翻动，口袋里有无信件、证件、纸张和现金等遗留物，并详细进行记录。

（3）检查尸体附着物。尸体衣着检查完毕后，脱掉尸体上的衣服，检查尸体皮肤和伤痕处有无泥土、杂草、血迹、药物等附着物，还要检查尸体手掌、指甲缝隙中有无血迹、毛发、皮屑、布线等物品。

（4）协助法医检查尸体现象、尸体外部伤痕等。

4. 血迹的勘验检查。

（1）寻找血迹。肉眼观察，仔细寻找，还可采用试剂检查。把可疑血迹用化学试剂的方法加以检验，确定是人血或动物血，是男人血或女人血。

（2）血迹的颜色和形态。①观察血迹的颜色。新鲜血迹是鲜红色，血液流出体外，经过一段时间就变为暗红色，因此，许多现场上的血迹成暗红色。随着时间的延续，在温度和湿度的作用下，血迹逐渐变为红褐色、褐色、绿褐色以至呈灰褐色。在潮湿的环境中，血迹容易腐败，腐败的血迹呈淡绿色或污绿色。腐败血已失去鉴定价值。② 观察血迹的形态。人体受到损伤造成血管破裂，血液从动脉喷出或从静脉流出，流到客体物上，由于距离、方向、速度和客体的属性不同，形成血迹的形态也不同。认真研究血迹形态及其分布状态，对确定犯罪现场、分析作案过程有重要作用。下图是几种常见的血迹形态。

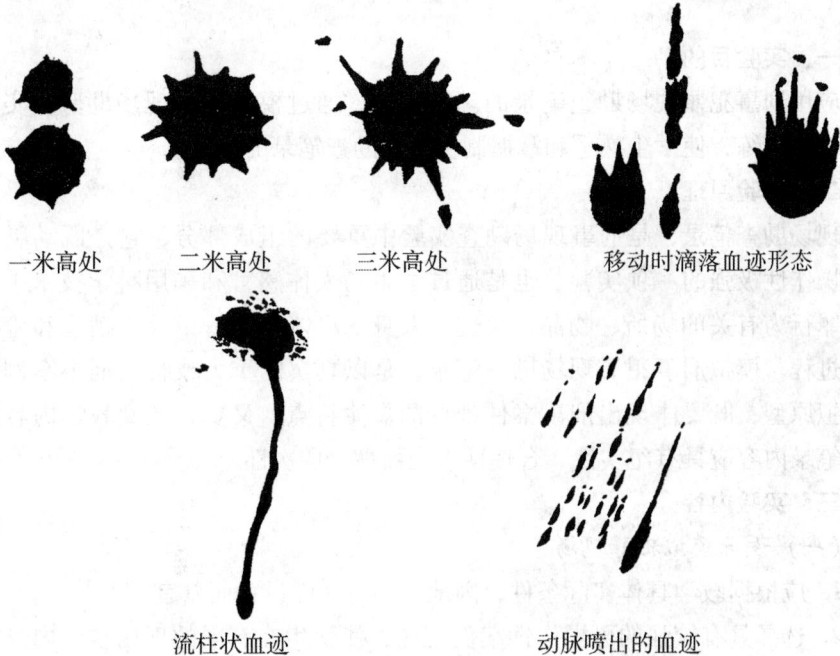

一米高处 二米高处 三米高处 移动时滴落血迹形态

流柱状血迹 动脉喷出的血迹

图6－1 现场常见血迹形态

（3）采取血迹。现场上发现沾有血迹的物品，能提取原物的可提取原物，不能提取原物的，可进行拍摄、记录，再用小刀将血迹刮下后用白净纸张包好，放入塑料袋里保存。要注明血迹所在部位、提取的时间、提取人的姓名，以备检验。现场上如果发现血迹未干时，可用干净的纱布将血迹擦下，然后把纱布放入干净玻璃瓶内，封好瓶口，以备检验。天气炎热时，要把检材放在冰箱里保存，防止血液腐败。

5. 勘验现场外围。对外围现场要注意作案人进入现场的路线，观察地面的足迹、运输工具痕迹以及其它遗留物，现场有无作案人隐藏的地点，作案人从现场带走的物质，如泥土等。

五、实验要求

参考《模拟室内盗窃案现场勘查》实验。

六、实验作业

每组同学制作完成一份规范的现场勘查笔录。

实验三　制作现场勘查笔录

一、实验目的

应用刑事犯罪现场勘查笔录的理论知识，通过模拟犯罪现场勘验，实际动手操作与演练，使学生熟悉和掌握制作现场勘查笔录的技能。

二、实验原理

现场勘查笔录，是刑事现场勘查实验中重要的组成部分，它是既动脑又动手且操作性极强的一项实验，也是通过学生的人体感官和采用科学技术手段对与犯罪行为有关的场所、物品、痕迹、人身、尸体等进行记录、勘验和检查的演习过程。模拟刑事犯罪现场勘查笔录，是以真实的重大或特大刑事案例资料为模拟原型，既要体现出刑事案件现场的规律特点，又要顾及到教学内容的需要，笔录内容应具有纪实性、合理性、全面性、层次性。

三、实验内容

（一）设计模拟犯罪现场

1. 应根据教学具体实际条件，因地、因时、因设备而制宜。

2. 选择具有较强的可操作性案例现场，使学生在有限的现场空间内亲自动手操作，切身体验勘查的方法与全过程，并在此基础上，制作出优秀的现场勘查笔录。

3. 设计制作模拟犯罪现场，应较明显反映出案件的性质和相关特征。如杀人案件现场，多数都有尸体、尸块、尸骨，尸体外表有他杀死因表象，现场内有血迹及其他痕迹、物品等；如盗窃案件现场，应反映出秘密侵入手段，明确反映犯罪目的为盗取钱物，被破坏的客体上留有破坏痕迹，相关物品上留有犯罪人手印，现场留有足迹或遗留物品，现场呈翻动、破坏迹象等。

4. 模拟现场设计中应该尽最大限度地反映多类不同痕迹物证。设计的痕迹物证应合情合理，分布得当，一般以 5～10 处为宜。一方面应该反映常见性痕迹，如手印、足迹、工具痕迹、血迹等；另一方面，在条件允许的情况下，也可反映枪弹、车轮、牲畜蹄印痕迹、牙齿痕迹、整体分离痕迹、纺织品痕迹、玻璃破碎痕迹、开锁破锁痕迹等。

5. 若设计的模拟现场中有尸体，因受到勘验条件的局限，对尸体勘验可以只设计尸表检验部分，故只作尸表检验笔录。

6. 在案件性质的设计上，可根据教学实验的客观条件而定，应注重选择重大盗窃、重大抢劫、重大杀人案件的现场。

（二）制作杀人案件现场勘查笔录

杀人现场勘查案情的设计与现场布设情况：

某年 12 月 1 日凌晨 4 时 50 分，某市刑警处接该市莲×区公安分局刑警队电话报称："莲×区洒×桥小学发生凶杀案，请求派员勘查现场。"市局刑警处负责人陈××、叶××率领侦查员与技术人员 5 时 05 分到达现场。早到的有莲×区公安分局刑警队负责人张××等 6 位干警，以及庙后街、青年路派出所的干警同志。

现场位于该校办公大楼一层正门南侧，紧靠楼梯南的是被害死者吴××宿舍。此房座东向西，单扇内开木门。门栓上挂有铁锁 1 把，门框锁鼻子上有铁锁两把，门口靠近锁栓处发现不明显的指印 4 枚（均提取），门顶端及顶窗灰尘完整，未发现异常。东墙上开有活动窗 2 个，窗纸上附有喷溅血迹，两窗框灰尘完整。

室内 3 个木箱盖被打开，箱内衣物翻动很乱。地上发现烟头 3 个，上面标有"10"和"开封"字样，湿卫生纸 1 团，一斤票面饭票 1 张。在桌上、搪瓷缸、箱盖上显现提取指印 4 枚。

室内东南角顺墙支 1 副双人床。床西端靠近外沿放 1 把 26 厘米 × 10 厘米菜刀，上面布满血迹，刀把缠有毛巾 1 条，刃部两处缺损，尖端翻卷。床上端俯卧一具头东南、脚西北尸体，面朝西南，两上肢向西南直伸，两下肢伸直稍分开，两小腿伸出床外沿。尸体上覆盖网套一床，沾有大量血迹、脑浆、颅骨碎裂。死者衣服整齐，脚穿绿色旧尼龙袜一双。尸体左手拇指第三指节有 2 厘米砍创，左手无名指根部至掌心有 7 厘米长切砍创。左手握一束头发及 2.5 × 0.5 平方厘米头皮组织。左耳下至下颌角有左高右低切砍创，创长 12 厘米，创沿整齐，创口多开，创壁光滑，创底平整。右耳上有 6 厘米切砍创。枕骨下及其两侧各有一处切砍创，创长分别为 12 厘米、9 厘米、7 厘米。头右侧头皮残缺，顶骨、颞骨前部骨质残缺，骨呈小块状片，右侧脑半球额叶、颞叶碎烂，嵌有骨小片，脑汁流出。

经现场访问获知，死者吴××，女，26 岁，团员，该校教师，本人有一个

4 岁男孩名叫程×和其同住，丈夫程××，在天水某部队文宣队服役。

凌晨 3 时许，该校负责人叶××听到隔壁吴××房内程×哭叫，随即起床查看，发现房门被锁，便叫来教师李××用砖将锁砸开，拉亮电灯，抱起小孩，发现吴××横卧于床，墙壁上有大片喷溅血迹。

该校传达室值班员谈到：12 月 30 日晚九时半，他去厕所，回来路过死者房门时，听到房内有一男人说话声。死者小孩程×谈出，当晚他醒后，"爸爸回来了，并让我乖乖地别啃气。"根据现场勘查，死者是在无任何戒备的情况下，被他人用菜刀杀死的。

（三）制作盗窃案件现场勘察笔录

盗窃现场勘查案情的设计与现场布设情况：

某年 9 月 10 日晚，某县松口水泥厂财会室保险柜巨款被盗，财会室位于该水泥厂办公楼一层东起第二间房子。

经勘查发现：财会室的房门是单扇木门，门上金鹿牌挂锁被撬开，落在门外的地面上，门鼻已被扭弯，并留有克丝钳的痕迹。室内面积为 5×4 平方米。靠西墙并摆着 5 个财会单据和 3 台计算机等物品的木箱，锁头均被撬开，箱内被翻动，未发现丢失物品。室中间放着 3 张办公桌，抽屉锁全被撬坏，有翻动，未发现丢失文件和其他物品。靠东墙并排着 3 个装财会账本的立柜，柜门的锁也被撬开。被撬的箱、柜、桌子都留有克丝钳子的痕迹。立柜南门原有一个体积为 42 厘米×56 厘米×29.5 厘米、重 200 多市斤的保险柜不见了。原放在保险柜上面的铁丝编的文件筐被移至室中间第二个办公桌上面。距东墙 23 厘米处有犯罪人的两枚遗迹：一个是 26 厘米长波浪花纹的解放牌胶鞋印；一个是 26 厘米长塑料压胶底布鞋印。财会室内前后窗户插销关闭完好，四周墙壁上与楼上的隔层均无异常现象。大院围墙除距办公大楼 100 米的北围墙右侧有一 60 厘米的缺口外，其他部位均完好。经了解，该围墙缺口是很久以前该厂住外职工为出入方便扒拆造成的。经勘查，上面有保险柜的青漆碎末。围墙缺口的砖头上亦附有清晰的保险柜青漆碎末的擦痕。

13 日早上 6 时半，寺坑大队女青年黄映玲和林冬兰两人上盘山割草，在山腰小路，发现了松口水泥厂被盗的保险柜。经勘查发现：柜门开着，门锁处有 14 厘米×2 厘米的破裂口，铁皮翻卷，有 7 处类似农村打石头用的钢钎的撬压痕迹。柜内 13 000 多元现款被盗，只剩下一元的硬币和一些单据。距保险柜西 15 米的坡下，有两根直径为 5 厘米、长度分别为 80 厘米和 53 厘米断开的杂木圆棍，两个断口可吻合在一起，全长为 138 厘米。长木棍的一端上沾有少量松香。在现场发现两种与财会室一样的鞋印。

经调查访问，出纳员姚晓红反映：10 日下午 4 时，从银行领回 16 000 元，其中，10 元券是 10 捆 1000 张，均系新票，准备留作工厂流动资金。当天下午用去 3000 元，尚有 13 000 元放保险柜内锁好。保险柜钥匙只有一把，由姚随身携带。第二天七时半上班，发现财会室门被撬，保险柜被盗走。

四、实验装备及材料

刑事案件现场勘查箱、法医勘查箱、摄影器材（照相机、胶卷、闪光灯、三角架）、静电足迹提取箱、多波段光源、强光手电、绘图工具、笔录纸张、作案工具、凶器、绳索、通讯器材、交通工具、保护现场所用的器材、现场勘查证等。

五、实验方法与步骤

1. 实验教师根据本院校的地理环境、设备器材、人员具体情况可有变化地布设此现场，现场的痕迹物证及数量可酌情增减。

2. 学生实验小组接到报案后必须迅速赶赴模拟现场。

3. 实验小组进入现场前由组长指挥，具体分工，分派任务，各执其职。

4. 实验小组各成员在勘验任务领受后进入现场实施实地勘查。

5. 参加实验的每个成员在勘查结束以后必须制作一份完整的勘查笔录。内容包括：接到报案后具体分工的情况；对现场痕迹物证发现提取的情况，采用何种技术手段提取；尸表检验情况。

六、实验要求

1. 参加实验的学生应积极勘验，认真操作，遵守纪律，服从指挥。

2. 实地勘查实验完毕，必须按照教学的要求，制作一份现场勘查笔录。

3. 笔录记载顺序应当和勘查顺序相一致，以避免记载出现紊乱、重复或遗漏；笔录记载的内容要客观准确；笔录的用语必须明确肯定；简繁得当，重点突出，通俗易懂。

4. 勘查中凡进行了尸体检验、物证检验、侦查实验、人身搜查等，均应单独制作笔录，并由主持人、检验人、见证人签名或盖章，但亦应在勘查笔录中加以扼要记载。

七、实验作业

制作一份杀人案件的现场勘查笔录。

实验四 绘制室内现场平面展开图

一、实验目的

通过绘制模拟现场平面图并使之展开，使学生进一步加深和巩固所学得的现场平面图绘图专业理论知识，并通过现场平面展开图记录犯罪现场及其各种痕迹物证在现场的平面分布状况、位置、距离和相互关系的重要形式，学会并掌握现场平面展开图的制图技能和方法。

二、实验原理

室内现场平面展开图是运用制图学的原理和方法，通过平面展开图形而绘示犯罪现场的各展开平面形态的图形。

三、实验器材

测量工具、制图工具及材料。

四、实验内容

（一）室内现场平面展开图实验设计要点

1. 模拟现场应选择具有三维空间形态的场所，如建筑物内的现场、交通工具内的现场。

2. 模拟现场的布设，应能表现现场上物体垂直面及仰视面上的痕迹和物证的分布情况，设想将墙壁向外推倒，由室内向外展开，把立面与室内的平面图结合为一图。根据案情的需要，可一面展开，二面、三面展开或四面连展，或六面连展。

3. 模拟现场的布设应能反映地面和物体表面的痕迹、物品分布状况，同时还能展示四周墙壁与房顶面上的有关痕迹、物证、物品。

4. 学生在实验中以测量、描绘的操作为主要内容，并要求绘制室内现场平面展开图实验作业。

（二）绘制杀人案件室内现场平面展开图

"4·26" 凶杀案现场布设情况：

某年 4 月 26 日早 7 时左右，商×县城关镇奎楼街居民王社会的三儿子王×，在同学家睡觉返回家中，发现门房虚掩，推门入室，看到父母二人躺在血泊之中，遂向当地公安机关 "110" 报案。接报后，商×县公安局组织数 10 名侦查人员赶赴现场。

现场位于奎楼街 54 号一间坐北朝南的居室内，小屋的门上有利器交叉划出的呈"井"字形的深深痕迹。屋内西墙有大量喷溅血迹，紧靠西墙的凳子翻倒。王社会的尸体躺于床中间，呈仰卧状。胸部有 19 处三角刺创，呈蜂窝状。其妻赵×横尸床上，身上有 22 处三角刺创，右手虎口处有抵抗伤。室内无翻动迹象，在死者床前提取到长 26.5 厘米的塑料底布鞋印一枚。经法医检验，王社会、赵×是被他人用横断面为三角形的利器刺伤心、肺导致急性大失血休克死亡。死亡时间为 4 月 25 日晚 11 时左右。经访问死者之子王×获悉，其家中财物及父母身上钱物无损失。

（三）绘制盗窃案件室内现场平面展开图

"热电偶丝"被盗案现场布设情况：

某年 7 月 13 日上午 9 时 30 分，×市公安局侦查处接到××分局刑警队报案称：陕西×厂计量科库房价值 56 000 余元的"热电偶丝"12 日晚被盗。×市公安局侦查处接电后派员赶赴现场，立即开展现场勘查。

技侦人员先后对现场反复勘查三次。计量科位于陕西×厂东西走向的平房建筑内，中间是东西方向长通道，设置东、西两个单扇门，过道的南北两侧是计量科各业务组、行政组、办公室、库房。计量科北邻炼钢车间，南靠轧钢车间。计量科库方位于过道南侧的西边第三间。

库房内是中心现场，南墙有两个窗户，东窗完好，西窗破坏。窗外堆放着数百吨钢锭。因连日下雨，西窗与钢锭堆间的空地上有积水。勘查时将积水排出，发现有护窗铁棍一根及前掌呈"人"字形、"三"形的 26 厘米的雨鞋泥印（均已拍照提取）。西窗右下角的纤维板被撬开，西扇窗户向外打开，窗的第三根铁栏棍下的木横框上有新鲜锯条痕，铁棍被抽掉。

库房内由西向东整齐地摆放着 4 排 8 个立柜，放有各种专用仪表、材料、工具。西边第三排靠南侧的立柜上，原放存的 6 组共 42 个什锦锉、起子、2 把钳子、4 把活动板手被盗。库内西边靠南墙的立柜上锁，锁盘被起子撬压，印痕宽 6 毫米，并有 6 条盖纹。柜内存放重 1044.22 克、价值 56 000 余元的热电偶丝被盗，柜内其它物件无损。这一柜前的地面上留有因下雨房顶漏滴的雨水，雨水冲洗了脚印。库房内发现 13 根燃过的火柴梗。在现场内的立柜上发现布纹指印多枚。

五、实验方法与步骤

在教师指导下，由学生组织实施。

1. 实验小组巡视及静态观察模拟犯罪现场，使之对现场中的建筑结构、物品的陈设及犯罪活动情况有一个明确的认识和了解。

2. 实验小组各成员进入现场实地测量，并绘制现场平面展开图初稿。绘制时应测出墙壁及室内顶面的高度、宽度。在绘制现场横向剖面图的基础上，以墙基外线为基准，沿墙基内线向外作直面的立面图，再把四面墙壁、顶棚上的痕迹、物品按比例（或按示意）在对应位置将它们的形态绘于各自的展开画面上。

3. 各成员对初稿进行审视，并可修正完善，最终绘制出正规现场平面展开图作业。

六、实验要求

1. 平面展开图是在一个平面上反映现场水平俯视面、平视面和仰视面上的痕迹、物体及其相互关系的一种图形。即在平面的基础上，把四周的墙壁和房屋顶棚伸展开来，连同地面上的情况，以平面图形的形式表示在一张图纸上。

2. 展开图的具体各图面应突出个面上的重点，有所选择地反映现场状况。

3. 必须严格遵循绘制室内现场平面展开图的规则和方法。

4. 描绘时，首先绘出室内墙基与四壁展开线；其次绘出现场主要建筑装修和室内陈设与物品；最后绘出痕迹、物证。

5. 注意展开的墙基线以室内基线为准，墙壁上物体的高度，应从外侧基线算起。

七、实验作业

绘制室内杀人案件现场平面展开图。

实验五　绘制室外现场方位图

一、实验目的

以布设的模拟犯罪现场为校样，绘制现场方位平面图，使学生能通过绘制现场方位平面图的实验，进一步加深和巩固所学得的绘制现场平面方位图的专业理论知识，提高实际绘制现场方位图的操作技能和方法，以平面方位图的形式表示出犯罪现场的地理位置、区域范围、周围的环境关系以及与本案有关的其他场所，遗留痕迹物证的地点，犯罪作案人来去现场的道路和方向等，这也是理论学习和实际演练相结合的演习过程。

二、实验原理

现场方位平面图是运用制图学的原理和方法，并借助于各种符号和文字说明，通过平面方位图的形式描绘映示出刑事犯罪现场与周围环境的主要地形地貌、建筑、景物及犯罪痕迹物证所处的地点。

三、实验器材

测量工具、制图工具及材料。

四、实验内容

（一）现场设计要点

1. 模拟现场应选择较适当的综合环境，地理位置及周围环境不宜过于单一，要选择能反映犯罪活动面较广、犯罪活动点较多的案件现场。

2. 应在模拟现场中的各犯罪活动点较明确地布设犯罪遗留痕迹物证、犯罪作案人潜逃的路线和方向等。

3. 如果在设计中，能根据本地区的地形地貌，将现场布设在较为复杂的地域，这样实验的效果会更好，使学生掌握制作不同地域内的山区、高原、平原、铁道、公路、沟渠、湖泊的现场方位图的技能和方法。

（二）绘制现场方位图之一

"4·12"腐烂幼尸案现场布置情况：

某年元月7日下午3时30分~4时，北大街310号张建设（男，40岁，无户口，开夫妻小百货店营生）之3岁儿子张明在家门口玩耍时丢失，张建设立即向莲×分局报案。

张建设寻子心切，先后4次印发寻人启事，并在元月10日的寻人启事中写道："谁知情况或送回者，高酬奉送现金。"寻人启事贴出后的第二天，有一叫管平军的到张家声称，他在兰田县见过张明，衣着、年龄、面貌说得与张明完全一致。元月13日，莲×分局派员协同张明的三叔父张×斌与管平军前往兰田。到兰田后，管平军又说有一马××知道小孩下落。到马××家后，马不在，张×斌及分局同志等候，而管乘机溜走，马××回家，完全否认见过张明。张×斌等二人又返回×市。

14日早晨7时许，北大街304号张×荣（女，67岁）发现就近的街道上公用自来水龙头下的地面上有几件衣服，适逢张明的祖母提水，翻衣一看，有棉鞋一双，红尼龙裤一只，小孩大衣一件及单军衣一身，全系张明失踪时所穿之物。莲×分局得报后，14日上午将管平军拘留审查，结果查实管元月7日还在兰田家中，无作案时间，遂予释放。随后又有甘肃二人声称张明在甘肃；我市二十三中女学生刘××反映说张明在大雁塔等。经过查证，全系企图诈骗钱财谎报情况，而予以否定。

4月12日晨，北大街306号薛××（市建材子校教师）5时50分上班刚出大门，见靠北墙有一小孩尸体，薛又返回告知其妻仲××。此后又有310号任××等人先后也发现小孩尸体，但均未报告。直到7时左右有人大喊有一死小孩，才被张明之祖母听见后叫来张×斌、张×生。死者面部虽然模糊，但从大小、衣着认定是张明。死者之父向莲×分局报案。

306号大门向东，门外有通道直至北大街，大门左侧系310号，门向南（310号大门被张×生作为商店，故开偏门），尸体仰卧西门之间，靠北墙，头向西。尸体长90厘米，两手合掌被黄红条麻绸带绑系，身穿浅蓝毛背心，白针织棉毛衫，左足穿红尼龙袜，无右足，其断裂处皮肉不整，似老鼠咬掉。尸体上粘有老鼠屎，背腰部呈黄褐色牛皮纸状，颈部左侧及身后高度腐败，颅骨外露，颈部皮肤腐败脱落，左下腹部有霉斑，面部腐败。口被10×7平方厘米的风湿止痛膏贴封，口腔内有4个小于胡核的棉球，深达喉部，死者四颗门牙脱掉在棉球下部。经解剖，颈部无出血，左右心室有出血点，胃内有红薯，全身干净无附着物及尘土。尸体周围有已燃火柴梗20余根，一根在死者身上。现场因临大街，观看群众多而遭破坏，未能提取其他痕迹物证。

据张明外婆讲：张明失踪当天下午2时许，她给张买了一个红皮的烤红薯。2时30分左右张在其婶娘叶××房子玩耍，3时左右叶将张送出交给她。3时30分，她发现张在306号巷内与邻居张×荣说话玩耍，4时左右丢失。

（三）绘制现场方位图之二

"11·8"拦路抢劫案现场布设情况：

某年11月8日晚8时许，×市公安局接到郊区刑警队报案称：新合乡马寨村村西马路上发生一起拦路抢劫案，受害者胡××被罪犯打昏、被抢红旗牌自行车一辆。犯罪作案人行约30米处因被人惊动弃车而逃。市局刑警队闻讯后，火速派出侦技人员乘车赶赴现场。

报案人谭×诚、谭×强称：晚7时多，他们从马寨村动身回家，行到离西韩公路约50米处，听见前面响了一声，接着发现两个中等身材的人，由响声处向西麦地内（东南方向）快速跑去。当他们走到声响的地方，发现路东麦地里倒放一辆自行车和二尺多长木棒一根。他们认为可能是有人拦路抢劫。顺路发现距倒车之处约30米路旁东边麦地内躺卧一人小声呻吟。据此立即向当地派出所报案。

受害者胡××陈述：作案分子为两人。至于罪犯年龄、面貌、穿衣特征均说不清。因其伤势严重，急速送往医院抢救。

中心现场位于西韩公路东、去马寨村的便道上。倒放自行车处距西韩公路约 30 米。在被抢的自行车旁，发现一根长 72 厘米、直径 4.5 厘米的加拿大杨树棒，棒上染有血迹，棒的两头有明显的新鲜刀削痕迹。在胡××躺卧的麦地处找到一个橡皮塞，葡萄酒瓶两个，瓶内有少量白酒。在犯罪人逃跑的东南方向麦地内发现有两个脚印。

　　为了迅速发现案件线索，侦技人员决定连夜走访现场周围村庄的群众。次日中午，马寨村村民马德祖、孔建文讲：18 日中午 1 时和下午 5 时，见到本队麦场中睡着两个人，年龄均约 20 多岁，一个高个，一个低个，其中一人身穿中式黑布袄。侦技人员闻讯，立即赶到马寨村麦场进行详细查看，结果在该场麦草中搜寻出 3 个用刀削过的白萝卜，在麦秸东面发现人的粪便，在紧靠麦秸南面地内水井边发现一个用刀削断的加拿大杨树根，经与中心现场提取的加拿大杨树棒进行比对鉴定，两者断头处和刀削痕迹完全吻合。此外还发现井上水车的动力胶皮线被切断，麦场内粉碎机上的 3 米长黑橡皮动力线被剥开，线内的铜丝被抽走。

五、方法与步骤

　　1. 实验小组在教师指导下巡视整个模拟犯罪现场，使学生明确犯罪人在犯罪现场的各个活动点、遗留痕迹物证的地点，犯罪人的来去路线。

　　2. 实验小组各成员进入现场进行实地勘查、测量。

　　3. 绘制现场方位图初稿。

　　4. 在初稿图的基础上，按绘制方位图的要求认真构图，描绘出正规的现场方位图。

六、注意事项

　　1. 现场方位平面图应反映现场的具体位置和周围环境，表现现场区域范围，视向应采用垂直俯视方法描绘。

　　2. 现场方位平面图必须绘示方向指标，现场的位置应酌情居于方位图中心，以使中心四周有空间用于对周围地形、地物的描绘。

　　3. 将现场及其周围的道路、单位、建筑、围墙、林园、草地、沟渠、桥梁、河流等主要景物绘制清楚，并绘示出犯罪人实施犯罪的地点、发现犯罪痕迹和其他物证的地点。

　　4. 如果一案同时有多个现场的案件，还应绘示清楚各个现场的具体位置和它们的联系。

七、实验作业

　　绘制一份模拟抢劫案件的现场方位平面图，要求符合制图规范。

实验六　利用计算机软件绘制现场图

一、实验目的

了解计算机现场绘图软件的基本功能，掌握计算机软件绘制犯罪现场图的基本方法。

二、实验内容

根据现场勘查和现场测量的结果，利用计算机绘制一份比较规范的犯罪室内现场平面图。

三、实验器材

计算机，天元刑事案件绘图软件，打印机，打印纸等。

四、实验步骤和方法

利用计算机绘制现场图。勘查、测量现场并绘制草图一般都在现场完成，然后将测量的数据输入绘图软件中完成正式现场图。

（一）启动现场绘图软件

首先在电脑的 USB 插口插入"加密狗"，然后通过下面两种方法运行绘图软件。

1. 直接在 Windows 桌面双击它的快捷方式图标。

2. 使用"开始"菜单。

（1）在"开始"菜单中选择"程序"项。

（2）查看其子菜单，在子菜单中选择"现场绘图 2002"，打开下一级子菜单。

（3）单击"现场绘图 2002"。

绘图 2002 的起始界面如图所示。如果计算机屏幕上出现该界面，就表示成功地进入了绘图 2002。这款软件可以绘制室内和室外现场平面图以及室内现场平面展开图、立体图、透视图等。

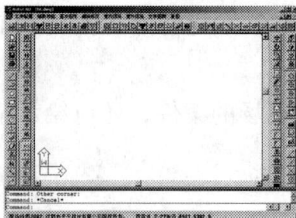

图 6-2　天元绘图 2002 的起始界面

（二）绘图界面各部分功能介绍

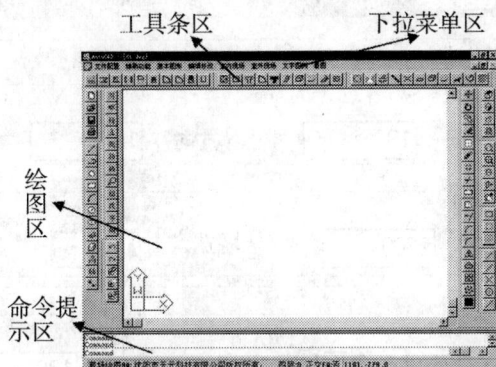

图 6-3

1. 下拉菜单区：系统主功能区。移动鼠标到某个下拉式菜单上，按左键，可打开相应的下拉菜单，选取其中相应的命令。

2. 命令提示区：电脑与操作者的信息交换区，也是输入命令或数据的区域。

3. 工具条：有绘图使用的各种工具以及复制、粘贴、移动等基本工具，位置不固定，用时可见，不用时可去掉。用鼠标点工具条上的图形就执行该命令。工具条基本上包含所有的命令，使用起来特别方便，如果忘记了命令的功能，将鼠标停在图标处，就会在图标下方及命令行下方出现相应按钮功能的汉字说明。

（三）绘制现场图的一般步骤

现场图绘制一般分为室内现场图和室外现场图，这里主要介绍室内现场图的绘制方法。

1. 设定一些参数，例如绘图范围、墙高、墙厚等。开始绘制室内现场图之前，应设定一些必要的参数。

下拉菜单：室内现场——设定参数

工具条按钮：

在"室内现场"的下拉菜单中选择"设定参数"项，或在"室内现场：绘制现场"工具条中按下"设定参数"按钮，屏幕显示如图所示的对话框。各项目意义如下：

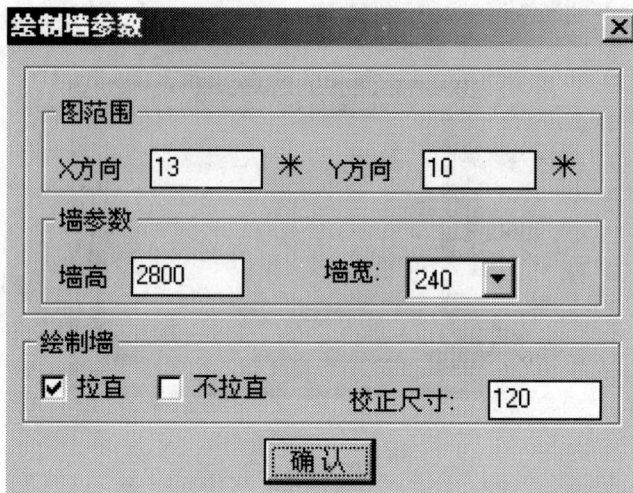

图 6 - 4

（1）图范围：当前屏幕大小表示的范围。

（2）墙高：室内现场起立体时建筑的高度，一般居民楼高度为 2.8m。

（3）墙宽：即墙厚，国标规定的半砖、一砖、一砖半、两砖墙墙厚度分别是：120mm、240mm、370mm、490mm。

（4）拉直（不拉直）：画墙时墙的角度与坐标轴相差较小时，自动将画的墙拉直（不拉直）。

（5）校正尺寸：本软件绘制墙功能中，当正在画的墙经过某堵墙的墙头时，该堵墙的墙头会在"校正尺寸"数据指定范围内自动与当前画的墙连接。

2. 绘制墙线。

下拉菜单：室内现场→对话框

工具条按钮：□

选用"对话框"，出现如图所示的对话框，共有 11 种墙供用户选择。根据所绘房屋墙体的形状选择最合适的形状图标并点击。

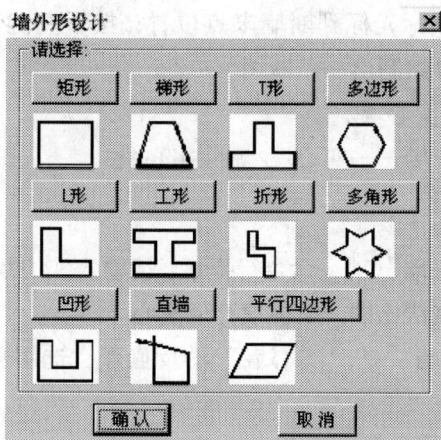

图 6-5

点击后出现又一个对话框，在对话框中填上现场测量的房屋墙面长度、宽度、墙厚等数据，按"确认"按钮，在绘图区出现墙体平面图形，然后继续对其它墙面进行绘制和修改。

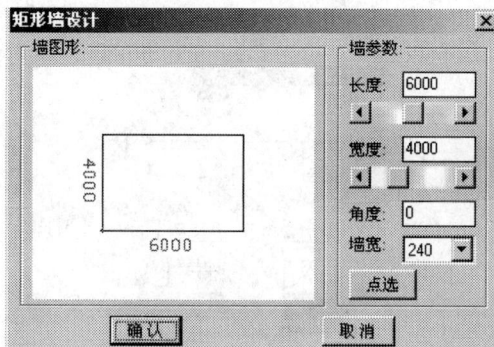

图 6-6

3. 修改墙。

（1）绘制断墙。

下拉菜单：室内现场——绘制处理

工具条按钮：

鼠标选"绘制断墙"功能后，命令行提示：请选择断墙线与墙相接的点，即移动鼠标光标到断墙起点位置，按下左键选取第一点，命令行提示：请选择断墙位置点，即移动鼠标光标到断墙末点位置，按下左键选取第二点，软件将从第一点到第二点位置绘制出一条断墙。

（2）实心墙/删除实心墙。

下拉菜单：室内现场——实心墙/删除实心墙

工具条按钮：

首先，选用"实心墙"项，命令行提示：请输入实心墙的比例〈50〉。输入比例值，或回车选择默认比例。墙被填充成实心。

其次，"删除实心墙"是"实心墙"的反操作，选用删 除实心墙功能，即将实心墙删除。

4. 绘制门、窗。

下拉菜单：室内现场——绘制门窗

工具条按钮：

墙线绘制完后，就应设计门窗了。选"绘制门窗"，则出现门窗对话框，如图所示。选择"窗"、"门"、"洞"、"双开门"或"门连窗"之一就可绘制相应的图形了。

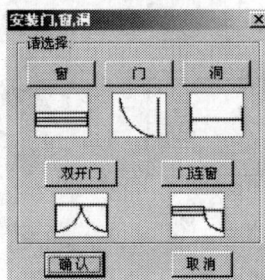

图 6 - 7

若选"窗"则出现如下的对话框。

图 6 - 8

可用数值或鼠标确定窗子的宽度，用鼠标拉时，每次增（或减）量为100mm。选定后点"确认"按钮，此时命令行提示：

选择墙线：此时选择要安装窗户的墙线，选定后，命令行提示：输入整数表示等分/L后加整数表示距离/〈中间〉：

（1）如果要在这面墙上等分设置多个窗户，则键盘输入所要的窗子个数，则在此面墙上就可绘制出等距离分布的窗子。

（2）如果想指定窗户离箭头尾部距离，则可键入L，后面键入距离值。

（3）如果窗在墙的中间，则直接按回车，或按鼠标右键。

（4）如果用鼠标定位，则可用鼠标定出位置后，按左键，就定下了窗子的位置。

门、窗安装后，可以使用鼠标移动门窗的位置，使用编辑命令"删除门窗"、"翻转门、窗"以及修改门窗的宽度。在门窗绘制中可以选择"门窗式样"命令选择不同式样的门窗。

5. 插入图例。

下拉菜单：文字图例——图例使用

工具条按钮：

选择相应的"文字图例"的菜单或按钮。屏幕出现对话框。对话框的左部分是图库的文字分类，右部分是对应类的图形。选择相应的图例，点"确认"按钮则退出对话框，命令行提示：请选择插入点，即确定图例的放置位置，选点按左键，命令行继续提示：旋转角，即图例绕基点转任意角度放置，转角可用鼠标或键盘键入的数值确定。这样就把一个图例放到了屏幕上。按鼠标右键可继续调用图例。

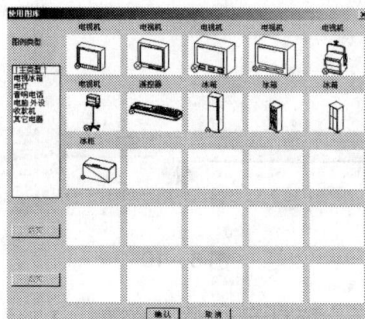

图6-9

6. 特写。绘制现场图时，有时需要将现场上的重要痕迹物证加以放大，画在图的空隙处。画这部分图时，需要用一个方框（或圆框）即特写框将放大后的物体框起来，并用一个引线指出物体所在的准确位置。

下拉菜单：文字图例——特写

工具条按钮：

选取"文字图例"主功能中的"特写"子功能，命令行提示：特写中心点。移动十字线光标到特写框中心位置，按左键，命令行继续提示：半径〈…〉：移动十字线光标，屏幕上显示的拖曳线长即为圆形（方形）特写框半径（方形边长的一半）。按下左键后，屏幕出现圆形框或方型框。命令行回到命令提示状态：Command。移动小十字框光标，对准特写框，按左键，特写框为虚线显示，且出现许多小蓝框，移动小十字框光标，将其对准一个小蓝框，按左键。再移动十字线光标，将箭头引出至该特写在图中相应位置处，按左键。这样就完成了特写框的绘制，之后，可以用拷贝功能将要作特写的图例拷贝一份到特写框内，还可以在特写框内作放大处理（用"比例"功能）。

特写框的绘制，也可以用"复合线"功能或其它功能自行绘制。

7. 插图。即将一幅图插入到另一幅图中。

（1）点选"插图"按钮" "。

（2）屏幕出现如图所示的对话框，移动鼠标箭头到文件列表中，选中刚才所作的室内现场图，再点取"确认"按钮。

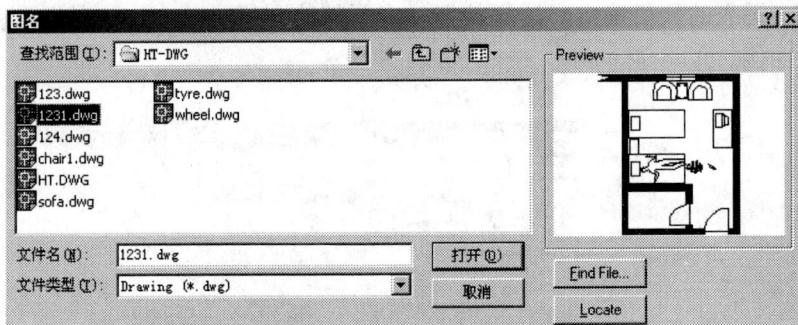

图 6－10

（3）命令提示区最后一行显示"放大倍数〈1〉:"，通过键盘输入"50"，敲回车键。

（4）移动鼠标，拖着图形到合适位置，按一下鼠标左键，以前作的一副平面图被插入，此时若发现图形重叠在一起，可进行编辑，将插入的图移动到合适位置。

（5）点选"看全图"按钮"⊕"。

（6）选取"看图缩小0.8倍"功能。移动鼠标点取"看图缩小0.8倍"工具按钮"⊖"

（7）调整位置。用"移动"工具"✛"将插入的图移动到合适位置，使用编辑修改工具条中的按钮将图调整到合适位置。然后进行"特写"并加上"图框"。

8. 标题和图例说明。

（1）选定"图框说明"工具。点取按钮"图框说明"，命令行出现如下提示：BT = 标题 A = 案情 TL = 图例 BL = 比例尺 Z = 显示 Q = 退出〈Q〉

（2）加入标题。选定"标题"功能，键入 BT，回车。输入标题文字，如"一九九九年三月一日某某被杀现场平面图"，回车，文字自动放在图框上部。同时，命令行出现执行完步骤1后的提示。

（3）加入图例说明。选定加图例功能，键入 TL，回车。命令行提示：图例层数〈0〉。确定要标示的图例层数，一层可以标示两个图例，键入数字3后回车，命令行提示：请选择图例。选择要标的图例，移动鼠标光标，将其对准血迹，按下左键，命令行提示：请选择标示位置。移动鼠标到刚才选定的图例旁边，按左键选取点，系统会自动在这个位置标上序号，同时在图例说明框中对应有该图例的说明。

重复前面两个步骤，先后自动标示其它图例，如果所选定的图例不是取自于本软件图库中，那么软件会提示您："请输入图例名称："，可以键盘输入该图例的名称。

注意：不再标示图例说明时，按回车回到图框说明主功能提示。

（4）加入案情。选定加入案情功能：键入 A，回车，命令行提示：案发地点。键入案发地点：×××。键入案发时间：×××。键入制图单位：×××。键入制图人：×××。键入制图时间：××××年×月×日。

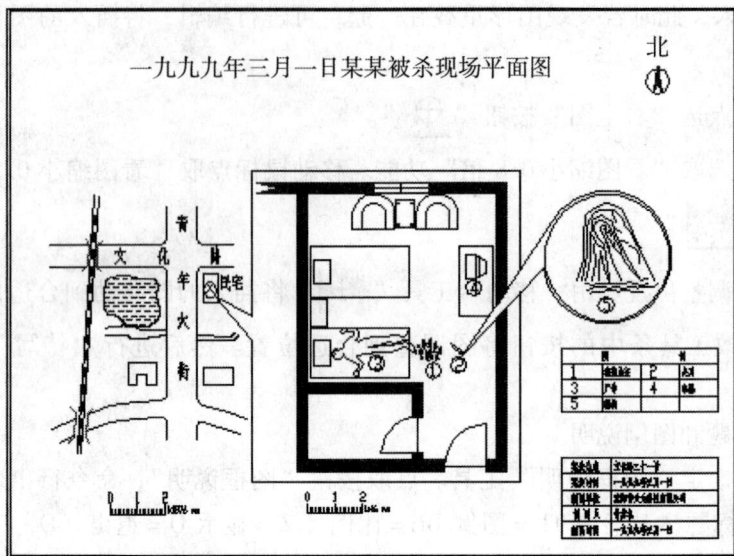

图 6－11

注意：

F2：图形屏幕与文本屏幕之间的切换。

Space 键：键盘上的空格键。

Ctrl 键＋Space 键：西文与中文的切换开关。

上述功能使用上没有先后次序。

标错的文字可以用《文字图例》中"文字编辑"功能修改。

9. 存盘、出图。

（1）存盘。点选"存盘"按钮，屏幕弹出保存文件画面。在文件一栏中，会有一个默认的文件名，该文件名与图框说明中的标题一样，是：一九九九年三月一日某某被杀现场平面图。

（2）打印出图。即将绘制的图用打印机打印出来。点击软件主界面右边按钮"⊕"，满屏显示当前图。选取打印出图工具：首先在打印机中选择"纵向"还是"横向"打印，在绘图软件主界面点选按钮"🖨"屏幕弹出打印出图画面（如图），点击"画笔安排"设置好画笔参数，点击"确认"即可打印。

调整出图方向及位置

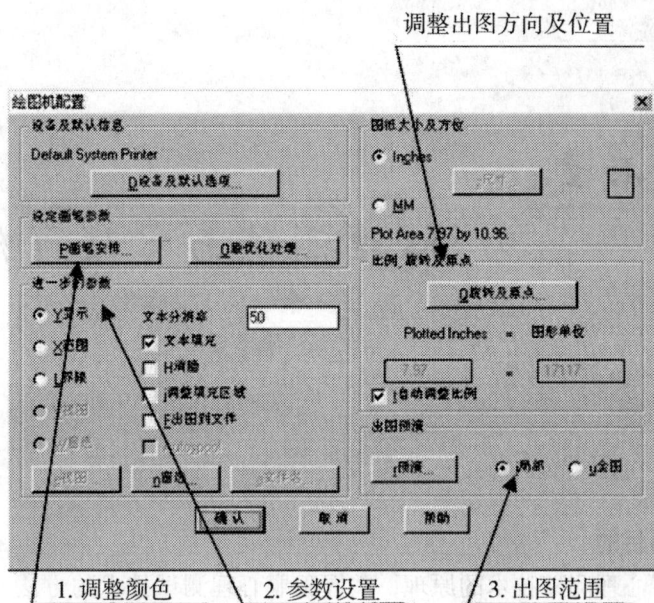

1. 调整颜色　　2. 参数设置　　3. 出图范围

图 6 -12

五、实验要求

1. 使用 A4 纸打印，图面的大小与 A4 纸相适应。

2. 图上必须有案件名称、方位、绘图比例、图例说明、绘图人和绘图日期。

3. 在图面上要求绘制局部特写图。

六、实验作业

每个同学制作完成一份规范的现场平面图。

第七章
心理测试与心理训练

实训一　犯罪心理测试准备与操作

一、实训目的

了解犯罪心理测试技术的原理，掌握犯罪心理测试技术的方法和操作程序，能够进行简单的图谱分析和判断。

二、实训内容

1. 了解案情。全面了解案情，分析案情及线索。

2. 设计测试题。依据"案情"确定是用 GKT 犯罪情节测试，还是用 CQT 准绳问题测试，并编制测试问题。

3. 测试前谈话。建立和谐气氛，说明测试的科学性和公正性，了解受测人，与受测人讨论相关问题和开发准绳问题。

4. 布置测试室。安放好仪器，布置好测试环境。

5. 进行测试操作，采集、编辑数据。

6. 对测试图谱进行分析。

7. 得出结论。

三、实训要求

了解犯罪心理测试技术的原理，掌握犯罪心理测试的测前准备与测试操作。

四、实训器材

1. 仪器：清华同方公司生产的 TH200 型多导生理记录仪，它的主要硬件有主机、胸呼传感器、腹呼传感器、皮肤电传感器、血压传感器、指脉传感器、动作传感器、连接电缆等；专用软件包括系统、测试资料、问题、图谱、评分系统五大部分；测试电脑。

2. 材料：案件卷宗；有关案件的侦查材料；现场勘查的相关资料，诸如凶器、被害人的受伤部位，及其相关痕迹证据。

五、实训步骤与方法

（一）了解案情

1. 全面了解案件发生的经过，了解现场勘查的相关资料，诸如凶器、被害人的受伤部位，及其相关痕迹证据。

2. 仔细了解受测人的个性、社会关系、社会经历、家庭关系、文化水平、对本案的态度。

（二）准备测试题

1. 根据案情与线索状况确定测试题的类型与数量。

2. 如果确定为 GKT 问题方案，就要编好相关问题和陪衬问题。

3. 如果确定为 CQT 问题方案，就要编好相关问题和准绳问题。

（三）测试前谈话

1. 建立和谐气氛。对受测人表示关心，表明自己坚持科学、公正的原则，不抱偏见，取得受测人的尊重和信任，消除对抗，保持合作。

2. 了解受测人的情况，如身体思想状况、智商、语言、逻辑思维能力等，确定能否测试。

3. 证实准备好的问题是否合适。

4. 使受测人相信测试的科学性、准确性。让诚实者放心、说谎者担心相关问题。

5. 给受测人讲清测试过程和测试要求，敲定其如何回答问题。

（四）布置测试室

1. 测试室要安静，舒适，温度适中。

2. 安放桌椅、仪器。

（五）进行测试操作，采集、编辑数据

1. 将测试问题输入电脑。

2. 将测试仪与电脑连接好。

3. 给受测人依次带上呼吸传感器、皮肤电传感器、指脉传感器、血压传感器。

4. 按计算机的问题程序进行操作和完成三轮提问，保存好收集的图谱。

5. 取下受测人身上的传感器。

（六）对测试图谱进行分析

测试完后根据收集的图谱对每个问题进行定量打分，得出相关问题的总分。

（七）得出结论

将相关问题的总得分与测试分数线进行比较，得出"诚实"、"说谎"、"无结论"三种情况中的一个结论。

六、注意事项

1. 以下人员不能接受测试：精神体力极度疲惫者，情绪失控者，醉汉，服用镇静剂、兴奋剂者，吸毒者，精神病患者，呼吸困难者等。

2. 应该保持测谎室的安静，温度适中。

3. 测试中注意观察其是否有异常或使用反措施。

七、实训作业

1. 练习如何有效的进行测试前谈话。

2. 练习如何安放测试仪器。

3. 练习测试操作全过程。

实训二　GKT 情节测试法

一、实训目的

了解 GKT 情节测试法的原理，掌握 GKT 情节测试法的编题技术，学会对 GKT 情节测试法进行图谱分析。

二、实训内容

1. 选择相关情节。

2. 确定相关问题。

3. 确定陪衬问题。

4. 排列问题顺序。

5. 分析测试图谱。

三、实训要求

掌握 GKT 情节测试法编题技术与图谱分析，学会 GKT 情节测试法的操作过程。

四、实训器材

1. 仪器：清华同方公司生产的 TH200 型多导生理记录仪；测试电脑。

2. 材料：案件卷宗；有关案件的侦查材料；现场勘查的相关资料，诸如凶器、被害人的受伤部位，及其相关痕迹证据。

五、实训步骤与方法

（一）测试前准备

主要是接受测试委托，了解案情，分清已知线索和未知线索，和办案人员讨论确定测试的问题，了解受测人身心基本情况，布置测试室。

（二）测试前访谈

建立和谐的气氛，听受测人讲述案件，给受测人讲解测谎原理，与其讨论相关问题，确定陪衬问题。

（三）GKT 情节测试问题的编制

1. 选出相关情节，作为问题系列。相关情节要精，不能多而不精。一个案件中最好能选出 3 个情节，但如果只有一个好情节就用一个，宁缺毋滥。相关案件情节和问题不能是已经公开或泄露过的。

2. 确定相关问题 R。一个问题系列中，相关问题只能确定一个。相关问题必须准确、具体，能击中对他影响最深的回忆。

3. 确定陪衬问题 C。一个问题系列中，一个相关问题有 5~6 个陪衬问题。

4. 排列问题顺序。将相关问题放在大约中间位置，两边依次放陪衬问题，如：

$$C_1 — C_2 — R — C_4 — C_5$$

5. 同一问题系列，要编问题顺序不同的三套题。相关问题都放在大约中间位置，陪衬问题应该打乱，随机排列，如：

$$C_1 — C_2 — R — C_4 — C_5$$
$$C_4 — C_1 — R — C_5 — C_2$$
$$C_5 — C_2 — R — C_4 — C_1$$

（四）进行测试

将传感器给受测人戴好，按计算机的问题程序进行提问和操作，保存好收集的图谱。

（五）分析图谱

测试完后根据收集的图谱对每个问题进行定量打分，再进行综合比较，得出"诚实"、"说谎"、"无结论"三种情况中的一个结论。

六、实训注意事项

（一）受测人注意事项

以下人员不能接受测试：精神体力极度疲惫者，情绪失控者，醉汉，服用镇静剂、兴奋剂者，吸毒者，精神病患者，呼吸困难者等。

（二）编题注意事项

1. 不能用已经在媒体、审问、律师谈话、邻居议论中泄漏的情节和问题。

2. 问题应尽量简练，不能太长，且要突出关键词，共享的词在第一个问题中出现一次就够了。

3. 同一系列的问题，措词、语气、句长都要相似。

4. 询问的问题要简明，能明确回答，让受测人知道只要一两个字就能作出肯定或否定的回答。

（三）测试操作注意事项

1. 测试人要表情平静，始终如一，不能有任何表情、言语方面的暗示。

2. 注意观察是否有意外刺激或意外反应。

3. 观察受测人是否有异常或使用反措施。

七、实训作业

1. 编制一套 GKT 情节测试题。

2. 练习 GKT 情节测试评分与图谱分析。

实训三　CQT 测试法

一、实训目的

了解 CQT 测试法的原理，掌握 CQT 测试法的编题技术，学会对 CQT 测试法进行图谱分析。

二、实训内容

1. 选择相关情节。

2. 确定相关问题 R。

3. 确定准绳问题 C。

4. 确定非相关问题 I、准相关问题 Sr 和症状问题 Sm。

5. 排列问题顺序。

三、实训要求

掌握 CQT 测试法的编题技术与图谱分析，学会 CQT 测试法的操作过程。

四、实训器材

有关案件的侦查材料，现场勘察的相关资料，诸如凶器、被害人的受伤部位，及其相关痕迹证据。

五、实训步骤与方法

（一）测试前准备

主要是接受测试委托，了解案情和办案人员讨论确定测试的问题，了解受测人身心基本情况，布置测试室。

（二）测试前访谈

建立和谐的气氛，听受测人讲述案件，给受测人讲解测谎原理，与其讨论相关问题，开发准绳问题。

（三）CQT 情节测试问题的编制

1. 选出相关情节，作为问题系列。相关情节要精，不能多而不精。一个案件中最好能选出 3 个情节，但如果只有一个好情节就用一个，宁缺毋滥。

2. 确定相关问题 R。一个问题系列中，相关问题只能确定一个。相关问题必须准确、具体，能击中对他影响最深的回忆。

3. 确定准绳问题 C。与相关问题有联系，可以在性质上、动机上有相似之处。准绳问题不能具体，必须广泛、含糊。一个问题系列中，一个相关问题有 5~6 个准绳问题。

4. 确定非相关问题 I。诸如，"你叫×××名字吗？""今天天晴吗？"放置非相关问题是为了排除首题反应。

5. 确定准相关问题 Sr。如 "你会诚实的回答我所有的问题吗？"它指的是在包括相关问题和准绳问题在内的所有问题上是否说谎。

6. 确定症状问题 Sm。如 "除了讨论过的问题外，我不会问你别的问题了，你相信吗？"

7. 排列问题顺序。将相关问题和准绳问题间隔排列。除了相关问题 R 和准绳问题 C 外，还有不参与打分的非相关问题 I、准相关问题 Sr 和症状问题 Sm。

I──Sr──Sm──C1──R1──C2──R2──C3── R3

8. 同一问题系列，要编问题顺序不同的三套题。相关问题与准绳问题是间隔排列，但可打乱顺序，排列成三轮。

I──Sr──Sm──C1──R1──C2──R2──C3── R3

I──Sr──Sm──C2──R1──C3──R2──C1── R3

I──Sr──Sm──C3──R1──C1──R2──C2── R3

（四）进行测试

将传感器给受测人戴好，按计算机的问题程序进行提问和操作，保存好收集的图谱。

（五）分析图谱

测试完后根据收集的图谱对每个问题进行定量打分，再进行综合比较，得出"诚实"、"说谎"、"无结论"三种情况中的一个结论。

六、实训注意事项

（一）受测人注意事项

以下人员不能接受测试：精神体力极度疲惫者，情绪失控者，醉汉，服用镇静剂、兴奋剂者，吸毒者，精神病患者，呼吸困难者等。

（二）编题注意事项

1. 相关问题必须准确、具体、明确、直接、简短。不能用已经在媒体、审问、律师谈话、邻居议论中泄漏的情节和问题。

2. 相关问题不能是双重问题。

3. 语言、词汇要简单、易懂，不用法律词、专业词，必要时可用受测人的语言。

4. 所有问题只能用一两个字的明确回答，如：是/不是、有/没有。

5. 问相关问题和准绳问题的语气、腔调应该对等。

（三）测试操作注意事项

1. 测试人要表情平静，始终如一，不能有任何表情、言语方面的暗示。

2. 注意观察是否有意外刺激或意外反应。

3. 观察受测人是否有异常或使用反措施。

七、实训作业

1. 编制一套 CQT 测试题。

2. 练习 CQT 测试评分与图谱分析。

实训四　罪犯个性测试（COPA—PI）

一、实训目的

了解罪犯个性测试原理，掌握测试的操作程序，评分及结果解释。

二、实训说明

1. COPA 测试量表是我国司法系统比较常用的一种个性测验，主要用于了解服刑者的个性特征，以帮助管教干警针对服刑人员的个性特征有针对性地采取帮教措施，使他们能够早日重返社会。

2. COPA 测试量表共 144 道题目，其中包括 13 个维度及说谎和同一性两个效度指标。13 个维度分别是内外倾、情绪稳定性、同众性、冲动性、攻击性、报复性、信任感、同情心、自信心、焦虑感、聪慧性、心理变态倾向、犯罪思维模式。该量表的内部一致性信度和再测信度较高，结构效度、区分效度较好，具有一定的小标关联效度；并初步建立了男性和女性两种常模。

三、实训内容

测试罪犯的个性特征，将内外倾、情绪稳定性、同众性、冲动性、攻击性、报复性、信任感、同情心、自信心、焦虑感、聪慧性、心理变态倾向、犯罪思维模式 13 方面的测试结果与常模进行比较，分析差异性。

四、实训器材

1. 仪器：COPA—PI 测试软件，SPSS 软件，电脑。

2. 材料：《中国罪犯心理测试个性分测验》（COPA—PI）测试问卷若干份。

五、实训步骤

1. 适当解释测试目的，消除罪犯的恐惧心理。

2. 说明测试要求：每个题目都要如实做答，不要有遗漏。

3. 发放问卷，指导被试按要求做个体测验，或团体纸笔型测验（文盲可以听测试录音做答）。

4. 将每份测试答案输入 COPA—PI 测试软件，计算出各个题目、个性因子的原始分和标准分。

5. 将测试原始分和标准分运用 SPSS 软件进行统计处理。

6. 将测试结果与常模进行比较。

7. 比较和分析每个被试的测试结果。

六、注意事项

1. COPA 测试为标准化专业心理测验，测验使用者需要经过心理测试知识的培训。

2. 使用者经过施测和统计得分后对测验分数进行解释和应用时，要注意分数解释是一个专业知识与实践经验密切相关的环节，切不可只按测试分数教条、死板的解释，应结合不同被试者的经历以及访谈等其他信息，做出适当的解释和尽可能准确的推断。

3. 本测试对象为罪犯，不能对罪犯以外的其他人进行测试。

七、实训作业

1. 分析不同文化水平罪犯的个性差异及原因。

2. 分析不同年龄罪犯的个性差异及原因。

3. 分析不同服刑时间罪犯的个性差异及原因。

4. 分析不同犯罪类型罪犯的个性差异及原因。

5. 分析不同犯罪经历罪犯的个性差异及原因。

实训五 人像辨别训练

一、实训目的

人像各个部分有不同的类型及特征，了解和学习人像的基本知识，可以提高人像辨认和识别的能力。人像辨别训练的目的是帮助警察学习有关人像的基本知识，掌握人像的基本技能，学会识别各种经过伪装后的人像。

二、实训内容

了解头部、头发、前额、眉毛、睫毛、眼睛、鼻子、颧骨、耳朵、嘴唇、颌骨、皮肤 12 个部位的特征；学会准确地记忆和辨别人像。

三、实训要求

掌握人像的基本知识和基本技能，学会识别辨认人像及各种经过伪装后的人像。

四、实训器材

1. 仪器：电脑、秒表、记录纸。

2. 材料：人像图库、人物照片。

五、实训步骤与方法

（一）讲解人像面部的基本特征

根据对面部特征的分析，说明如何进行人像记忆。

1. 头部。对人头部特征的了解主要依赖于对整个头骨机构的认识。头骨分为 10 种形式：①方形；②长方形；③圆形；④椭圆形；⑤三角形（上宽下窄）；⑥三角形（下宽上窄）；⑦开阔形；⑧狭窄形；⑨颅骨较大形；⑩颅骨适中形。

2. 前额。分为以下几种形式：①前额高；②前额宽；③发际与眉毛间较窄；④太阳穴之间较窄。

3. 眉毛。形式为：①厚；②薄；③长；④短；⑤长在一起；⑥分开；⑦平；⑧弧形；⑨翅膀形；⑩逐渐变形。

4. 睫毛。形式包括：①厚；②薄；③长；④短；⑤卷曲；⑥平直。

5. 眼睛。形式包括：①大；②小；③凸出；④深藏；⑤对眼；⑥两眼距离过大；⑦向内倾斜；⑧向外倾斜；⑨遮盖。

6. 鼻子。形式包括：①平直；②扁平；③尖；④短粗；⑤向上翘；⑥鹰钩鼻；⑦与前额构成直线；⑧凹陷。

7. 颧骨。形式包括：①高；②凸出；③模糊。

8. 耳朵。形式包括：①大；②小；③有节的；④平滑；⑤圆；⑥长方形；⑦三角形；⑧扁平。

9. 嘴唇。形式包括：①上长；②下长；③小；④厚；⑤宽大；⑥薄；⑦上翻；⑧下翻；⑨弓形；⑩美观；⑪不美观。

10. 颌骨。形式包括：①长；②短；③尖；④方形；⑤圆形；⑥双颌；⑦裂颌。

11. 皮肤。形式包括：①光滑；②粗糙；③黑；④白皙；⑤有小斑点；⑥油性；⑦干燥；⑧大块斑点；⑨皱纹。

（二）进行人像辨认

1. 先呈现 10 张人像，让学生观察 3 分钟。

2. 再呈现 60 张人像，让学生从中找出刚才看过的 10 张。

六、实训注意事项

1. 观察 3 分钟后，让学生休息一会。

2. 对男女两性的面部特征要分类，辨认也要分开。

七、实训作业

1. 观察人像图库，识别人的面部特征。

2. 练习对伪装人像的辨认。

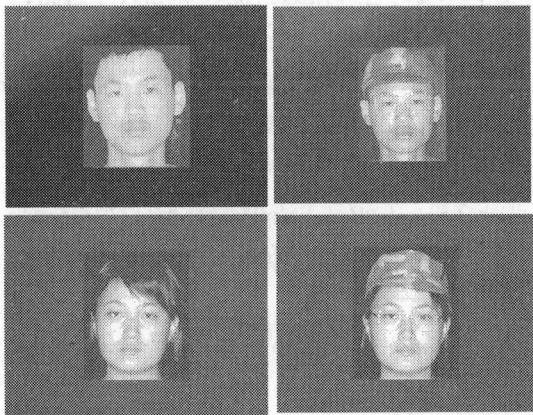

图 7 - 1

实训六　快速反应能力训练

一、实训目的

快速反应能力主要由反应时决定，了解自己的反应时可以进行针对性训练，以提高自己的快速反应能力。

二、实训内容

了解反应时实验所使用的仪器、方法并进行结果计算，测量被试的简单、辨别与选择反应时。

三、实训说明

反应时又称为反应潜伏期，是从刺激呈现到做出反应之间所经历的时间，它作为一个心理指标在个体差异的研究中有着重要的作用。反应时的测量为推测不能直接观察到的心理过程打开了一个窗口。一个完整的反应过程由五部分组成：

1. 感受器将物理或化学刺激转化为神经冲动；

2. 神经冲动由感受器到大脑皮质；

3. 大脑皮质对信息进行加工；

4. 神经冲动由大脑皮质传至效应器；

5. 效应器做出反应。

本训练使用多项反应时测定仪测量简单、选择、辨别三种反应时（即 a、b、c 反应时）（唐德斯，1868），它可作为技能训练和人才选材的一种测量工具。

四、训练器材

1. 仪器：BD—Ⅱ—509A 型多项反应时测试仪（Many Reaction Time Tester）。

2. 材料：微型打印机及电源、电源接线板、记录纸。

五、训练步骤与方法

（一）简单反应时（Simple Reaction Time）

1. 主试从红、黄、绿光中任选一种和声音作为呈现刺激。按"方式"键，选择刺激方式。

2. 主试将相应反应键插入插件孔的"反应键"内，按下"简单"键，开始实验。

3. 给出预备信号之后，被试按下反应键（如果在预备时间内没有按下反应键，则提示警告声响），看见呈现刺激就松开反应键。

4. 预备信号显示 2 秒，信号间隔给出 10 种不同的时间，分别为：2 秒；7 秒；3 秒；4 秒；5 秒；7 秒；4 秒；2 秒；5 秒；3 秒；呈现时间为 1 秒，刺激间隔 3 秒。

5. 实验呈现刺激按"视听听视"或"听视视听"的方式安排四组，每组进行 10 次。主试记录每次的正确总反应时间（每 10 次之后，仪器自行停止，显示窗呈现正确总反应时间与平均反应时。主试按"复位"键，显示窗全部清零）。

6. 打印输出：主试按下"打印"键，打印机即打印出 10 次反应时、正确总反应时间、平均正确反应时、标准差。

7. 每两组测试后，休息 1 分钟；一名被试做完 4 组，换另一名被试。

（二）选择反应时（Choice Reaction Time）

1. 被试右、左手分别握绿、黄光反应键，左脚尖轻压在红光反应脚键上。主试将彩色光源灯放在被试的正前方。接通电源，并打开电源开关。

2. 主试按下"选择"键，实验按编好的程序随机呈现各色灯光（每组实验红、黄、绿光随机呈现各 10 次）；刺激呈现的顺序为：预备信号灯亮 2 秒→反应光呈现刺激 1 秒→灯灭后间隔 3 秒，以此循环。

3. 被试见到灯光之后立即按相应键。若反应正确，显示窗记时停止，呈现出该次的反应时间。若反应错误，蜂鸣器发出长音，给予被试提示，仪器记录错误次数；此时显示窗继续记时，被试改正后，蜂鸣器和记时停止，显示窗呈现该次的反应时间。若 4 秒内没有正确反应，则记一次错误，此 4 秒反应时不计入平均正确反应时等计算。主试记录显示窗呈现的各次反应时间。

4. 30 次实验结束后，显示窗可分别呈现"红"、"黄"、"绿"正确总反应时间、错误总数、平均反应时。按"方式"键，选择显示的颜色值。

5. 实验数据存储在主机内，主试按下"打印"输出键，打印出错误次数，红黄、绿、各 10 次反应时的实验数据，红黄绿各自正确总反应时间，平均正确反应时，标准差。其中实验数据如果是 4.00，则值后有"R"标记，表示此次实验没有进行反应。

6. 主试按"复位"键，清零显示窗。每组实验中间休息 2 分钟，每名被试完成两组实验后，换另一名被试进行实验。

（三）辨别反应时（Discriminative Reaction Time）

1. 反应键使用及刺激呈现方法同选择反应时。主试任选一种光作为标准刺激，即该颜色的光出现时要做出反应。主试按"方式"键，选择作为正确反应的刺激灯光颜色。

2. 主试按下"辨别"键，开始实验。

3. 红、黄、绿光各随机呈现 10 次，被试只对标准刺激光做出反应。若反应错误，记错 1 次，且蜂鸣器发出长音，被试改正后，蜂鸣器和记时停止。若 4 秒内没有正确反应，则记一次错误次数，此反应时不计入计算。主试记录显示窗呈现的各次反应时间。

4. 实验结束后，显示窗呈现标准刺激光的正确总反应时间、错误总数、平均反应时。

5. 打印输出：主试按下"打印"键，打印机即打印出错误次数、该光的 10 次反应时、正确总反应时间、平均正确反应时、标准差。

6. 主试按"复位"键，清零显示窗。每组实验中间休息 2 分钟，每名被试完成两组实验后，换另一名被试进行同样的实验。

六、注意事项

1. 在同一分析器的不同部位，其反应潜伏期是不同的；同样，不同感觉器官的反应时也不相同，例如，听觉比视觉的反应时短；同一感觉器官，对不同性质的刺激，其反应时也不同。许多内、外因素也影响反应时间的长短，例如，强的刺激反应时短，增加刺激的延续期有使反应时缩短的倾向；额外的动机因素，如惩罚或奖励，也会引起截然不同的反应时；人处于暗适应状态时，反应时短。

2. 不同项目的反应时存在显著的差别，但练习因素可以降低反应时。由于反应时是一个很敏锐的反应变量指标，因而可以作为反应速度的快慢、反应前后心理活动过程的客观指标。

七、实训作业

1. 计算本人的简单、选择、辨别反应时的平均数及标准差。检验同一种颜色光的简单和选择反应时是否具有明显差异。

2. 分别计算声、光的简单反应时的平均数与标准差，检验听、视反应时之间是否存在显著差异。

实训七　注意划消训练

一、实训目的

通过注意实验，更好理解和掌握注意的指向性和集中性的特征以及注意的品质。

二、实训内容

1. 数字划消。

2. 字母划消。

三、训练要求

理解注意划消的要求，每个划消任务要连续完成，不能停顿。划消的时间要准确记录。

四、训练器材

秒表，记录纸，数字图片，字母图片。

五、步骤与方法

（一）数字划消

1. 数字划消：请将数字"2"用"\"符号划掉。

```
    548962486312756238456268662589245692589634420356632244996756233 26
562655236842665236842266236943968632569242592225825692584962756295654 8
268846524552496215874204525465325522566892486636235563363232589 2325425
9625642526234289875263524215326926587925898542069523656532482 20896952
72256568685425825492658524592586242894562586542658825489232 89332352832
542579351924259225825692584962756295654826884652455249621587 420452546
5325522566892486636235563363232589232542596256425262 392486636 2355 63362
325892325425962564252623924866362355633542596256425262342 89875263 5246
9265879258985420566892486636235563363232589232542596256 42526239 2486636
235563389248663623556336232589232542596256425262342 8987526352 4215326 9
2658792589854206952365653248220896952722565868542596256 4252623 4289875
26352454259625642526234289875263524542596256425262342 89875263 52454259
625642526234289875263522552256689248663623556336323 2589232542 596256425
262392486636235563363232589232542596256425262392486636 23556335 42596256
42526234289875263524692658792589854205668924866362 35563363 232589232542
596256425262392423924866362355633542596256425262 342898752635 246926587
9258985420566892486636235563363232589232542596256 42526 23
```

完成时间为_____

2. 数字划消：请将数字"2"前一位的数字用"＼"符号划掉。

9248663623556336232589232542596256425262342045254653255225668924866362355633623258923254259625642526234289875263524215326926587925898542069523656532482208969527225656865425825492658524592586242894562586542658825489232893323528325425793519242592258256925849627562956548268846524552496215874204525465325522566814525465325522566892486636235563362325892325425962564252623428987526352421532692658792589854205668924866362355633623258923254259625825692584962756295654826884652455249621587420452546532552256689248663623556336232589232542596256425262342898752635242153269265879258985420566892486636235563357935192425922582569258496275629565482688465245524962158742045254653255225668924866362355633623258923254259625825692584962756295654826884652455249621587420452546532552256689248663623556336232589232542596256425262342898752635242153269265879258985420566892486636235563362325892325425962564252623924866362355633

6926587925898542056689248663623556336232589232542596256425262392486636235563357935192425922582569258496275629565482688465245524962158742045254653255225668248663623556336232589232542596256425262342898752635242153269265879258985420566892486636235563362325892325425962564252623924866362355633579351924259225825692584962756295654826884652455249621587420452546532552256689248663623556336232

```
6336232589232542596256425262342898752635242153269265879258985420566 89
2486636232555633623258923254259625642526234204525465325522566892486 6362
3556336232589232542596256425262342898752635242153269265879258985420 69
5236565324822089695272256586854258254926585245925862428945625865426 58
8254892328933235283254257935192425922582569258496275629565482688465 24
5524962158742045254653255225668924866362355633623258923254259625825 69
2584962756295654826884652455249621587420452546532552256689248663623 55
6336232589232542596256425262342898752635242153269265879258985420566 89
2486636232555633623258923254259625642526239248663623553356 33
```

完成时间为_____

（二）字母划消

1. 请将字母 p 用"＼"划掉。

```
  p r w a f k t x c h m r y a p k p c h m q v a f k s b y m y p a f j o t b h m r
x b g y q p b g l u d h m r w b g l y p z e j o t z e j n s x c h y r p b p k t c h m
r w b g y q y p f k s b h m r v a f k t c y p r w b f k t z e j o t b y p q v a f k t c
h m q v b g y p v y t z d p n t b h m r w a f y p c h m r w b g l q v a f y p c h l q
v a f k t z f k y p h m r w a f j o t c j o t y p h y r w b g l q u p e i n s x y p m r
v a f k o t c h m r y p f k s b h l q v a f k t y p l q v a f k s b g l q v y e p o p b
h m q v a f k o t y h y p v a f k t b h m q u z e y p b h m r w a f k t c h m r y b
g p t c h m r w b f k t y h p q p a f k s x c h m r y a y k s p h l q v a f k t b h l y
u p e j o t b h m r v a f y o p c h m r w b f k s b g y q p a f k s b h l q u z e j y p
y c p m r v a f k s b h m r y a p k o t c h m r w b f k t y p m q v a f k o t c h m
r y p f k s b g l q v a f k o y c p m p w a g k t c h m q y a f y p b h m q v a f j o
t b h y p w b g k t c g l q v a f k y b h p q v z e j o t c h m y p b f p o t c h m b
h l q v a f k t y p l q v a f k s b g l q v y e p o p b h m q v a f k o t y h y p v a f
k t b h m q u z e y p b h m r w a f k t c h m r y b g p t c w b f k t z e j o t b y p q
v a f k t c h m q v b g y p v y t z d p n t b h m r w a f y p c h m r w b g l q v a f
y p c h l q v a f k t z f k y p h m r w a f j o t c j o t y p h y r w b g l q u p e i n
s x y p m r v a f k o t c h m r y p f k s b h l q v a f k t y p l q v a f k s b g l q v
y e p o p b h m q v a f k o t y h y p v a f k t b h m q u z e y p b h m r w a f k t c
```

hmrybgptchmrwbfktyhpqpaglqvyepopbhmqvafkoty
hypvafktbhmquzeypbhmrwafktchmrybgptc

完成时间为＿＿＿＿＿＿＿＿＿＿＿＿＿＿

2. 请将相连的两个字母 yp 用 "＼" 划掉。

sbglqvyepopbhmqvafkotyhypvafktbhmquzeypb
hmrwafktchmrybgptchmrwbfktyhpqpafksxchmryay
ksphlqvafktbhlyupejotbhmrvafyopchmrwbfksbgyq
pafksbhlquzejypycpmrvafksbhmryapkotchmrwbfk
typmqvafkotchmrypfksbglqvafkoycpmpwagktchmp
rwafktxchmryapkpchmqvafksbymypafjotbhmrxbgy
qpbgludhmrwbglypzejotzejnsxchyrpbpktchmrwbg
yqypfksbhmrvafktcyprwbfktzejotbypqvafktchmqv
bgypvytzdpntbhmrwafypchmrwbglqvafypchlqvafk
tzfkyphmrwafjotcjotyphyrwbglqupeinsxypmrvafk
otchmrypfksbhlqvafktyplqvafksbglqvyepopbhmqv
afkotyhypvafktbhmquzeypbhmrwafktchmrybgptch
mrwbfktyhpqpafksxchmryayksphlqvafktbhlyfypch
lqvafktzpkpchmqvafksbymypafjotbhmrxbgyqpbgl
udhmrwbglypzejotzejnsxchyrpbpktchmrwbgyqypf
ksbhmrvafktcyprwbfktzejotbypqvafktchmqvbgypv
ytzdpntbhmrwafypchmrwbglqvafypchlqvafktzfkyp
hmrwafjotcjotyphyrwbglqpzejotzejnsxchyrpbpktc
hmrwbgyqypfksbhmrvafktcyprwbfktzejotbypqvafk
tcyprwbfktzejotbypqvafktchmqvbgy

完成时间为＿＿＿＿＿＿＿＿＿＿＿＿＿＿

六、注意事项

1. 每个划消任务要连续完成，不能停顿。

2. 数字划消和字母划消要分开。

七、实训作业

1. 计算注意力集中指数。

注意力集中指数 =（查阅总字数÷查阅时间）×［（正确划消字数 – 错误划消字数）÷应划字数］

2. 练习注意划消。

实训八 注意分配训练

一、实训目的

测定综合注意能力，学习使用 WT 注意力测试软件，了解注意的一些基本特征。

二、实训说明

（一）训练原理说明

注意是心理活动对一定对象的指向和集中。注意力是人们在生活与实践活动中必须具备的一种重要心理品质。注意包括注意的广度、注意的稳定性、注意的转移和注意的分配四个基本特征。注意力是从事复杂活动的必要条件，它是后天训练发展的结果。了解自己的注意特点，进行针对性的训练，以提高个体的注意品质。

（二）训练性能说明

1. 整个测试过程由计算机控制，测试时不需要人盯人对测试对象进行监控，这样就减轻了施测人员的劳动强度，同时测试结果的标准化程度高，便于不同对象测试结果间的比较；

2. 测试过程实现人机对话，界面设计友好；测试结果可以存盘，对已往的测试记录还可以实现查询，用户操作方便；

3. 从理论上克服了原纸笔测试可能产生的学习效应，提高了测试的信度和效度；

4. 本软件不仅可用于注意力测评，也可用于提高注意力的心理训练。

三、训练器材

1. 仪器：WT—注意力测试软件。

2. 材料：记录纸。

四、使用说明

进入测试软件所在的子目录，点击执行文件 psych. exe，即可启动 WT—注意力测试软件，显示如图 7 - 2 所示的用户界面。启动程序后，用户界面将短暂显示软件设计者版权画面。版权画面消失后，中间有白云蓝天背景的矩形为测试区域。用户界面的左上方和右上方分别有"成绩"和"记录"两个按钮，底部有"开始"、"重来"、"设定"、"停止"四个按钮，用户用鼠标点击不同的按钮将实现不同的功能。

图 7 - 2　WT—注意力测试软件用户界面

五、步骤与方法

1. 鼠标点击用户界面上的"开始"按钮或点击"开始"后再点击"重来"按钮，即进入测试状态，测试区域显示测试图形，并启动计时器。

2. 进入测试状态后，要求测试对象在测试区内的不规则图形中依次查找出 1 ~ 99 的数字。从数字 1 开始，确认该数字后，用鼠标点击该数字所在的不规则图形，即完成一次查找。依此类推，直到查找出数字 99 并点击其所在的不规则图形，即完成一次测试。在测试过程中，当测试对象用鼠标点击一个不规则图形时，该不规则图形变成绿色显示，提示当前所选的图形或数字，松开鼠标键时，所选图形返回原来的颜色。

3. 若测试对象鼠标当前点击的不是应该查找的数字或不规则图形，则出现纠错提示对话框，表示选择错误，并提示当前应该查找的数字。纠错提示对话框显示 1 秒种后自动消失，测试对象也可用鼠标点击"OK"按钮，提前消除该对话框。

4. 当测试过程结束（测试对象按要求依次查找到数字 99）时，用户界面自动弹出成绩评定显示框，显示测试结果与成绩评定。

5. 当测试对象完成测试，屏幕显示测试结果与成绩评定后，用户界面将自动显示登记注册对话框。

6. 鼠标点击用户界面上的"记录"按钮，即弹出记录查询对话框，显示系统默认的结果文件（psych. rcd）中保存的测试结果。

六、结果与解释

记录被试完成整个实验的时间和出现错误次数。测试时间的成绩评定的标准：15 分以内为"优秀"；15～18 分（含 15 分）为"良好"；18～21 分（含 18 分）为"一般"；21 分及以上者为"较差"。

七、思考题

1. 影响注意分配的因素有哪些？
2. 如何更好的培养注意的稳定性？

实训九　短时记忆训练

一、实训目的

通过记忆实验时让学生了解短时记忆的特点，探讨记忆的个体差异性。

二、实训内容

1. 电话号码记忆实验。
2. 车牌号记忆实验。
3. 人像记忆实验。

三、实训说明

记忆能力是警察的主要能力之一。短时记忆是记忆的重要方面。短时记忆是指在刺激作用终止后，对信息保持十几秒至一分钟左右的记忆。短时记忆储存的信息，在进行复述、组织、重新编码和与过去的经验相联系时，是暂时的。如果停止复述，信息一般在 1 分钟内消失。记忆的关键在于信息的储存。

四、训练器材

1. 仪器：计算机。
2. 材料：电话号码图片，车牌号图片，人像照片。

五、步骤与方法

主试向被试说明实验程序：实验包括识记、休息、再认三个阶段，要将前面识记过的号码或照片随后进行回忆再认。

图 7－3

（一）电话号码记忆训练

1. 识记阶段。计算机屏幕依次呈现 10 组电话号码，每组电话号码呈现 20 秒后消失，紧接着再呈现下一组号码，依次进行。

识记阶段的任务是："以下每次呈现的是电话号码，首先仔细观察和尽量记住每个电话号码，随后要将识记过的电话号码进行辨认。"

2. 休息间隔阶段。让被试阅读画册 10 分钟，进行分心和干扰。

3. 再认阶段。依次呈现 20 组电话号码，其中 10 组为识记过的旧号码，10 组为没有识记过的新号码，新旧号码随机呈现。每组电话号码呈现 20 秒后消失，紧接着再呈现下一组号码，依次进行。

再认阶段的任务是："要求被试再认要用按键进行确认，认为是前面看过的旧号码就按 1 号键，认为是新号码就按 0 号键。"

（二）车牌号记忆训练

1. 识记阶段。计算机屏幕依次呈现 10 组车牌号，每组车牌号呈现 20 秒后消失，紧接着再呈现下一组车牌号，依次进行。

识记阶段的任务是："以下每次呈现的是车牌号，首先仔细观察和尽量记住每个车牌号，随后要将识记过的车牌号进行辨认。"

2. 休息间隔阶段。让被试阅读画册 10 分钟进行分心和干扰。

3. 再认阶段。依次呈现 20 组车牌号，其中 10 组为识记过的旧牌号，10 组为没有识记过的新牌号，新旧牌号随机呈现。每组车牌号呈现 20 秒后消失，紧接着再呈现下一组牌号，依次进行。

再认阶段的任务是："要求被试再认要用按键进行确认，认为是前面看过的旧牌号就按 1 号键，认为是新牌号就按 0 号键。"

（三）街景记忆训练

1. 识记阶段。计算机屏幕依次呈现 10 张街景图片，每张街景图片呈现 20 秒后消失，紧接着再呈现下一张，依次进行。

识记阶段的任务是："以下每次呈现的是一张街景图片，首先仔细观察和尽量记住，随后要将识记过的街景图片进行辨认。"

2. 休息间隔阶段。让被试阅读画册 10 分钟进行分心和干扰。

3. 再认阶段。依次呈现 20 张街景图片，其中 10 张为识记过的旧街景图片，10 张为没有识记过的新街景图片，新旧图片随机呈现。每张图片呈现 20 秒后消失，紧接着再呈现下一张图片，依次进行。

再认阶段的任务是："要求被试再认要用按键进行确认，认为是前面看过的

（三）机动车拥有量调查

机动车的拥有量是指一个城市或地区的机动车总的数量，即机动车的绝对数量。可以从车辆管理部门建立的机动车管理档案中查阅获取。

（四）机动车年变化量调查

机动车年变化量是指这个城市或地区机动车每年变化的数量情况；包括每年新注册登记的机动车数量，每年报废注销登记的机动车数量，以及每年变更登记、转移登记的机动车的数量。

（五）外来车辆调查

外来车辆是指从外地进入本城市或地区的过境车辆和逗留车辆。外来车辆的驶入，必然会增加当地道路的交通总量，给交通管理带来一定的压力；因此需要对外来车辆进行调查统计，了解和掌握它们的数量和规律，包括日平均数量、日最高数量，每天或每月的驶入情况和变化规律等，以便采取相应的指挥、疏导等管理措施。一般情况下，外来过境车辆集中在城市一定的区域，或者几条主要道路上，有一定的流向性；这些区域或道路如果车辆过于集中，会造成阻塞现象，影响城市各区域之间的交通流的畅通。通过对外来车辆的调查，合理分流车辆，特别是采取交通吸引的方法，将外来车辆吸引到市区外围的过境路或外环路上，以减轻市区内主干道的压力。

三、实训要求

车辆调查应当坚持实事求是的原则，在进行调查活动时，做到真实、准确、全面、及时。车辆调查的真实、准确、全面、及时是相互联系、不可分割的统一整体，是开展车辆调查的客观要求。

四、调查方法

（一）基本调查方法

1. 普遍调查。是指为了全面掌握各项车辆调查基本情况以便进行全面综合分析，所做的普遍调查。这种调查具有普遍性和全面综合性。

2. 专题调查。是指有目的性的对某一方面所进行的专题调查。这种调查的范围和时限都有规定，能够比较集中的说明情况，对决策有较大作用。

3. 重点调查。是指有重点的对于某一重点方面或重点问题进行的重点调查。这种针对重点问题开展的调查，能够对全局起到较大的促进作用。

4. 系统调查。系统调查是选定若干个有特殊意义的单位或若干个有代表性的人或现象，做比较长时间的全面观察或追踪调查，从中系统地了解其发展变化情况和规律性。

5. 典型调查。典型调查是通过某些典型的事项来了解一般现象。这种调查的典型选择应当具有代表性，有一些可供比较的材料，防止出现片面性。

6. 抽样调查。抽样调查是从某类客观事物的总体中，选取一部分作为调查对象，用来推算总体，或者在普遍调查的基础上，为了核实其可靠程度，有选择的进行调查。

对外来车辆的调查是通过实地调查的形式，在市区边缘的路口设立调查点，对车辆进行统计，记录车辆类型、通过的时间、行驶方向、车源地等情况，从中掌握外地车辆的出入量，以及过境车辆的数量和行驶路线等。

（二）具体调查方法

1. 实地观测法。这种方法是通过调查人员或者安装仪器设备，在调查地点进行实地观察、记录、测量和统计。对诸如行车速度、交通流量、交通流密度、阻塞程度、特殊事故现场和事故多发地段等的调查，一般采用实地观测法。

2. 走访询问法。这种方法是调查人员通过电话询问、路旁征询以及到具体单位或公民个人中进行专题调查。

3. 情报资料交换法。这种方法是通过与有关单位建立情报联系，直接获取道路交通的情报资料。公安交通管理部门与城市规划、市政建设、公路路政管理、环境保护等部门建立情报交换联系，从中获得车辆、人口、货运、公共交通、大气环境等方面的情报信息。

五、调查注意事项

（一）调查前的准备

组成调查小组，对每一个成员进行必要的分工；准备调试好调查有关的拍摄记录仪器、工具、记录纸、绘图纸以及颜色笔等。

（二）确定调查内容

确定调查的项目、地点、时间、形式等；详细拟定具体的调查方案。

（三）进行实地调查

设立调查点，分方向、分时段对车辆分别进行统计，记录各种调查数据，完成调查报告的编制。

六、实训作业

完成和提交一份外来车辆调查报告和记录分析。

设立一个调查点，选择几个时段进行记录统计，了解和掌握外来车辆的数量和规律，包括日平均数量、日最高数量，每天或每月的驶入情况和变化规律等。注意观察外来过境车辆是否集中在城市一定的区域，是否仅限于集中在几条主要道路上，是否具有一定的流向性；这些区域或道路是否造成阻塞现象，对于城市各区域之间的交通流的畅通有无影响。

实训二 交通流特性调查

一、实训目的

对道路交通活动中的交通量、车速、行车延误以及行车密度等特性进行调查，能够反映道路交通的特有状况，掌握城市道路交通的基本情况。通过对交通流特性及其变化规律的调查，分析道路交通建设和交通管理的效果，从而为进行交通决策及采取有针对性的交通管理措施，提供科学依据。

二、实训内容

（一）交通量调查

交通量是指在确定的时间段内（通常以小时、天为单位），通过道路上的某一点或者某一横断面的交通体的数量。调查对象一般为往返两个方向的各种交通体。交通量是一个动态的指数，分为车流量（辆/时、辆/日）与人流量（人/时、人/日）。

交通量的主要参数和指标反映了道路的交通流状况，是测算道路通行能力的大小、评价道路设施的合理程度、反映道路管理水平高低的基础数据。通过交通量调查，可以及时了解交通流的特性及其规律，获得交通流的第一手数据资料。

交通量是一个随时变化的量，在不同的时间、地点，交通量是不一样的。交通量随着时间和空间的不同而变化的特性，称为交通量的时空分布特性。通过研究其统计规律，对于进行交通规划、交通控制、交通设施的规划建设具有重要的指导意义。

1. 交通量分布特性调查内容。

（1）交通量的时间分布，即交通量的时间变化规律。包括高峰小时内交通量的变化，一天内小时交通量的变化，一周内日交通量的变化，一年内月交通量的变化。

（2）交通量的空间分布，即交通量的空间变化规律。包括交通量的城乡分布、不同行车方向交通量的分布、不同车道交通量的分布等。

2. 交通量专项调查的内容。

（1）公路交通量的调查；

（2）城市道路交通量的调查；

（3）平面交叉路口交通量的调查；

（4）道路上某一个断面交通量的调查；

（5）重要公共建筑和设施附近交通量的调查；

（6）路网交通量的调查；

（7）小区出入口交通量的调查。

（二）车速调查

影响车速变化的原因包括驾驶员的个人状况、车辆性能、道路情况、交通条件、环境因素等。

对行车速度进行调查，是正确实施交通管理与控制的基础性工作，是实施交通规划和改善道路通行条件的重要依据；通过调查，可以了解和掌握道路上车辆的速度及其变化情况，及时指挥和疏导车辆，组织和调整交通流，对于保证实现交通运输的安全、迅速、高效、低耗的目的具有意义。

（三）行车延误调查

行车延误是指在行车过程中，由于交通阻塞或交通管制而引起的行驶时间的损失。交通活动中，影响行车延误的因素包括驾驶员、行人、车辆、道路、转弯车辆比例、交通控制设施以及环境气象条件等。通过对行车延误的调查研究，了解掌握影响行车延误的各种情况，从而分析评价交通阻塞的程度，为交通规划和交通管理提供依据。

（四）行车密度调查

行车密度亦称交通密度，它是有关交通流状态的重要参数，是指在某一瞬间，道路上车辆的密集程度，即单位长度上车辆数。交通密度参数的分布特性是用空间占有率（车道占有率）来表示的，车道占有率越高，车流密度越大。

三、实训要求

（一）交通量调查的要求

在道路交通活动中，由于交通体的运动，交通量随时都在发生着变化，通常采用截取某一时间段内的平均值，作为该时间段内的平均交通量。

1. 按照所截取的时间段的不同，采用平均交通量：①年平均日交通量，指全年的交通量总和与全年总天数之比；②月平均日交通量，指一个月的交通量之和与这个月天数的比值；③周平均日交通量，指一周的交通量之和除以 7 天所得的比值；④平均日交通量，指任意期间一日交通量的总和与所观测的天数的比值。

2. 按照交通量的变化特征的不同分为：①高峰小时交通量，指一天内高峰期间连续一个小时的最大交通量；②年最高小时交通量，指一年内高峰小时交通量中最大的那一个小时的交通量；③第 30 位小时交通量，将一年中总共 8760 个小时的交通量，按照由大到小的顺序排列，被排在第 30 位的那个小时所对应的交通量，通常被作为设计小时交通量的参数；④高峰小时流量比，指高峰小时交通量占全天交通量的百分比。

3. 按照不同的交通量成分分为：①机动车交通量；②非机动车交通量；③行人交通量。

（二）车速专项调查的要求

1. 地点车速调查。指车辆驶过道路某一断面时的瞬间速度，即瞬时车速。

2. 行车速度的统计分布特性调查。表示车速统计分布特性的车速有：①15% 位车速。这是指有 15% 车辆的地点车速小于或等于该速度值。交通管理中经常以 15% 位车速作为最低限速值。②中位车速。该速度是在某一路段所有车辆速度的平均值。③85% 位车速。指在某一路段行驶的车辆中，有 85% 的车辆的地点车速在这个速度以下。交通管理中，经常以 85% 速度作为最高限速值。

3. 行驶车速与区间车速调查。行驶车速是指车辆驶过某一段路程长度与有效行车时间之比；区间车速是指车辆驶过某一段路程的长度与所用的总时间之比。

4. 时间平均速度与区间平均速度调查。时间平均车度是指单位时间内通过某一断面的所有车辆的地点车速的平均值；区间平均车速是指在某一瞬间道路上的某一区段内，所有车辆速度分布的平均值。

四、调查方法

（一）交通量的调查方法

1. 人工调查法。由人员直接记录通过道路某一点或断面的交通体的数量，适用于任何地点、任何情况下的交通量调查。其优点是，所需工具简便，机动灵活，精确度高，数据可靠；但所需人力较多，不适合长期连续观测。

2. 流动车调查法。通过在某一道路段上来回运动，测定这一路段上的交通量和各种交通体的行驶速度、行驶时间等。

3. 自动记数法。通过设置各式自动检测记录仪器装置，来自动记录交通量数据。目前，这种方法应用较多，适用于长期连续的交通量调查。

4. 摄像记录调查法。将摄像、摄影设备安装在道路附近的制高点上，对准拍摄地点，每隔一定的时间就自动拍摄一次，根据拍摄的影视资料，计算出不同流向的交通量。

（二）行车速度的调查方法

1. 地点车速的调查方法。主要有：①人工观测法。由观测人员测量车辆通过某一微小路段的平均速度。②雷达测速仪法。根据移动物体的速度与发射到运动对象的雷达束往返之间频率上的变化成正比的原理，直接测量出车辆通过的瞬时速度。雷达测速仪在交通管理中广泛应用。③车辆感应器测量法。根据电磁感应或超声波反射的原理，在测量交通量的同时，测出被测车辆的速度。它可以进行长时间的连续调查，及时提供各种数据及地点车速的资料。④摄影法。利用摄象机连续拍摄，或者用照相机按一定的时间间隔对同一地点拍摄，根据已知距离和照片格数或张数得出行驶时间，从而计算出车速。

2. 区间车速的调查方法。采用测量被测车辆通过已知长度道路的总时间而计算出区间车速，调查的道路长度应大于 1.5 公里。目前公路上进行区间车速调查，大都选用道路长度 30 公里进行测量。测量区间车速的方法有：①牌照法。是指通过记录车辆的车型牌照号码和车辆通过起点终点断面的时间，来推算区间车速。②流动车调查法。是指通过流动车在某一路段上的来回运动，测量该路段车辆的车速及行驶时间。③跟车法。是指采用测试车跟随道路上的车队行驶，记录车辆通过观测路段的时间，从而推算出区间车速。

五、调查注意事项

（一）对交通量的当量进行换算

道路上运行的车辆种类繁多，在进行交通量的调查时，为了能使不同时段的交通量具有可比性，便于调查统计，必须对车辆进行分类调查和分车种调查，需确定不同类型车辆的相互关系，确定它们之间的换算系数，将调查所得的混合交通量换算成为单一车种的交通量，即当量交通量。在交通量的当量换算中，一般是将两种车型（小型汽车和卡车）作为标准车型，其他车型根据系数换算为这两种车型。各种车型当量换算系数见下表：

表 8 - 1　小型汽车为标准换算表

车辆类型	换算系数
小型汽车	1.0
轻型汽车	1.5
3~5 吨货车	2.0

（续表）

车辆类型	换算系数
5 吨以上货车	2.5
大型平板货车	4.0
中小型公共汽车	2.5
超重超长货车	3.0
大型公共汽车	3.0
摩托车	0.8
自行车	0.2

（二）做好调查前的准备

组成 3~4 人的调查小组，对每一个成员进行必要的分工；准备调试好调查有关的测速仪、测量工具、记录纸、绘图纸以及颜色笔等。确定调查的项目、地点、时间、形式等；拟定具体的调查方案。设立调查点，分项进行统计，记录各种调查数据，分析整理测量、记录的数据，完成调查报告的编制。

六、实训作业

截取某一时间段进行机动车交通量调查和车速调查，提交调查记录和调查报告。分别采用人工调查法和雷达测速仪法进行统计，作出分析和提出建议。

实训三 交通事故调查

一、实训目的

通过对已经处理过的或者正在处理的道路交通事故，进行全面、系统的调查研究，收集有关资料与数据，从中发现和寻找发生交通事故的规律，为道路交通管理和事故预防提供依据；总结和丰富交通事故预防理论，提出交通事故预防措施，实施交通事故预防对策。

二、实训内容

（一）交通事故起数和造成的损失

按照天、周、月、季、年等为单位进行调查统计，调查该地区交通事故发生的起数、受伤人数（轻伤、重伤）、死亡人数、财产损失数额等。

（二）交通事故空间分布调查

1. 交通事故城乡分布调查。

2. 交通事故路段分布调查。

（三）交通事故时间分布调查

按照白天、夜晚以及全天的各时间段所发生的交通事故进行对比。

（四）发生交通事故天气情况调查

按照晴、阴、雨、雾、大风五种情况调查交通事故，将正常天气情况下与恶劣天气情况下所发生的交通事故进行对比。

（五）发生交通事故时的交通量调查

发生交通事故时，根据交通量的大小，可以比较在大、中、小三种交通量的情况下交通事故的不同点；分析比较不同的交通量与交通事故的关系。

（六）肇事驾驶员的调查

按照驾驶员的驾驶年限、年龄情况、性别情况等进行调查。

（七）对肇事车辆的调查

1. 对车辆类别以及用途的调查。

2. 对车辆状况的调查。包括制动器是否有效、灵敏，方向是否正常，车灯状况如何，轮胎是否正常，装载情况如何等。

3. 车速调查。将车速分为几个档次进行调查：每小时 15 公里以下、20 公里以下、30 公里以下、40 公里以下、50 公里以下、60 公里以下、大于 60 公里。

（八）肇事地点的道路调查

1. 线路情况调查。肇事路段的急弯、陡坡、视距、通视条件、曲线超高等是否符合要求，长直线、平曲线与竖直线组合是否合理等。

2. 路幅宽度与路肩调查。肇事路段是否属于狭窄路段，路肩是否松软、崩塌、隆起等。

3. 路面调查。肇事路段是否凹凸不平，有无滑溜、泥泞、破损等情况。

4. 路面障碍调查。肇事路段的路面上有无停放车辆，车辆停放是否符合规定；该路段是否设置危险标志，虽设有危险标志但位置是否正确，或能否识别；该路段有无堆放物体等。

5. 交通管理问题调查。肇事路段道路设施不完善，如标志不明确、标线不完备、护栏破损残缺等；该路段正在施工，施工过程管理不善，如标志不明确、警示灯以及夜间照明不够等。

（九）事故类型调查

1. 机动车与机动车事故。

2. 机动车与非机动车事故。

3. 机动车与人的事故。

4. 机动车单车事故。

（十）事故受害人调查

交通事故造成人身伤害的，应当对事故受害人进行调查，调查的主要内容是对受害人的伤害部位的调查，一般按照头、颈、胸、腹、腰、脊椎、上肢和下肢八个部位划分。交通事故造成人体多部位受伤，其中某个部位伤势最重的，统计时以该部位为主；如果难以判断主要受伤部位，则以多部位伤统计。

三、实训要求

交通事故调查是事故处理之后的调查，可以直接从交通事故处理案卷中以及事故统计报表中获取资料信息；在此基础上，通过大量的实地观察和对有关人员的询问调查，印证交通事故处理的客观公正性和真实有效性。此外，交通事故调查的范围广，内容多，全面细致，较为深入。无论是时间过程，还是空间领域，较之交通事故处理都要广泛得多，它所涉及的调查项目多种多样，调查的内容非常丰富。

四、调查方法

（一）统计的方法

按照天、周、月、季、年等为单位进行调查统计，调查区域内事故发生的起数、受伤人数（轻伤、重伤）、死亡人数、财产损失数额等。该调查数据可以从当地公安交通管理部门的统计报表中得到。

（二）绘图的方法

按照交通事故发生的不同地段、地点进行调查，在市区、近郊、远郊等不同地点分别调查，在此基础上，可以绘制交通事故的城乡分布图。

（三）坐标图标法

制作年坐标图，用月份做横向坐标，用事故做纵向坐标；将调查统计的每月的事故数，点圈在坐标图上，连接各点成一条折线，从折线的起伏可以看出交通事故的变化情况，了解一年内的交通事故分布情况。

除了上述基本方法外，还可采用以下调查方法：

1. 实地观测法。调查人员在调查地点进行实地观察、记录、测量和统计。对特殊事故现场和事故多发地段等的调查，一般采用实地观测法。

2. 走访询问法。调查人员通过电话询问、路旁征询以及到具体单位或公民个人中进行专题调查。

3. 情报资料交换法。通过与有关单位建立情报联系，直接获取道路交通的情报资料。公安交通管理部门与其他部门建立情报交换联系，可获得车辆、人口、货运、公共交通、气象、大气环境等方面的情报信息。

五、调查注意事项

（一）对肇事驾驶员的调查

除了对肇事驾驶员基本情况和违章记录调查外，还可对肇事驾驶员的年龄与交通事故的关系情况调查，对驾驶经历、驾驶熟练程度、驾驶习惯以及驾驶员心理、生理情况进行调查，从而发现和分析驾驶员的年龄、驾驶经历、熟练程度与发生交通事故有无内在联系，以及驾驶习惯、驾驶时的心情状况与发生事故的关系。

（二）事故类型调查

对于机动车与机动车事故，须调查相撞、擦挂、追尾，以及侧向、倒车、停车、超速、超载等情况下的碰撞等形态。对于机动车与非机动车事故，须分类机动车与自行车、人力车、畜力车等事故。机动车与人的事故，须对机动车与行人之间的事故发生的地点进行调查。机动车的单车事故需调查确定翻车、碰撞或与其他物体造成的事故等。

六、实训作业

1. 制作交通事故损失统计表；

2. 制作交通事故年或月的坐标图；

3. 编写对肇事驾驶员的调查报告。

实训四　交通事故现场勘查

一、实训目的

1. 确认事件或案件的性质。

2. 发现和提取现场印痕、物证。

3. 查明和确认事故损害后果。

4. 明确事故发生的全过程及主客观原因。

二、现场勘查的内容

(一)现场应急措施

为使事故现场保持原始状态,到达现场后应对现场采取保护措施,根据需要布置现场警戒范围,对受伤人员实施现场急救,及时救助伤员。如现场发生火灾,要根据物质燃烧的不同情况,采取相应的灭火方法进行扑救。如果事故现场有易燃、易爆、剧毒、放射性等危险物品,要根据危险物品的性能和状态,采取相应的处理方法。

为了避免事故现场再度发生连锁事故,根据现场情况,迅速指挥疏导交通,或者及时封闭道路。遇到交通肇事逃逸案件,应通过调查访问和对现场痕迹的检验,查明肇事者逃逸的方向和主要特征,迅速追缉。

对于未造成人身伤亡、事实清楚,并且机动车可以移动的交通事故现场,应当在记录事故情况后,责令当事人撤离现场,恢复交通;对拒绝撤离现场的,予以强制撤离。

(二)现场调查

现场调查是指勘查人员对事故当事人、目击者和事故知情人在现场进行的讯问和询问。现场调查访问对于迅速查明发生事故的基本情况、收集证人证言、查清事故事实、开辟线索来源至关重要。特别是对于逃逸事故现场,现场调查有助于了解逃逸车辆的有关情况,以便采取紧急措施。

(三)现场实地勘查

事故造成了人员伤亡和财产损失,要勘验、检查与事故现场有关的场地、车辆、物品、痕迹、尸体等并详细记录。现场实地勘查是以查明事故过程,发现和收集痕迹、物证为主要目的,包括对刹车印痕、轮胎宽度及花纹的形状、车体上易碎装置和泥土的落下位置等的测量、提取,可以作为判断肇事车辆的行车速度、确定事故撞击点的依据。

现场勘查的主要内容有:收集物证、摄影、丈量、绘图、车辆检查、道路鉴定、尸体检验,以及进行肇事时间、肇事后果和其他情况的调查等。

(四)现场分析复核

现场勘查结束后,现场勘查人员对所获得的各种材料进行全面的分析研究,并在分析的基础上,对现场测绘、现场摄影、现场勘查笔录、现场实验以及现场证据收集等方面,进行系统地复查核对。

(五)现场勘查后的处理

事故现场勘查结束后,确无保留必要的,应及时清理现场,恢复交通。对现场的事故车辆、散落物、被破坏的道路设施等，要组织进行清理，及时安排吊车、拖车等将有关车辆、物品拖离现场，通知有关部门修复道路设施，尽快恢复道路正常通行。对事故死亡尸体应联系存放地点，妥善保管，然后进行必要的法医检验和其他处理。因收集证据的需要，可以扣留事故车辆，但应当妥善保管，以备核查。

三、实训要求

1. 交通事故现场勘查，是运用科学方法和技术手段，对与交通事故有关的时间、地点、道路、车辆、物品、人员等进行现场调查和实地勘验，并将所得的结果客观、准确、完整地记录下来，对有关证据加以提取、固定的整个活动过程。进行事故现场勘查是处理交通事故的基础和必要前提。

2. 要对现场目击人和当事人进行调查、询问，获取现场第一手资料，将现场的痕迹、物证和其他证据综合起来加以分析，才能查明事故发生的全过程和事实真相，以便为认定交通事故责任，正确处理交通事故提供可靠的证据，对事故情况做出正确的判断处理。

3. 交通事故发生后，一些肇事者为逃避责任或为达到嫁祸于人的目的，故意将现场痕迹、物证加以破坏，或者驾车逃逸。一般情况下，逃逸肇事者的行为在交通事故现场必然会留下痕迹物证，也会在现场目击人或其他当事人中留下印象和线索。要仔细发现和证实肇事者逃逸或破坏事故原始现场的痕迹和证据。

四、实训器材

现场勘查箱，摄影、录像设备，检测仪器，绘图工具，"受理交通事故案件登记表"，"交通事故立案登记表"现场勘查笔录，询（讯）问笔录等。

五、方法与步骤

到达现场后，首先划定现场保护范围，维护现场秩序，不允许无关人员进入，及时疏散行人，疏导车辆。采取以下现场保护方法：

1. 封锁现场，作好标记。检查现场情况，确定现场范围并进行封闭保护。要指定专人看守保护区域，除现场勘查人员外，禁止一切车辆和行人进入现场。对于尸体、血迹、车辆形成的有关痕迹、被破坏的物体以及其他物体上的遗留物，均要加以保护。

2. 抢救伤员。现场有受伤人员的，应当立即施救，拦截征用过路车辆，或者通知救护车前来急救。伤员在现场进行急救或送往医院前，应将其原来所处的位置和姿态标记清楚，并注意保护好伤员身上、衣服上的痕迹和财物。如果伤员神志清醒，能够讲话的，要及时询问其基本情况，获取笔录材料。

3. 监控肇事人。对于一般交通事故，交通警察应当扣留肇事人的证件和车辆，不准其随意离开现场；对于重大事故或无证驾驶发生的事故，应将肇事人送往其他地点，并有专人监控。

4. 寻找证人。一般情况下，发生交通事故时，周围会有人目击到事故的情况。交通警察在现场应及时寻找证人，并将其姓名、单位、联系方式记录下来，可以简要询问证人有关事故情况。如果发生肇事车辆逃逸的，要迅速了解询问肇事车的牌号、车型和其他特征以及逃逸方向，及时通知有关部门拦截。

5. 疏导交通。在不损坏事故现场痕迹的前提下，尽可能地疏导交通。如果车辆通行有可能破坏现场或危及安全时，可以暂时封闭现场，中断交通，及时指挥车辆绕行。

6. 保管好有关财物。事故发生后，对散落在现场的财物及伤亡人员身上的财物，要及时加以收集、登记和保管，以防丢失或发生哄抢。

六、注意事项

交通事故现场实质上是事故当事人的肇事行为与特定的时间、地点，以及车、人、物品所形成的各种关系的总和，事故现场勘查就是发现这些要素的特点，仔细分析各个要素之间是相互联系、互为印证。交通事故现场是暴露开放的，各要素容易受到外部环境因素的侵入而发生改变；而且交通事故现场是分阶段形成的，注意观察分析各个要素之间分层次的连续演变过程。

七、实训作业

设定一个交通事故现场，制作一份事故现场勘查的详细笔录，提出综合分析意见。

实训五　交通事故现场摄影

一、实训目的

1. 掌握交通事故现场摄影基本技能。

2. 直观、真实、形象地反映出交通事故现场的情况。

3. 明确交通事故现场摄影规范标准，现场照片的制作符合《道路交通勘验摄影》规范要求。

二、实训内容

（一）方位和概貌摄影

反映和确定交通事故现场的位置、全貌，反映现场的轮廓和周围的地形、地貌、地物，反映事故现场的地理位置、道路线形情况，以及现场与周围环境的关系。

（二）中心摄影

在较近距离拍摄交通事故现场中心重要局部、痕迹的位置，以及它们与有关物体之间关系。主要反映现场的重要物体的特征、状况、痕迹及其相互关系。

（三）细目摄影

采用近距离或微距离拍摄交通事故现场路面、车辆、人员等物品上面的痕迹及有关物体特征。目的在于固定、提取现场的痕迹、物证，反映这些痕迹、物证的大小、形状、位置特征等，以及变动方向、深度、颜色、质感等细节特征。

三、实训要求

交通事故现场摄影应完整地、客观地反映出现场概貌、环境和状况，形象地表达现场中心的肇事车辆与其他主要物体、痕迹的相互位置、角度，肇事车的外形与号牌，事故接触部位损坏状况，制动痕迹，瞭望视野条件，死伤人员的所处位置、姿势，肇事车辆的碰撞痕迹，车上、路上的血迹、毛发、人体组织及其他附着物等。现场摄影的内容应当与交通事故勘查笔录的有关记载相一致，使现场摄影、勘查笔录和现场图之间，能相互印证、相互补充，从而证明交通事故事实。

四、方法和步骤

以两人为一个小组。首先熟悉所用相机各部件的性能和特点，以及使用方法，并检验其性能是否良好，在背光处装好胶卷。根据实验内容的要求，以不同现场景物作为拍摄对象。

五、注意事项

1. 现场摄影的一般顺序是：先拍原始的，后拍变动的；先拍重点部位，后拍一般部位；先拍容易拍的部位，后拍难拍的部位；先拍容易消失和容易被破坏的部位，后拍不容易消失和不容易被破坏的部位。

2. 爱护和保管好实验器材，以防损坏、丢失。取景时，照相机要持正，不要歪斜，要防止被拍主体正后方出现树杈、电杆等取景物破坏画面效果。按快门时，用力要均匀，要防止相机晃动。对拍摄的每一张底片都要认真做好记录，如季节、天气、拍摄时间、地点、胶卷感光度、光圈、快门速度等，并与以后的底片和照片作业一同交上。

六、实验仪器和材料

1. 照相机 DF135 相机 1 台，GB21°135 全色胶卷 1 卷，以及暗室工作耗材。

2. 尼康 D3100 数码相机 VR AF – SDX18 – 105mm 镜头 1 台，16G 存储卡。

七、实训作业

分别用胶片相机和数码相机拍摄一组交通事故现场照片，包括方位、概貌、中心、细目照片；再从中找出 6 张密度适中的底片，印放或打印照片后，按交通事故现场勘察的规范和要求，制作一套交通事故现场照片。

实训六　交通事故现场测绘

一、实训目的

1. 掌握交通事故现场测绘的测量方法和绘图技能。

2. 了解交通事故现场诸元素所处的位置及其相互之间的空间关系，熟悉现场定位、测量，且绘制现场图。

二、现场测绘的内容

1. 现场定位。

2. 现场测量。

3. 现场绘图。

三、实训要求

1. 确定交通事故现场的空间位置，确定现场方向，固定现场主要测定点或主要物体位置的固定。现场测量的实质是对现场各个元素点的定位，规范现场各元素的测量点，确定现场物体的主要点，是现场测量活动的关键。

2. 根据正投影和中心透视原理，利用标准的图例和线型，按照一定比例，将交通事故现场的地形、地貌、道路、交通设施、交通元素、遗留痕迹、散落物体等，在图纸上绘制示意图。

四、步骤和方法

（一）现场定位

1. 确定现场的固定点。首先确定基准点，基准点是事故现场上原有的相对固定的物体的某一点，是一个永久性的固定点。选择现场附近的相对固定不易移动或消失的点，如电杆、里程碑、建筑物、交通标志、树木等。以固定点为基准测量点或为基准坐标系的原点，以便准确测定整个事故现场在路段上的方位，准确测定事故现场中每个物体的位置。根据现场的具体情况，可以选择一个或几个基准点。

2. 进行现场定位。根据现场的不同情况，采用不同方法来固定事故现场的主要点或主要物体的位置。一般情况下，事故现场经过现场定位后，要进行事故地点定位，对肇事车的接触点进行定位。现场定位的方法主要有以下三种：

（1）三点定位法。选定事故现场附近的一个固定点为基准点，由该点向道路中心作垂线，与道路中心线有一个交点，将基准点与交点相连接，再与现场的一个主要点连接起来，形成一个三角形，量出距离，从而固定现场的位置。

（2）垂直定位法。将现场的一个主要点（如车辆的一个主要点）向道路的边线做垂线，再由选定的基准固定点向这条垂线做垂线形成交点，将上述的主要点、固定点、交点这三个点连接起来，形成一个直角三角形，分别量出三个边的距离，即可固定现场的位置。

（3）极坐标定位法。把选定的基准坐标点与事故现场的主要点连接起来，测出距离，并且测量出该连线与指北方向坐标线之间的夹角，即可固定现场的位置。

（二）现场测量的方法

1. 测量点的确定。为避免现场测量中的随意性，保证现场图的测绘做到规范、准确，对现场各种物体的测量点，采用下列方法加以确定：

（1）机动车位置测量点的确定。分别取车辆的前后轴同侧轮胎的外缘与轴心处于同一垂线的接地点。对于翻车事故，则以车体四角对地面的投影点作为测量点。

（2）两轮摩托车、自行车倒地位置测量点的确定。分别取该车的前后轴心为测量点。

（3）人体倒地位置测量点的确定。分别取人体的头、颈、髋、膝、脚跟五个测点，也可根据现场情况选定其中的几个测点。

（4）现场痕迹测量点的确定。现场各痕迹分为条状和块状两种类型。条状痕迹可分为直条状、弧状和不规则条状，对于直条状痕迹，以长度两端为测点，如地面轮胎印痕，应分别取其外侧起止端点为测量点；弧状和不规则条状痕迹，可以选择多个测点进行测量。块状痕迹一般取其中心为测点，对于碰撞形成的块状痕迹，取其力的作用点为测点。

（5）散落物位置测量点的确定。对于整体的散落物体，可取其形状中心为测点；对于集中散落物，取其分布中心或长轴端点为测点；对于分散散落物，分为几个相对集中部分来测量。

（6）分道线、中心隔离带测量点的确定。分道线取其中心为测点，双黄线以及隔离带取两条线的中心为测点，硬质隔离带取路缘石的外缘或车道线的中心为测点。

2. 道路的测量。测量道路首先要勘查道路走向、附近的交通标志、安全设施、停车视距，测量路面、路肩、边沟的宽度和深度。

（1）规则的平直路段测量。测量可行路面、两侧路宽或人行道、车行道的宽度。

（2）有隔离带设施路段的测量。分别测量车行路面和隔离带，并标出各车道、隔离带的具体情况和宽度。

（3）不规则路段的测量。分别测量现场两端的路宽及测量断面之间的距离。

3. 测量主要物体及痕迹。对于固定肇事车辆，分别测量车辆的左右、前后轮胎的外缘与地面接触中心到道路边缘的垂直距离，从而固定车辆的停放位置。主要测量以下几种痕迹：

（1）刹车痕迹。即车辆制动后，轮胎与地面摩擦形成的碳墨拖印。测量地面轮胎痕迹的起、止点，痕迹的长度。

（2）接触双方留下的痕迹。车辆与车辆、车辆与人、车辆与其他物体相接触后留下的接触痕迹，以及双方的其他散落痕迹。

（3）微小痕迹。车辆撞人后，一般会在车身或其他某些部位上留有指纹、毛发、血迹、纤维或其他肉眼不易发现的痕迹。

（4）遗留物痕迹。在现场留下的轮胎花纹、车身漆皮、玻璃渣、脱落的汽车零件、泥土、装载物，以及其他遗留物体。

4. 测量肇事接触点。接触点是形成事故的焦点，也是判断事故责任的重要证据。交通事故的接触部位的表现形式多种多样，需认真勘查，仔细发现问题，全面细致地分析，在确认无误的情况下进行测量。通常要测量车与车、车与人或其他物体上相对应的部位，距离地面的高度、形状大小、受力面积大小等。

五、现场绘图的注意事项

（一）现场记录图

1. 要反映现场的地形特点。包括路面、路肩、边沟、电杆、路树、交通标志、标线、分离带、信号灯、护栏、建筑物、视距障碍物等的位置特点。

2. 要反映现场的人、物关系特点。包括车辆、人员、痕迹、物证等各元素的位置、相互关系，痕迹的走向、形状、面积、长度等。

3. 要清楚标明现场各元素的定位数据。包括道路数据，痕迹的长、宽、面积数据，车辆的数据等。

4. 图上要有当事人、见证人、测量绘图人员的签名。

（二）现场比例图

1. 注明图的名称、测量方法、比例、方位、图例以及其他说明，绘图人签名，标明绘图日期。

2. 现场图例应符合国家标准《道路交通事故现场图形符号》（GB111797 - 89）的要求。

3. 现场图的图纸和图线规格符合《道路交通事故现场图绘制》（GB49 - 93）规定的标准和要求。

六、实训器材

交通事故现场勘查箱，摄录设备，检测仪器，绘图工具，指北针，卷尺、比例尺，各种绘图纸、笔等。

七、实训作业

分别制作现场记录图和现场比例图各一份。

实训七　交通事故车辆检测

一、实训目的

1. 了解交通事故车辆检验鉴定的过程。

2. 检测车辆的转向系与制动系是否安全有效。

3. 重点检测事故车辆的安全部件，能否成为交通事故的原因。

二、实训内容

（一）车辆转向系的检测

车辆转向系由转向器和转向传动机构两部分组成，用来操纵机动车前轮同一方向转动，以改变行车方向或调整停车位置的系统。

（二）车辆制动系的检验鉴定

车辆制动系是使车辆在行驶中能够减速或停车，使停止中的车辆不致溜滑的安全设备系统。

三、方法与步骤

(一) 车辆转向系的检验方法

1. 检查方向盘的自由行程。方向盘的自由行程是车转向轮在静止不动的情况下，方向盘所能自由转动的角度。检查方向盘的自由行程，采用方向盘自由行程测量仪，以及人工检查的方法。人工检查是在车辆停止的状态下，将前轮转到直线行驶的位置上，通过转动方向盘，同时观察前轮的位置角度变化情况。具体方法是：在前轮开始转动时，记下方向盘上某一点的位置，然后回转方向盘，在前轮开始动时停止，这时方向盘上的标志点转过的角度，就是方向盘的自由行程。

2. 检查转向系的性能。方向盘应转动灵活，操纵轻便，无阻滞现象，车轮转到极限位置时，不得与其他部件有接触干涉现象。车辆的转向轮在转动后，应有自动回正能力，以保持机动车稳定的直线行驶。车辆在平坦、硬实、干燥和清洁的道路上行驶，方向盘不得有摆振、路感不灵、跑偏或其他异常现象。车辆的转向节、转向臂和转向横、直拉杆及球销，均无裂纹和损伤，球销不得松旷，横、直拉杆不得拼焊。

(二) 车辆制动系的检验方法

车辆制动系分为气压制动和液压制动两种类型。气压制动系统包括压缩机、贮气筒、制动阀、制动压力表、制动踏板、前后制动气室、摩擦片、制动鼓及制动管路等；液压制动系统由制动踏板、制动总泵、制动分泵、制动蹄、摩擦片、制动鼓及管路等组成。

1. 检查行车制动装置。车辆在停止状态，踏下制动踏板时，无漏气、漏油、发卡发软等现象，回弹敏捷，一脚有效。制动距离应当符合标准（参见制动距离理论参考值表），不跑偏；制动器自由行程符合规定，最大制动效能应在踏板全行程的 4/5 内达到。车辆在运行过程中，不应出现自行制动现象。用仪器对行车制动装置进行检查。

2. 检查驻车制动装置。驻车制动即手刹制动。驻车制动操纵装置的安装位置要适当，操纵须有一定的储备行程，一般应在操纵杆全行程的 3/4 处产生最大的制动效能；驻车时在 20% 的坡道上不溜车为合格。

3. 检查制动过程及持续制动距离。通常所指的制动过程包括三个部分，即制动系统的传动时间、制动系统的协调时间和制动持续作用时间。在交通事故现场所遗留的刹车印迹，主要是第三阶段时间内留下的。一般根据持续制动距离即刹车印痕，可大致推算出车辆在发生事故时的初速度。

四、注意事项

表8-2　汽车持续制动距离理论参考值表

制动点距离（米）/ 路面及其附着系数	车速（千米/小时）									
	10	20	30	40	50	60	70	80	90	100
积雪、冰路（0.1）	4	16	35	63	98	142	193	252	320	390
结冰路面（0.2）	2	8	17	31	49	71	96	126	160	197
湿粘土路（0.3）	1.3	5.2	11.8	21	32.8	47.2	64.2	84	106	131
湿碎石路面（0.4）	1	3.9	8.8	15.7	24.6	35.4	48.2	63	80	98
干土路、卵石路（0.5）	0.78	3.2	7.1	12.6	19.7	28.3	38.6	50	69	79
干碎石路（0.6）	0.7	2.6	5.9	10.5	16.4	23.6	32	42	53	66
沥青路、混凝土路（0.7）	0.56	2.2	5	9	14	20.3	27.5	36	45.5	56

五、实训仪器及材料

在现场使用检测仪，检测专用的设备工具。

六、实训作业

编制车辆转向系和制动系检测报告，详细记录检测过程，作出检测分析意见结论。

实训八　车轮印痕检测

一、实训目的

1. 认识车轮与路面因摩擦后留下的各种炭黑车轮印痕，拖印、压印的形成过程。

2. 识别车辆制动印痕呈现出的轻、重、虚、实、长、短，以及侧重和断续等现象。

3. 了解以不同程度的制动印痕计算制动距离。

二、实训内容

1. 根据制动印痕，判断行驶路线。车辆制动印痕的走向，从制动开始到停车位置的连续线，就是该车在发生事故时的行驶路线。

2. 根据制动印痕，判断驾驶员采取措施是否得当。

3. 根据制动印痕，判断行驶速度和制动性能。

4. 通过对反应距离、迟滞距离、拖印距离等计算分析，确定制动距离。

三、实训要求

从车辆制动印痕的走向判断机动车的行驶路线；从制动开始到停车位置的连续线，是该车在发生事故时的行驶路线。判断行驶路线正确与否，应勘查该车辆是否在交通规则规定的车道上或道路部位上行驶，这可以从制动印痕的起迄点到车辆停住后，前后轮至路边的距离中得到证实。

四、实训方法

设定模拟现场，识别各种车辆制动印痕，并对现场机动车车轮印痕进行测量，然后通过印痕计算出制动距离。机动车制动距离的计算方法：

1. 反应距离。反应距离是车辆在行驶中，驾驶员发现前方危险情况，意识到要停车开始，到脚踩制动踏板但制动踏板尚未踩下时，车辆在瞬间行经的路程。计算方法为：

反应距离（米）＝驾驶员的反应时间（秒）×车辆行驶速度（米/秒）

驾驶员的反映时间一般设定为 0.75 秒，当然驾驶员如果思想集中，发现险情快，反应时间会缩短；否则，反应时间会延长。

2. 迟滞距离。迟滞距离是车辆在行驶中紧急制动时，脚踩制动踏板开始下移，直至移动到车轮被抱死之前，车辆所行经的路程。计算方法为：

迟滞距离（米）＝迟滞的时间（秒）×车辆行驶速度（米/秒）

迟滞的时间一般为 0.3 秒~0.5 秒，一般是液压传递的时间。

3. 拖印距离。拖印距离是车轮在经过迟滞距离阶段，最终抱死车轮后在路面上摩擦行经的路程。水平路面上的拖印距离与上下坡路面上的拖印距离是不一样的；而且同是水平路面或上下坡路面，由于路面的铺装质量不同和路面干湿状态不同，拖印距离也会有所区别。通常情况下，水平路面拖印距离的计算方法为：

拖印距离（S）＝车辆行驶速度的平方（V^2）÷常数（254）×摩擦系数

坡道上的拖印距离的计算方法为：

拖印距离（$S_{上下}$）＝V^2÷254×（摩擦系数±sin α）

$S_上$ 为上坡时的拖印距离，$S_下$ 为下坡时的拖印距离，V 是车辆行驶速度，254 为常数，Sinα 为坡度 α 角度的正弦；上坡取 +，下坡取 -。

五、实训仪器与材料

事故现场勘查工具箱，有关测量仪器、工具，计算用纸、笔等。

六、注意事项

车辆在紧急制动的情况下车轮抱死，这时即使车辆制动性能良好，但在惯性力作用下，车轮与路面形成滑动摩擦，呈现拖印，这种现象表明驾驶员采取了紧急措施。如果没有拖印，则证明驾驶员虽然采取了措施，但不够适当得力。如果出现制动印痕斜向右边，可说明驾驶员向左打方向，企图避让或绕过对方。判断驾驶员采取措施是否及时、有力，还要根据证人证言，以及车辆行驶方向、距离、速度，结合当时的视线条件、道路条件等因素进行综合分析判断。

车辆的制动距离必须符合国家规定的机动车检验标准，通过检验车辆在不同路面上以一定的速度行驶，采取制动措施后所留下的车轮印痕，可以判断该车的制动性能和行驶速度。制动距离是机动车在行驶中，驾驶员发现危险情况，从有意识停车开始，到脚踩制动器，直至车辆完全停止，所行经的路程。这个路程包括驾驶员的反应距离、车辆的迟滞距离，以及车轮的拖印距离。

七、实训作业

对模拟交通事故现场遗留的车辆制动印痕，进行测量并计算出制动距离，提交一份测量计算报告。

实训九　交通事故现场痕迹检测

一、实训目的

识别交通事故现场留下的各种印迹，根据现场痕迹分析事故发生过程，找出事故发生原因，以此为主要证据认定交通事故责任。

二、实训内容

（一）地面轮胎痕迹的鉴别

鉴别交通事故现场遗留下的各种地面轮胎痕迹：滚印、压印、拖印、侧滑印。

（二）车体痕迹的鉴别

检查车体痕迹，分析交通事故发生时车辆的行驶角度、双方的接触部位。

（三）人体痕迹的鉴别

人体痕迹主要包括人的衣着外表痕迹和人体的体表痕迹。

三、实训注意事项

（一）检查地面轮胎痕迹

1. 滚印。是指轮胎相对于地面做滚动遗留下的痕迹，表现为轮胎的花纹特征，根据立体的滚印判断车辆行驶方向，痕迹的宽度与轮胎面宽度大致相同。

2. 压印。是指轮胎在地面上半滚半滑，滑移率小于30%时遗留下的痕迹。表现为轮胎花纹沿着行驶方向逐渐拉长，痕迹宽度与轮胎面宽度大致相同。

3. 拖印。是指轮胎在地面上做纯滑动时遗留下的痕迹。该痕迹呈现为黑色带状，鉴别轮胎花纹的间隔及花纹的条数，痕迹宽度与轮胎宽度大致相同。

4. 侧滑印。是指车轮受到侧向力的作用，发生横向的滑移时遗留下的痕迹。这种痕迹的宽度一般大于轮胎面的宽度。

（二）检查车体痕迹

分析交通事故发生时车辆的行驶角度、双方的接触部位、车辆的破损痕迹，可以反映事故开始时接触的方位，以及接触后双方继续运行至完全停止时的变化情况。检查肇事车辆接触部位和碎片剥离方向，以判断撞击的受力方向以及双方的运行角度。当人体被车辆撞击时，车体上可能粘连有人的血迹、表皮、毛发及衣着纤维等；当车辆之间发生撞擦时，双方车体上可能沾有对方的油漆、木屑、金属屑等。以此作为判断肇事时双方接触部位的依据。

（三）检查人体痕迹

1. 人体衣着外表痕迹。是指人身衣着被车辆物体碰撞或被车轮碾压后形成的痕迹，以及人体衣着表面沾附的油漆、油污等痕迹。

2. 人体体表痕迹。是指因交通事故形成的裸体状态下人体表面痕迹。这类痕迹可以证明人体在碰撞过程中所处的状态。

四、实训方法与步骤

（一）根据轮胎痕迹判断

1. 根据轮胎痕迹鉴别车型。各种型号的机动车因其用途、载重量的不同，轮距、轴距及其使用轮胎的规格和花纹不相同。根据轮胎的痕迹，可以推断出轮胎的规格、车辆的轮距和轴距，并根据这些数据推断出车辆的类型。测量机动车的轮距，从轮胎面的中心处丈量，对于后轮双胎的，应从两只轮胎的中间丈量。测量轮胎拖印的宽度即胎面的宽度，一般轮胎体的宽度与高度相同，用胎面的宽度乘以0.5，即是胎体的宽度。根据胎体的高度判断轮胎的型号。

2. 根据轮胎痕迹分析车辆运动状态。当轮胎的印迹有宽度变化时，表明车辆在做旋转运动。当车辆转弯时，由于受到横向力的作用，内侧轮胎的荷重变轻，外侧轮胎的负荷变重。当车辆发生正面碰撞或侧面碰撞时，在路面上会留下明显的印迹转折，通过印迹转折可以分析确定接触点。当车辆紧急制动时，荷重从后轮向前轮转移，前轮印迹略宽且加重，后轮印迹则相对窄而轻。

3. 根据轮胎痕迹分析车辆负荷与胎压情况。车辆轮胎印迹的形状与轮胎气压和负荷关系密切，在轮胎的气压正常、负荷正常的情况下，轮胎花纹均匀接触地面；当轮胎气压低或车辆超载的情况下，轮胎面向里弯曲，负荷被分布在轮胎两侧，边缘印迹加重且清晰；当轮胎气压过高、负荷小的情况下，轮胎面向外弯曲，负荷分布在轮胎中间，整个轮胎印迹变窄，只有少数分沟槽与地面接触。

4. 根据轮胎痕迹分析制动跑偏和侧滑情况。制动跑偏是车辆制动时，发生自动向左或向右的偏驶，这种现象大多是由于车辆的左右车轮制动力不等而引起的。制动跑偏的印迹是一条比较圆滑的弧线，没有曲率发生突变的区域；一般情况下，车轮两边印迹不等长，前后轮胎印迹不重合。侧滑是指车辆制动时，某一轮或全部轮被抱死，因而产生横向滑移的现象。车辆侧滑通常会发生急剧的回转运动，在车速较高或滑溜路面的情况下，车辆制动可能发生后轮侧滑现象。侧滑表现为左右轮的印迹曲率发生突变，突变点即为侧滑的开始，且车轮印迹变宽。

（二）根据车体痕迹判断

车辆的破损痕迹，可以反映事故开始时接触的方位，以及接触后双方继续运行至完全停止时的变化情况。检查肇事车辆接触部位和碎片剥离方向，可以判断撞击的受力方向，以及双方的运行角度。当人体被车辆撞击或车辆之间发生撞擦时，双方可能沾有对方的各种遗留物，这些可以作为判断肇事时双方接触部位的依据。

1. 碰撞痕迹。是指以冲力形式作用于车体表面，使承受面产生塑性变形而形成的痕迹。碰撞痕迹一般遗留在塑性、韧性较好的部位上，能明显地反映出接触部位的大小和外部形状。

2. 刮擦痕迹。是指因受到摩擦力的作用而形成的线状、片状、带状平面或凹陷类痕迹。一般出现在车辆的侧面突出部位，可以反映出双方接触时的位置高度和接触时的运动状态。

3. 其他痕迹。比如车辆零部件的断裂、爆裂等痕迹，以及在车门、把手和方向盘上遗留下的指纹痕迹等。这些痕迹有助于分析交通事故的成因，判定事故的当事人情况。

（三）根据人体痕迹分析

人的衣着外表痕迹和人体的体表痕迹的检查鉴定，可以分析当车辆碾压人体时，会在人体的外表衣着上造成搓滑痕迹，以此判断车辆肇事时的行车方向。当人被车辆碰撞倒地后，轮胎推移人体在地面上搓滑，外衣会呈现皱摺痕迹，并且车轮轧压在人体外衣上所呈现的花纹痕迹，可作为判断肇事车型的重要根据，证明人体与车辆相接触的事实。

交通事故中的伤亡者倒卧地面的位置、状态，以及呕吐物、血迹等痕迹，是分析判断尸体是否被移动的重要根据。

五、实训仪器及材料

现场勘查箱，痕迹提取专用设备及工具。

六、实训作业

编制交通事故现场轮胎痕迹的检测报告。

实训十 酒驾机动车现场检测

一、实训目的

酒精对人的神经系统会产生强烈的刺激，可以使人产生意识混乱，甚至发生昏迷，使人的行为动作产生迟缓和不协调。我国法律规定，酒后驾驶机动车是违法行为，而醉酒驾驶则被认定为犯罪行为。通过现场检测训练，要加深对查处酒驾操作规程的理解，掌握酒精检验的范围，具备熟练使用呼吸式酒精测试仪的操作技能，能够正确运用约束带、警绳等强制措施。

二、实训内容

采用模拟情景教学，现场演示，模仿操作查处机动车驾驶人酒后驾车违法行为的全过程，进行讨论、点评。正确使用呼吸式酒精测试仪，掌握血液中酒精含量的范围。按照法定程序查处酒驾违法行为，依法采取强制措施。

三、实训装备、仪器

摄像录音设备、呼吸式酒精检测仪、约束带、警绳。

四、实训方法与步骤

（一）检查程序

1. 表明执法检查身份，做好安全防护。检查酒驾车辆时，应当表明执法身份；执勤警察应当严格执行安全防护规定，注意自身安全，做好防范和相互保护。

2. 收集证据，全程录像。检查过程应当全面、及时、合法收集能够证实酒驾违法行为是否存在和检查过程的证据。

3. 查验证件及相关情况。检查酒驾违法行为时，应当查验驾驶人的驾驶证、行驶证、机动车号牌、年检合格标志、保险标志灯牌证，必要时，可以要求驾驶人出示身份证进行核对；查验机动车和驾驶人的是否有其他违法信息，检查是否携带违法、违禁物品和其他危险物品。

（二）现场酒精测试

使用呼吸式酒精测试仪对驾驶人的酒精含量进行检测，要求驾驶人予以配合，口含呼吸咀作深呼吸；如果测试仪读数显示有酒精含量，但未达到40毫克/100毫升血液时，表明驾驶人微量饮酒，尚未达到酒后驾驶处罚的程度，现场应当对其进行批评教育，责令以后不得饮酒驾车。如果测试仪读数显示驾驶人的酒精含量超过40毫克/100毫升血液时，表明其构成酒后驾驶违法，应当追究驾驶人的行政处罚责任。如果检测仪显示酒精含量超过80毫克/100毫升血液，则构成醉酒驾驶，应当依法追究驾驶人的刑事责任。

（三）血液检验

对于涉嫌酒后驾驶、醉酒驾驶的行为人，现场执法警察应当将其带到医疗机构进行抽血检验或者提取尿样检验，以确定其酒驾违法行为，将检验结果书面告知当事人。由医务人员为其抽取静脉血液3~5毫升，或采集尿液5~10毫升作为酒精测试的检材，使用检测仪器进行定性、定量检验。定性检验是采用化学试剂检验检材中是否有乙醇的存在，定量检验是通过采用分光光度法、气相色谱法，精确地检验出每百毫升血液中的酒精的含量毫克数。

（四）强制检验

对于酒驾行为人失控或者拒绝配合检验的，依法采取强制措施，可以使用约束带或者警绳等约束性警械，强制其接受检验。

（五）扣留机动车驾驶证

对于酒后驾驶和醉酒驾驶机动车的，执勤交通警察可以依法采取扣留驾驶证的强制措施。交通警察在扣留驾驶证后24小时内，将被扣驾驶证交到所属公安交管部门，直至对酒驾违法行为人作出处罚决定的日期。

五、注意事项

查处酒驾违法行为时注意语言规范，做到文明执法，保持理性平和，严格按照法定程序进行处置。

六、实训作业

撰写现场查处酒驾违法行为的实训报告。

第九章

火灾预防与勘验

实训一　火灾报警系统控制

一、实训目的

1. 了解火灾报警系统控制器功能原理；

2. 认识组件与控制器间的动作关系；

3. 认识火灾报警系统的线制及基本接线方式、火灾探测器基本构成；

4. 测试不同探测器对火灾的响应特征。

二、原理说明

　　火灾自动报警系统具有能在火灾初期，将燃烧产生的烟雾、热量、火焰等物理量，通过火灾探测器变成电信号，传输到火灾报警控制器，并同时显示出火灾发生的部位、时间等，使人们能够及时发现火灾，并及时采取有效措施扑灭初期火灾，最大限度的减少因火灾造成的生命和财产的损失。一般由触发装置（探测器、手动报警按钮）、火灾报警装置（火灾报警控制器）、火灾警报装置（声光报警器）、控制装置（各种控制模块、联动装置、灭火系统控制装置、消火栓控制装置、防排烟系统和空调通风系统控制、敞开防火门和防火卷帘控制、电梯迫降控制、火灾应急广播、火灾警报装置、消防通信设备、火灾应急照明及疏散指示标志的控制等）以及电源等组成。

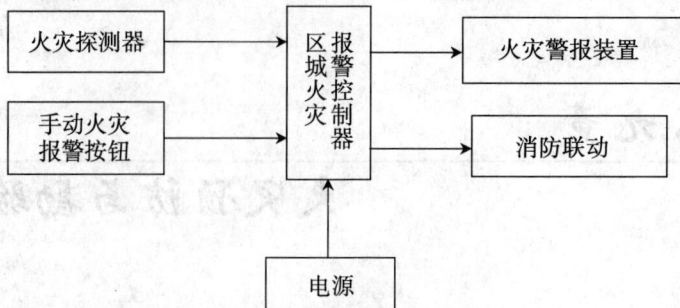

图 9 - 1　区域报警系统

火灾探测器，是在现场发出火灾报警信号或向控制和指示设备发出现场火灾状态信号的装置，一旦发现火灾，火灾探测器就会自动报警。手动火灾报警按钮是向报警器报告发生火灾的设备，属于需要手动报警装置。火灾警报器在发生火情时，发出区别于环境的声光的声或光报警信号。报警控制器是指当接收到来自触发器件的火灾信号或火灾报警控制器的控制信号后，能通过模块自动或手动启动相关消防设备并显示其工作状态的装置。

三、实训设备

报警控制器、探测器（感温、感烟、火焰等）、手动报警按钮、秒表。

四、实训内容

构建火灾报警系统，测试不同探测器对火灾的响应特征。

1. 使用导线连接不同种类的火灾探测器、手动报警按钮与控制器。
2. 观察控制器的基本结构及功能。
3. 连接并接通电源，检测各组件间的连接是否正常，调试火灾报警控制器。
4. 点燃熏香，测试不同探测器对熏香烟气的感应时间，并记录（见表 9 - 1）。
5. 测试手动报警按钮的响应时间，并记录（见表 9 - 1）。

五、注意事项

1. 实训场所要无风，温度不能太高，不能有其他的污染源（气体和光线）。
2. 连接报警控制器与探测器时，注意选择的线制及导线要求。
3. 实训完毕，要将熏香彻底熄灭，以免留下火灾隐患，并开窗通风。

表 9—1

探测器名称	感应时间（s）		
	次数	时间	平均时间
	1		
	2		
	1		
	2		
自动报警按钮名称	感应时间（s）		
	次数	时间	平均时间
	1		
	2		
	1		
	2		

六、实训报告

1. 训练报告包括训练目的、内容、操作步骤；

2. 整理分析训练数据；

3. 总结训练心得、体会等。

七、思考题

1. 在同一个空间装有感烟探测器、感温探测器、火焰探测器，那么发生火灾后，他们反应时间的先后有何区别，为什么？

2. 对于探测器报警和手动报警按钮报警，哪一个报警要求更可靠、更确切？为什么？

3. 差温和定温探测器探测火源的原理有何区别？

4. 如何理解"自动报警系统是消防系统的核心"这句话？

实训二　灭火器的使用

一、实训目的

1. 认识灭火器组成及其功能；

2. 了解灭火器使用方法；

3. 熟悉灭火器的适用范围。

二、原理说明

灭火器，一般是由本体和器头两部分组成，借助驱动压力将所冲装的灭火剂喷出，达到灭火的目的。灭火器的本体为一柱状球形头圆筒，由钢板卷筒焊接或拉伸成圆筒焊接而成；二氧化碳灭火器本体由无缝钢管焖头制成。所能承受的压力有几兆帕，有的高达 20 兆帕。灭火器本体用以盛装灭火剂或驱动气。器头包括：①保险装置，即保险销或保险卡，启动机构限位器，可防止错误动作；②启动装置，即灭火器开启装置，施放灭火剂或释放驱动气体；③安全装置，即安全膜片或安全阀，在灭火器超压时启动，可防止灭火器因超压爆裂伤人；④压力反应装置，应用于贮压式灭火器；⑤显示灭火器内部压力的压力表，是压力检测仪的连接器，用以显示灭火器内部压力；⑥密封装置，即密封膜或密封垫，起密封作用，防止灭火剂或驱动气体的泄漏；⑦喷射装置，为灭火剂输送通道，包括接头、喷射软管、喷射口、防尘防潮的堵塞（灭火剂喷射时可自动脱落或碎裂）；⑧在水型或泡沫灭火器喷射通道的最小截面前，还需加滤网；⑨卸压装置，用于水、泡沫、干粉灭火器，带压时安全拆卸；⑩间歇喷射装置，即灭火剂量大于等于 4kg 的干粉、卤代烷、CO_2 灭火器。

三、实训设备

1. 干粉灭火器；

2. 二氧化碳灭火器；

3. 泡沫灭火器；

4. 卤代烷灭火器。

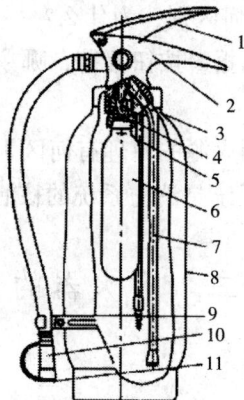

图 9-2　手提内置式干粉灭火器结构

＊1—压把；2—提把；3—刺针；4—密封膜片；5—进气管；6—二氧化碳钢瓶；7—出粉管；8—筒体；9—喷粉管固定夹箍；10—喷粉管（带提环）；11—喷嘴

四、实训内容

灭火器机构的认识及使用：

1. 准备好各型灭火器，观察不同灭火器的结构。

2. 将灭火器和油盘带到露天开阔无风地带，倒入柴油。

3. 点燃柴油，练习使用灭火器熄灭油池火，并观察灭火效果及灭火时间。

4. 灭火后，重新填入柴油，再次点燃，换其他类型灭火器试验，并记录实验现象。

五、实训记录

表 9 - 2

灭火器种类	
灭火时间	
灭火效果	

六、注意事项

1. 二氧化碳、贮压式干粉灭火器不能存放在高温的地方，以避免其发生物理性爆炸。

2. 使用后的灭火器严禁擅自拆装，防止存在故障的灭火器在拆装的过程中发生爆炸，应送到具有维修资格的单位灌装维修。

3. 如果发生灭火器锈蚀严重或者筒体变形，或者达到报废的年限，应立即停止使用，送维修单位处理。

4. 灭火器在搬动的过程中应轻拿轻放，以免发生碰撞变形后爆炸。

5. 实训场所要选择开阔露天地带，避免发生意外。

七、实训报告

1. 实训报告包括实训目的、内容、操作步骤；

2. 记录实训过程及实验现象；

3. 总结实训心得、体会。

八、思考题

1. 化学泡沫灭火器、干粉灭火器能否联用扑灭油罐火？

2. 使用二氧化碳灭火器时，为什么要戴手套？

3. 几种灭火器灭火时喷射部位要注意哪些问题？

实训三　湿式自动喷水灭火系统控制

一、实训目的

1. 认识湿式报警阀各组成部件及其功能；

2. 了解湿式报警阀的各部件的内部构造及连接顺序；

3. 了解湿式自动喷水灭火系统工作原理及工作过程。

二、原理说明

以下是湿式自动喷水灭火系统原理图：

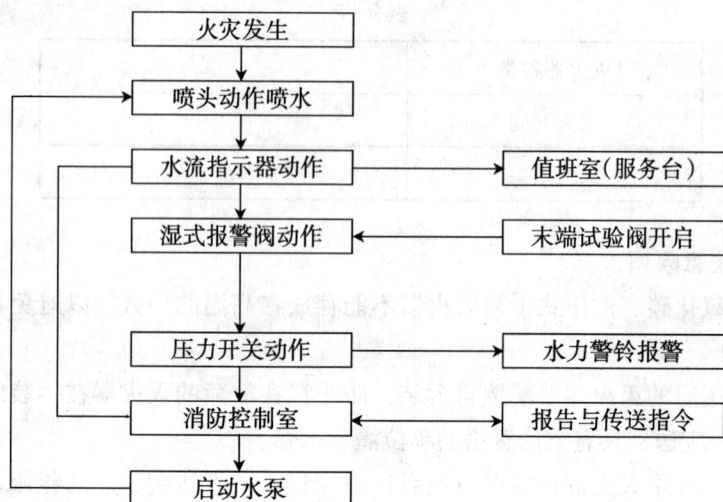

图 9-3

湿式喷水灭火系统是由闭式喷头、管道系统、湿式报警阀、报警装置和供水设施等组成。由于该系统在报警阀的前后管道内始终充满着压力水，称湿式喷水灭火系统或湿管系统。

火灾发生时，在火场温度的作用下，闭式喷头的感温元件达到预定的动作温度范围时，喷头开启，喷水灭火。水在管路中流动后，打开湿式阀，水经过延时器后通向水力警铃的通道，水力警铃发生声响报警信号，与此同时，水力警铃前的压力开关信号及装在配水管始端上的水流指示器信号传送至报警控制器或控制室，经判断确认火警后启动消防水泵向管网加压供水，达到持续自动喷水灭火的目的。

三、实训设备

建筑消防系统、建筑消防系统演示模型、湿式报警阀、喷头等。

四、实训内容

湿式自动喷水灭火系统构建及试验，以及联动性试验。

1. 查看湿式报警阀内部结构及工作原理。

2. 使用湿式报警阀、蝶阀、喷头及必备的管路组装成简单的湿式喷水灭火系统。

3. 使用建筑消防系统练习自动喷水灭火系统使用方法，理解自动喷水灭火过程及灭火原理。

4. 测试不同类型喷头的保护范围，并记录喷头类型、保护半径、保护面积特征等参数。

5. 观察自动报警系统与自动喷水灭火系统的联动过程。

五、注意事项

1. 湿式报警阀及建筑消防系统的使用中，注意严格按照说明书使用。

2. 注意用水安全。

六、实训报告

1. 实训报告包括实验目的、内容、操作步骤。

2. 记录训练过程。

3. 总结训练心得、体会及建议等。

七、思考题

1. 末端试水装置的作用是什么？

2. 水流指示器的作用是什么？

3. 水流指示器能否兼做火灾报警的功能？

实训四　火灾现场勘查训练

一、实训目的

1. 了解现场勘查的内容；

2. 了解现场勘查的步骤；

3. 掌握现场勘查的方法。

二、实训原理

火灾现场勘查是现场勘验人员依法对与火灾有关的场所、物品、尸体进行勘验验证、查找、鉴别、提取能够证明火灾原因痕迹物证的一个过程。其基本程序如下：

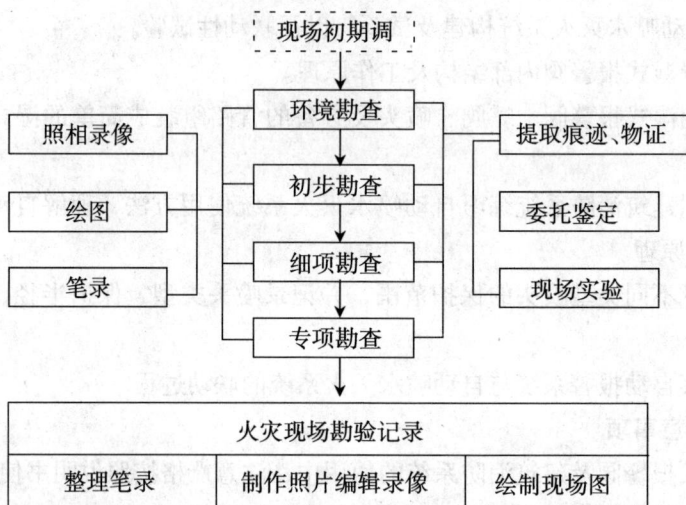

图 9-4

三、实训内容

按照火灾现场勘查程序方法对一火灾现场进行勘查，分析认定起火原因。

四、实训设备和器材

炭化深度测定仪，剩磁仪，可燃气体、液体探测仪，数字万能表，数字温度表，金属、电源探测仪，超声波测距仪，钳形电流表，数字兆欧表，静电电压表，回弹仪。

五、实训方法和步骤

模拟一火灾现场，使用相关设备仪器，按照现场勘查程序和方法逐一进行：

1. 现场询问；

2. 环境勘查、逐步勘查、细项勘查、专项勘查；

3. 分析、讨论、认定起火原因。

六、注意事项

1. 按勘查内容，注意每个勘查阶段的具体要求；

2. 注意制作勘查笔录;

3. 勘查后制作现场图;

4. 勘查后的善后处理。

七、实训报告

1. 实训报告包括实训目的、内容、操作步骤。

2. 记录实训过程。

3. 总结训练心得、体会。

八、思考题

1. 火灾现场勘查的核心是什么?

2. 火灾现场勘查后所获取的物证如何保全?

附录

检验鉴定标准

附录1 现场照相、录像要求规则

GA/T 117 – 2005

1. 范围

本标准规定了现场照相、录像的基本要求和实施拍摄的方法要则。

本标准适用于我国刑事、民事、治安等各类现场的拍照和摄像。

2. 规范性引用文件

下列文件中的条款通过本标准的引用而成为本标准的条款。凡是注日期的引用文件，其随后所有的修改单（不包括勘误的内容）或修订版均不适用于本标准，然而，鼓励根据本标准达成协议的各方研究是否可使用这些文件的最新版本。凡是不注日期的引用文件，其最新版本适用于本标准。

GA/T 120 – 1995 刑事照相、录像词汇

3. 术语和定义

GA/T 120 – 1995 中确定的以及下列术语和定义适用于本标准。

3.1 现 场（scene）

案件、事件发生的地点和留有与案件有关的痕迹、物品的一切场所。

3.2 现场照相、录像（photography and videography of scene）

将案件、事件发生的场所和与案件、事件有关的痕迹、物品，用照相、录像的方法客观、准确、全面、系统地固定、记录的专门手段。

3.3 现场方位照相、录像（azimuth photography and videography of crime scene）

以整个现场和现场周围环境为拍摄对象，反映现场所处的位置及其与周围

事物关系的专门照相、录像。

3.4 现场概貌照相、录像（survey photography and videography of crime scene）

以整个现场或现场中心地段为拍摄内容，反映现场的全貌以及现场内各部分关系的专门照相、录像。

3.5 现场重点部位照相、录像（valuable portion photography and videography of crime scene）

记录现场上重要部位或地段的状况、特点以及与犯罪有关痕迹、物品与所在部位的专门照相、录像。

3.6 现场细目照相、录像（close – up photography and videography of crime scene）

记录现场上所发现的与案件、事件有关的细小局部状况和各种痕迹、物品，以反映其形状、大小、特征等的专门照相、录像。

3.7 相向拍摄法（opposite – directional photography）

以相对的方向、相等的距离对被拍物进行拍摄的方法。

3.8 多向拍摄法（multi – directional photography）

从几个不同的方向，以相近的距离对被拍物进行拍摄的方法。

3.9 回转连续拍照法（turn – around – successive photography）

固定拍照机位，水平或垂直方向转动镜头，将被拍客体分段连续拍照成若干画面的方法。

3.10 直线连续拍照法（straight – line – successive photography）

相机焦平面和被拍物平面平行、等距，沿着被拍物直线移动并将其分段连续拍照成若干个画面的拍照方法。

3.11 测量拍照法（photogrammetry）

将带有标准刻度的比例尺与被拍物一同拍入画面，根据比例尺可以测量出原物及其特征大小的拍照方法。

3.12 录像拍摄技术（videography technique）

3.12.1 推（dolly in，telephoto，zoom in）

指被摄对象的位置不变，摄像机逐渐接近被摄对象（或镜头焦距由短变长），使被摄物体由远及近，由小变大。

3.12.2 拉（dolly out，zoom out，wide – angle）

指被摄对象的位置不变，摄像机逐渐远离被摄对象（或镜头焦距由长变短），使被摄物体由近及远，由大变小。

3.12.3 摇（pan）

指只变化摄像机镜头的角度，从一个方向向另一个方向对景物进行拍摄。

3.12.4 移（move）

拍摄时横向移动摄像机，对静止或运行中的景物进行拍摄。

3.12.5 变焦距（zoom）

利用可变焦距镜头，边拍边变换焦距的拍摄方法。

4. 现场拍摄的受理权限

4.1 案件、事件发生后，有管辖权的司法机关的侦查技术部门承担案件、事件现场的拍摄。其他任何机关、团体、部门或个人都无权拍摄。

4.2 案件、事件现场的拍摄必须由具有现场照相、录像技术的专业技术人员承担。

4.3 与案件或案件当事人有利害关系的个人应自行回避。回避条件应参照我国《刑事诉讼法》、《民事诉讼法》有关规定执行。

5. 拍摄现场应具备的设备材料

5.1 照相设备与材料

5.1.1 照相机

应选用坚固耐用，性能可靠的机械照相机数码相机。配备广角至中焦的变焦镜头和具有微距功能的镜头。

5.1.2 近摄装置

5.1.2.1 近摄用镜头：应使用有微距功能的定焦或变焦镜头。

5.1.2.2 近摄接圈和近摄皮腔或近摄调焦导轨：应能与相机匹配，拍照的倍率从 1:10～1:1 左右。

5.1.2.3 近摄镜：应选择与相机镜头匹配、成像清晰，像差小的近摄镜。

5.1.3 滤光镜

应备有密度不同的红、黄、蓝、绿系列滤光镜。还可配备红外、紫外、偏振、色温转换滤光镜。

5.1.4 三角架

应升降方便，转动灵活，牢固可靠，便于携带。

5.1.5 比例尺

应备有黑底白刻度、白底黑刻度和彩色比例尺、透明比例尺。比例尺以 mm 为最小单位，刻度误差不应超过 1%。还应备有钢卷尺、皮尺。

5.1.6 照明设备

应备有两只以上的电子闪光灯，闪光灯指数应在 28 以上，并配备 2m～5m 长的同步线或同步感应器。还应备有碘钨灯，现场勘查灯，小型聚光灯。

5.1.7 附属设备

应备有快门线，暗房袋，痕迹物证编号签，简易背景幕，柔光、反光、遮光器具。偏远地区还应备有简易黑白冲洗器具。备用相机电池、闪光灯电池。

5.1.8 感光材料

应备有全色片、盲色片、彩色负片等感光材料。还可准备其他专用感光材料。数码相机应备有足够容量的储存卡。

5.2 录像设备与材料

5.2.1 摄像机、录像机

5.2.1.1 不论是一体式摄像机还是分体式摄、录像机，均可用于案件、事件现场录像。

5.2.1.2 应选用体积小、重量轻、清晰度高、色彩还原好、照度要求低的摄像机。

5.2.1.3 应使用摄像机、录像机原配电池或交流适配器，也可使用与原配电池电压相同、功率适宜的电源。所备电池的数量应保证供电 3h 以上。

5.2.2 记录材料

应使用清晰度高、色彩还原好、质量可靠的存储介质（包括磁带、光盘、硬盘等）。

5.2.3 三角架

应使用能与摄像机匹配，牢固可靠，旋转方便，升降灵活的三角架。

5.2.4 照明设备

5.2.4.1 应备有两只碘钨灯和不少于 50m 长的防水电源线及备用保险丝。

5.2.4.2 应备有照射 3m 外物体时，其照明亮度超过摄像机最低照度要求的直流新闻灯。

5.2.5 近摄镜

应备有与摄像机镜头口径匹配，成像清晰，像差小的近摄镜。

5.2.6 滤光镜

应备有偏振镜和密度不同的红、黄、蓝、绿等滤光镜。

5.2.7 附属设备

应备有射频线、视频线、音频线、反光、遮光器具，简易电工工具及比例尺。

6. 现场拍摄的原则要求

6.1 现场拍摄应当及时、全面、客观、准确。

6.2 现场拍摄所需器材设备应完备有效，能随时投入现场使用。

6.3 现场拍摄应遵守勘验规范程序，服从统一指挥，与其他技术勘验工作协调配合进行。

6.4 现场拍摄前拍摄人员应根据现场具体情况，对各画面的构成与衔接组合进行筹划构思，拍摄时应依照一定步骤和顺序，系统连贯、有条不紊地进行。

6.5 现场拍摄人员应对现场所有场景、细目进行全面、细致地拍摄。对一时难以判定是否与案件有关的痕迹、物品也应按要求拍摄。

6.6 现场拍摄时，对不同场景、内容的画面转换组接应拍摄过渡镜头。如无编辑条件，拍摄时应尽可能依照一定顺序，拍摄成直观明了的现场素材片。

6.7 现场拍摄的画面应主题明确、主体突出。拍摄摇、移到重要场景或部位时，应做暂短停留。对其他勘验人员要求拍摄的画面镜头，如不明白拍摄意图和所要表现的主题内容时，应主动问明。

6.8 现场拍摄应合理使用推、拉、摇、移等技巧，镜头转换场景时要有不少于 5s 的起幅和落幅时间。画面运动速度应符合通常的习惯，不宜太快或太慢。

6.9 现场照相、录像，尤其现场概貌、现场重要部位照相、录像，应尽量避免将勘验人员和勘查器材、车辆等摄入画面。现场录像应避免录入无关声音。

6.10 现场照相、录像时，应以清晰、准确地反映被拍摄内容的主题为目的，合理的选择光源种类和光照角度。使用闪光灯、灯光照明时，要防止反光和不良阴影破坏画面主题内容。

6.11 现场拍摄前应对被拍摄主体进行测光，重要场景、物证应系列曝光拍摄，以避免曝光失误。曝光误差倍数不应超过表 1 规定的范围。

表 1　曝光误差范围表

胶卷类型	曝光过度（＋）	曝光不足〔－〕
全色片	2	1
彩色负片	2	0.5
彩色反转片	0.5	1
盲色片	2	1

6.12 当相机速度低于 1/30 秒时应固定相机，并使用快门线或使用自拍延时装置释放快门。

6.13 拍摄重要物证时应请见证人过目。受条件限制需提取后拍摄的物证、物品应先拍摄其所在位置和原始状况，提取时应办理手续。所提取的物品均应妥善包装、保管，避免损坏、丢失。

6.14 当现场物证、物品所在的环境不利于拍摄其轮廓、形态特征时，可先拍摄其原始状况，经痕迹物证显现处理后可放置在适当的背景、光线条件下拍摄。当环境背景与画面主体亮度差太大时，摄像机应使用手动光圈，以避免主体亮度失调。

6.15 现场勘验中，应在现场随时查看数码照片和现场拍摄效果，现场拍摄的胶卷应及时冲洗，如有失误应及时补拍。

7. 现场拍摄的主要内容

7.1 现场方位

现场所处的地理位置以及周围环境情况。

7.2 现场概貌

现场全貌以及现场各部分的联系。

7.3 现场重点部位

现场上重要部位或地段的状况、特点以及痕迹物证与所在部位的关系、位置。

7.4 现场细目

现场上细小局部状况和与案件有关痕迹、物品的形状、大小、细节特征。

7.5 现场突发事件和意外情况

正在勘验中的现场上发生的犯罪分子继续犯罪，毁证，自杀以及抓获、击毙犯罪分子或其他与案件有关的重大情节和突发性情况。

8. 现场拍摄的实施步骤

8.1 了解案惰

拍摄人员到达现场后，应与其他勘验人员一同了解案件发生、发现的时间、地点和经过，现场原始状况、变动情况及保护措施，出入现场的人员及原因。

8.2 拍摄固定

巡视现场的同时或详细勘验开始之前，应迅速准确地对现场概貌状况进行拍摄固定。

8.3 现场构思

根据现场状况，明确现场拍摄的内容、重点；划分出主要画面和从属画面；构思主要画面的拍摄角度、范围以及各个画面的组合联系；勾划用照片或录像对整个现场表述的顺序和方法。

8.4 拟定计划

当两人以上共同承担复杂现场的拍照或摄像时，应研究拟定拍摄计划，统筹安排拍摄内容的先后顺序，并明确各自具体任务和责任范围。

8.5 拍摄顺序

现场拍摄的顺序一般应遵循以下原则：

（1）先拍概貌，后拍中心、细目；

（2）先拍原始状况，后拍移动和显现后情况；

（3）先拍易破坏消失的，后拍不易破坏消失的；

（4）先拍地表面，后拍其他部分；

（5）先拍急需拍摄内容，后拍可以缓拍的内容；

（6）先拍容易拍摄的内容，后拍较难拍摄的内容；

（7）现场方位的拍摄可根据情况灵活安排。

8.6 查漏补缺

整个现场拍摄完毕后，应检查有无漏拍、错拍以及技术性失误。如有补拍必要需对现场全部或部分保留时，应及时向现场指挥人员提出。

9. 现场拍摄的方法要点

9.1 现场方位拍摄要点

9.1.1 拍摄现场方位时取景范围要大，拍摄位置要高，要尽量显示出现场与周围环境的关系，以及一些永久的特殊标志。拍照时，应把现场安排在画面视觉中心，以远景反映为宜。录相时，要合理选择景别，突出表现现场。

9.1.2 现场方位应尽量用单幅画面反映为宜。受拍照距离和镜头视场限制时，可采用回转连续拍照法或直线连续拍照法拍照。拍照连接片时，画面衔接处应避开现场重点部位，衔接处重叠部位应占整个画面的 1/4～1/5 左右，各画面的调焦距离应相等，用光、曝光应一致，各画面的拍照间隔时间不应过长。

9.1.3 拍摄现场方位主要使用自然光。除必须外，现场方位照相、录像可在白天补拍。如需夜间拍照，可将相机固定后打开快门，用闪光灯进行游动曝光或使用闪光灯同步配光。

9.2 现场概貌拍摄要点

9.2.1 拍摄现场概貌应以反映现场的整体状态及其特点为重点。照相取景构图时，应把现场中心或重点部位置于画面的显要位置。尽量避免重要场景、物证互相遮挡、重叠。录像时，应尽可能以较少的镜头连续完整地反映现场概貌。

9.2.2 现场概貌照相一般应采用相向拍照法、多向拍照法进行拍照，也可拍照连接片。运用相向拍照法、多向拍照法拍照时，拍照距离、镜头俯仰角度、用光要保持一致。

9.2.3 现场概貌照相、录像的用光应遵循：

（1）室外现场概貌照相的用光与拍摄方位的用光相同（见9.1.3）；

（2）在逆光条件下拍摄时镜头前应加遮光罩，并给主要部位补光；

（3）室内现场光照不匀或亮度不足时，应使用闪光灯或灯光照明。需要闪光灯或其他灯光照明时应尽量用反射光照明，直射光照明时应注意配光角度。

9.3 现场重点部位拍摄要点

9.3.1 现场拍摄重点部位时，应以清楚反映现场重点部位的状况、特点及其与周围痕迹物证的关系为重点，确定拍摄距离和角度。录像时以中、近景或特写记录，画面运动速度应平缓。

9.3.2 现场重点部位照相、录像的用光与现场概貌照相、录像相同（见9.2.3）。

9.4 现场细目拍摄要点

9.4.1 拍摄现场细目要认真取景构图，合理利用画面。摄像时，应使用固定画面以特写记录，画面的稳定时间应在10秒以上。被摄主体应占画面的1/3以上，如物体太小时可使用近摄装置进行拍摄。

9.4.2 拍照用于检验鉴定的细目照片应做到物面与焦平面平行，或光轴与物面垂直。如不能垂直，应加方框比例尺以便后期处理制作。

9.4.3 拍摄痕迹、损伤时，要反映出痕迹、损伤的形态、特征与所在位置。取景范围太小时，可用扩大拍照范围的补充画面或推拉镜头的方法对痕迹、损伤进行定位。

9.4.4 现场上同类型痕迹、物证较多时应当编号，并将编码摄入画面。

9.4.5 凡是反映痕迹、物证形态与特征的照片，必须进行测量摄影。拍照时应遵循：

（1）比例尺一般应放置于画面或特征下方或居中部位；

（2）比例尺应与被拍物的主要特征在同一平面上；

（3）比例尺应与相机焦平面平行。比例尺上不应有反光；

（4）要根据被拍物体颜色和使用的感光片种类选择适当的比例尺。深色物体选用黑底白刻度的比例尺，浅色物体选用白底黑刻度的比例尺，全色、盲色负片应选用黑白比例尺，彩色负片和数码照片应选用彩色比例尺，使用透射光拍摄透明客体应使用透明比例尺；

（5）应根据被拍物体长度来选择比例尺长度（见表2）；

表2　比例尺长度选择表

单位：毫米

被拍物体长度	比例尺长度
小于 50	不小于 30
50～150	不小于 50
150～500	不小于 100
大于 500	不小于物体长度 50%

（6）需照相提取具有检验鉴定价值的重要痕迹时，应加放直角比例尺。拍照步幅时，应在步幅两侧平行放置贯通画面的皮尺。

9.4.6　现场细目照相、录像的用光，应根据被摄对象的形体、表面形态、颜色和所要反映的主题内容等，合理选择光源种类、光强度和光照角度。

附录2　人体轻伤鉴定标准（试行）

最高人民法院、最高人民检察院、公安部、司法部发布

法（司）发［1990］6 号

第一章　总　则

第一条　本标准根据《中华人民共和国刑法》有关规定，以医学和法医学的理论与技术为基础，结合法医检案的实践经验制定，为轻伤鉴定提供依据。

第二条　轻伤是指物理、化学及生物等各种外界因素作用于人体，造成组织、器官结构的一定程度的损害或者部分功能障碍，尚未构成重伤又不属轻微伤害的损伤。

第三条　鉴定损伤程度，应该以外界因素对人体直接造成的原发性损害及后果为依据，包括损伤当时的伤情、损伤后引起的并发症和后遗症等，全面分析，综合评定。

第四条　鉴定人应当由法医师或者具有法医学鉴定资格的人员担任；也可以由司法机关聘请或者委托的主治医师以上人员担任。

鉴定人有权了解案情、调阅案卷、病历和勘验现场，有关单位有责任予以配合。

鉴定人必须坚持实事求是的原则，应用科学的检测方法，保守案件秘密，遵守有关法律规定。

第二章　头颈部损伤

第五条　帽状腱膜下血肿

头皮撕脱伤面积达 20 平方厘米（儿童达 10 平方厘米）；头皮外伤性缺损面积达 10 平方厘米（儿童达 5 平方厘米）。

第六条　头皮锐器创口累计长度达 8 厘米，儿童达 6 厘米；钝器创口累计长度达 6 厘米，儿童达 4 厘米。

第七条　颅骨单纯性骨折。

第八条　头部损伤确证出现短暂的意识障碍和近事遗忘。

第九条　眼损伤

（一）眼睑损伤影响面容或者功能的；

（二）眶部单纯性骨折；

（三）泪器部分损伤及功能障碍；

（四）眼球部分结构损伤，影响面容或者功能的；

（五）损伤致视力减退，两眼矫正视力减退至 0.7 以下（较伤前视力下降 0.2 以上），单眼矫正视力减退至 0.5 以下（较伤前视力下降 0.3 以上）；原单眼为低视力者，伤后视力减退 1 个级别。

视野轻度缺损；

（六）外伤性斜视。

第十条　鼻损伤

（一）鼻骨粉碎性骨折，或者鼻骨线形骨折伴有明显移位的；

（二）鼻损伤明显影响鼻外形或者功能的。

第十一条　耳损伤

（一）耳廓损伤致明显变形；一侧耳廓缺损达一耳的 10%，或者两侧耳廓缺损累计达一耳的 15%；

（二）外伤性鼓膜穿孔；

（三）外耳道损伤致外耳道狭窄；

（四）耳损伤造成一耳听力减退达 41 分贝，两耳听力减退达 30 分贝。

第十二条　口腔损伤

（一）口唇损伤影响面容、发音或者进食；

（二）牙齿脱落或者折断 2 枚以上；

（三）口腔组织、器官损伤，影响语言、咀嚼或者吞咽功能的；

（四）涎腺损伤伴有功能障碍。

第十三条　颧骨骨折或者上、下颌骨骨折；颞下颌关节损伤致张口度（上下切牙切缘间距）小于 3 厘米。

第十四条　面部软组织单个创口长度达 3.5 厘米（儿童达 3 厘米），或者创口累计长度达 5 厘米（儿童达 4 厘米）或者颌面部穿透。

第十五条　面部损伤后留有明显瘢痕，单条长 3 厘米或者累计长度达 4 厘米；单块面积 2 平方厘米或者累计面积达 3 平方厘米；影响面容的色素改变 6 平方厘米。

第十六条　面神经损伤致使部分面肌瘫痪影响面容及功能的。

第十七条　颈部软组织单个创口长度达 5 厘米或者累计创口长度达 8 厘米。未达到上款规定但有运动功能障碍的。

第十八条　颈部损伤出现窒息征象的。

第十九条　颈部损伤伤及甲状腺、咽喉、气管或者食管的。

第三章　肢体损伤

第二十条　肢体软组织挫伤占体表总面积 6% 以上。

第二十一条　肢体皮肤及皮下组织单个创口长度达 10 厘米（儿童达 8 厘米）或者创口累计总长度达 15 厘米（儿童达 12 厘米）；伤及感觉神经、血管、肌腱影响功能的。

第二十二条　皮肤外伤性缺损须植皮的。

第二十三条　手损伤

（一）1节指骨（不含第2~5指末节）粉碎性骨折或者2节指骨线形骨折；

（二）缺失半个指节；

（三）损伤后出现轻度挛缩、畸形、关节活动受限或者侧方不稳；

（四）舟骨骨折、月骨脱位或者掌骨完全性骨折。

第二十四条　足损伤

（一）2节趾骨骨折；

（二）缺失1个趾节；

（三）跖骨2节骨折；跗骨、距骨、跟骨骨折；踝关节骨折或者跖跗关节脱位。撕脱骨折除外。

第二十五条　四肢长骨骨折；膑骨骨折。

第二十六条　肢体大关节脱位、关节韧带部分撕裂、半月板损伤或者肢体软组织损伤后瘢痕挛缩致关节功能障碍。

第四章　躯干部和会阴部损伤

第二十七条　躯干部软组织挫伤比照第20条。

第二十八条　躯干部创口比照第21条。

第二十九条　躯干部穿透创未伤及内脏器官或者重要血管、神经的。

第三十条　胸部损伤引起气胸、血胸或者较大面积的单纯性皮下气肿，未出现呼吸困难。

第三十一条　胸部受挤压，出现窒息征象。

第三十二条　肩胛骨、锁骨或者胸骨骨折；胸锁关节或者肩锁关节脱位。

第三十三条　肋骨骨折（一处单纯性肋骨线形骨折除外）。

第三十四条　女性乳房损伤导致一侧乳房明显变形或者部分缺失；一侧乳房乳腺导管损伤。

第三十五条　腹部闭合性损伤确证胃、肠、肝、脾或者胰挫伤。

第三十六条　外伤性血尿（显微镜检查红细胞>10/高倍视野）持续时间超过2周。

第三十七条　会阴部软组织挫伤达10平方厘米（儿童酌减）或者血肿2周内不能完全吸收的。

第三十八条　阴茎挫伤致排尿困难；阴茎部分缺损、畸形；阴囊撕脱伤、阴囊血肿、鞘膜积血；一侧睾丸脱位、扭转或者萎缩。

第三十九条 会阴、阴囊创口长度达 2 厘米；阴茎创口长度达 1 厘米。

第四十条 外伤性肛裂、肛瘘或者肛管狭窄。

第四十一条 阴道撕裂伤、子宫或者附件损伤。

第四十二条 损伤致孕妇难免流产。

第四十三条 外伤性脊柱骨折或者脱位；外伤性椎间盘突出；外伤影响脊髓功能，短期内能恢复的。

第四十四条 骨盆骨折。

第五章 其他损伤

第四十五条 烧、烫伤

（一）烧烫伤占体表面积

　　浅二度 5% 以上（儿童 3% 以上）；

　　深二度 2% 以上（儿童 1% 以上）；

　　三度 0.1% 以上。

（二）头、手、会阴部二度以上烧烫伤，影响外形、容貌或者活动功能的。

（三）呼吸道烧烫伤。

第四十六条 冻伤比照本标准相关条文。

第四十七条 电烧伤当时伴有意识障碍或者全身抽搐。

第四十八条 损伤致异物存留深部软组织内。

第四十九条 各种损伤出血出现休克前期症状体征的。

第五十条 多部位软组织挫伤比照第 20 条。

第五十一条 多部位软组织创伤比照第 21 条。

第五十二条 其他物理性、化学性、生物性损伤，致人体组织、器官结构轻度损害或者部分功能障碍的比照本标准相关条文。

第六章 附 则

第五十三条 多种损伤均未达本标准的，不能简单相加作为轻伤。若有三种（类）损伤均接近本标准的，可视具体情况，综合评定。

第五十四条 本标准所定各种数据冠有"以上"或者"以下"的均含本数。

第五十五条 本标准适用于《中华人民共和国刑法》规定的伤害他人身体健康的法医学鉴定。

第五十六条 本标准自 1990 年 7 月 1 日起试行。

附录3 人体重伤鉴定标准

司法部、最高人民法院、最高人民检察院、公安部颁布

司发〔1990〕070 号

第一章 总 则

第一条 本标准依照《中华人民共和国刑法》第 85 条规定，以医学和法医学的理论和技术为基础，结合我国法医检案的实践经验，为重伤的鉴定提供科学依据和统一标准。

第二条 重伤是指使人肢体残废、毁人容貌、丧失听觉、丧失视觉、丧失其他器官功能或者其他对于人身健康有重大伤害的损伤。

第三条 评定损伤程度，必须坚持实事求是的原则，具体伤情，具体分析。

损伤程度包括损伤当时原发生病变、与损伤有直接联系的并发症，以及损伤引起的后遗症。

鉴定时，应依据人体损伤当时的伤情及其损伤的后果或者结局，全面分析，综合评定。

第四条 鉴定损伤程度的鉴定人，应当由法医师或者具有法医学鉴定资格的人员担任，也可以由司法机关委托、聘请的主治医师以上人员担任。鉴定时，鉴定人有权了解与损伤有关的案情、调阅案卷和病历、勘验现场，有关单位有责任予以配合。鉴定人应当遵守有关法律规定，保守案件秘密。

第五条 损伤程度的鉴定，应当在判决前完成。

第二章 肢体残废

第六条 肢体残废是指由各种致伤因素致使肢体缺失或者肢体虽然完整但已丧失功能。

第七条　肢体缺失是指下列情形之一：

（一）任何一手拇指缺失超过指间关节；

（二）一手除拇指外，任何三指缺失均超过近侧指间关节，或者两手除拇指外，任何四指缺失均超过近侧指间关节；

（三）缺失任何两指及其相连的掌骨；

（四）缺失一足50%或者足跟50%；

（五）缺失一足第一趾和其余任何2趾，或者一足除第一趾外，缺失4趾；

（六）两足缺失5个以上的足趾；

（七）缺失任何一足第一趾及其相连的跖骨；

（八）一足除第一趾外，缺失任何3趾及其相连的跖骨。

第八条　肢体虽然完整，但是已丧失功能，是指下列情形之一：

（一）肩关节强直畸形或者关节运动活动度丧失达50%［1］；

（二）肘关节活动限制在伸直位，活动度小于90度，或者限制在功能位，活动度小于10度；

（三）肱骨骨折并发假并节、畸形愈合严重影响上肢功能；

（四）前臂骨折畸形愈合强直在旋前位或者旋后位；

（五）前臂骨折致使腕和掌或者手指功能严重障碍；

（六）前臂软组织损伤致使腕和掌或者手指功能严重障碍；

（七）腕关节强直、挛缩畸形或者关节运动活动度丧失达50%；

（八）掌指骨骨折影响一手功能，不能对指和握物［2］；

（九）一手拇指挛缩畸形，不能对指和握物；

（十）一手除拇指外，其余任何3指挛缩畸形，不能对指和握物；

（十一）髋关节强直、挛缩畸形或者关节运动活动度丧失达50%；

（十二）膝关节强直、挛缩畸形屈曲超过30度或者关节运动活动度丧失达50%；

（十三）任何一侧膝关节十字韧带损伤造成旋转不稳定，其功能严重障碍；

（十四）踝关节强直、挛缩畸形或者关节运动活动度丧失达50%；

（十五）股骨干骨折并发假关节、畸形愈合缩短超过5厘米、成角畸形超近30度或者严重旋转畸形；

（十六）股骨颈骨折不愈合、股骨头坏死或者畸形俞合严重影响下肢功能；

（十七）胫腓骨骨折并发假关节、畸形愈合缩短超过5厘米、成角畸形超过30度或者严重旋转畸形；

（十八）四肢长骨（肱骨、桡骨、尺骨、股骨、胫腓骨）开放性、闭合性骨折并发慢性骨髓炎；

（十九）肢体软组织疤痕挛缩，影响大关节运动功能，活动度丧失达50%；

（二十）肢体重要神经（臂丛及其重要分支、腰骶丛及其重要分支）损伤，严重影响肢体运动功能；

（二十一）肢体重要血管损伤，引起血液循环障碍，严重影响肢体功能。

第三章　容貌毁损

第九条　毁人容貌是指毁损他人面容［3］，致使容貌显著变形、丑陋或者功能障碍。

第十条　眼部毁损是指下列情形之一：

（一）一侧眼球缺失或者萎缩；

（二）任何一侧眼睑下垂完全覆盖瞳孔；

（三）眼睑损伤显著影响面容；

（四）一侧眼部损伤致成鼻泪管全部断裂、内眦韧带断裂影响面容；

（五）一侧眼眶骨折显著塌陷。

第十一条　耳廓毁损是指下列情形之一：

（一）一侧耳廓缺损达50%或者两侧耳廓缺损总面积超过一耳60%；

（二）耳廓损伤致使显著变形。

第十二条　鼻缺损、塌陷或者歪曲致使显著变形。

第十三条　口唇损伤显著影响面容。

第十四条　颧骨损伤致使张口度（上下切牙切缘间距）小于1.5厘米；颧骨骨折错位愈合致使面容显著变形。

第十五条　上、下颌骨和颞颌关节毁损是指下列情形之一：

（一）上、下颌骨骨折致使面容显著变形；

（二）牙齿脱落或者折断共7个以上；

（三）颞颌关节损伤致使张口度小于1.5厘米或者下颌骨健侧向伤侧偏斜，致使面下部显著不对称。

第十六条　其他容貌毁损是指下列情形之一：

（一）面部损伤留有明显块状疤痕，单块面积大于4平方厘米，两块面积大于7平方厘米，三块以上总面积大于9平方厘米或者留有明显条状疤痕，单条长于 5 厘米，两条累计长度长于 8 厘米，三条以上累计总长度长于 10 厘米，致使眼睑、鼻、口唇、面颊等部位容貌毁损或者功能障碍；

（二）面神经损伤造成一侧大部面肌瘫痪，形成眼睑闭合不全，口角歪斜；

（三）面部损伤留有片状细小疤痕、明显色素沉着或者明显色素减退，范围达面部面积 30%；

（四）面颈部深二度以上烧、烫伤后导致疤痕挛缩显著影响面容或者颈部活动严重障碍。

第四章　丧失听觉 [4]

第十七条　损伤后，一耳语音听力减退在 91 分贝以上。

第十八条　损伤后，两耳语音听力减退在 60 分贝以上。

第五章　丧失视觉 [5]

第十九条　各种损伤致使视觉丧失是指下列情形之一：

（一）损伤后，一眼盲；

（二）损伤后，两眼低视力，其中一眼低视力为 2 级。

第二十条　眼损伤或者颅脑损伤致使视野缺损（视野半径小于 10 度）。

第六章　丧失其他器官功能

第二十一条　丧失其他器官功能是指丧失听觉、视觉之外的其他器官的功能或者功能严重碍障。条文另有规定的，依照规定。

第二十二条　眼损伤或者颅脑损伤后引起不能恢复的复视，影响工作和生活。

第二十三条　上、下颌骨骨折或者口腔内组织、器官损伤（如舌损伤等）致使语言、咀嚼或者吞咽能力明显障碍。

第二十四条　喉损伤后引起不能恢复的失音、严重嘶哑。

第二十五条　咽、食管损伤留有疤痕性狭窄导致吞咽困难。

第二十六条　鼻、咽、喉损伤留有疤痕性狭窄导致呼吸困难 [6]。

第二十七条　女性两侧乳房损伤丧失哺乳能力。

第二十八条　肾损伤并发肾性高血压、肾功能严重障碍。

第二十九条　输尿管损伤留有狭窄致使肾积水、肾功能严重障碍。

第三十条　尿道损伤留有尿道狭窄引起排尿困难、肾功能严重障碍。

第三十一条　肛管损伤致使严重大便失禁或者肛管严重狭窄。

第三十二条　骨盆骨折致使骨盆腔内器官功能严重障碍。

第三十三条　子宫、附件损伤后期并发内生殖器萎缩或者影响内生殖器发育。

第三十四条　阴道损伤累及周围器官造成瘘管或者形成疤痕致其功能严重障碍。

第三十五条　阴茎损伤后引起阴茎缺损、严重畸形致其功能严重障碍。

第三十六条　睾丸或者输精管损伤丧失生殖能力。

第七章　其他对于人体健康的重大损伤

第三十七条　其他对于人体健康的重大损伤是指上述几种重伤之外的在受伤当时危及生命或者在损伤过程中能够引起威胁生命的并发症，以及其他严重影响人体健康的损伤。

第一节　颅脑损伤

第三十八条　头皮撕脱伤范围达头皮面积25%并伴有失血性休克；头皮损伤致使头皮丧失生存能力，范围达头皮面积25%。

第三十九条　颅盖骨折（如线形、凹陷、粉碎等）伴有脑实质及血管损伤，出现脑受压症状和体征；硬脑膜破裂。

第四十条　开放性颅脑损伤。

第四十一条　颅底骨折伴有面、听神经损伤或者脑脊液漏长期不愈。

第四十二条　颅脑损伤当时出现昏迷（30分种以上）和神经系统体征，如单瘫、偏瘫、失语等。

第四十三条　颅脑损伤，经脑CT扫描显示脑挫伤，但是必须伴有神经系统症状和体征。

第四十四条　颅脑损伤致成硬脑膜外血肿、硬脑膜下血肿或者脑内血肿。

第四十五条　外伤性蛛网膜下腔出血伴有神经系统症状和体征。

第四十六条　颅脑损伤引起颅内感染，如脑膜炎、脑脓肿等。

第四十七条 颅脑损伤除嗅神经之外引起其他脑神经不易恢复的损伤。

第四十八条 颅脑损伤引起外伤性癫痫。

第四十九条 颅脑损伤导致严重器质性精神障碍。

第五十条 颅脑损伤致使神经系统实质性损害引起的症状与病征，如颈内动脉——海绵窦瘘、下丘脑——垂体功能障碍等。

第二节 颈部损伤

第五十一条 咽喉、气管、颈部、口腔底部及其邻近组织的损伤引起呼吸困难。

第五十二条 颈部损伤引起一侧颈动脉、椎动脉血栓形成、颈动静脉瘘或者假性动脉瘤。

第五十三条 颈部损伤累及臂丛，严重影响上肢功能；颈部损伤累及胸膜顶部致成气胸引起呼吸困难。

第五十四条 甲状腺损伤伴有喉返神经损伤致其功能严重障碍。

第五十五条 胸导管损伤。

第五十六条 咽、食管损伤引起局部脓肿、纵隔炎或者败血症。

第五十七条 颈部损伤导致异物存留在颈深部，影响相应组织、器官功能。

第三节 胸部损伤

第五十八条 胸部损伤引起血胸或者气胸，并发生呼吸困难。

第五十九条 肋骨骨折致使呼吸困难。

第六十条 胸骨骨折致使呼吸困难。

第六十一条 胸部损伤致成纵隔气肿、呼吸窘迫综合征或者气管、支气管破裂。

第六十二条 气管、食管损伤致成纵隔炎、纵隔脓肿、纵隔气肿、血气胸或者脓胸。

第六十三条 心脏损伤；胸部大血管损伤。

第六十四条 胸部损伤致成脓胸、肺脓肿、肺不张、支气管胸膜瘘、食管胸膜瘘或者支气管食管瘘。

第六十五条 胸部的严重挤压致使血液循环障碍、呼吸运动障碍、颅内出血。

第六十六条 女性一侧乳房缺失。

第四节 腹部损伤

第六十七条 胃、肠、胆道系统穿孔、破裂。

第六十八条　肝、脾、胰等器官破裂；因损伤致使这些器官形成血肿、脓肿。

第六十九条　肾破裂；尿外渗须手术治疗（包含肾动脉栓塞术）。

第七十条　输尿管损伤致使尿外渗。

第七十一条　腹部损伤致成腹膜炎、败血症、肠梗阻或者肠瘘等。

第七十二条　腹部损伤致使腹腔积血，须手术治疗。

第五节　骨盆部损伤

第七十三条　骨盆骨折严重变形。

第七十四条　尿道破裂、断裂须行手术修补。

第七十五条　膀胱破裂。

第七十六条　阴囊撕脱伤范围达阴囊皮肤面积50%；两侧睾丸缺失。

第七十七条　损伤引起子宫或者附件穿孔、破裂。

第七十八条　孕妇损伤引起早产、死胎、胎盘早期剥离、流产并发失血性休克或者严重感染。

第七十九条　幼女外阴或者阴道严重损伤。

第六节　脊柱和脊髓损伤

第八十条　脊柱骨折或者脱位，伴有脊髓损伤或者多根脊神经损伤。

第八十一条　脊髓实质性损伤影响脊髓功能，如肢体活动功能、性功能或者大小便严重障碍。

第七节　其他损伤

第八十二条　烧、烫伤。

（一）成人烧、烫伤总面积（一度烧、烫伤面积不计算在内，下同）在30%以上或者三度在10%以上；儿童总面积在10%以上或者三度在5%以上。

烧、烫伤面积低于上述程度但有下列情形之一：

1. 出现休克；

2. 吸入有毒气体中毒；

3. 严重呼吸道烧伤；

4. 伴有并发症导致严重后果；

5. 其他类似上列情形的。

（二）特殊部位（如面、手、会阴等）的深二度烧、烫伤，严重影响外形和功能，参照本标准有关条文。

第八十三条　冻伤出现耳、鼻、手、足等部位坏死及功能严重障碍，参照本标准有关条文。

第八十四条　电击损伤伴有严重并发症或者遗留功能障碍，参照本标准有关条文。

第八十五条　物理、化学或者生物等致伤因素引起损伤，致使器官功能严重障碍，参照本标准有关条文。

第八十六条　损伤导致异物存留在脑、心、肺等重要器官内。

第八十七条　损伤引起创伤性休克、失血性休克或者感染性休克。

第八十八条　皮下组织出血范围达全身体表面积30%；肌肉及深部组织出血，伴有并发症或者遗留严重功能障碍。

第八十九条　损伤引起脂肪栓塞综合征。

第九十条　损伤引起挤压综合征。

第九十一条　各种原因引起呼吸障碍，出现窒息征象并伴有并发症或者遗留功能障碍。

第八章　附　则

第九十二条　符合《中华人民共和国刑法》第85条的损伤，本标准未作规定的，可以比照本标准相应的条文作出鉴定。

前款规定的鉴定应由地（市）级以上法医学鉴定机构作出或者予以复核。

第九十三条　三处（种）以上损伤均接近本标准有关条文的规定，可视具体情况，综合评定为重伤或者不评定为重伤。

第九十四条　本标准所说的以上、以下都连本数在内。

第九十五条　本标准仅适用于《中华人民共和国刑法》规定的重伤的法医学鉴定。

第九十六条　本标准自1990年7月1日起施行。1986年发布的《人体重伤鉴定标准（试行)》同时废止。

本标准施行前，已作出鉴定尚未判决的，仍适用1986年发布的《人体重伤鉴定标准（试行)》。

《人体重伤鉴定标准》说明

[1] 鉴定关节运动活动度，应从被检关节的整体功能判定，可参照临床常

用的正常人体关节活动度值进行综合分析后做出。检查时，须了解该关节过去的功能状态，并与健侧关节运动活动度比对。

[2] 对指活动是指拇指的指腹与其余各指的指腹相对合的动作。

[3] 面容的范围是指前额发际下，两耳根前与下颌下缘之间的区域，包括额部、眶部、鼻部、口唇部、颏部、颧部、颊部、腮腺咬肌部和耳廓。

[4] 鉴定听力减退的方法：①听力检查宜用纯音听力计以气导为标准，听力级单位为分贝（db），一般采用500、1000和2000赫兹三个频率的平均值。这一平均值相当于生活语音的听力阈值。②听力减退在25分贝以下的，应属于听力正常。③损伤后，两耳听力减退按如下方法计算：（较好耳的听力减退×5＋较差耳的听力减退×1）除以6。如计算结果，听力减退在60分贝以上就属于重伤。④老年性听力损伤修正，按60岁开始，每年递减0.5分贝。⑤有关听力检查，鉴定人认为必要时，可选择适当的方法（如声阻抗、耳蜗电图、听觉脑干诱发电位等）进行测定。

[5] 鉴定视力障碍方法：①凡损伤眼裸视或加用镜片（包括接触镜、针孔镜等）远距视力可达到正常视力范围（0.8以上）或者接近正常视力范围（0.4～0.8）的都不作视力障碍论。视力障碍（0.3以下）者分级见下表：（表格从略）。如中心视力好而视野缩小，以注视点为中心，视野半径小于10度而大于5度者为3级；如半径小于5度者为4级。评定视力障碍，应以"远距视力"为标准，参考"近距视力"。②中心视力检查法：用通用标准视力表检查远距视力和近距视力。对颅脑损伤者，应作中心暗点、生理盲点和视野检查。对有复视的更应详细检查，分析复视性质与程度。③有关视力检查，鉴定人认为必要时，可选择适当的方法（如视觉电生理）进行测定。

[6] 呼吸困难是由于通气的需要量超过呼吸器官的通气能力所引起。症状：自觉气短、空气不够用、胸闷不适。体征：呼吸频率增快，幅度加深或变浅，或者伴有周期节律异常、鼻翼扇动、紫绀等。实验室检查：①动脉血液气体分析，动脉血氧分压可在8.0kpa（60mmHg）以下；②胸部X线检查；③肺功能测验。诊断呼吸困难，必须同时伴有症状和体征。实验室检查以资参考。

附录4　职工非因工伤残或因病丧失劳动能力程度鉴定标准（试行）

劳社部发〔2002〕8号

1. 范围

本标准规定了职工非因工伤残或因病丧失劳动能力程度的鉴定原则和分级标准。

本标准适用于职工非因工伤残或因病需进行劳动能力鉴定时，对其身体器官缺损或功能损失程度的鉴定。

2. 总则

2.1 本标准分完全丧失劳动能力和大部分丧失劳动能力两个程度档次。

2.2 本标准中的完全丧失劳动能力，是指因损伤或疾病造成人体组织器官缺失、严重缺损、畸形或严重损害，致使伤病的组织器官或生理功能完全丧失或存在严重功能障碍。

2.3 本标准中的大部分丧失劳动能力，是指因损伤或疾病造成人体组织器官大部分缺失、明显畸形或损害，致使受损组织器官功能中等度以上障碍。

2.4 如果伤病职工同时符合不同类别疾病三项以上（含三项）"大部分丧失劳动能力"条件时，可确定为"完全丧失劳动能力"。

2.5 本标准将《职工工伤与职业病致残程度鉴定》（GB/T16180—1996）中的1~4级和5~6级伤残程度分别列为本标准的完全丧失劳动能力和大部分丧失劳动能力的范围。

3. 判定原则

3.1 本标准中劳动能力丧失程度主要以身体器官缺损或功能障碍程度作为判定依据。

3.2 本标准中对功能障碍的判定，以医疗期满或医疗终结时所作的医学检查结果为依据。

4. 判定依据

4.1 完全丧失劳动能力的条件

4.1.1 各种中枢神经系统疾病或周围神经肌肉疾病等，经治疗后遗有下列情况之一者：

（1）单肢瘫，肌力2级以下（含2级）。

（2）两肢或三肢瘫，肌力3级以下（含3级）。

（3）双手或双足全肌瘫，肌力2级以下（含2级）。

（4）完全性（感觉性或混合性）失语。

（5）非肢体瘫的中度运动障碍。

4.1.2 长期重度呼吸困难。

4.1.3 心功能长期在Ⅲ级以上。左室疾患左室射血分数≤50%。

4.1.4 恶性室性心动过速，经治疗无效。

4.1.5 各种难以治愈的严重贫血，经治疗后血红蛋白长期低于6克/分升以下（含6克/分升）者。

4.1.6 全胃切除或全结肠切除或小肠切除3/4。

4.1.7 慢性重度肝功能损害。

4.1.8 不可逆转的慢性肾功能衰竭期。

4.1.9 各种代谢性或内分泌疾病、结缔组织疾病或自身免疫性疾病所导致心、脑、肾、肺、肝等一个以上主要脏器严重合并症，功能不全失代偿期。

4.1.10 各种恶性肿瘤（含血液肿瘤）经综合治疗、放疗、化疗无效或术后复发。

4.1.11 一眼有光感或无光感，另眼矫正视力<0.2或视野半径≤20度。

4.1.12 双眼矫正视力<0.1或视野半径≤20度。

4.1.13 慢性器质性精神障碍，经系统治疗2年仍有下述症状之一，并严重影响职业功能者：痴呆（中度智能减退）；持续或经常出现的妄想和幻觉，持续或经常出现的情绪不稳定以及不能自控的冲动攻击行为。

4.1.14 精神分裂症，经系统治疗5年仍不能恢复正常者；偏执性精神障碍，妄想牢固，持续5年仍不能缓解，严重影响职业功能者。

4.1.15 难治性的情感障碍，经系统治疗5年仍不能恢复正常，男性年龄50岁以上（含50岁），女性45岁以上（含45岁），严重影响职业功能者。

4.1.16 具有明显强迫型人格发病基础的难治性强迫障碍，经系统治疗5年无效，严重影响职业功能者。

4.1.17 符合《职工工伤与职业病致残程度鉴定》标准1~4级者。

4.2 大部分丧失劳动能力的条件

4.2.1 各种中枢神经系统疾病或周围神经肌肉疾病等，经治疗后遗有下列情况之一者：

（1）单肢瘫，肌力3级。

（2）两肢或三肢瘫，肌力4级。

（3）单手或单足全肌瘫，肌力2级。

（4）双手或双足全肌瘫，肌力3级。

4.2.2 长期中度呼吸困难。

4.2.3 心功能长期在Ⅱ级。

4.2.4 中度肝功能损害。

4.2.5 各种疾病造瘘者。

4.2.6 慢性肾功能不全失代偿期。

4.2.7 一眼矫正视力≤0.05，另眼矫正视力≤0.3。

4.2.8 双眼矫正视力≤0.2或视野半径≤30度。

4.2.9 双耳听力损失≥91分贝。

4.2.10 符合《职工工伤与职业病致残程度鉴定》标准5~6级者。

5. 判定基准

5.1 运动障碍判定基准

5.1.1 肢体瘫以肌力作为分级标准，划分为0~5级：

0级：肌肉完全瘫痪，无收缩。

1级：可看到或触及肌肉轻微收缩，但不能产生动作。

2级：肌肉在不受重力影响下，可进行运动，即肢体能在床面上移动，但不能抬高。

3级：在和地心引力相反的方向中尚能完成其动作，但不能对抗外加的阻力。

4级：能对抗一定的阻力，但较正常人为低。

5级：正常肌力。

5.1.2 非肢体瘫的运动障碍包括肌张力增高、共济失调、不自主运动、震颤或吞咽肌肉麻痹等。根据其对生活自理的影响程度划分为轻、中、重三度：

（1）重度运动障碍：不能自行进食、大小便、洗漱、翻身和穿衣。

（2）中度运动障碍：上述动作困难，但在他人帮助下可以完成。

（3）轻度运动障碍：完成上述运动虽有一些困难，但基本可以自理。

5.2 呼吸困难及肺功能减退判定基准

5.2.1 呼吸困难分级

表1　呼吸困难分级

分级 内容	轻　度	中　度	重　度	极重度
临床表现	平路快步或登山、上楼时气短明显	平路步行100米既有气短	稍活动（穿衣、谈话）即气短	静息时气短
阻塞性通气功能减退：一秒钟用力呼气量占预计值百分比	≥80%	50%～79%	30%～49%	<30%
限制性通气功能减退肺活量占预计值百分比	≥70%	60%～69%	50%～59%	<50%
血氧分压			60－87mmHg	<60mmHg

注：血氧分压60～87mmHg时，需参考其它肺功能结果。

5.3 心功能判定基准

心功能分级

Ⅰ级：体力活动不受限制。

Ⅱ级：静息时无不适，但稍重于日常生活活动量即致乏力、心悸、气促或心绞痛。

Ⅲ级：体力活动明显受限，静息时无不适，但低于日常活动量即致乏力、心悸、气促或心绞痛。

Ⅳ级：任何体力活动均引起症状，休息时亦可有心力衰竭或心绞痛。

5.4 肝功能损害程度判定基准

表2 肝功能损害分级

分级 内容	轻 度	中 度	重 度
血浆白蛋白	3.1~3.5克/分升	2.5~3.0克/分升	<2.5克/分升
血清胆红质	1.5~5毫克/分升	5.1~10毫克/分升	>10毫克/分升
腹水	无	无或少量，治疗后消失	顽固性
脑症	无	轻度	明显
凝血酶原时间	稍延长 （较对照组>3秒）	延长 （较对照组>6秒）	明显延长 （较对照组>9秒）

5.5 慢性肾功能损害程度判定基准

表3 肾功能损害程度分期

	肌酐清除率	血尿素氮	血肌酐	其它临床症状
肾功能不全 代偿期	50~80ml/分	正常	正常	无症状
肾功能不全 失代偿期	20~50ml/分	20~50mg/dL 7.1~17.9mmol/L	2~5mg/dL 176~440umol/L	乏力；轻度贫血； 食欲减退
肾功能 衰竭期	10~20ml/分	50~80mg/dL 17.9~28.6mmol/L	5~8mg/dL 440~704umol/L	贫血，代谢性酸中 毒；水电解质紊乱
尿毒症期	<10ml/分	>80mg/dL >28.6mmol/L	>8mg/dL >704umol/L	严重酸中毒和全身 各系统症状

注：血尿素氮水平受多种因素影响，一般不单独作为衡量肾功能损害轻重的指标。

附件：正确使用标准的说明

1. 本标准条目只列出达到完全丧失劳动能力的起点条件，比此条件严重的伤残或疾病均属于完全丧失劳动能力。

2. 标准中有关条目所指的"长期"是经系统治疗12个月以上（含12个月）。

3. 标准中所指的"系统治疗"是指经住院治疗，或每月 2 次以上（含 2 次）到医院进行门诊治疗并坚持服药一个疗程以上，以及恶性肿瘤在门诊进行放射或化学治疗。

4. 对未列出的其他伤病残丧失劳动能力程度的条目，可参照国家标准《职工工伤与职业病致残程度鉴定》（GB/T16180—1996）相应条目执行。

附录 5　道路交通事故受伤人员伤残评定

中华人民共和国国家标准 GB 18667－2002

前　言

本标准的全部技术内容为强制性

本标准是在充分总结吸收 1992 年公安部发布的中华人民共和国公共安全行业标准《道路交通事故受伤人员伤残评定》（GA35－1992）执行的经验和国内外最新研究成果基础上起草形成。本标准进一步完善了伤残等级 10 级分类法。在全面规范人体伤残程度的同时，还建立了多等级伤残和肢体功能丧失的综合计算数学方法，引入了肩关节复合体的概念并建立了功能丧失的计算方法，为解决多处伤残和肢体功能丧失的计算及肩胛带伤残的评定问题提供了依据。

本标准自实施之日起，代替 GA35－1992。

本标准的附录 A、附录 C 为规范性附录，附录 B 为资料性附录。

本标准由中华人民共和国公安部提出。

本标准由公安部交通管理标准化技术委员会归口。

本标准起草单位：重庆市公安局交通管理局。

本标准主要起草人：张志维、赵新才、黄小七、王世其、宋鸿。

1. 范围

本标准规定了道路交通事故受伤人员伤残评定的原则、方法和内容。

本标准适用于道路交通事故受伤人员的伤残程度评定。

2. 术语和定义

下列术语和定义适用于本标准

2.1 道路交通事故受伤人员（the injured in road traffic accident）

在道路交通事故中遭受各种暴力致伤的人员。

2.2 伤残（impairment）

因道路交通事故损伤所致的人体残疾。

包括：精神的、生理功能的和解剖结构的异常及其导致的生活、工作和社会活动能力不同程度丧失。

2.3 评定（assessment）

在客观检验的基础上，评价确定道路交通事故受伤人员伤残等级的过程。

2.4 评定人（assessor）

办案机关依法指派或聘请符合评定人条件，承担道路交通事故受伤人员伤残评定的人员。

2.5 评定结论（assessment conclusion）

评定人根据检验结果，按照伤残评定标准，运用专门知识进行分析所得出的综合性判断。

2.6 评定书（assessment report）

评定人将检验结果、分析意见和评定结论所形成的书面文书。

2.7 治疗终结（treatment finality）

临床医学一般原则所承认的临床效果稳定。

3. 评定总则

3.1 评定原则

伤残评定应以人体伤后治疗效果为依据，认真分析残疾与事故、损伤之间的关系，实事求是地评定。

3.2 评定时机

评定时机应以事故直接所致的损伤或确因损伤所致的并发症治疗终结为准。

对治疗终结意见不一致时，可由办案机关组织有关专业人员进行鉴定，确定其是否治疗终结。

3.3 评定人条件

评定人应当具有法医学鉴定资格的人员担任。

3.4 评定人权利和义务

3.4.1 评定人权利

a）有权了解与评定有关的案情和其他材料；

b）有权向当事人询问与评定有关的问题；

c）有权依照医学原则对道路交通事故受伤人员进行身体检查和要求进行必要的特殊仪器检查等；

d）有权因专门知识的限制或评定材料的不足而拒绝评定。

3.4.2 评定人义务

a）全面、细致、科学、客观地对道路交通事故受伤人员进行检验和记录；

b）正确及时地作出评定结论；

c）回答办案机关所提出的与评定有关的问题；

d）保守案件秘密；

e）严格遵守国家法律法规和有关回避原则的规定；

f）妥善保管提交评定的物品和材料。

3.5 评定书

3.5.1 评定人评定结束后，应制作评定书并签名。

3.5.2 评定书包括一般情况、案情介绍、病历摘抄、检验结果记录、分析意见和结论等内容。

3.6 伤残等级划分

本标准根据道路交通事故受伤人员的伤残状况，将受伤人员伤残程度划分为 10 级，从第 I 级（100%）到第 X 级（10%），每级相差 10%。伤残等级划分依据见附录 A。

4. 伤残等级

4.1 I 级伤残

4.1.1 颅脑、脊髓及周围神经损伤致：

a）植物状态；

b）极度智力缺损（智商 20 以下）或精神障碍，日常生活完全不能自理；

c）四肢瘫（三肢以上肌力 3 级以下）；

d）截瘫（肌力 2 级以下）伴大便和小便失禁。

4.1.2 头面部损伤致：

a）双侧眼球缺失；

b）一侧眼球缺失，另一侧眼严重畸形伴盲目 5 级。

4.1.3 脊柱胸段损伤致严重畸形愈合，呼吸功能严重障碍。

4.1.4 颈部损伤致呼吸和吞咽功能严重障碍。

4.1.5 胸部损伤致：

a）肺叶切除或双侧胸膜广泛严重粘连或胸廓严重畸形，呼吸功能严重障碍；

b）心功不全，心功Ⅳ级；或心功能不全，心功能Ⅲ级伴明显器质性心律失常。

4.1.6 腹部损伤致：

　　a）胃、肠、消化腺等部分切除，消化吸收功能严重障碍，日常生活完全不能自理；

　　b）双侧肾切除或完全丧失功能，日常生活完全不能自理。

　　4.1.7 肢体损伤致：

　　a）三肢以上缺失（上肢在腕关节以上，下肢在踝关节以上）；

　　b）二肢缺失（上肢在肘关节以上，下肢在膝关节以上），另一肢丧失功能50%以上；

　　c）二肢缺失（上肢在腕关节以上，下肢在踝关节以上），第三肢完全丧失功能；

　　d）一肢缺失（上肢在肘关节以上，下肢在踝关节以上），第二肢完全丧失功能，第三肢丧失功能50%以上；

　　e）一肢缺失（上肢在腕关节以上，下肢在踝关节以上），另二肢完全丧失功能；

　　f）三肢完全丧失功能。

　　4.1.8 皮肤损伤致瘢痕形成达体表面积76%以上。

　　4.2 Ⅱ级伤残

　　4.2.1 颅脑、脊髓及周围神经损伤致：

　　a）重度智力缺损（智商34以下）或精神障碍，日常生活需随时有人帮助才能完成；

　　b）完全性失语；

　　c）双眼盲目5级；

　　d）四肢瘫（二肢以上肌力2级以下）；

　　e）偏瘫或截瘫（肌力2级以下）。

　　4.2.2 头面部损伤致：

　　a）一侧眼球缺失，另一眼盲目4级；或一侧眼球缺失，另一侧眼严重畸形伴盲目3级以上；

　　b）双侧眼睑重度下垂（或严重畸形）伴双眼盲目4级以上；或一侧眼睑重度下垂（或严重畸形），该眼盲目4级以上，另一眼盲目5级；

　　c）双眼盲目5级；

　　d）双耳极度听觉障碍伴双侧耳廓缺失（或严重畸形）；或双耳极度听觉碍障伴一侧耳廓缺失，另一侧耳廓严重畸形；

　　e）全面部瘢痕形成。

4.2.3 脊柱胸段损伤致严重畸形愈合，呼吸功能障碍。

4.2.4 颈部损伤致呼吸和吞咽功能障碍。

4.2.5 胸部损伤致：

a）肺叶切除或胸膜广泛严重粘连或胸廓畸形，呼吸功能障碍；

b）心功能不全，心功能Ⅲ级；或心功能不全，心功能Ⅱ级伴明显器质性心律失常。

4.2.6 腹部损伤致一侧肾切除或完全丧失功能，另一侧肾功能重度障碍。

4.2.7 肢体损伤致：

a）二肢缺失（上肢在肘关节以上，下肢在膝关节以上）；

b）一肢缺失（上肢在肘关节以上，下肢在膝关节以上），另一肢完全丧失功能；

c）二肢以上完全丧失功能。

4.2.8 皮肤损伤致瘢痕形成达体表面积68%以上。

4.3 Ⅲ级伤残

4.3.1 颅脑、脊髓及周围神经损伤致：

a）重度智力缺损或精神障碍，不能完全独立生活，需经常有人监护；

b）严重外伤性癫痫，药物不能控制，大发作平均每月1次以上或局限性发作平均每月4次以上或小发作平均每周7次以上或精神运动性发作平均每月3次以上；

c）双侧严重面瘫，难以恢复；

d）严重不自主运动或共济失调；

e）四肢瘫（二肢以上肌力3级以下）；

f）偏瘫或截瘫（肌力3级以下）；

g）大便或小便失禁，难以恢复。

4.3.2 头面部损伤致：

a）一侧眼球缺失，另一眼盲目3级；或一侧眼球缺失，另一侧眼严重畸形伴低视力2级；

b）双侧眼睑重度下垂（或严重畸形）伴双眼盲目3级以上；或一侧眼睑重度下垂（或严重畸形），该眼盲目3级以上，另一眼盲目4级以上；

c）双眼盲目4级以上；

d）双眼视野接近完全缺损（直径小于5°）；

e）上颌骨、下颌骨缺损，牙齿脱落24枚以上；

f) 双耳极度听觉障碍伴一侧耳廓缺失（或严重畸形）；

g) 一耳极度听觉障碍，另一耳重度听觉障碍，伴一侧耳廓缺失（或严重畸形），另一侧耳廓缺失（或畸形）50%以上；

h) 双耳重度听觉障碍伴双侧耳廓缺失（或严重畸形）；或双耳重度听觉障碍伴一侧耳廓缺失，另一侧耳廓严重畸形；

i) 面部瘢痕形成80%以上。

4.3.3 脊柱胸段损伤致严重畸形愈合，严重影响呼吸功能。

4.3.4 颈部损伤致：

a) 瘢痕形成，颈部活动度完全丧失；

b) 严重影响呼吸和吞咽功能。

4.3.5 胸部损伤致：

a) 肺叶切除或胸膜广泛粘连或胸廓畸形，严重影响呼吸功能；

b) 心功能不全，心功能Ⅱ级伴器质性心律失常；或心功能Ⅰ级伴明显器质性心律失常。

4.3.6 腹部损伤致：

a) 胃、肠、消化腺等部分切除，消化吸收功能障碍；

b) 一侧肾切除或完全丧失功能，另一侧肾功能中度障碍；或双侧肾功能重度障碍。

4.3.7 盆部损伤致：

a) 女性双侧卵巢缺失或完全萎缩；

b) 大便和小便失禁，难以恢复。

4.3.8 会阴部损伤致双侧睾丸缺失或完全萎缩。

4.3.9 肢体损伤致：

a) 二肢缺失（上肢在腕关节以上，下肢在踝关节以上）；

b) 一肢缺失（上肢在肘关节以上，下肢在膝关节以上），另一肢丧失功能50%以上；

c) 一肢缺失（上肢在腕关节以上，下肢在踝关节以上），另一肢完全丧失功能；

d) 一肢完全丧失功能，另一丧失功能50%以上。

4.3.10 皮肤损伤致瘢痕形成达体表面积60%以上。

4.4 Ⅳ级伤残

4.4.1 颅脑、脊髓及周围神经损伤致：

a) 中度智力缺损（智商49以下）或精神障碍，日常生活能力严重受限，间或需要帮助；

b) 严重运动性失语或严重感觉性失语；

c) 四肢瘫（二肢以上肌力 4 级以下）；

d) 偏瘫或截瘫（肌力 4 级以下）；

e) 阴茎勃起功能完全丧失。

4.4.2 头面部损伤致：

a) 一侧眼球缺失，另一眼低视力 2 级；或一侧眼球缺失，另一侧眼严重畸形伴低视力 1 级；

b) 双侧眼睑重度下垂（或严重畸形）伴双眼低视力 2 级以上；或一侧眼睑重度下垂（或严重畸形），该眼低视力 2 级以上，另一眼低盲目 3 级以上；

c) 双眼盲目 3 级以上；

d) 双眼视野极度缺损（直径小于 10°）；

e) 双耳极度听觉障碍；

f) 一耳极度听觉障碍，另一耳重度听觉障碍伴一侧耳廓缺失（或畸形）50% 以上；

g) 双耳重度听觉障碍伴一侧耳廓缺失（或严重畸形）；

h) 双耳中等重度听觉障碍伴双侧耳廓缺失（或严重畸形）；或双耳中等重度听觉障碍伴一侧耳廓缺失，另一侧耳廓严重畸形；

i) 面部瘢痕形成 60% 以上。

4.4.3 脊柱胸段损伤致严重畸形愈合，影响呼吸功能。

4.4.4 颈部损伤致：

a) 瘢痕形成，颈部活动度丧失 75% 以上；

b) 影响呼吸和吞咽功能。

4.4.5 胸部损伤致：

a) 肺叶切除或胸膜粘连或胸廓畸形，影响呼吸功能；

b) 明显器质性心律失常。

4.4.6 腹部损伤致一侧肾功能重度障碍，另一侧肾功能中度障碍。

4.4.7 会阴部损伤致阴茎体完全缺失或严重畸形。

4.4.8 外阴、阴道损伤致阴道闭锁。

4.4.9 肢体损伤致双手完全缺失或丧失功能．

4.4.10 皮肤损伤致瘢痕形成达体表面积 52% 以上。

4.5　V级伤残

4.5.1　颅脑、脊髓及周围神经损伤致：

a）中度智力缺损或精神障碍，日常生活能力明显受限，需要指导；

b）外伤性癫痫，药物不能完全控制，大发作平均每3月1次以上或局限性发作平均每月2次以上或小发作平均每周4次以上或精神运动性发作平均每月1次以上；

c）严重失用或失认症；

d）单侧严重面瘫，难以恢复；

e）偏瘫或截瘫（一肢以上肌力2级以下）；

f）单瘫（肌力2级以下）；

g）大便或小便失禁，难以恢复。

4.5.2　头面部损伤致：

a）一侧眼球缺失伴另一眼低视力1级；一侧眼球缺失伴一侧眼严重畸形且视力接近正常；

b）双侧眼睑重度下垂（或严重畸形）伴双眼低视力1级；或一侧眼睑重度下垂（或严重畸形），该眼低视力1级以上，另一眼低视力2级以上；

c）双眼低视力2级以上；

d）双眼视野重度缺损（直径小于20°）；

e）舌肌完全麻痹或舌体缺失（或严重畸形）50%以上；

f）上颌骨、下颌骨缺损，牙齿脱落20枚以上；

g）一耳极度听觉障碍，另一耳重度听觉障碍；

h）双耳重度听觉障碍伴一侧耳廓缺失（或畸形）50%以上；

i）双耳中等重度听觉障碍伴一侧耳廓缺失（或严重畸形）；

j）双侧耳廓缺失（或严重畸形）；

k）外鼻部完全缺损（或严重畸形）；

l）面部瘢痕形成40%以上。

4.5.3　脊柱胸段损伤致畸形愈合，影响呼吸功能。

4.5.4　颈部损伤致：

a）瘢痕形成，颈部活动度丧失50%以上；

b）影响呼吸功能。

4.5.5　胸部损伤致：

a）肺叶切除或胸膜粘连或胸廓畸形，轻度影响呼吸功能。

b）器质性心律失常。

4.5.6 腹部损伤致：

a）胃、肠、消化腺等部分切除，严重影响消化吸收功能；

b）一侧肾切除或完全丧失功能，另一侧肾功能轻度障碍。

4.5.7 盆部损伤致：

a）双侧输尿管缺失或闭锁；

b）膀胱切除；

c）尿道闭锁；

d）大便或小便失禁，难以恢复。

4.5.8 会阴部损伤致阴茎体大部分缺失（或畸形）。

4.5.9 外阴、阴道损伤致阴道严重狭窄，功能严重障碍。

4.5.10 肢体损伤致：

a）双手缺失（或丧失功能）90%以上；

b）一肢缺失（上肢在肘关节以上，下肢在膝关节以上）；

c）一肢缺失（上肢在腕关节以上，下肢在踝关节以上），另一肢丧失功能50%以上；

d）一肢完全丧失功能。

4.5.11 皮肤损伤致瘢痕形成达体表面积44%以上。

4.6 Ⅵ级伤残

4.6.1 颅脑、脊髓及周围神经损伤致：

a）中度智力缺损或精神障碍，日常生活能力部分受限，但能部分代偿，部份日常生活需要帮助；

b）严重失读伴失写症；或中度运动性失语或中度感觉性失语；

c）偏瘫或截瘫（一肢肌力3级以下）；

d）单瘫（肌力3级以下）；

e）阴茎勃起功能严重障碍。

4.6.2 头面部损伤致：

a）一侧眼球缺失伴另一眼视力接近正常；或一侧眼球缺失伴另一侧眼严重畸形；

b）双侧眼睑重度下垂（或严重畸形）伴双眼视力接近正常；或一侧眼睑重度下垂（或严重畸形），该眼视力接近正常，另一眼低视力1级以上；

c）双眼低视力1级；

d）双眼视野中度缺损（直径小于60°）；

e）颞下颌关节强直，牙关紧闭；

f）一耳极度听觉障碍，另一耳中等重度听觉障碍；或双耳重度听觉障碍；

g）一侧耳廓缺失（或严重畸形），另一侧耳廓缺失（或畸形）50%以上；

h）面部瘢痕形成面积20%以上；

i）面部大量细小瘢痕（或色素明显改变）75%以上。

4.6.3 脊柱损伤致颈椎或腰椎严重畸形愈合，颈部或腰部活动度完全丧失。

4.6.4 颈部损伤致瘢痕形成，颈部活动度丧失25%以上。

4.6.5 腹部损伤致一侧肾功能重度障碍，另一侧肾功能轻度障碍；

4.6.6 盆部损伤致：

a）双侧输卵管缺失或闭锁；

b）子宫全切。

4.6.7 会阴部损伤致双侧输精管缺失或闭锁。

4.6.8 外阴、阴道损伤致阴道狭窄，功能障碍。

4.6.9 肢体损伤致：

a）双手缺失（或丧失功能）70%以上；

b）双足跗跖关节以上缺失；

c）一肢缺失（上肢在腕关节以上，下肢在踝关节以上）。

4.6.10 皮肤损伤致瘢痕形成达体表面积36%以上。

4.7 Ⅶ级伤残

4.7.1 颅脑、脊髓及周围神经损伤致：

a）轻度智力缺损（智商70以下）或精神障碍，日常生活有关的活动能力严重受限；

b）外伤性癫痫，药物不能完全控制，大发作平均每6月1次以上或局限性发作平均每2月2次以上或小发作平均每周2次以上或精神运动性发作平均每2月1次以上；

c）中度失用或中度失认症；

d）严重构音障碍；

e）偏瘫或截瘫（一肢肌力4级）；

f）单瘫（肌力4级）；

g）半身或偏身型完全性感觉缺失。

4.7.2 头面部损伤致：

a）一侧眼球缺失；

b）双侧眼睑重度下垂（或严重畸形）；

c）口腔或颞下颌关节损伤，重度张口受限；

d）上颌骨、下颌骨缺损，牙齿脱落 16 枚以上；

e）一耳极度听觉障碍，另一耳中度听觉障碍；或一耳重度听觉障碍，另一耳中等重度听觉障碍；

f）一侧耳廓缺失（或严重畸形），另一侧耳廓缺失（或畸形）10% 以上；

g）外鼻部大部份缺损（或畸形）；

h）面部瘢痕形成，面积 24cm^2 以上；

i）面部大量细小瘢痕（或色素明显改变）50% 以上；

j）头皮无毛发 75% 以上。

4.7.3 脊柱损伤致颈椎或腰椎畸形愈合，颈部或腰部活动度丧失 75% 以上。

4.7.4 颈部损伤致颈前三角区瘢痕形成 75% 以上。

4.7.5 胸部损伤致：

a）女性双侧乳房缺失（或严重畸形）；

b）心功能不全，心功能 II 级。

4.7.6 腹部损伤致双侧肾功能中度障碍。

4.7.7 盆部损伤致：

a）骨盆倾斜，双下肢长度相差 8cm 以上；

b）女性骨盆严重畸形，产道破坏；

c）一侧输尿管缺失或闭锁，另一侧输尿管严重狭窄。

4.7.8 会阴部损伤致：

a）阴茎体部份缺失（或畸形）；

b）阴茎包皮损伤，瘢痕形成，功能障碍。

4.7.9 肢体损伤致：

a）双手缺失（或丧失功能）50% 以上；

b）双手感觉完全缺失；

c）双足足弓结构完全破坏；

d）一足跗跖关节以上缺失；

e）双下肢长度相差 8cm 以上；

f）一肢丧失功能 75% 以上。

4.7.10 皮肤损伤致瘢痕形成达体表面积28%以上。

4.8 Ⅷ级伤残

4.8.1 颅脑、脊髓及周围神经损伤致：

a）轻度智力缺损或精神障碍，日常生活有关的活动能力部分受限；

b）中度失读伴失写症；

c）半身或偏身型深感觉缺失；

d）阴茎勃起功能障碍。

4.8.2 头面部损伤致：

a）一眼盲目4级以上；

b）一眼视野接近完全缺损（直径小于5°）；

c）上颌骨、下颌骨缺损，牙齿脱落12枚以上；

d）一耳极度听觉障碍；或一耳重度听觉障碍，另一耳中度听觉障碍；或双耳中等重度听觉障碍；

e）一侧耳廓缺失（或严重畸形）；

f）鼻尖及一侧鼻翼缺损（或畸形）；

g）面部瘢痕形成面积18cm^{2}以上；

h）面部大量细小瘢痕（或色素明显改变）25%以上；

i）头皮无毛发50%以上；

j）颌面部骨或软组织缺损32cm^{3}以上。

4.8.3 脊柱损伤致：

a）颈椎或腰椎畸形愈合，颈部或腰部活动度丧失50%以上；

b）胸椎或腰椎二椎体以上压缩性骨折。

4.8.4 颈部损伤致前三角区瘢痕形成50%以上。

4.8.5 胸部损伤致：

a）女性一侧乳房缺失（或严重畸形），另一侧乳房部分缺失（或畸形）；

b）12肋以上骨折。

4.8.6 腹部损伤致：

a）胃、肠、消化腺等部分切除，影响消化吸收功能；

b）脾切除；

c）一侧肾切除或肾功能重度障碍。

4.8.7 盆部损伤致：

a）骨盆倾斜，双下肢长度相差6cm以上；

b）双侧输尿管严重狭窄，或一侧输尿管缺失（或闭锁），另一侧输尿管狭窄；

c）尿道严重狭窄。

4.8.8 会阴部损伤致：

a）阴茎龟头缺失（或畸形）；

b）阴茎包皮损伤，瘢痕形成，严重影响功能。

4.8.9 外阴、阴道损伤致阴道狭窄，严重影响功能。

4.8.10 肢体损伤致：

a）双手缺失（或丧失功能）30%以上；

b）双手感觉缺失75%以上；

c）一足弓结构完全破坏，另一足弓结构破坏1/3以上；

d）双足十趾完全缺失或丧失功能；

e）双下肢长度相差6cm以上；

f）一肢丧失功能50%以上；

4.8.11 皮肤损伤致瘢痕形成达体表面积20%以上。

4.9 Ⅸ级伤残

4.9.1 颅脑、脊髓及周围神经损伤致：

a）轻度智力缺损或精神障碍，日常活动能力部分受限；

b）外伤性癫痫，药物不能完全控制，大发作1年1次以上或局限性发作平均每6月3次以上或小发作平均每月4次以上或精神运动性发作平均每6月2次以上；

c）严重失读或严重失写症；

d）双侧轻度面瘫，难以恢复；

e）半身或偏身型浅感觉缺失；

f）严重影响阴茎勃起功能。

4.9.2 头面部损伤致：

a）一眼盲目3级以上；

b）双侧眼睑下垂（或畸形）；或一侧眼睑重度下垂（或严重畸形）；

c）一眼视野极度缺损（直径小于10°）；

d）上颌骨、下颌骨缺损中，牙齿脱落8枚以上；

e）口腔损伤，牙齿脱落16枚以上；

f）口腔或颞下颌关节损伤，中度张口受限；

g）舌尖缺失（或畸形）；

h）一耳重度听觉障碍；或一耳中等重度听觉障碍，另一耳中度听觉障碍；

i) 一侧耳廓缺失（或畸形）50％以上；

j) 一侧鼻翼缺损（或畸形）；

k) 面部瘢痕形成面积 12cm^2 以上，或面部线条状瘢痕 20cm 以上；

l) 面部细小瘢痕（或色素明显改变）面积 30cm^2 以上；

m) 头皮无毛发 25％以上；

n) 颌面部骨及软组织缺损 16cm^3 以上。

4.9.3 脊柱损伤致：

a) 颈椎或腰椎畸形愈合，颈部或腰部活动度丧失 25％以上；

b) 胸椎或腰椎一椎体粉碎性骨折。

4.9.4 颈部损伤致：

a) 严重声音嘶哑；

b) 颈前三角区瘢痕形成 25％以上。

4.9.5 胸部损伤致：

a) 女性一侧乳房缺失（或严重畸形）；

b) 8 肋以上骨折或 4 肋以上缺失；

c) 肺叶切除；

d) 心功能不全，心功能Ⅰ级。

4.9.6 腹部损伤致：

a) 胃、肠、消化腺等部分切除；

b) 胆囊切除；

c) 脾部分切除；

d) 一侧肾部分切除或肾功能中度障碍。

4.9.7 盆部损伤致：

a) 骨盆倾斜，双下肢长度相差 4cm 以上；

b) 骨盆严重畸形愈合；

c) 尿道狭窄；

d) 膀胱部分切除；

e) 一侧输尿管缺失或闭锁；

f) 子宫部份切除；

g) 直肠、肛门损伤，遗留永久性乙状结肠造口。

4.9.8 会阴部损伤致：

a) 阴茎龟头缺失（或畸形）50％以上；

b) 阴囊损伤, 瘢痕形成 75% 以上。

4.9.9 肢体损伤致:

a) 双手缺失 (或丧失功能) 10% 以上;

b) 双手感觉缺失 50% 以上;

c) 双上肢前臂旋转功能完全丧失;

d) 双足十趾缺失 (或丧失功能) 50% 以上;

e) 一足足弓结构破坏;

f) 双上肢长度相差 10cm 以上;

g) 双下肢长度相差 4cm 以上;

h) 四肢长骨一骺板以上粉碎性骨折;

i) 一肢丧失功能 25% 以上。

4.9.10 皮肤损伤致瘢痕形成达体表面积 12% 以上。

4.10 X 级伤残

4.10.1 颅脑、脊髓及周围神经损伤致:

a) 神经功能障碍, 日常活动能力轻度受限;

b) 外伤性癫痫, 药物能够控制, 但遗留脑电图中度以上改变;

c) 轻度失语或构音障碍;

d) 单侧轻度面瘫, 难以恢复;

e) 轻度不自主运动或共济失调;

f) 斜视、复视、视错觉、眼球震颤等视觉障碍;

g) 半身或偏身型浅感觉分离性缺失;

h) 一肢体完全性感觉缺失

i) 节段性完全性感觉缺失;

j) 影响阴茎勃起功能。

4.10.2 头面部损伤致:

a) 一眼低视力 1 级;

b) 一侧眼睑下垂或畸形;

c) 一眼视野中度缺损 (直径小于 60°);

d) 泪小管损伤, 遗留溢泪症状;

e) 眼内异物存留;

f) 外伤性白内障;

g) 外伤性脑脊液鼻漏或耳漏;

h) 上颌骨、下颌骨缺损，牙齿脱落 4 枚以上；

i) 口腔损伤，牙齿脱落 8 枚以上；

j) 口腔或颞下颌关节损伤，轻度张口受限；

k) 舌尖部分缺失（或畸形）；

l) 一耳中等重度听觉障碍；或双耳中度听觉障碍；

m) 一侧耳廓缺失（或畸形）10% 以上；

n) 鼻尖缺失（或畸形）；

o) 面部瘢痕形成，面积 6cm^2 以上；或面部线条状瘢痕 10cm 以上；

p) 面部细小瘢痕（或色素明显改变）面积 15cm^2 以上；

q) 头皮无毛发 40cm^2 以上；

r) 颅骨缺损 4cm^2 以上，遗留神经系统轻度症状和体征；或颅骨缺损 6cm^2 以上，无神经系统症状和体征；

s) 颌面部骨及软组织缺损 8cm^3 以上。

4.10.3 脊柱损伤致：

a) 颈椎或腰椎畸形愈合，颈部或腰部活动度丧失 10% 以上；

b) 胸椎畸形愈合，轻度影响呼吸功能；

c) 胸椎或腰椎一椎体 1/3 以上压缩性骨折。

4.10.4 颈部损伤致：

a) 瘢痕形成，颈部活动度丧失 10% 以上；

b) 轻度影响呼吸和吞咽功能；

c) 颈前三角区瘢痕面积 20cm^2 以上。

4.10.5 胸部损伤致：

a) 女性一侧乳房部分缺失（或畸形）；

b) 4 肋以上骨折；或 2 肋以上缺失；

c) 肺破裂修补；

d) 胸膜粘连或胸廓畸形。

4.10.6 腹部损伤致：

a) 胃、肠、消化腺等破裂修补；

b) 胆囊破裂修补；

c) 肠系膜损伤修补；

d) 脾破裂修补；

e) 肾破裂修补或肾功能轻度障碍；

f）膈肌破裂修补。

4.10.7 盆部损伤致：

a）骨盆倾斜，双下肢长度相差 2cm 以上；

b）骨盆畸形愈合；

c）一侧卵巢缺失或完全萎缩；

d）一侧输卵管缺失或闭锁；

e）子宫破裂修补；

f）一侧输尿管严重狭窄；

g）膀胱破裂修补；

h）尿道轻度狭窄；

i）直肠、肛门损伤，瘢痕形成，排便功能障碍。

4.10.8 会阴部损伤致：

a）阴茎龟头缺失（或畸形）25% 以上；

b）阴茎包皮损伤，瘢痕形成，影响功能；

c）一侧输精管缺失（或闭锁）；

d）一侧睾丸缺失或完全萎缩；

e）阴囊损伤，瘢痕形成 50% 以上。

4.10.9 外阴、阴道损伤致阴道狭窄，影响功能。

4.10.10 肢体损伤致：

a）双手缺失（或丧失功能）5% 以上；

b）双手感觉缺失 25% 以上；

c）双上肢前臂旋转功能丧失 50 以上；

d）一足足弓结构破坏 1/3 以上；

e）双足十趾缺失（或丧失功能）20% 以上；

f）双上肢长度相差 4cm 以上；

g）双下肢长度相差 2cm 以上；

h）四肢长骨一骺板以上线性骨折；

i）一肢丧失功能 10% 以上。

4.10.11 皮肤损伤致瘢痕形成达体表面积 4% 以上。

5. 附则

5.1 遇有本标准以外的伤残程度者，可根据伤残的实际情况，比照本标准中最相似等级的伤残内容和附录 A 的规定，确定其相当的伤残等级。同一部位和性质的伤残，不应采用本标准条文两条以上或者同一条文两次以上进行评定。

5.2 受伤人员符合 2 处以上伤残等级者，评定结论中应当写明各处的伤残等级。两处以上伤残等级的综合计算方法可参见附录 B。

5.3 评定道路交通事故受伤人员伤残程度时，应排除其原有伤、病等进行评定。

5.4 本标准各等级间有关伤残程度的区分见附录 C。本标准中"以上"、"以下"等均包括本数。

附录 A　伤残等级划分依据

（规范性附录）

A.1 Ⅰ级伤残划分依据

Ⅰ级伤残划分依据为：

a）日常生活完全不能自理；

b）意识消失；

c）各种活动均受到限制而卧床；

d）社会交往完全丧失。

A.2 Ⅱ级伤残划分依据

Ⅱ级伤残划分依据为：

a）日常生活需要随时有人帮助；

b）仅限于床上或椅上的活动；

c）不能工作；

d）社会交往极度困难。

A.3 Ⅲ级伤残划分依据

Ⅲ级伤残划分依据为：

a）不能完全独立生活，需经常有人监护；

b）仅限于室内的活动；

c）明显职业受限；

d）社会交往困难。

A.4 Ⅳ级伤残划分依据

Ⅳ级伤残划分依据为：

a）日常生活能力严重受限，间或需要帮助；

b）仅限于居住范围内的活动；

c）职业种类受限；

d）社会交往严重受限。

A.5 Ⅴ级伤残划分依据

Ⅴ级伤残划分依据为：

a）日常生活能力部分受限，需要指导；

b）仅限于就近的活动；

c）需要明显减轻工作；

d）社会交往贫乏。

A.6 Ⅵ级伤残划分依据

Ⅵ级伤残划分依据为：

a）日常生活能力部分受限，但能部分代偿，部分日常生活需要帮助；

b）各种活动降低；

c）不能胜任原工作；

d）社会交往狭窄。

A.7 Ⅶ级伤残划分依据

Ⅶ级伤残划分依据为：

a）日常生活有关的活动能力严重受限；

b）短暂活动不受限，长时间活动受限；

c）不能从事复杂工作；

d）社会交往能力降低。

A.8 Ⅷ级伤残划分依据

Ⅷ级伤残划分依据为：

a）日常生活有关的活动能力部分受限；

b）远距离活动受限；

c）能从事复杂工作，但效率明显降低；

d）社会交往受约束。

A.9 Ⅸ级伤残划分依据

Ⅸ级伤残划分依据为：

a）日常活动能力大部分受限；

b）工作和学习能力下降；

c）社会交往能力部分受限。

A.10 X级伤残划分依据

X级伤残划分依据为：

a）日常活动能力轻度受限；

b）工作和学习能力有所下降；

c）社会交往能力轻度受限。

附录 B 多等级伤残的综合计算方法
（资料性附录）

B.1 多等级伤残的综合计算

多等级伤残的综合计算是按伤者的伤残赔偿计算方法加以计算。

B.2 多等级伤残者的伤残赔偿计算

根据伤残赔偿总额、赔偿责任系数、赔偿指数等，有下式：

（公式略，详细公式请下载 http：//www. law－lib. com/law/doc/81481. doc）

式中：C——伤残者的伤残实际赔偿额，元；

Ct——伤残赔偿总额，元；

C1——赔偿责任系数，即赔偿义务主体对造成事故负有责任的程度，$0 \leqslant C1 \leqslant 1$；

Ih——伤残等级最高处的伤残赔偿指数，即多等级伤残者，最高伤残等级的赔偿比例，用百分比（%）表示；

Ia——伤残赔偿附加指数，即增加一处伤残所增加的赔偿比例，用百分比表示，$0 \leqslant Ia \leqslant 10\%$；（公式略，详细公式请下载 http：//www. law－lib. com/law/doc/81481. doc）

B.3 伤残赔偿指数

伤残赔偿指数是指伤残者应当得到伤残赔偿的比例。B.2 中的伤残赔偿指数是按本标准3.6 条规定，以伤残者的伤残程度比例作为伤残者的伤残赔偿比例。

附录 C 有关伤残程度的区分
（规范性附录）

C.1 面部的范围和瘢痕面积的计算

C.1.1 面部的范围

面部的范围指上至发际、下至下颌下缘、两侧至下颌支后缘之间的区域，包括额部、眶部、鼻部、口唇部、颏部、颧部、颊部和腮腺咬肌部。

C.1.2 面部瘢痕面积的计算

本标准采用全面部和 5 等分面部以及实测瘢痕面积的方法，分别计算瘢痕面积。面部多处瘢痕，其面积可以累加计算。

C.2 心脏功能的区分

根据体力活动受限的程度，将心脏功能分为：

a) Ⅰ级：无症状，体力活动不受限；

b) Ⅱ级：较重体力活动则有症状，体力活动稍受限；

c) Ⅲ级：轻微体力活动即有明显症状，休息后稍减轻，体力活动大受限；

d) Ⅳ级：即使在安静休息状态下亦有明显症状，体力活动完全受限。

C.3 呼吸功能障碍程度的区分

C.3.1 呼吸功能障碍

因事故损伤所致的呼吸功能的改变。

C.3.2 呼吸功能障碍程度的区分

本标准根据体力活动受限的程度，将呼吸功能障碍分为：

a) 呼吸功能严重障碍：安静卧时亦有呼吸困难出现，体力活动完全受限。

b) 呼吸功能障碍：室内走动出现呼吸困难，体力活动极度受限；

c) 呼吸功能严重受影响，一般速度步行有呼吸困难，体力活动大部分受限；

d) 呼吸功能受影响，包括两种情况：

第一种情况：蹬楼梯出现呼吸困难 [4.4.3，4.4.4b)，4.4.5a)，4.5.3，4.5.4b) 属此情况]；

第二种情况：快步行走出现呼吸困难 [4.5.5a)，4.10.3b)，4.10.4b) 属此情况]。

C.4 手缺失和丧失功能的计算

C.4.1 手缺失和丧失功能

指因事故损伤所致的手掌和手指的缺失或丧失功能。

C.4.2 手缺失和丧失功能的计算

一手拇指占一手功能的 36%，其中末节和近节指节各占 18%；食指、中指各占一手功能的 18%，其中末节指节占 8%，中节指节占 7%，近节指节占 3%；无名指和小指各占一手功能的 9%，其中末节指节占 4%，中节指节占 3%，近节指节占 2%。一手掌占一手功能的 10%，其中第一掌骨占 4%，第二、第三掌骨各占 2%，第四、第五掌骨各占 1%。本标准中，双手缺失或丧失功能的程度是按前面方面累加计算的结果。

C.5 手感觉丧失功能的计算

C.5.1 手感觉丧失功能

指因事故损伤所致手的掌侧感觉功能的丧失。

C.5.2 手感觉丧失功能的计算

手感觉丧失功能的计算是相应手功能丧失程度的50%计算。

C.6 肩关节、肩关节复合体丧失功能的计算

C.6.1 肩关节及肩关节复合体

肩关节指由肩胛骨的孟臼与肱骨头之间形成的关节，它与肩锁关节、胸锁关节、肩胛胸关节共同组成肩关节复合体。肩关节功能受肩关节复合体其他关节功能的制约；肩关节复合体其他关节功能通过肩关节功能予以体现。

C.6.2 肩关节及肩关节复合体丧失功能

因事故损伤所致肩关节及肩关节复合体其他关节的功能丧失。

C.6.3 肩关节及肩关节复合体丧失功能的计算

肩关节复合体丧失功能的计算是通过测量肩关节丧失功能的程度，加以计算。

C.7 足弓结构破坏程度的区分

C.7.1 足弓结构破坏

因事故损伤所致的足弓缺失或丧失功能。

C.7.2 足弓结构破坏程度的区分

a）足弓结构完全破坏：足的内、外侧纵弓和横弓结构完全破坏，包括缺失和丧失功能。

b）足弓1/3结构破坏或2/3结构破坏，指足三弓的任一或二弓的结构破坏。

C.8 肢体丧失功能的计算

C.8.1 肢体丧失功能

因事故损伤所致肢体三大关节（上肢腕关节、肘关节、肩关节或下肢踝关节、膝关节、髋关节）功能的丧失。

C.8.2 肢体丧失功能的计算

肢体丧失功能的计算是用肢体三大关节丧失功能程度的比例分别乘以肢体三大关节相应的权重指数（腕关节0.18，肘关节0.12，肩关节0.7，踝关节0.12，膝关节0.28，髋关节0.6），再用它们的积相加，分别算出各肢体丧失功能的比例。

附录6　公安机关刑事案件现场勘验检查规则

公通字〔2005〕54号

第一章　总　则

第一条　为规范公安机关对刑事案件的现场勘验、检查工作，保证现场勘验、检查质量，根据《中华人民共和国刑事诉讼法》和《公安机关办理刑事案件程序规定》的有关规定，制定本规则。

第二条　刑事案件现场勘验、检查，是侦查人员利用科学技术手段，对与犯罪有关的场所、物品、人身、尸体等进行勘验、检查的一种侦查活动。

第三条　刑事案件现场勘验、检查的任务是，发现、固定、提取与犯罪有关的痕迹、物证及其他信息，存储现场信息资料，判断案件性质，分析犯罪过程，确定侦查方向和范围，为侦查破案、刑事诉讼提供线索和证据。

第四条　公安机关对具备勘验、检查条件的刑事案件现场，应当及时进行勘验、检查。

第五条　刑事案件现场勘验、检查的内容包括：现场保护、现场实地勘验检查、现场访问、现场搜索与追踪、现场实验、现场分析、现场处理、现场复验与复查等。

第六条　刑事案件现场勘验、检查由县级以上公安机关侦查部门组织实施。必要时可指派或者聘请具有专门知识的人参加现场勘验、检查。

第七条　公安机关现场勘验、检查人员，应当具备现场勘验、检查的专业知识和专业技能，具有现场勘验、检查资格。

第八条　现场勘验、检查工作应当严格遵守国家法律、法规的有关规定，不受任何单位、个人的干扰和阻挠。

第九条　现场勘验、检查工作应当以事实为依据，防止主观臆断。

第十条　公安机关现场勘验、检查人员要注意保护公民生命安全，尽量避免或者减少公私财产损失。

第十一条　公安机关应当为现场勘验、检查人员配备必要的安全防护设施和器具。现场勘验、检查人员应当增强安全意识，注意自身防护。

第二章　现场勘验检查职责的划分

第十二条　县级公安机关负责辖区内全部刑事案件的现场勘验、检查。对于案情重大、现场复杂的案件，上级公安机关认为有必要时，可以直接组织领导现场勘验、检查。

第十三条　上级公安机关对下级公安机关刑事案件现场勘验、检查提供技术支援。

第十四条　涉及两个县级以上地方公安机关的刑事案件现场勘验、检查，现场勘验、检查职责由有关地方公安机关协商，必要时，由上级公安机关指定。

第十五条　新疆生产建设兵团和铁路、交通、民航、森林公安机关及海关缉私部门负责其管辖的刑事案件的现场勘验、检查。

第十六条　公安机关和军队、武装警察部队互涉刑事案件的现场勘验、检查，依照公安机关和军队互涉刑事案件管辖分工的有关规定确定现场勘验、检查职责。

第十七条　人民法院、人民检察院和国家安全机关、军队保卫部门、监狱等部门的自办案件，需要公安机关协助进行现场勘验、检查，并出具委托书的，有关公安机关应予协助。

第三章　现场保护

第十八条　案发地公安机关接到刑事案件报警后应当迅速派员赶赴现场，做好现场保护工作。

第十九条　负责保护现场的人民警察应当根据案件具体情况，划定保护范围，设置警戒线和告示牌，禁止无关人员进入现场。

第二十条　负责保护现场的人民警察除抢救伤员、保护物证等紧急情况外，不得进入现场，不得触动现场上的痕迹、物品和尸体。处理紧急情况时，应当尽可能避免破坏现场上的痕迹、物品和尸体。

第二十一条　负责保护现场的人民警察对可能受到自然、人为因素破坏的现场，应当对现场上的痕迹、物品和尸体等采取相应的保护措施。

第二十二条　保护现场的时间，从发现刑事案件现场开始，至现场勘验、检查结束。不能完成现场勘验、检查的，应当对整个现场或者部分现场继续予以保护。

第二十三条　负责现场保护的人民警察应当将现场保护情况及时报告现场勘验、检查指挥员。

第四章　现场勘验检查的组织与指挥

第二十四条　公安机关对刑事案件现场勘验、检查应当统一指挥，周密组织，明确分工，落实责任，及时完成各项任务。

第二十五条　现场勘验、检查的指挥员由具有现场勘验、检查专业知识和组织指挥能力的人民警察担任。

第二十六条　现场勘验、检查的指挥员依法履行下列职责：

（一）决定和组织实施现场勘验、检查的紧急措施；

（二）制定和实施现场勘验、检查的工作方案；

（三）对参加现场勘验、检查人员进行分工；

（四）指挥、协调现场勘验、检查工作；

（五）确定现场勘验、检查见证人；

（六）审核现场勘验、检查工作记录；

（七）组织现场分析；

（八）决定对现场的处理。

第二十七条　现场勘验、检查人员依法履行下列职责：

（一）实施现场紧急处置；

（二）进行现场调查访问；

（三）发现、固定和提取现场痕迹、物证等；

（四）记录现场保护情况、现场原始情况和现场勘验、检查的过程与所见，制作现场勘验、检查工作记录；

（五）参与现场分析；

（六）提出处理现场的意见。

第五章　现场实地勘验检查

第二十八条　公安机关对刑事案件现场进行勘验、检查不得少于 2 人。勘验、检查现场时，应当邀请 1～2 与案件无关的公民作见证人。

第二十九条　现场勘验、检查人员到达现场后，应当了解案件发生、发现和现场保护情况。需要采取搜索、追踪、堵截、鉴别、安全检查和控制销赃等紧急措施的，应当立即报告现场指挥员，并果断处置。

具备使用警犬追踪或者鉴别条件的，在不破坏现场痕迹、物证的前提下，立即使用警犬搜索和追踪，提取有关物品、嗅源。

第三十条　勘验、检查暴力犯罪案件现场，可以视案情部署武装警戒，防止造成新的危害后果。

第三十一条　对涉爆、涉枪、放火、中毒、放射性物质、传染性疾病、危险场所等可能危害勘验、检查人身安全的，应当先排除险情，在保证勘验、检查人员人身安全的前提下，再进行现场勘验、检查。

第三十二条　执行现场勘验、检查任务的人员，应当佩带《刑事案件现场勘验检查证》。《刑事案件现场勘验检查证》由公安部统一制发。

第三十三条　执行现场勘验、检查任务的人员，应当使用相应的个人防护装置，佩带帽子或者头套、手套、鞋套等。

第三十四条　勘验、检查现场时，非勘验、检查人员不得进入现场。确需进入现场的，须经指挥员同意，并按指定路线进出现场。

第三十五条　现场勘验、检查按照以下工作步骤进行：

（一）巡视现场，划定勘验、检查范围；

（二）按照"先静后动，先下后上；先重点后一般，先固定后提取"的原则，根据现场实际情况确，定勘验、检查流程；

（三）初步勘验、检查现场，固定和记录现场原始状况；

（四）详细勘验、检查现场，发现、固定、记录和提取痕迹、物证；

（五）记录现场勘验、检查情况。

第三十六条　勘验、检查与电子数据有关的犯罪现场，应当按照有关规范处置相关设备，保护电子数据和其他痕迹、物证。必要时，可以指派或聘请专业技术人员复制有关电子数据。

第三十七条　勘验、检查煽动性案件现场时，对涉及反动内容的标语、传单、大小字报等，应当采用适当方法加以遮挡，在取证结束后及时清理现场，防止扩散，造成不良影响。

第三十八条　为了确定被害人、犯罪嫌疑人的个体特征、伤害情况或者生理状态等，可以进行人身检查。

犯罪嫌疑人如果拒绝检查，侦查人员认为有必要的，经办案部门负责人批准，可以进行强制检查。

检查妇女的身体，应当由女侦查人员或者医师进行，必要时，可以指派或者邀请法医参加。

检查的情况应当制作笔录，由参加检查的侦查人员、检查人员和见证人签名或者盖章。

第三十九条　勘验、检查有尸体的现场，应当有法医参加。

第四十条　为了确定死因，经县级以上公安机关负责人批准，可以解剖尸体。

第四十一条　解剖尸体应当通知死者家属到场，并让死者家属在《解剖尸体通知书》上签名或者盖章。死者家属无正当理由拒不到场或者拒绝签名、盖章的，也可以解剖尸体，但是应当在《解剖尸体通知书》上注明。对于身份不明的尸体，无法通知死者家属的，应当在笔录中注明。

解剖外国人尸体应当通知死者家属或者其所属国家驻华使、领馆有关官员到场，并请死者家属或者其所属国家驻华使、领馆有关官员在《解剖尸体通知书》上签名或者盖章。死者家属或者其所属国家驻华使、领馆有关官员无正当理由拒不到场或者拒绝签名、盖章的，也可以解剖尸体；但应当在《解剖尸体通知书》上注明。对于身份不明外国人的尸体，无法通知死者家属或者有关使、领馆的，应当在笔录中注明。

第四十二条　移动现场尸体前，应当对尸体的原始状况及周围的痕迹、物品进行照相、录像，并提取有关痕迹、物证。

第四十三条　解剖尸体应当在尸体解剖室进行。确因情况紧急，或者受条件限制，需要在现场附近解剖的，应当采取隔离、遮挡措施。

第四十四条　检验、解剖尸体时，应当捺印尸体指纹和掌纹。必要时，提取血、尿、胃内容和有关组织、器官等。

第四十五条　检验、解剖尸体时，应当照相、录像。对尸体损伤痕迹和有关附着物等应当进行细目照相、录像。

对无名尸体的面貌，生理、病理特征，以及衣着、携带物品和包裹尸体物品等，应当进行详细检查和记录，拍摄辨认照片。

第六章　现场勘验检查工作记录

第四十六条　现场勘验、检查结束后，应当及时制作现场勘验、检查工作记录。

现场勘验、检查工作记录包括现场勘验检查笔录、现场图、现场照片、现场录像和现场录音。

第四十七条　现场勘验、检查笔录应当客观、全面、详细、准确、规范，能够作为核查现场或者恢复现场原状的依据，符合法定的证据要求。

第四十八条　现场勘验、检查笔录包,括以下基本内容：

（一）前言部分：笔录文号，接报案件时间和内容，现场地点，现场保护情况，勘验、检查的起止时间，天气情况，勘验、检查利用的光线，组织指挥人员，现场方位和周围环境等；

（二）正文部分：与犯罪有关的痕迹和物品的名称、部位、数量、性状、分布等情况，尸体的位置、衣着、姿势、损伤、血迹分布、形状和数量等；

（三）结尾部分：提取痕迹、物证情况，扣押物品情况，制图和照相的数量，录像、录音的时间。笔录人、制图人、照相人、录像人、录音人，执行现场勘验、检查任务人员的单位、职务及签名，见证人签名。

第四十九条　对现场进行多次勘验、检查的，在制作首次现场勘验、检查笔录后，逐次制作补充勘验、检查笔录。

第五十条　现场勘验、检查人员应当根据现场情况选择制作现场平面示意图、现场平面比例图、现场平面展开图、现场立体图和现场剖面图等。

第五十一条　绘制现场图应当符合以下基本要求：

（一）标明案件名称，案件发生、发现时间，案发地点；

（二）完整反映现场的位置、范围；

（三）准确反映与犯罪活动有关的主要物体，标明痕迹、物证、成趟足迹、尸体、作案工具等具体位置等；

（四）文字说明简明、准确；

（五）布局合理，重点突出，画面整洁，标识规范；

（六）注明测量方法、比例、方向、图例、绘图单位、绘图日期和绘图人。

第五十二条　现场照相和录像包括方位、概貌、重点部位和细目四种。

第五十三条　现场照相和录像应当符合以下基本要求：

（一）影像清晰、主题突出、层次分明、色彩真实；

（二）清晰、准确记录现场方位、周围环境及原始状态，记录痕迹、物证所在部位、形状、大小及其相互之间的关系；

（三）细目照相、录像应当放置比例尺；

（四）现场照片贴纸上加注文字说明；

（五）符合有关行业标准。

第五十四条　现场绘图、现场照相、录像、现场勘验、检查笔录应当相互吻合。

第五十五条　现场绘图、现场照相、录像、现场勘验、检查笔录等现场勘验、检查的原始资料应当妥善保存。

第七章　现场痕迹物品文件的提取与扣押

第五十六条　现场勘验、检查中发现与犯罪有关的痕迹、物品，应当固定、提取。提取现场痕迹、物品，应当分别提取，分开包装，统一编号，注明提取的地点、部位、日期，提取的数量、名称、方法和提取人。对特殊检材，应当采取相应的方法提取和包装，防止损坏或者污染。

第五十七条　提取秘密级以上的文件，应当由县级以上公安机关负责人批准，按照有关规定办理，严防泄密。

第五十八条　在现场勘验、检查中，应当对能够证明犯罪嫌疑人有罪或者无罪的各种物品和文件予以扣押；但不得扣押与案件无关的物品、文件。

对与犯罪有关伪物品、文件的持有人无正当理由拒绝交出物品、文件的，现场勘验、检查人员可以强行扣押。

第五十九条　现场勘验、检查中需要扣押物品、文件的，由现场勘验、检查指挥员决定。

执行扣押物品、文件时，侦查人员不得少于 2 人，并持有关法律文书或者侦查人员工作证件。应当有见证人在场。

第六十条　现场勘验、检查中，发现爆炸物品、毒品、枪支、弹药和淫秽物品以及其他非法违禁物品，应当立即扣押，固定相关证据后，交有关部门处理。

第六十一条　扣押物品、文件时，当场开具《扣押物品、文件清单》，写明扣押的日期、地点以及物品、文件的编号、名称、数量、特征和来源等，由扣押经办人、见证人和物品、文件持有人分别签名或者盖章。

被扣押物品、文件无持有人或者难以查清持有人的，应当在《扣押物品、文件清单》上注明。

《扣押物品、文件清单》一式三份，一份交物品、文件持有人，一份交公安机关扣押物品、文件保管人员，一份附卷备查。

第六十二条 对应当扣押但不便提取的物品、文件，经拍照或者录像后，可以交被扣押物品、文件持有人保管或者封存，并明确告知物品持有人应当妥善保管，不得转移、变卖、毁损。

交被扣押物品、文件持有人保管或者封存的，应当开具《扣押物品、文件清单》，在清单上写明封存地点和保管责任人，注明已经拍照或者录像，由扣押经办人、见证人和持有人签名或者盖章。

《扣押物品、文件清单》一式两份，一份交给物品持有人，一份连同照片或者录像带附卷备查。

对应当扣押但容易腐败变质以及其他不易保管的物品，可以根据具体情况；经县级以上公安机关负责人批准，在拍照或者录像固定后委托有关部门变卖、拍卖或者销毁。

第六十三条 对不需要继续保留或者经调查证实与案件无关的被扣押物品、文件，应当及时退还原主，填写《发还物品、文件清单》一式两份，由承办人、领取人签名或者盖章，一份交物品、文件的原主，一份附卷备查。

第六十四条 对现场扣押的无主物品、文件，与犯罪有关在案件未破获前，由主办案件单位负责保管。

第六十五条 对公安机关扣押物品、文件有疑问的，物品、文件持有人可以向扣押单位咨询；认为扣押不当的，可以向扣押物品、文件的公安机关或者其上级公安机关申请纠正。

第六十六条 上级公安机关发现下级公安机关扣押物品、文件不当时，应当责令下级公安机关改正，下级公安机关应当立即执行。

第六十七条 对于现场提取的痕迹、物品和扣押的物品、文件，应当按照有关规定建档管理，存放于专门场所，由专人负责，严格执行存取登记制度。

第八章　现场访问

第六十八条 现场勘验、检查人员应当向报案人、案件发现人，被害人及其亲属，其他知情人或者目击者了解、收集有关刑事案件现场的情况和线索。

第六十九条 现场访问包括以下主要内容：

（一）刑事案件发现和发生的时间、地点、详细经过，发现后采取的保护措施，现场所见情况，有无可疑人或者其他人在现场，现场有无反常情况，以及物品损失等情况；

（二）现场可疑人或者作案人数、作案人性别、年龄、口音、身高、体态、相貌、衣着打扮、携带物品及特征，来去方向、路线等；

（三）与刑事案件现场、被害人有关的其他情况。

第七十条　现场访问应当符合以下基本要求：

（一）现场勘验、检查人员在询问被访问人前，应当了解被访问人与被害人、犯罪嫌疑人之间的关系，确定现场访问的任务和方法，保证访问工作合法、客观、准确。

（二）现场访问时，现场勘验、检查人员应当向被访问人出示证件，告知被访问人必须履行如实作证的义务和作伪证或者隐匿罪证应当承担的法律责任。

（三）现场勘验、检查人员询问被访问人应当个别进行，可以在现场外围或者被访问人所在单位、住所进行。必要时，可以通知被访问人到公安机关接受询问。

（四）现场勘验、检查人员不得向被访问人泄露案情，不得使用威胁或者引诱的方法对被访问人进行询问。

（五）访问未成年人，应当通知其监护人到场。

（六）询问被访问人应当制作询问笔录。询问笔录应当由询问人和被询问人签字；经被访问人同意可以录音。

第九章　现场外围的搜索和追踪

第七十一条　现场勘验、检查中，应当对现场周围和作案人的来去路线进行搜索和追踪。

第七十二条　现场搜索、追踪的任务包括：

（一）隐藏在现场周围或者尚未逃离的作案人；

（二）寻找与犯罪有关的痕迹、物品等；

（三）搜寻被害人尸体、人体生物检材、衣物等；

（四）寻找隐藏、遗弃的赃款赃物等；

（五）发现并排除可能危害安全的隐患；

（六）确定作案人逃跑的方向和路线，追踪作案人。

第七十三条　在现场搜索、追踪中，发现与犯罪有关的痕迹、物证，应当予以固定、提取。

第十章　现场实验

第七十四条　为了证实现场某一具体情节的形成过程、条件和原因等，可以进行现场实验。

进行现场实验应当经县级以上公安机关负责人批准。

第七十五条　现场实验的任务包括：

（一）验证在现场条件下能否听到某种声音或者看到某种情形；

（二）验证在一定时间内能否完成某一行为；

（三）验证在现场条件下某种行为或者作用与遗留痕迹、物品的状态是否吻合；

（四）确定某种条件下某种工具能否形成某种痕迹；

（五）研究痕迹、物品在现场条件下的变化规律；

（六）分析判断某一情节的发生过程和原因；

（七）其他需要通过现场实验作出进一步研究、分析、判断情况。

第七十六条　现场实验应当符合以下要求：

（一）现场实验一般在发案地点进行，燃烧、爆炸等危险性实验，应当在其他地点进行；

（二）现场实验的时间、环境条件应与发案时间、环境条件基本相同；

（三）现场实验使用的工具、材料应当与发案现场一致或者基本一致；必要时，可以使用不同类型的工具或者材料进行对照实验；

（四）如条件许可，类同的现场实验应当进行 2 次以上；

（五）评估实验结果应当考虑到客观环境、条件变化对实验的影响和可能出现的误差；

（六）现场实验必须遵守法律规定，尊重民族风俗习惯，禁止一切可能造成危险、有伤风化、侮辱人格的行为。

第七十七条　对现场实验的过程和结果，应当制作《现场实验笔录》，参加现场实验的人员应当在《现场实验笔录》上签名或者盖章。

进行现场实验，可以照相、录像、录音。

第十一章　现场分析

第七十八条　现场勘验、检查结束后，勘验、检查人员应当进行现场分析。

第七十九条　现场分析的内容包括：

（一）侵害目标和损失；

（二）作案地点、场所；

（三）开始作案的时间和作案所需要的时间；

（四）作案人出入现场的位置、侵入方式和行走路线；

（五）作案人数；

（六）作案方式、手段和特点；

（七）作案工具；

（八）作案人在现场的活动过程；

（九）作案人的个人特征和作案条件；

（十）有无伪装或者其他反常现象；

（十一）作案动机和目的；

（十二）案件性质；

（十三）是否系列犯罪；

（十四）侦查方向和范围；

（十五）是否需要进一步勘验、检查现场；

（十六）处理现场的意见；

（十七）其他需要分析解决的问题。

第八十条　对现场勘验、检查后，应当完成现场勘验检查工作记录。

第十二章　现场的处理

第八十一条　现场勘验、检查结束后，现场勘验、检查指挥员决定是否保留现场。

对不需要保留的现场，应当及时通知有关单位和人员进行处理。

对需要保留的现场，应当及时通知有关单位和个人，指定专人妥善保护。

第八十二条　对需要保留的现场，可以整体保留或者局部保留。

第八十三条　遇有死因未定、身份不明或者其他情况需要复验的，应当保存尸体。

第八十四条　对没有必要继续保存的尸体，经县级以上公安机关负责人批准，应当立即通知死者家属处理。对无法通知或者通知后家属拒绝领回的，经县级以上公安机关负责人批准，可以按照有关规定处理。

对没有必要继续保存的外国人尸体，经县级以上公安机关负责人批准，应当立即通知死者家属或者所属国驻华使、领馆的官员处理。对无法通知或者通知后外国人家属或者其所属国驻华使、领馆的官员拒绝领回的，经县级以上公安机关负责人批准，并书面通知外事部门后，可以按照有关规定处理。

第十三章　现场的复验、复查

第八十五条　遇有下列情形之一；位当对现场进行复验、复查：

（一）案情重大、现场情况复杂的；

（二）侦查工作需要从现场进一步收集信息、获取证据的；

（三）人民检察院审查案件时认为需要复验、复查的；

（四）当事人提出不同意见，公安机关认为有必要复验、复查的；

（五）其他需要复验、复查的。

第八十六条　对人民检察院要求复验、复查的；公安机关复验、复查时，应当通知人民检察院派员参加。

第十四章　现场勘验检查人员纪津

第八十七条　执行现场勘验、检查任务时，现场勘验、检查人员应当服从命令，听从指挥，程序规范，举止文明。

现场勘验、检查结束后，现场勘验、检查人员应当对现场进行清理，所有耗材必须带离现场，妥善处置。

第八十八条　现场勘验、检查人员应当严格保守秘密，不得向无关人员泄露现场信息，不得擅自接受新闻媒体的采访。

第十五章　附　则

第八十九条　公安机关对其他案件、事件、事故现场的勘验、检查，可以参照本规则执行。

第九十条　本规则自 2005 年 10 月 1 日起施行。《公安部刑事案件现场勘查规则》（1979 年 7 月 1 日颁布并实施）同时废止。

附录7　现场制图常用图例

一、室内常用生活器具图例

沙发	写字台	煤气灶	电视机
藤椅	方柜	灶台	电冰箱
竹椅	单人床	煤气罐	电磁灶
木椅	双人床	高压锅	洗衣机
木方凳	洗面池	砂锅	电脑
园凳	便池	碗	洗脸盆
圆桌	浴盆	酒瓶	茶杯

二、现场门窗的常用图例

普通单扇门　　　　防盗门　　　　　无门门洞

吊门　　　　　　单推拉门　　　　双推拉门

双层门　　　　双扇门（同大）　　双扇门（不同大）

旋转门　　　　　　字母门　　　　　折叠门

弹簧门　　　　　带防护网窗　　　　折叠窗

单扇单层窗　　　　双层窗　　　　　推拉窗

吊窗　　　　　　双扇窗　　　　　多扇窗

三、现场痕迹物品的常用图例

手印　　　手套印　　　鞋印　　　赤脚印　　　发案地

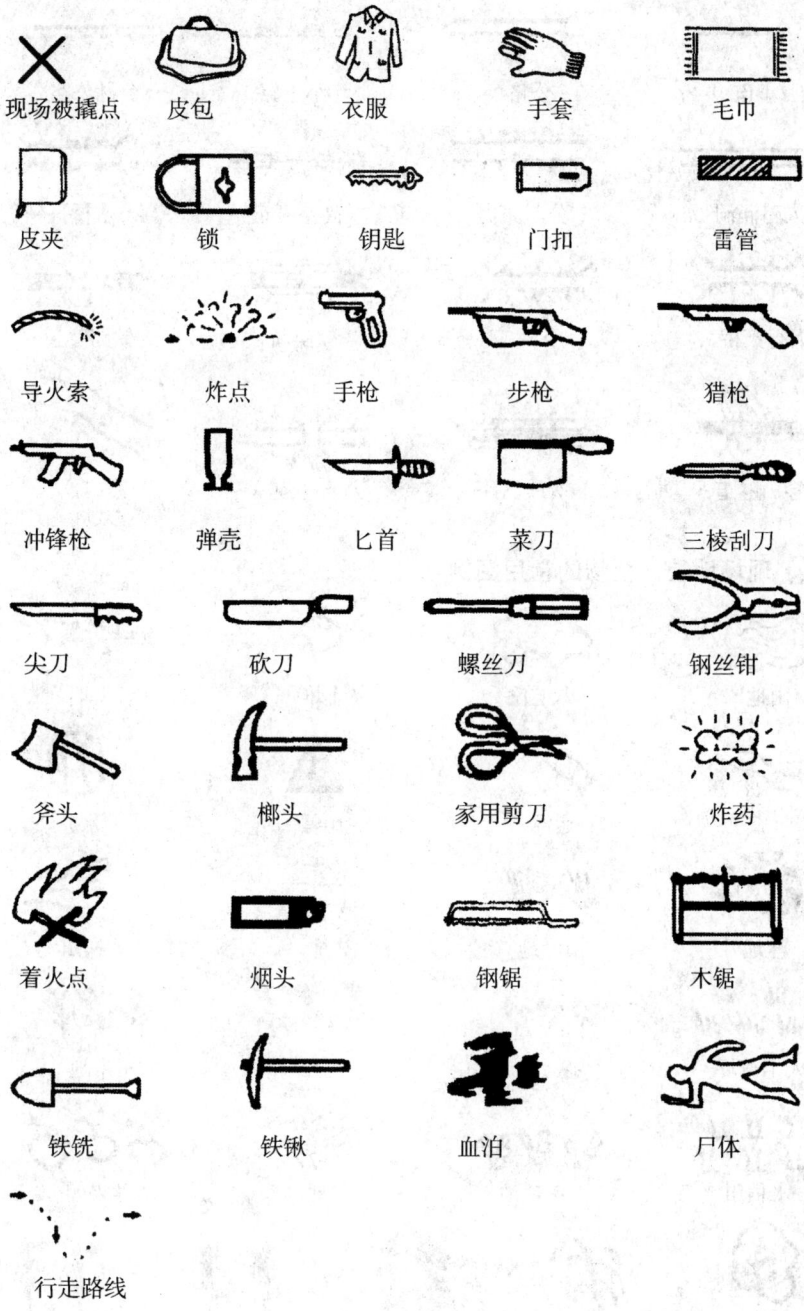

现场被撬点　皮包　衣服　手套　毛巾

皮夹　锁　钥匙　门扣　雷管

导火索　炸点　手枪　步枪　猎枪

冲锋枪　弹壳　匕首　菜刀　三棱刮刀

尖刀　砍刀　螺丝刀　钢丝钳

斧头　榔头　家用剪刀　炸药

着火点　烟头　钢锯　木锯

铁铣　铁锹　血泊　尸体

行走路线

四、现场道路的常用图例

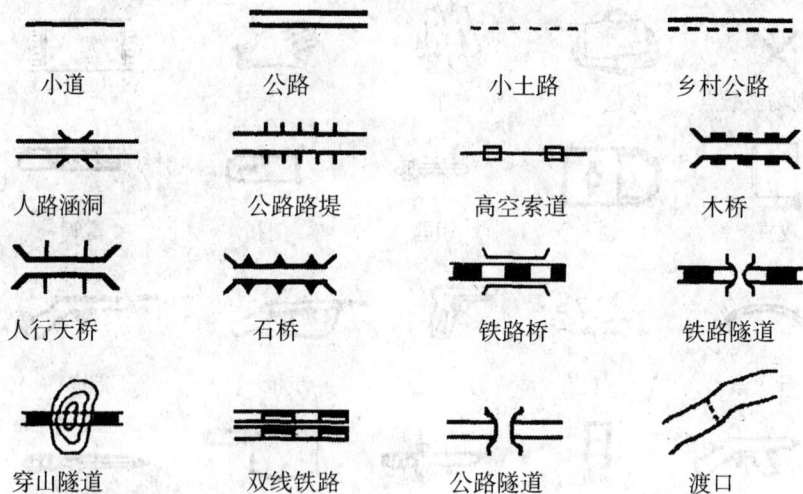

小道	公路	小土路	乡村公路
人路涵洞	公路路堤	高空索道	木桥
人行天桥	石桥	铁路桥	铁路隧道
穿山隧道	双线铁路	公路隧道	渡口

五、现场地貌、植物的常用图例

山地	小土丘	土堆	土坝
河流	运河	山峰	水井
洼地	沼泽地	盐地	梯田
人工草坪	谷地	麦田	玉米地
水稻田	花生地	菜地	苹果园
阔叶林	柳树	针叶林	竹林业	人工林

六、现场建筑物的常用图例

房屋建筑	正施工建筑	花坛	火车站	电梯

变电所	加油站	坟地	码头

竹篱笆	木栅栏	篱笆	铁丝网

电线塔	灯塔	亭子	水塔	烟囱

七、交通工具的常用图例

自行车	摩托车	三轮摩托车	兽力车

拖拉机	吊车	载重汽车	大轿车

吉普车	小轿车	帆船	飞机

附录 8 交通事故现场图图例

GB11797－89《交通事故现场图形符号》把绘制现场图的图例分为6类：

1. 交通元素图例，即在道路上通行或停放的动态元素图例，例如：各种车马行人常属此类〔表1.1（1）、（2）、（3）〕

表1.1（1） 机动车图形符号

含 义	图形符号	备 注
载重车平面		含平头载重车、专用汽车、特种车 ※ 两侧轮胎连接做为车轴后，即为翻车图形
载重车侧面		
铰接式客车平面		含铰接式无轨电车 同上※
铰接式客车侧面		
客车平面		含无轨电车、特种车 同上※
客车侧面		

（续表）

含　义	图形符号	备　注
小轿车平面		含吉普车、微型面包车 同上※
小轿车侧面		
拖拉机平面		含专用机械 同上※
拖拉机侧面		
手扶式拖拉机平面		同上※
手扶式拖拉机侧面		
挂车平面		含挂车、半挂车 同上※
挂车侧面		

（续表）

含　义	图形符号	备　注
后三轮摩托车		同上※
侧三轮摩托车		
二轮摩托车		
轻便摩托车		

表1.1（2）　　非机动车图形符号

含　义	图形符号	备　注
自行车		
残疾人用车		
三轮车		

（续表）

含　义	图形符号	备　注
人力车		
兽力车		

表1.1（3）　人体、牲畜图形符号

含　义	图形符号	备　注
人体		
伤体		
尸体		
牲畜		含牛、马、猪、羊等，需同时标注文字说明
惊畜		

（续表）

含　义	图形符号	备　注
伤畜		
死畜		

2. 道路结构、标线和安全设施图例，指道路上交通安全及交通管理设施的图例。例如：道路、桥涵、信号灯、交通标志、分道线等［表 1.2（1）、（2）、（3）］。

表 1.2（1）　道路标线符号

含　义	图形符号	备　注
中心虚线		
中心单实线		
中心双实线		
中心虚实线		

（续表）

含　义	图形符号	备　注
车道分界线		
导向车道线		
车行道边缘线		
停止线		
停车让行线		
减速让行线		
中心圈		
导流标线		

（续表）

含　义	图形符号	备　注
左转弯导向线		
路面障碍物标线		
港湾式停靠站标线		
平行式停车位标线		
倾斜式停车位标线		
垂直式停车位标线		
人行横道线		

表1.2 (2) 道路结构、功能符号

含　义	图形符号	备　注
道路		路面性质用文字说明，如：冰、雪、沥青、混凝土路面
上坡道	i↗	i 为坡度
下坡道	i↙	i 为坡度
人行道		
道路平行交口		丁字路口和交叉口按实际情况画
道路与铁路平交口		
施工路段		
桥		

含　义	图形符号	备　注
漫水桥		
路肩		
涵洞		
隧道		
路面凸出部分		也可表示路面路外山岗、丘陵、土包
路面凹坑		也可以表示路外凹地、土坑
路面积水		也可表示路外水塘
道路雨水口		

（续表）

含 义	图形符号	备 注
路旁水沟		也可表示其它路外水沟
路旁干涸水沟		也可表示其它路外干涸水沟

表1.2（3） 交通安全设施图形符号

含 义	图形符号	备 注
水平式信号灯	○○○	灯色自左向右为红、黄、绿，显示灯用"⊕"表示
垂直式信号灯		灯色自上而下为红、黄、绿
人行横道灯		红灯自上而下为红、绿
隔离桩（墩栏）	—X—X—	
隔离带（或花坛）		

含　义	图形符号	备　注
安全岛		
禁令标志		
警告标告		
指示标志		
指路标志		
路名牌		
安全镜		为保证行车安全，在道路拐弯处安置的安全反光镜
汽车停靠站		

（续表）

含　义	图形符号	备　注
岗台（亭）	◎	

3. 动态痕迹图形符号，即发生事故时留下来的运动痕迹。例如：刹车印迹、血迹等（表1.3）。

表1.3　动态痕迹图形符号

含　义	图形符号	备　注
轮胎拖印	L	L 为拖印长，双拖则为：
轮胎擦印	— · — · — · —	
轮胎压印	… … … …	
侧滑印	/////////	各种机动车、非机动车通用
划　痕	～ · ～ · ～ ·	

（续表）

含　义	图形符号	备　注
自行车压印		
血迹		

4. 土地利用、植被和地物图形符号，指在道路环境中的地形地物，例如：建筑物、山峰、河流、树木等（表1.4）。

表1.4　土地利用、植被和地物图形符号

含　义	图形符号	备　注
树木平面		
树木侧面		
旱　田		
水　田		

（续表）

含　义	图形符号	备　注
建筑物		
厂院大门围墙		
停车场	P	
加油站		
电话亭		
电　杆		
路　灯		
里程碑	K	K 为里程数

（续表）

含　义	图形符号	备　注
井　盖	井	含上、下水、电缆、煤气等井盖
邮　筒		指建立在地面上的邮筒
消防栓		
垃圾筒		
碎石、沙土等堆积物		

　　5. 交通现象和交通事故类型符号，指在绘制现场图或事故分析需用的图形。例如：交通事故现象图例、运动轨迹、指北针等（表1.5）。

表1.5　交通现象和交通事故类型图形符号

含　义	图形符号	备　注
发现点	⊙	

（续表）

含　义	图形符号	备　注
感到危险点	⊖	
采取措施点	⊕	
接触点	⊗	
最后停车点	Ⓢ	
交叉冲突点	✕	
合流冲突点	△	
分流冲突点	□	
轻微事故	○	

（续表）

含　义	图形符号	备　注
一般事故		
重大事故		
特大事故		
机动车行驶轨迹	← ———————	不含摩托车
摩托车行驶轨迹	← — — —	
自行车行驶轨迹	← – – –	
行人运动轨迹	⇐ ———————	
其它非机动车 行驶轨迹	← ·–·–·–	

（续表）

含　义	图形符号	备　注
机动车倒车轨迹		倒车方向为半箭头所指示的一方视线
视　线		
正面相撞		
会车刮擦		
超车刮擦		
尾　撞		
与倒车相撞		
同向转弯相撞		

（续表）

含　义	图形符号	备　注
逆向转弯相撞		
迎头相撞		
侧面相撞		
碾　压		
机械故障		
失　控		
翻车坠落		
失火		

（续表）

含 义	图形符号	备 注
爆 炸		

6. 其他图形符号，指在绘制现象图中用于表示方向、风向的图形符号（表1.6）。

表 1.6 其他图形符号

含 义	图形符号	备 注
方向标		
风向标		X 为风力级数

图书在版编目（CIP）数据

公安学科实验教学指导 / 惠生武主编. —北京：中国政法大学出版社，2012.6
ISBN 978-7-5620-4342-3

Ⅰ.公… Ⅱ.惠… Ⅲ.公安学－高等教学－教学参考资料 Ⅳ.D035.3

中国版本图书馆CIP数据核字(2012)第112649号

出版发行	中国政法大学出版社	
经　销	全国各地新华书店	
承　印	固安华明印刷厂	

720mm×960mm　　16开本　　27.5印张　　470千字
2012年7月第1版　　2012年7月第1次印刷
ISBN 978-7-5620-4342-3/D・4302
印　数：0 001-3 000　　定　价：46.00元

社　址	北京市海淀区西土城路25号	
电　话	(010)58908435(编辑部)　58908325(发行部)　58908334(邮购部)	
通信地址	北京100088信箱8034分箱　邮政编码 100088	
电子信箱	fada. jc@sohu.com(编辑部)	
网　址	http://www.cuplpress.com　(网络实名：中国政法大学出版社)